EL AMOR DESDE LA PSICOLOGÍA SOCIAL
Ni tan libres, ni tan racionales

CARLOS YELA GARCÍA

PROFESOR DEL DEPARTAMENTO DE PSICOLOGÍA SOCIAL
DE LA UNIVERSIDAD COMPLUTENSE DE MADRID

EL AMOR DESDE LA
PSICOLOGÍA SOCIAL

Ni tan libres, ni tan racionales

EDICIONES PIRÁMIDE

COLECCIÓN «PSICOLOGÍA»

Director:
Ángel Rivière
Catedrático de Psicología Cognitiva
de la Universidad Autónoma de Madrid

Diseño de cubierta: C. Carabina

Realización de cubierta: Anaí Miguel

Reservados todos los derechos. El contenido de esta obra está protegido por la Ley, que establece penas de prisión y/o multas, además de las correspondientes indemnizaciones por daños y perjuicios, para quienes reprodujeren, plagiaren, distribuyeren o comunicaren públicamente, en todo o en parte, una obra literaria, artística o científica, o su transformación, interpretación o ejecución artística fijada en cualquier tipo de soporte o comunicada a través de cualquier otro medio, sin la preceptiva autorización.

Ediciones Pirámide se compromete con el medio ambiente reduciendo la huella de carbono de sus libros.

PAPEL DE FIBRA
CERTIFICADA

© Carlos Yela García
© Ediciones Pirámide (Grupo Anaya, S. A.), 2000, 2002, 2015, 2020, 2022, 2024
Valentín Beato, 21. 28037 Madrid
Teléfono: 91 393 89 89
www.edicionespiramide.es
Depósito legal: M. 31.072-2000
ISBN: 978-84-368-1448-4
Printed in Spain

A mi padre, Mariano Yela Granizo (✝), y a mi madre, Concepción García Morán, con la máxima gratitud que sentirse pueda, por haberme permitido aprender tanto de sus muchas virtudes como de sus pocos defectos, y por haberme dado tanto cariño y apoyo como libertad [1].

---

[1] Dado el tema que aborda este trabajo, y aunque no sea académica ni «políticamente» correcto (¡qué le vamos a hacer!), no puedo dejar de dedicárselo, también, a todas aquellas personas de las que una vez estuve enamorado: Elena P., Amparo E., Maribel F., Mónica D., Carmen R., Cristina S., Yosune P., María José C., Victoria B. y por supuesto, Arantxa, con todo el cariño y mis mejores deseos.

Índice

Agradecimientos 13

Prólogo 17

Introducción 25

    1. Justificación del tema: ¿hay que justificar el estudio del amor? 25
    2. La atracción y el amor en las Ciencias Sociales 28
    3. ¿A qué «amor» vamos a referirnos?: concreción del concepto 33
    4. Niveles de análisis necesarios para comprender el fenómeno amoroso 34
    5. Contenido general del libro y preguntas que trataremos de responder....... 36

1. El amor y la evolución: constricciones biológicas a nuestros sentimientos amorosos 39

    1. ¿Es el amor exclusivamente humano? Evolución filogenética del fenómeno amoroso 39
    2. ¿Es útil el amor para la especie humana? Funciones evolutivas del fenómeno amoroso 46
    3. Factores biológicos involucrados en el fenómeno amoroso: la «química» del amor 51

2. El amor y la cultura: constricciones culturales a nuestros sentimientos amorosos 57

    1. El amor a lo largo de la Historia 58
        1.1. Edad Antigua 58
        1.2. Edad Media 60
        1.3. Edad Moderna 62
        1.4. Edad Contemporánea 63

© Ediciones Pirámide

2. El amor en Occidente y otras culturas actuales: pautas «universales» y peculiares 65
   2.1. Pautas amorosas (presuntamente) universales 66
   2.2. Pautas amorosas que varían entre culturas 68
   2.3. Rasgos distintivos de la cultura occidental 70
   2.4. Pautas amorosas en otras culturas actuales 72

3. El amor y la sociedad: constricciones sociales a nuestros sentimientos amorosos 75

1. Factores sociales que influyen en el fenómeno amoroso 75
2. ¿Es útil el amor para la sociedad? Funciones sociales del amor 80
3. Usos y costumbres amorosas y sexuales de la sociedad española actual 84
   3.1. Martín Serrano (1991) 84
   3.2. CIRES (1992) 85
   3.3. Malo de Molina (1992) 86
   3.4. A. de Miguel (1992) 89
   3.5. Salustiano del Campo (1993) 91
   3.6. Jiménez Burillo y otros (1995-2000) 92

4. El amor, el individuo y las relaciones interpersonales 97

1. El amor desde la Psicología Social: cuestiones básicas 98
   1.1. Definiciones del amor 98
   1.2. ¿En qué se diferencia de otros conceptos afines 102
   1.3. ¿En qué consiste el amor? Modelos teóricos sobre la naturaleza del amor 111
   1.4. ¿De qué está compuesto el amor? Dimensiones básicas del amor .. 116
   1.5 Los diferentes tipos, estilos, clases, o formas de amar 118
   1.6. ¿Cómo «medir» el amor? La evaluación del comportamiento amoroso 126
2. ¿La cuarta dimensión? El curso temporal del amor 129
   2.1. El enamoramiento 130
   2.2. Evolución de la relación amorosa: las etapas de la relación 140
   2.3. El proceso de desamor y sus causas 146
3. El amor y otros procesos interpersonales 163
   3.1. Factores interpersonales que influyen en la conducta y satisfacción amorosa 163
4. El amor y las características sociodemográficas del individuo 171
   4.1. El género: ¿aman igual hombres y mujeres? 172
   4.2. La edad: ¿varía el amor con la edad? 186
   4.3. La orientación sexual: el amor homosexual 191
   4.4. Otros factores «sociodemográficos» que influyen en el comportamiento amoroso 200
5. El amor y las características psicológicas del individuo 206

	5.1. Factores psicológicos que influyen en la conducta y satisfacción amorosa	206
6.	Las dos caras del amor	218
	6.1. La cara positiva del amor	218
	6.2. La otra cara del amor	229

5. Conclusiones: La aplicabilidad del estudio científico-social del amor o «¿para qué sirve todo esto?» 241

Referencias bibliográficas 247

Agradecimientos

A lo largo de los casi diez años en que he realizado el presente trabajo (todo empezó un 3 de septiembre de 1991) han sido innumerables las personas que han intervenido directa o indirectamente apoyándome, de una forma u otra. Mi agradecimiento sincero se extiende a más personas de las que citaré a continuación, pues el espacio razonable para enumerarlas no es demasiado extenso. Cabría decir aquello tan repetido de «son todos los que están, pero no están todos los que son».

En primer lugar, desde luego, jamás podré agradecer en suficiente medida (y eso, desgraciadamente, es ahora literal) la ayuda que me prestó mi padre, Mariano Yela, tanto a nivel afectivo como profesional. Durante el curso 92-93 tuve la gran fortuna de matricularme en un curso suyo de doctorado: sus enseñanzas sobre Filosofía, Epistemología, y Cosmo-filo-ontogénesis de la inteligencia y del conocimiento tuvieron un gran impacto sobre mi formación académica y personal. Por otro lado, disponer de su magnífica biblioteca ha facilitado y enriquecido notablemente mi labor. Y tanto o más importante que todo ello fue el cariño, el ánimo y el apoyo constante que me brindó, y la enseñanza de tratar de «discrepar en concordia», tan necesaria para el científico social como para cualquier persona (y que espero lata por debajo del texto).

Al director de mi Departamento, Florencio Jiménez Burillo, debo agradecerle su interés por mí y su apoyo; él ha sido un factor clave en la idea de abordar —en la medida escasa de mis posibilidades— el estudio del comportamiento amoroso desde una perspectiva interdisciplinar, atendiendo a distintos niveles de análisis (de la especie, cultural, social, interpersonal e individual). Las ideas y enseñanzas recogidas en los dos cursos de doctorado suyos a los que asistí (sobre el amor y la psico-sociología del conocimiento) han tenido también una gran influencia sobre mi formación, influencia que se ve reflejada en este trabajo.

Junto a él, otros miembros del Departamento de Psicología Social también me prestaron su desinteresada colaboración y apoyo a lo largo de estos años: mi agradecimiento sincero especialmente a Ana Barrón, Pilar de Paúl, David Martínez, Carlos Alcover, y, muy especialmente a José Luis Sangrador (por su generoso prólogo). Vaya también mi agradecimiento para Rosario Martínez Arias, directora del Departamento de Metodología de las Ciencias del Comportamiento, quien entre llamada y llamada, compromiso y compromiso, tuvo la amabilidad de guiarme en las primeras fases del largo proceso.

Pero toda esa ayuda, imprescindible, habría sido baldía sin el ánimo constante y el apoyo de familiares y amigos. Soy consciente de que en un libro «académico» los agradecimientos deberían ceñirse al ámbito profesional, pero cercano aún el fallecimiento de mi padre, mi ética personal no me permite dejar de hacer público mi agradecimiento a familiares y amigos —quienes tanto me apoyaron en ese trance—, incluso a costa de no ser «políticamente correcto», y de abusar un poco del tiempo del lector (quien, por otra parte, bien puede ir «directamente al grano» —si es que no lo ha hecho ya).

Ya he destacado la gran ayuda de mi padre, tanto personal como profesional. Huelga decir que sin el apoyo moral y «logístico» de mi madre (tanto durante los años en que aún vivía en casa, como durante los últimos) el esfuerzo hubiera sido mucho mayor, si no imposible. A ella es, seguramente, a la persona que más agradecido estoy. Gracias, también, a mis hermanos (plural genérico que incluye, por supuesto —y en este caso incluso especialmente— a ellas), por su apoyo incondicional, y especialmente a Pepe, doctor en Biología, quién supervisó el apartado relativo a la evolución filogenética, haciéndome numerosas correcciones que incorporé escrupulosamente al texto. Otros familiares, como la hermana de mi padre (de cuyo helado nombre siempre presumo: Nieves Yela Granizo), o algo más lejanos, como mis familiares de Viana (Chiqui, Mari Carmen, Mónica, Sara, Patricia y Laura) o los de Sevilla (Cristina, Jaime, Cristi y compañía), también me han brindado su afecto, e incluso su amable hospitalidad (como durante el IV Congreso Nacional de Psicología Social, en septiembre del 93). Vaya también para ellos mi más sincero agradecimiento, como también a María Alonso y Miguel Soriano, por su cariño sincero y entrañable, y su apoyo y generosidad.

Por otro lado, y refrendando la importancia del «grupo de pares» (uno de los objetos principales de estudio de la Psicología Social), mis mejores amigos han colaborado en este trabajo, muchas veces sin saberlo, de forma práctica y concreta (mediante comentarios, revelaciones o comportamientos) y/o mediante ánimos, estando a mi lado durante estos años, y muy especialmente en los difíciles meses que siguieron a la pérdida de mi padre.

Entre ellos tengo que empezar por destacar, muy especialmente, a Arantxa: ella ha estado a mi lado en los mejores momentos, y también en los más duros, siendo fuente de apoyo, además de inagotables sugerencias (a veces consciente y otras inconscientemente) y de críticas constructivas.

Y para acabar, aún sabiendo que algunos (quizá muchos) quedarán en el tintero, no quiero dejar de agradecer el apoyo prestado a: Carmen, Senén, Adela, Lola, Mayte y Julia (antiguos compañeros/as de la Facultad, hoy también psicólogos), especialmente a la primera por nuestras interminables conversaciones telefónicas (la mayoría sobre el amor y sus circunstancias), y al segundo por su apoyo moral e informático; y muy especialmente a las cuatro «francisquillas» (por ser un peso tan positivo en la balanza de este mundo, y por estar siempre ahí); a Tuni y Tito (a este último, especialmente, por sus sabios y útiles consejos —no sólo informáticos— disfrazados de incoherencia); a Cristina y José Antonio (por hacerme sentir en su casa como en la mía —algo verdaderamente insólito—); a Nini y Dani; y a otros tantos «colegas» que me acompañaron en los momentos de ocio y me apoyaron en los momentos más difíciles (Amparito, Apa, Gary, Isi, Javilón, Luisa, Luisito, Rafita, Rosa, Yosune, etc.). Gracias a todos.

Antes de concluir quiero recordar que, tal como dije, no resulta posible —en aras de la extensión— citar a todos cuantos me han apoyado. Aunque mi agradecimiento sí lo es, mi espacio no es infinito (y me temo que la paciencia del lector tampoco). Pido disculpas a todos los que no he podido nombrar.

Una última puntualización importante: las personas mencionadas son, de algún modo, copartícipes de aquellos aciertos que en este trabajo pudiera haber; todos los errores, sin embargo, son única y exclusivamente imputables a mí mismo —nada tienen que ver en ellos cuantos me han aconsejado, corregido, revisado y/o apoyado.

Prólogo

El libro que tengo el gusto de prologar constituye uno de los primeros frutos, en el ámbito de la Psicología, del profesor Carlos Yela, y se inscribe en el marco de recientes investigaciones llevadas a cabo por varios miembros del Departamento de Psicología Social de la Facultad de Psicología de la Universidad Complutense de Madrid.

El texto constituye, ya de entrada, una excelente muestra de aspectos no demasiado comunes en los tratamientos habituales de la temática amorosa. De una parte, la constante defensa de un fuerte andamiaje teórico; de otra, el apoyo de las tesis defendidas por el autor en datos de investigaciones relevantes; finalmente, la genuina interdisciplinariedad que destilan estas páginas. Tales características resultan especialmente necesarias (aunque infrecuentes) en un área como el comportamiento amoroso, tan propenso a discursos gratuitos, especulativos, vacuos o frívolos, así como a todo tipo de reduccionismos (a lo biológico, a lo sociológico, a lo psicológico, etc.).

La propuesta del autor resulta, pues, ambiciosa, y más aún en un tema tan «escurridizo», sobre el que poetas, escritores, cineastas, novelistas, dramaturgos, filósofos, etc. han emitido todo tipo de opiniones. Por lo demás, no es fácil para una persona joven, como Carlos Yela, acometer una empresa tan exhaustiva: la asimilación de la ingente información proveniente de la Biología, la Sociología, la Antropología, la Psicología, la Psicología Social, etc. constituye una labor de muchos años sin duda. Sin embargo, el autor muestra amplios conocimientos de estas materias, manejando con soltura y espontaneidad áreas o perspectivas tan distintas desde una innegable madurez intelectual, y siendo capaz de combinar además (*rara avis* en los ámbitos académicos) el indudable rigor científico con un discurso claro y asequible para públicos no especialistas.

¿Y qué decir, a estas alturas, del tema en sí? Frente a la recurrente acusación de «irrelevancia social» contra buena parte de las teorizaciones o investigaciones psicológicas, el fenómeno amoroso constituye, sin la menor duda, una de las tres o cuatro áreas de mayor relevancia social en el ámbito de la Psicología y/o la Psicología Social. Es más, se trata de uno de los fenómenos más intrínsecamente psicosociales: supone una referencia implícita al otro, a otra persona; está lleno de contenidos psicosociales (normas, expectativas, estereotipos, actitudes, atribuciones, etc.) que lo configuran o lo colorean; tiene múltiples efectos psicosociales, etc.

Desde el punto de vista sustantivo parece innecesario, pues, resaltar su gran importancia, tanto a nivel social (dado que el amor es la razón confesada para el matrimonio, institución familiar básica de la estructura social en nuestra cultura), como a nivel personal. En este último sentido, en efecto, el amor es uno de los fenómenos que más parece impulsar los comportamientos humanos (junto con el poder y la muerte, según dictaminaron los clásicos; o junto con el dinero y la salud, sus equivalentes en el lenguaje popular). Por amor se cometen desde las acciones más sublimes hasta las más reprobables, y en el amor radica el origen de los más vehementes sentimientos: desde la euforia, la felicidad, y el «sentido de la vida», al desengaño, la frustración, la ira, el sufrimiento y la desesperación —por citar sólo algunos extremos.

Asistimos además en las últimas décadas a una crisis en la concepción tradicional del amor. Víctima de las corrientes postmodernas, el amor se ha ido convirtiendo también en algo finito, sin certezas mayores, una acción consumista como otra, y el objeto amoroso en un objeto más, tan cambiable como cualquier otro, algo incluso de usar y tirar. Al tiempo, la anterior presión social a considerar el fracaso en la relación amorosa como signo de inmadurez, falta de voluntad, desacierto en la elección, etc., está siendo contrarrestada por un nuevo frente legitimador de las situaciones antes no normativas (separaciones, divorcios), lo que indirectamente puede llegar (de hecho, llega) a fomentarlas. Así, aumentan progresivamente las tasas de separaciones, no siendo menores, paradójicamente, entre colectivos supuestamente expertos en el manejo de estos temas (psicólogos, por ejemplo). Mientras, cada año mueren en España un buen número de mujeres víctimas de lo que algún día pudo ser amor...

Todo lo anterior justificaría sin duda un adecuado tratamiento de esta temática por la propia Psicología Social. Sin embargo, sólo desde hace pocas décadas, y vencidos ya en parte los antiguos recelos ante el análisis científico del amor, la Psicología Social ha comenzado a enfrentarse a ella con asiduidad. Mientras, la propia Psicología ortodoxa parece más reacia a hacerlo, y raramente llega a captar la esencia del fenómeno amoroso, quizá en parte encorsetada por su minusvaloración del mundo afectivo frente a comportamientos (conductismo), creencias (cognitivismo), o ambas cosas (corrientes cognitivo-conductuales), todos ellos, naturalmente, medibles con instrumentos al uso tras su previa operacionalización. Así, por ejemplo, las emociones aparecen en algunos contextos como elementos que simplemente «distorsionan el recto orden cognitivo», sin captar que a menudo median en los procesos cognitivos y les otorgan una dirección y un sentido. Igualmente, la afectividad se reduce con frecuencia a cuatro o cinco emociones puntuales (alegría, tristeza, cólera...). De hecho, incluso en el ámbito de la Psicología Clínica (que tendría mucho que decir al respecto) la temática amorosa adolece de una muy escasa conceptualización teórica: el amor se le plantea al clínico, en todo caso, como un «problema» presente en algunos de sus pacientes, por lo que a menudo su respuesta se limita a actuar sobre determinados comportamientos o creencias en tanto que puedan resultar ansiógenos al respecto, pero sin excesivos planteamientos teóricos.

Así las cosas, el texto del profesor Yela, claramente insertado en esa recuperación de la temática afectiva para la Psicología Social, es probablemente el mejor, y desde luego el más riguroso, publicado hasta la fecha por un autor español. Lo cual es tanto mérito suyo como demérito de otros, dada la práctica inexistencia en nuestro idioma de textos científicos al respecto, habiéndonos limitado, por lo general, a las traducciones o a ensayos especulativos y por lo general previamente sesgados en un sentido u otro.

Fruto de su cuestionamiento crítico de los modelos al uso, una de sus principales aportaciones es tal vez la propuesta de «mejora» respecto a la conocida tipología de Sternberg, otorgando otra denominación a los tipos propuestos por él y, especialmente, proponiendo un componente más, al descomponer la «pasión» manifiesta de Sternberg entre pasión romántica y pasión erótica (lo que puede verse con más detalle en Yela, 1996 y 1997).

Pero independientemente de los aspectos sustantivos o de contenido, el estilo expositivo del libro no resulta forzado, el discurso fluye con naturalidad como la buena música. Al tiempo, se trata de un discurso propio: la información recogida ha sido pasada por el tamiz personal del autor, y tras ser asimilada, Carlos Yela hace uso de ella con un cierto estilo propio, con un modo personal de expresar las ideas, rasgo distintivo de los buenos escritores, reconocibles precisamente por esas señas de identidad. Además, escribe desde una posición de respeto pero nunca de inferioridad, permitiéndose opinar sobre las diversas perspectivas o hipótesis, analizar sus puntos básicos, cuestionarlos en su caso, compararlos entre sí, etc.

No querría dar la impresión, en todo caso, de que el libro no tiene algún aspecto cuestionable, o de que no quedan preguntas sin responder. En ese sentido, quizá cabría reprochar al autor una excesiva asepsia en el tratamiento del tema amoroso, que en su pretensión analítica y diseccionadora del fenómeno, le lleva a «enfriar» un tema tan «caliente» con el riesgo consiguiente (¿necesario tal vez?) de incurrir en una asepsia cercana al naturalista o al zoólogo.

A este respecto, resultaría interesante constatar las connotaciones peyorativas del mismo término «pasión» tanto en el lenguaje cotidiano como psicológico. Por pasión suele entenderse una inclinación o tendencia que rompe el equilibrio psíquico, desorganiza la vida afectiva, absorbe las actividades mentales, etc. El *pathos* de los clásicos, recuérdese, representaba, frente al *ethos,* una afección vehemente, impetuosa e inmoderada, independiente de la voluntad. ¡Y qué decir del significado de «la Pasión» en la tradición cristiana...! ¿Cómo conciliar, entonces, tales connotaciones negativas con algo supuestamente positivo como es el amor hacia alguien...? ¿O es que, a la postre, la pasión amorosa no es tan saludable? El autor expone muy bien cómo, junto con algunos datos que indican mayor satisfacción vital, mejor salud, etc. en los emparejados, existen también posibles efectos negativos, y de hecho se refiere expresamente a «la cara oculta del amor»... Todo ello no impide, sin embargo, que los seres humanos persistan en la búsqueda de relaciones amorosas, incluso tras fracasos reiterativos.

No lejos de estas disquisiciones se encuentra una cuestión de fondo. ¿Es el individuo agente activo del sentimiento amoroso, o es por el contrario victima del mismo? Dicho de otro modo, el origen del amor radica en el sujeto (soy yo quien me muevo hacia el objeto amoroso) o en el objeto (que me estimula y genera mi pasión). A diferencia del idioma inglés, en el que toda expresión comienza por el sujeto: *I like, I love,* el castellano parece introducir un sutil matiz: decimos «ella me gusta», «él me atrae», «me apasiona»; pero «yo te quiero», «te odio», «te deseo», «te amo». ¿Hay más control en estas últimas expresiones? ¿Cabe entonces dejar de amar a alguien pero no evitar que nos agrade o desagrade...?

En otro orden de cosas, cabría también señalar, dentro de la natural ignorancia al respecto de quien esto escribe, que mientras parece clara la relevancia del nivel de la especie para la explicación de diferencias entre varones y mujeres (de hecho, la mayoría de hipótesis evolutivas o sociobiológicas se centran en tales diferencias), poco parece que pueda aportar para explicar diferencias intraespecíficas dentro del colectivo de varones o de mujeres, con lo que su capacidad explicativa se ve seriamente limitada (como, por otra parte, el propio autor se ocupa de señalar al subrayar la importancia —la necesidad— de tener en cuenta *todos* los niveles de análisis).

Otra de las cuestiones de fondo, no del todo resueltas en el libro (tal vez es irresoluble) se refiere a los distintos dilemas que plantea el fenómeno amoroso, como por ejemplo la difícil resolución del conflicto entre fidelidad y deseo de novedad... Probablemente no existe una solución científica; sin embargo, parecen existir personas que, a su modo, lo han resuelto...

En este sentido, uno de los capítulos finales puede llegar a preocupar al lector, especialmente si está enamorado o en proceso de llegar a ello, al enfrentarlo con los innumerables factores que amenazan a una relación amorosa, diseccionados por Carlos Yela con el bisturí del cirujano, y tras cuya lectura uno queda irremediablemente convencido de que lo realmente difícil es que una relación perdure por algún tiempo, ante ese desolador panorama... Tampoco las soluciones propuestas a los distintos puntos suavizan la cuestión, pues a menudo son fundamentalmente un ejercicio de voluntarismo (cuando afirma, por ejemplo, que para evitar el influjo de las expectativas estereotipadas y de los roles de genero, la solución sería abandonarlas y sustituirlas por criterios propios...).

Qué duda cabe que cabría cuestionar, en fin, hasta qué punto a la Psicología o la Psicología Social puede exigírsele dar una explicación completa del fenómeno amoroso. Probablemente no, y tampoco al propio texto de Carlos Yela. De hecho, no existe todavía una explicación omnicomprensiva del fenómeno amoroso que sepa dar cuenta de la génesis, mantenimiento y disolución de la relación amorosa, analizando al tiempo en esos tres momentos las variables relativas al sujeto, objeto amoroso, y la situación. Y por lo demás, bajo todos estos modelos teóricos no siempre es fácil afirmar que se ha captado la esencia misma del amor, esa chispa que salta o no salta, esas vibraciones que están o no están, esa complicidad... En ese sentido, no vendría mal tampoco un cierto ejercicio de modestia; probablemente existen amores difícilmente explicables... ni siquiera desde la Psicología.

Sin embargo, hay un dato cierto: probablemente buena parte de los problemas y sufrimientos generados por el amor y las relaciones de pareja arrancan de una deficiente información, ideas falsas, estereotipos inexactos, desconocimiento de la realidad del amor, creencias inadecuadas, mitos románticos, la propia inmadurez, la eterna confusión entre amor y deseo... (aspectos todos ellos analizados en el texto), etc. En ese sentido, lo que sí cabría exigir a la Psicología Social es el objetivo social de intentar ofrecer lucidez y comprensión sobre un fenómeno, por muy escurridizo e inescrutable que sea, de tanta relevancia vital, psicológica y social: los costos personales y sociales de no hacerlo son, como vemos cotidianamente, bastante grandes. A ello viene a colaborar sin duda este excelente texto, riguroso y útil al tiempo, y por ello sintonizo bastante con el talante pedagógico del autor (probablemente heredado de su padre, quien fuera inolvidable maestro de las primeras generaciones de psicólogos españoles) que le lleva a concluir con esa propuesta «aplicada» presentada en la última parte de la obra.

Julio 2000.

JOSÉ LUIS SANGRADOR GARCÍA
Catedrático de Psicología Social.
Facultad de Psicología. UCM

«Si imaginamos que somos simplemente, o incluso principalmente, seres racionales, no nos conoceremos nunca.»

CARL SAGAN y ANN DRUYAN (1992)

Introducción

> «A pesar de los miles de poemas, canciones, novelas, óperas, dramas, mitos y leyendas que han versado sobre el enamoramiento desde mucho antes de nuestra era; a pesar de las incontables veces que un hombre o mujer ha abandonado a su familia y amigos, cometido suicidio u homicidio, o ha sufrido graves pesares por causa del amor, muy pocos científicos han concedido a esa pasión el estudio que se merece.»
>
> H. E. FISHER (1992)

1. Justificación del tema: ¿hay que justificar el estudio del amor?

Existe un extendido recelo, no sólo entre la «gente de la calle» sino también entre buena parte de los propios psicólogos, a tratar de comprender desde un punto de vista científico un tema tan tradicionalmente alejado de las explicaciones racionales, rigurosas y sistemáticas como el del amor. Para la mayoría de la gente es una impertinencia por parte de la Ciencia el hecho de investigar un tema tan «misterioso».

Tanto es así que, hace no tantos años (en 1975), el senador Proxmire se dirigía indignado al Senado de los Estados Unidos, refiriéndose a las ayudas estatales para la investigación del fenómeno amoroso, en estos términos: «200 millones de americanos quieren dejar algunas cosas en el misterio, y justo en la cima de las cosas que no deseamos saber está el por qué un hombre se enamora de una mujer y viceversa» (véase Wilson y Nias, 1976)[1]. En definitiva, sostenía que ni se puede ni se debe investigar científicamente el amor.

Para el científico social no es un tema académicamente respetable ni prestigioso. Entre nosotros, un reputado sociólogo se quejaba hace algunos años de que «lo referido a cualquier esoterismo teórico goza de antemano de los atributos de seriedad y relevancia científica, y todo lo que atañe a la vida cotidiana cuenta, también con carácter previo, de la sospecha de indignidad científica» (Iglesias de Ussel, 1987, p. 12).

Ahora bien, si se puede o no investigar rigurosa y sistemáticamente el amor es algo que hay que decidir después de intentarlo, y su gran dificultad no puede ser nunca una excusa para no hacerlo. Además, como es bien sabido, la Ciencia se caracteriza por su método y no por su objeto, de forma que la tarea consiste «sencillamente» en aplicar el método científico (no necesariamente experimental, recordemos) al estudio del amor.

Respecto a si se debe o no, parece haber, a nuestro modo de ver, bastantes motivos para responder afirmativamente:

Es muy reseñable la gran diferencia existente en cuanto a volumen de investigación entre nuestro tema y otros que quizá sean menos relevantes en la vida del hombre como, pongamos por caso, el reflejo salivar condicionado[2]. Por otro lado, es frecuente entre los intelectuales la queja sobre el enorme hiato existente entre el progreso tecnológico y el progreso en las relaciones humanas; en este sentido, creemos que el estudio riguroso, sistemático y empírico del amor podría ser una vía que contribuyera a salvar esa abismal y lamentable diferencia.

Además, el frecuentemente aludido temor a dejar de sentir las intensas vivencias amorosas una vez que los científicos sociales descubran los mecanismos que están en la base de ellas, parece notablemente injustificado, aunque pueda ser comprensible. Conocer no implica dejar de sentir: ¿acaso no nos sentimos profundamente emocionados con nuestra canción o melodía favorita, a pesar de que sabemos que en el fondo consiste en un conjunto de vibraciones acústicas de unas determinadas características, traducibles a un conjunto de acordes? ¿Acaso el termómetro ha acabado con la fiebre? Quizá incluso «comprender el amor no minimice su poder emocional, sino que, más bien, lo aumente», como apunta un prestigioso psicólogo de la inteligencia, ahora en nuestro campo (Sternberg, 1988, p. 117).

Por otra parte, es difícil encontrar una sola teoría psicológica sobre la felicidad que no incorpore, de una u otra forma, al amor como un componente funda-

---

[1] En el texto se citará la fecha de la publicación original, con el objetivo de que el lector pueda incluir las referencias citadas en su contexto temporal. En la bibliografía final, no obstante, se incluirán siempre ambas fechas, la de la publicación original, y la de la edición consultada.

[2] Con ello no pretendemos en ningún momento restar importancia al estudio de dicho reflejo, sino resaltar en su justa medida la importancia para el hombre de un fenómeno como el que nos ocupa.

mental (algunos, como Argyle, 1987, lo destacan como el factor primordial). En esta línea, las investigaciones sobre apoyo social, de gran relevancia en el ámbito de la salud, incorporan el apoyo de la pareja como uno de los factores fundamentales en la salud tanto física como psicológica (p. ej. Barrón, 1990). Uno de los capítulos del presente trabajo versará precisamente sobre los numerosos trabajos —tanto de reflexión teórica como de investigación empírica— que subrayan la importancia del fenómeno amoroso sobre la salud y la satisfacción general.

Lo mismo, por desgracia, cabe decir de lo que vamos a llamar «la otra cara del amor»: un conjunto de mitos, disfunciones y paradojas amorosas que suelen conducir a estados psicológicos de signo opuesto a los anteriores: decepción, ira, temor, incertidumbre, desasosiego, infelicidad... y en no pocas ocasiones a comportamientos violentos. También por esa otra cara es importante su estudio.

En este sentido, es importante una aproximación científica a la comprensión del amor, puesto que el conocimiento puede facilitar la solución de aquellos problemas que sean fruto de la ignorancia (que no son pocos); como subraya Rubin en el epílogo de su conocida y pionera obra (1973), el conocimiento de los factores que influyen en nuestra conducta social (y el amor es una de las principales) incrementa nuestra libertad al permitirnos liberarnos de su ciega obediencia[3]. Si avanzamos en la comprensión de las causas y los correlatos de nuestros comportamientos amorosos, quizá podamos mejorar nuestras relaciones y nuestra satisfacción en ellas, y en nuestra vida en general. En este sentido, cabe recordar la vehemente advertencia del psicólogo humanista: «Tenemos que comprender el amor; tenemos que ser capaces de enseñarlo, crearlo, predecirlo, o el mundo será vencido por la hostilidad y el recelo» (Maslow, 1954), que constituiría el polo opuesto a la mencionada postura del senador Proxmire.

Finalmente, suponemos que nadie discutirá respecto a la enorme importancia del amor no sólo en nuestras vidas privadas, sino también en la propia estructura social: de hecho es la razón confesada para el matrimonio (que es la base de la estructura social básica —la familia— en nuestra cultura) en una abrumadora mayoría de los casos, tanto en nuestro país (CIRES, 1992 y Jiménez Burillo y otros, 1995), como en general en la actual cultura occidental (Simpson y otros, 1986).

Pero antes de abordar un área tan polémica, hay que destacar que si ya es grande la dificultad para separar y discernir entre «juicios de hecho» y «juicios de valor» en toda ciencia (frente a la «ingenuidad» clásica positivista), esto es especialmente arduo en las Ciencias Sociales y más aún en Psicología, y especialmente en un tema como el que nos ocupa. Esto ya nos lo recordaba Ortega, a prin-

---

[3] El ubicuo dilema entre «el sabio atormentado vs. el ignorante feliz» es una cuestión demasiado compleja como para ser resuelta frívolamente en unas cuantas líneas. No es este el momento más apropiado para un análisis profundo de tan relevante y decisiva cuestión.

cipios de siglo: «al hablar de algo tan íntimo como el amor, uno termina contando o confesando su propio caso» (1916, p. 24). Uno de los pioneros en el estudio psicosocial de la atracción, se refiere a ello en los siguientes términos: «Si alguien se embarca en una investigación, cualquiera que sea el fenómeno estudiado, buscará situaciones, diseños de investigación y datos empíricos compatibles con su propio punto de vista» (Byrne, 1971, p. 266).

Esta contundente alusión entronca directamente con el apasionante terreno de la Epistemología, y de la Sociología del Conocimiento y de la Ciencia (p. ej. Kuhn, 1962, por citar uno de sus más insignes clásicos), donde desgraciadamente no podemos entrar por razones obvias de extensión[4]. En cualquier caso, como resalta Gould (1981), es importante (y, de paso, lo más honesto) reconocerlo previamente, tratar de evitar en lo posible dicha influencia, y, cuando sea oportuno, hacer explícitos esos juicios de valor.

Pero estas breves advertencias no nos deben hacer caer en el anarquismo epistemológico y metodológico (todo vale), ni en el escepticismo radical (nada vale), ni en una desasosegadora incertidumbre (ni sé ni puedo saber qué vale), sino en una postura de cautela y prudencia a la hora de dar validez y alcance a los resultados obtenidos.

Por otro lado, de ningún modo se trata aquí de rechazar o relegar otro tipo de discursos sobre el amor (por literatos, filósofos, y artistas de todo tipo), sino sencillamente de dar una oportunidad al análisis científico de tan complejo y trascendental fenómeno.

2. La atracción y el amor en las Ciencias Sociales

Si bien los literatos y los filósofos han tratado profusamente el tema del amor, de muy diversas formas según la Cultura y la Época Histórica, la Ciencia en general, y las Ciencias Sociales en particular, han sido tradicionalmente remisas a abordarlo.

La Antropología ha estudiado temas como la familia, el parentesco, el matrimonio, el comportamiento sexual, los ritos vinculadores, el apego, el beso, y las conductas altruistas, pero no específicamente el amor romántico, considerado generalmente como una peculiaridad exclusiva de las civilizaciones occidentales (Mead, 1935; Linton, 1936; Rosenblatt, 1967; Coppinger y Rosenblatt, 1968; Eibl-Eibesfeldt, 1970, 1973).

---

[4] Existen en nuestro país excelentes trabajos sobre los problemas y limitaciones del método científico y del positivismo clásico, respecto al conocimiento y la ciencia en general, y sobre la Psicología en particular (p. ej. Pinillos, 1981 y M. Yela, 1994).

© Ediciones Pirámide

La Sociología se ha centrado —en lo que a nuestro área se refiere— en el análisis del matrimonio (y la satisfacción en el mismo) como unidad básica de la estructura social (p. ej. Hamilton, 1929; Terman, 1938; Burgess y Cottrell, 1939; Burgess y Wallin, 1953...), y sólo en contadas ocasiones ha concedido suficiente atención a la importancia estructural del amor y las creencias románticas en nuestra sociedad. Entre tales excepciones destaca el análisis de Goode (1959), junto a otros artículos publicados en revistas del ámbito sociológico: Burgess (1927), Gross (1944), Beigel (1951), Winch (1954), Hobart (1958), Reiss (1960), Kerckhoff y Davis (1962), o Greenfield (1965). Destacan también las obras de algunos historiadores sobre el matrimonio (Westermarck, 1926) y la pasión (Rougemont, 1938).

Por su parte, la Psicología, salvo algunas digresiones tangenciales (como en James, 1884) y algunas especulaciones, interesantes, pero no propiamente científicas en tanto que totalmente al margen del campo empírico (entre otras cuestiones), por humanistas y psicoanalistas (como Freud, 1921; Reik, 1944, 1957; May, 1953; Maslow, 1954; o Fromm, 1956), también ha rehusado encarar con rigor el tema.

Y finalmente, la Psicología Social habrá de esperar hasta 1964 para que Secord y Backman incorporen en su manual de la disciplina un capítulo sobre atracción interpersonal donde se incluían unas breves consideraciones sobre el amor. Un año más tarde, Aronson y Linder (1965) publican su ya clásica «ley» sobre la atracción interpersonal. Poco después, Bloom (1967) publicará un artículo sobre el concepto de amor y las tipologías amorosas, todo ello en revistas propias de nuestra disciplina (la Psicología Social). En 1969, Berscheid y Walster publican la primera edición de su pionera obra «Interpersonal Attraction».

Durante la primera mitad de los años setenta se publican algunos libros pioneros en los que se aborda en mayor o menor extensión el tema, dentro del apartado de atracción interpersonal: las investigaciones de Byrne (1971), el «manual» de Rubin (1973; primera vez que el término *loving* encabeza el título de un libro de Psicología Social), la revisión de Huston (1974), y la «Teoría» de Centers (1975). Se publican también algunas obras centradas en determinados aspectos de las relaciones amorosas, como la fidelidad sexual: O'Neil y O'Neil (1972), Gondonneau (1973), así como algunos artículos, hoy ya clásicos: Stroebe y otros (1971), Driscoll y otros (1972), Walster y otros (1973), y Dutton y Aron (1974).

A mediados de los años setenta, el análisis científico del amor se va paulatinamente desmarcando del área de la atracción interpersonal, al tiempo que surge una verdadera explosión y auge de las investigaciones: centenares de artículos, decenas de volúmenes monográficos y manuales, cursos, seminarios, congresos, etc., e incluso alguna revista especializada, como el *Journal of Social and Personal Relationships,* donde buena parte de los artículos publicados se centran en el amor o en temas muy afines. Entre los libros más relevantes, y de obligada consulta, cabe destacar las obras de Peele (1975), Lee (1976), Wilson y Nias (1976), la revisión de Duck (1977) sobre atracción interpersonal, Cook y McHenry (1978), Berscheid y Walster (1978, 2.ª ed.), Tennov (1979), y la gran revisión de Cook y Wilson (1979) sobre atracción, amor y sexualidad, con más de 80 artículos de diversos autores de las distintas disciplinas sociales. Dicha expansión continuará e incluso aumentará en la década de los ochenta.

Otra idea de esa evolución nos la puede dar la revisión que llevan a cabo Jiménez Burillo y otros (1992) sobre el que pasa por ser el principal manual de Psicología Social (al menos, de lo que podríamos llamar Psicología Social Ortodoxa), el de Lindzey y Aronson: en la edición de 1954 no aparece siquiera el tema del amor, en la de 1968 ocupa el puesto veinticuatro (en cuanto a extensión dedicada al mismo), y finalmente, en la edición de 1985 ocupa ya el séptimo lugar (por encima de muchos temas clásicos de la Psicología Social).

En ese mismo trabajo (Jiménez Burillo y otros, 1992) se revisan 35 manuales de la disciplina publicados durante la década de los ochenta, constatándose que entre los 61 temas tratados, el de «atracción y amor» es nada menos que el segundo entre los manuales estadounidenses y el tercero entre los europeos. Para decirlo todo, si el análisis se hubiera limitado a capítulos específicos sobre el amor, excluyendo aquellos en los que figurara junto o bajo el epígrafe de la atracción, seguramente el puesto no habría sido tan alto; pero aún así el dato es muy significativo. Tanto es así que en 1989, Hendrick, refiriéndose a las relaciones íntimas, declaraba sin reparos que «... parece claro que una *nueva disciplina* ha emergido» (p. 7; la cursiva es nuestra).

Finalmente, en los años noventa, el tema se ha convertido ya en un punto de referencia obligado de la Psicología Social. En los más destacados manuales de Psicología Social publicados a lo largo de esta última década aparecen sistemáticamente uno o dos capítulos dedicados a nuestro tema (Sabini, 1992; Weber, 1992; Deaux y otros, 1993; Myers, 1993; Smith y Mackie, 1995; y más recientemente Baron y Byrne, 1997). El propio Sabini (1992) abre su introducción con varias páginas dedicadas al amor romántico. Otro hecho destacable es que en la selección de Halberstadt y Ellyson (1990) de los 39 trabajos más representativos de la Psicología Social entre 1898 (desde la famosa obra pionera de Tripplett) y 1990, entre tan magna y escueta selección, nada menos que tres capítulos versan sobre el amor (su concepto, la importancia del atractivo físico, y las diferencias entre hombres y mujeres). «Recientemente», la *Journal of Social Issues* (1993) ha dedicado un número monográfico a las relaciones íntimas, en el que la mayoría de los artículos abordan el tema del amor de pareja. Por otra parte, la publicación de monografías sobre el tema continúa aumentando cada año, muchos de ellos de orientación psicodinámica (p. ej. Gabbard, 1996), otros muchos desde lo que se ha dado en llamar la nueva Psicología Feminista (p. ej. Wetherell, 1995), y el resto desde la propia Psicología Social «ortodoxa» (p. ej. Hatfield y Rapson, 1996).

Sin embargo, *en nuestro país,* ese *boom* al que nos referíamos no aparece hasta fechas mucho más recientes (bien entrados ya los años ochenta). Hasta esa fecha, dejando al margen la ingente producción literaria y filosófica clásica, la producción intelectual rigurosa sobre el amor ha sido bastante limitada[5].

Pastor Ramos (1978) dedicó un extenso capítulo a la atracción interpersonal, que incluía ocho páginas sobre el amor. Jiménez Burillo (1981) hace lo propio en su manual, dedicando aún mayor atención al fenómeno amoroso. Lo mismo hace Sangrador (1982) en su pequeño «manual» divulgativo. En 1982 la *Revista de Occidente* publica un número monográfico sobre el amor. Años después los Cuadernos de *Historia 16* (1986) dedican un fascículo completo a nuestro tema (con intervenciones tan notables como la de Martín Gaite). Aparecen también obras bajo un enfoque clínico conductual, como las de Costa y Serrat (1982) o Cáceres (1986), y análisis sociológicos de las relaciones de noviazgo, amorosas y sexuales —que se multiplican en los últimos años— (Iglesias, 1987; Martín Serrano, 1991; Malo de Molina, 1992; A. de Miguel, 1992; S. del Campo, 1993). Así mismo, se publican artículos científicos en revistas psicológicas no centradas específicamente en nuestro tema (p. ej. Bueno, 1983), así como en periódicos de ámbito nacional (p. ej. Jiménez Burillo, 1984). Finalmente, dentro de la década de los ochenta, Yarnoz (1989) firma un capítulo sobre el amor romántico, en un libro dedicado a las emociones. Con toda seguridad existirán más publicaciones de las que hemos podido constatar, pero, con todo, su número difícilmente sobrepasará unas escasas docenas hasta finales de los años ochenta, si nos ceñimos a las que se refieren específicamente al tema que nos ocupa.

Y es, como decíamos, en los años noventa, cuando se produce el notable incremento en investigación y popularidad que se había alcanzado años atrás principalmente en los Estados Unidos.

Por un lado se publican artículos firmados por profesores universitarios (p. ej. Ochoa y Vázquez, 1991; Sangrador, 1993, 1996, 1998; Serrano y Carreño, 1993, y Yela, 1996, 1997, 1998, 2000) y otros psicólogos (p. ej. Garaizabal, 1992), así como algunos libros en mayor o menor medida dedicados a, o relacionados con, el tema (Guasch, 1991; Ortiz, 1991...) Además, se realizan seminarios, conferencias, cursos de doctorado, simposiums, congresos, y alguna tesis doctoral (Carreño, 1991; Yela, 1995; Martínez Íñigo, 1997). Varios profesores del Departamento de Psicología Social de la Universidad Complutense de Madrid venimos trabajando en el tema desde 1991, incluyendo un estudio financiado por la CICYT, que incluía una encuesta sobre una muestra representativa de la pobla-

---

[5] En realidad, la gran mayoría de lo que se venía publicando está más cerca de la reflexión —con frecuencia no exenta de cierto tono moralista—, que de la investigación empírica (p. ej. Trías, 1979; Rojas, 1990; Marías, 1992, etc.).

© Ediciones Pirámide

ción española, cuya fase de campo fue desarrollada por el CIS, y de la que hablaremos más adelante (Jiménez Burillo y otros, 1993, 1995; Sangrador, Yela y Martínez Íñigo, 1997; Yela, 1997; Barrón y otros, 1999; Sangrador y Yela, 2000; Yela y Sangrador, en prensa). Así mismo, los principales manuales de Psicología Social publicados en nuestro país en esta década, abordan de manera sistemática el tema (Gómez Jacinto y Canto, 1997; León y otros, 1998; Morales, 1999).

Por otro lado, ese creciente interés por el comportamiento amoroso se ha extendido, con resultados generalmente muy decepcionantes, en tanto que simplistas, reduccionistas, y sensacionalistas, a la propia Televisión («culebrones», los llamados *reality shows,* concursos, debates de dudosa «altura intelectual», etc.), reflejándose también en artículos periodísticos que, a nuestro juicio, a pesar de su oportuna labor divulgativa, también contribuyen a banalizar el tema y a confundir a la mayoría de la gente.

En este sentido, el propio Ortega y Gasset (1917, p. 139) confesaba respecto al estudio del amor: «¡Ah, cuánto hemos de hablar de esto en voz queda y confidencial para que no nos oigan los periodistas, que todo lo desmesuran!». Y es que ese es precisamente el problema: donde un científico social dice «es posible, con reservas», el periodista o el presentador de televisión suele traducir por «está demostrado», y donde los investigadores apuntan que «es un factor importante, entre muchos otros», algunos periodistas y presentadores señalan: «los científicos pretenden hacernos creer que el amor es únicamente...». En especial los programas de televisión a los que aludíamos más arriba, que suelen ser precisamente los de máxima audiencia, contribuyen poderosamente a difundir y afianzar los viejos estereotipos falsos y las viejas creencias erróneas sobre el amor romántico (que comentaremos en distintos lugares de este trabajo), cuyo resultado son las expectativas irreales, el desengaño, la decepción, y el sufrimiento. Un ejemplo de esa actitud frívola hacia el tema es la profusión de llamadas que desde los más diversos medios de comunicación recibimos los profesores de mi Departamento para hablar del amor... ¡únicamente en la semana de San Valentín! (sólo entonces interesa —es decir, vende, para decirlo sin tapujos— el asunto).

Así pues, centrándonos ya en nuestro ámbito académico, y regresando al plano internacional, el estado de la investigación es actualmente prolífico y prometedor. A pesar de ello existen dos problemas principales, por otra parte no exclusivos de nuestro área: la relativa abundancia de lo que algunos, desde W. Mills, denominan «empirismo ramplón» (es decir, investigaciones sin un marco teórico que sirva de guía, y que únicamente se reducen a cruzar variables «a ver qué sucede»; como p. ej. la de Johnston y Jaremko, 1979), y la ausencia de un enfoque integrador que englobe las decenas de explicaciones parciales y puntuales con que, con mayor o menor apoyo empírico, contamos actualmente sobre aspectos concretos del fenómeno amoroso.

© Ediciones Pirámide

Por todo ello, creemos que es un buen momento para hacer un alto en el camino, reflexionar hasta dónde hemos llegado, y tratar de poner algo de orden en una bibliografía tan dispersa como ya excesivamente abundante. Si a lo largo del camino logramos arrojar algo de luz sobre los interrogantes de nuestros lectores (¡o no ya resolver, sino siquiera suscitar alguna!), habrá merecido la pena el esfuerzo.

3. ¿A qué «amor» vamos a referirnos?: concreción del concepto

Antes de comenzar a desarrollar el tema conviene aclarar qué es lo que entendemos por «amor» y a qué tipo de amor vamos a referirnos.

Es importante aludir a un punto que puede dar lugar a confusiones: el término «amor romántico» se ha empleado en algunas ocasiones como sinónimo de «amor de pareja» frente al amor hacia otros sujetos u objetos (amor paternal, filantrópico, a un dios, a la naturaleza, etc.), y en otras ocasiones para designar un subtipo de ese amor de pareja, frente a otros tipos de amor de pareja (amor conyugal, lúdico, pragmático, altruista, etc.). Como es sólito, hay tantas definiciones del amor como autores han escrito sobre él, y en algunas de ellas nos detendremos en un apartado posterior. Ahora, simplemente, queremos dejar constancia de que nuestro trabajo versará sobre el amor romántico en su primera acepción, esto es, como equivalente a amor de pareja (generalmente, aunque no necesariamente, relación íntima entre dos adultos de distinto sexo que incluye relaciones sexuales)[6] en sus distintas variedades (tipos o estilos amorosos).

Hay que resaltar, por otra parte, la enorme dificultad de aprehender en qué consiste el amor «en sí», separándolo de la enorme cantidad de factores que influyen y conforman la relación de pareja en que ese amor se manifiesta.

Finalmente, queremos resaltar que hablaremos indistintamente de «amor», «fenómeno amoroso», «comportamiento amoroso» o «conducta amorosa» ya que concebimos el término «conducta» en su más amplia acepción, es decir, como un fenómeno global que incluye los siguientes componentes, esquemáticamente enunciados[7]:

---

[6] Decimos que «no necesariamente» por cuanto que aunque lo estadísticamente «normal» es que sea una relación íntima, entre dos personas, entre adultos, de distinto sexo, y sexual, también cabe hablar de relaciones amorosas no íntimas, y/o entre más de dos personas, y/o entre adolescentes, y/o entre personas del mismo sexo, y/o una relación sin sexualidad.

[7] Consideramos dichos componentes como diversas manifestaciones fenomenológicas de una misma y única realidad, desde lo que se ha dado en llamar «monismo ontológico-pluralismo fenomenológico y epistemológico». Por motivos obvios, no es este el momento de profundizar en ello; sin embargo sí nos parecía pertinente la aclaración, al hablar de conceptos «físicos» y conceptos «mentales».

© Ediciones Pirámide

CONDUCTA («acción física significativa»; M. Yela, 1987, 1989, 1994a y b):
— Interna: • Cognitiva (pensamientos, ideas, conceptos...).
            • Afectiva (sentimientos, emociones...).
            • Motivacional (impulsos, deseos, tendencias...).
— Respuestas psico-fisiológicas.
— Externa: • Motora (coducta externa, comunicación no verbal).
            • Verbal.

De este modo, cuando hablemos de «conducta o comportamiento amoroso» o simplemente de «amor», nos estaremos refiriendo al *conjunto de pensamientos, sentimientos, motivaciones, reacciones fisiológicas, acciones* (incluida la llamada *comunicación no verbal*, con frecuencia inconsciente) y *declaraciones* (conducta verbal) que engloba el fenómeno amoroso (en lo que concierne a las relaciones amorosas, íntimas y sexuales, de pareja).

4. Niveles de análisis necesarios para comprender el fenómeno amoroso

El amor, como todo complejo fenómeno humano, puede y debe ser analizado desde diversas perspectivas. Pensamos que un análisis interdisciplinar y no reduccionista del fenómeno (por el que se aboga de forma insistente; p. ej. desde Ballús, 1983, hasta Jiménez Burillo y otros, 1993, 1997, en nuestro país), debe abarcar, de algún modo, los siguientes cinco niveles de análisis. El asterisco indica que las causas se van añadiendo unas a otras a medida que el nivel de análisis va concretándose del nivel más general (el de la especie) al más concreto (el del individuo):

1. Específico (de la especie):

   — Unidad de análisis: la especie (el ser humano).
   — Disciplinas principales: Sociobiología, Etología, Paleontología...
   — Causas básicas de la conducta: Selección Natural (adaptabilidad, necesidad, azar, contingencia, transmisión genética, «inversión parental», efecto «Coolidge»...).

2. Cultural:

   — Unidad de análisis: la Cultura (culturas actuales e históricas).
   — Disciplinas principales: Historia, Antropología, Etnología, Psicología Transcultural...

— Causas básicas de la conducta: Legado cultural (normas, costumbres...)*.

3. Social:

    — Unidad de análisis: la sociedad.
    — Disciplinas principales: Sociología.
    — Causas básicas de la conducta: Normas, roles y costumbres sociales explícitas e implícitas*.

4. Interpersonal:

    — Unidad de análisis: el grupo —la interacción— (en nuestro caso, la pareja).
    — Disciplinas principales: Psicología Social.
    — Causas básicas de la conducta: leyes cognitivo-conductuales del aprendizaje y la interacción social (intercambio de refuerzos, cognición social, procesos de influencia social...)*.

5. Individual:

    — Unidad de análisis: la persona.
    — Disciplinas principales: Psicología Diferencial, Psicología General, Psicología Fisiológica, Neuropsicología... (también la propia Psicología Social).
    — Causas básicas de la conducta: leyes cognitivo-conductuales del aprendizaje, y procesos psico-biológicos (personalidad, aptitudes, procesos neuro-químico-fisiológicos...)*.

Como es bien conocido, las clasificaciones no son verdaderas o falsas, sino útiles o inútiles, de cara a la comprensión del fenómeno del que se ocupan y a la comunicación entre sus estudiosos. A medida que aumentamos el grado de inferencia o generalización de una clasificación, vamos paulatinamente perdiendo información y detalles, a cambio de una explicación más sencilla y fácilmente aprehensible; si, por el contrario, tratamos de no aventurar casi ninguna inferencia, obtendremos una clasificación más detallada y fidedigna, pero enormemente densa y difícilmente aprehensible. Siempre hemos de jugar con ese difícil equilibrio a la hora de construir una clasificación útil y fructífera. Como argumenta Jacquard (1987), no se trata de negar todo su valor a las clasificaciones, sino de ser conscientes de su relatividad.

Por todo ello, a la hora de estructurar el contenido de la presente obra, consideramos que lo más pertinente era dividirla en los mencionados cinco niveles de análisis (la especie, la cultura, la sociedad, las relaciones interpersonales, y el propio individuo). Suponemos que no hace falta insistir que ningún nivel es más importante que otro, que todos interaccionan entre sí, y que todos son necesarios para comprender plenamente en qué consiste ese complicado fenómeno bio-psico-socio-histórico-cultural-evolutivo que denominamos «amor».

5. Contenido general del libro y preguntas que trataremos de responder

Como señalábamos anteriormente, el desarrollo intensivo de la investigación científica sobre el amor ha comenzado en nuestro país hace apenas unos años, debido a lo cual se halla aún en estado embrionario. Tal ha sido el motivo principal por el que hemos optado publicar un intento de síntesis sobre el tema, donde se trate más o menos brevemente un amplio abanico de áreas, abarcando los diferentes niveles de análisis a los que acabamos de aludir. Hemos pretendido subrayar la necesidad de integrar los distintos puntos de vista desde los que aproximarse al estudio científico del amor, así como las diferentes áreas de investigación dentro de cada nivel de análisis. Nuestro objetivo primordial es que, de esta forma, el presente trabajo pueda servir de referencia inicial sobre el estado general de la cuestión en los diversos ámbitos de la investigación sobre el amor, de modo que constituyera un posible y útil punto de partida para investigaciones futuras.

Hemos tratado, pues, de resumir las principales investigaciones científicas que se han llevado a cabo sobre los más variados aspectos del amor, y desde los distintos niveles de análisis antes comentados. Cada uno de los apartados requeriría un libro (una Enciclopedia, si se me permite) por sí solo, pero nuestra intención (dado el estado actual de la investigación en el área, y la ausencia de obras en castellano de estas características) es ofrecer una síntesis abarcadora (con pretensiones comprehensivas y heurísticas). Apuntaremos algunas breves consideraciones sobre los niveles de análisis correspondientes a la especie (el «suelo» o sustrato básico del fenómeno, empleando una metáfora gráfica —prestada—), a la cultura y a la sociedad («el techo»), deteniéndonos algo más en lo que constituye propiamente el objeto fundamental de la Psicología y la Psicología Social, a saber, los niveles individual e interpersonal.

En relación a ello, no quisiera terminar esta introducción sin reconocer que fueron grandes mis dudas a la hora de incluir, junto con el análisis individual e interpersonal del fenómeno amoroso, esos otros niveles de análisis a los que nos hemos venido refiriendo. Lógicamente, para hacer una exposición con pleno rigor y confianza sobre esas materias, deberíamos convertirnos en biólogos, etólogos, sociólogos, paleoantropólogos, historiadores, o antropólogos culturales (o, mejor aún, en todos ellos). Entre esta inviable opción y la de permanecer en un siempre prudente pero estéril silencio, hemos optado por recoger toda la información que nos ha sido posible respecto a esas áreas, durante los últimos ocho años, y tratar de sintetizarla y ordenarla, con el fin de intentar tener una visión lo más global posible del fenómeno amoroso. De esta forma, pretendemos también, en la modesta medida de nuestras posibilidades, contribuir a superar el pernicioso reduccionismo psicologista característico de la Psicología Social dominante. Esperamos que el lector sepa disculpar nuestros errores (que esperemos sean poco numerosos) y nuestras lagunas (que, a buen seguro serán cuantiosas) en estas áreas[8].

Así pues, a lo largo del libro trataremos de arrojar algo de luz sobre los siguientes interrogantes (aunque, como ocurre casi siempre, muchas respuestas abren nuevas preguntas): ¿tiene algo que ver el amor (quizá para el lector la pregunta sea más interesante si sustituye «el amor» por «mis sentimientos amorosos») con la evolución de las especies?, ¿cumple el amor funciones evolutivas?, ¿cuáles son los mecanismos químicos involucrados en los sentimientos amorosos?, ¿el amor ha sido siempre igual a lo largo de la Historia?, ¿varía el amor entre unas culturas y otras?, ¿depende el amor de las características de la Sociedad en la que viven los amantes?, ¿cumple el amor funciones sociales?, ¿cuáles son las costumbres amorosas de la sociedad española actual?, ¿cómo se define exactamente el amor?, ¿en qué se diferencia el amor de otras relaciones íntimas?, ¿existen teorías sobre el amor?, ¿de qué está compuesto el amor?, ¿existen distintas formas de amar?, ¿cuáles son?, ¿ se puede «medir» el amor?, ¿cómo influyen las relaciones con los que nos rodean en nuestra relación amorosa?, ¿cómo varía el amor con el paso del tiempo?, ¿por qué nos enamoramos?, ¿en qué consiste eso de «estar enamorado»?, ¿es lo mismo el enamoramiento que el amor?, ¿qué pasa con la «pasión» de los primeros meses/años?, ¿en qué consiste el proceso de desamor?, ¿amamos igual hombres y mujeres?, ¿cómo varía el amor con la edad?, ¿es distinto el amor homosexual?, ¿en qué medida depende el amor de factores psicológicos?, ¿cumple el amor funciones positivas para el individuo?, ¿tiene el amor una «cara negativa»?, y finalmente. ¿La respuesta a estas preguntas, desde las Ciencias Sociales, puede ayudarnos en algo?

Vayamos, pues, con ello.

---

[8] Decía Teresa de Jesús, refiriéndose a otros asuntos, que: «son tan oscuras de entender estas cosas interiores, que quien tan poco sabe como yo, forzado ha de decir muchas cosas superfluas y aun desatinadas, para decir alguna que acierte» (Moradas, I, II). (Valga la cita, de paso, para reivindicar el derecho de un agnóstico a citar a un místico, como el de un conductista a citar a un psicoanalista; todos han dicho cosas interesantes —aunque obviamente no siempre.)

© Ediciones Pirámide

El amor y la evolución: constricciones biológicas a nuestros sentimientos amorosos

> «Entre los muchos sentimientos humanos en los que interviene la cultura, pero que pueden estar básicamente preprogramados, podríamos citar la atracción sexual, el enamoramiento [...].»
>
> CARL SAGAN (1992)

Antes de entrar en el comentario de los hallazgos y especulaciones que arroja el análisis evolutivo del fenómeno amoroso, no podemos dejar de volver a subrayar la necesidad de complementar las explicaciones evolutivas, relativas a la especie humana, con las de los otros niveles de análisis (cultural, social, interpersonal e individual) para lograr una adecuada comprensión del fenómeno. Si cualquier reduccionismo es pernicioso, tanto de cara a la comprensión de la realidad como en sus consecuencias prácticas, el reduccionismo biologicista probablemente lo es aún mucho más (como muestran, p. ej., las obras de Harris, 1971; Kamin, 1974; Lewontin, 1982; Nicholson, 1984; Jacquard, 1987, y especialmente la de Gould, 1981).

1. ¿Es el amor exclusivamente humano? Evolución filogenética del fenómeno amoroso

> «Es cierto que entre los animales sociales existe un sentimiento de amor que no tienen los animales no sociales.»
>
> C. DARWIN (1871)

Existen muchas conductas que, efectuadas por la especie humana, no dudaríamos en calificar como muestras o síntomas de amor (es decir, «conductas amorosas»), que también se producen, a su manera, en otras especies animales. Si, por ejemplo en una pareja de aves, observamos conductas pautadas de cortejo, excitación sexual, rituales de vínculo, enlace estable, participación mutua de los recursos materiales, permanencia juntos la mayor parte del tiempo, conductas de mutua ayuda..., es decir, si observamos, tal y como ocurre en la realidad, las conductas que reflejan lo que los científicos sociales definen como los pilares básicos de lo que llamamos «amor» (que podríamos sintetizar, como veremos más adelante, con tres conceptos muy generales: intimidad, pasión y compromiso; Sternberg, 1986), entonces ¿no deberíamos aplicar también el mismo concepto a esas especies animales? ¿No deberíamos, con Darwin, afirmar la existencia del amor en otras especies? Las diferencias, obviamente, existen. Ahora bien: ¿son cuantitativas o cualitativas? Es el eterno interrogante.

Una respuesta plausible es que esas conductas que observamos en animales cabe calificarlas como «vínculos afectivos primarios», desprovistos de todas las complejas características socio-culturales que adquieren en el hombre, aprendidas durante la socialización, y que convierten dichos vínculos (que compartimos con otras especies filogenéticamente próximas) en lo que propiamente podemos denominar «amor».

La discusión sobre las causas principales de tal diferencia alude directamente al debate sobre las diferencias fundamentales entre el hombre y el resto de las especies animales. Desde el punto de vista evolutivo, los «vínculos afectivos primarios» constituyen una conducta filogenéticamente adaptativa que en el caso del hombre está reestructurada socio-culturalmente, debido fundamentalmente a las dos características distintivas de éste: la metaconciencia (ser consciente de que se posee consciencia, que cabe concebir como una propiedad de la conducta debida a una determinada compleja organización estructural del cerebro; M. Yela, 1992), y el habla —que no el lenguaje, presente en otras especies animales— (producto de una determinada estructura neuro-buco-faríngea; Maynard, 1988), conformándose así un fenómeno bio-psico-socio-cultural que denominamos «amor».

El debate sobre si podemos o no denominar amor a determinados complejos conductuales (cognitivo-afectivo-motivacional-fisiológico-motores) de otras especies animales, es, en el fondo, una cuestión terminológica. Podemos considerar que sólo cabe hablar propiamente de «amor» en la especie humana (gracias a los grandes cambios progresivos que suponen la creciente encefalización, el bipedalismo, el habla, la metaconciencia...), y de «vínculos afectivos primarios», más o menos complejos, en el resto de la escala filogenética. O bien, podemos considerar que en algunas otras especies sí cabe calificar como «amor» determinados comportamientos, aunque en cada especie el tipo de amor sea distinto, y en la especie humana alcance, por lo que sabemos, su mayor complejidad.

Según la conocida Teoría del Gen Egoísta (Dawkins, 1976), la conducta amorosa se habría implantado en todas aquellas especies en que tal conducta supusiera una mayor probabilidad para sus individuos de transmitir el máximo número de genes propios a la próxima generación (o al «pool genético» de la especie, a largo plazo)[1].

Como subrayan distintos autores (Sagan, 1977; Griffin, 1984; Attenborough, 1990; Sagan y Druyan, 1992...), contamos con datos más que suficientes, provenientes de múltiples observaciones rigurosas, como para afirmar con garantías que en otras especies animales —no sólo, aunque fundamentalmente, entre las especies más próximas filogenéticamente— existen ciertos antecedentes de muchos de los procesos que solemos considerar como específicamente humanos: aprendizaje (en toda la escala filogenética); organización social (hormigas, termitas, abejas, delfines, primates); arquitectura (verdaderos edificios y complejísimos sistemas de refrigeración en termitas); agricultura, domesticación e industria química (cría de pulgones por las hormigas); alfarería (avispas); ingeniería y tecnología: creación de estructuras útiles (termitas, hormigas, avispas, abejas, arañas, aves, topos, castores...); artesanía (sastrecillo de indias); juego (muchos mamíferos, y todos los primates); comunicación y lenguaje (mariposas, abejas, calamares, delfines, monos vervet, chimpancés, bonobos... —en sonidos y/o signos, aunque no lenguaje escrito ni lo que llamamos «habla»—); prohibición del incesto (muchas aves, primates); mentira y engaños (ciertas aves, chimpancés); utilización de herramientas (alimoches, nutrias, chimpancés), arte (decoración y pintura en los pájaros jardineros y en las aves del paraíso, cantos de los gibones, bailes y utilización de «tambores» por chimpancés —todo ello independientemente del ritual de cortejo y seducción—); castigo (muchos mamíferos y casi todos los primates); previsión (mamíferos superiores y primates); construcción de herramientas (chimpancés —cañas de pescar termitas—); llanto (chimpancés); risa (chimpancés —no las hienas, como suele creerse—); orgasmo femenino (muchos primates); ovulación oculta (bonobos); coito frontal (bonobos); besos (chimpancés); pensamiento abstracto —razonamiento, inteligencia...— (delfines, macacos, gorilas, bonobos, chimpancés); comercio (chimpancés); medicina (farmacopea en chimpancés); propiedad privada (chimpancés); trabajo organizado en equipo —división de funciones— (chimpancés); altruismo (varias especies, siendo el ejemplo más claro el de los chimpancés); empatía (tratar de «ponerse en el lugar del otro» —en chimpancés—); proyectos a medio y largo plazo (chimpancés); conciencia (reconocimiento del estado interior y exterior actuales —aunque no metaconciencia—); autoconciencia (reconocimiento y distinción del yo frente al resto del mundo —aunque no metaconciencia—); ética (normas implícitas

---

[1] Dawkins, tachado en ocasiones, injustamente, de reduccionista, es muy claro al respecto cuando al final de su célebre obra (1976) se pregunta por la existencia de alguna poderosa razón para pensar que nuestra especie es única y no actúa únicamente según su teoría; su respuesta es contundente: «sí, esa poderosa razón es la Cultura».

sobre el binomio «bueno-malo»); leyes (normas explícitas sobre el binomio «bueno-malo»); y cultura (transmisión generacional de conocimientos aprendidos; en ciertos primates).

Por tanto, lo que nos diferencia del resto de las especies animales no son todas estas características que durante siglos se consideraron como únicas del género humano (y aún son consideradas así por la mayoría de la gente, sin conocimientos en este área)[2]. Lo que nos diferencia es fundamentalmente el habla: la articulación de un lenguaje simbólico hablado, y el desarrollo de la metaconciencia: la conciencia de la propia conciencia (que conducirá finalmente a indagaciones metafísicas ausentes en el resto de las especies: preguntas acerca del origen del Universo, el sentido de la existencia, la relación entre la *psique* y la *fisis*, los deseos de permanencia tras la muerte...). Ambas características potenciarán la aparición de ese gigantesco conjunto de conocimientos, creencias, costumbres, modos de vida, normas y tradiciones de carácter artístico, religioso, ético, legal, científico, filosófico y técnico, al cual denominamos genéricamente como Cultura, que es transmitido y modificado de generación en generación (y que transformará, a lo largo de eones de evolución, esos vínculos afectivos primarios en lo que los humanos denominamos «amor», con sus peculiaridades históricas y culturales —además de sociales e individuales).

La inauguración, por primera vez a lo largo de cerca de 4.000 millones de años de evolución biológica, desde la aparición de los primeros procariotas anaerobios, de ese fenómeno conductual que llamamos «Cultura», va a suponer un hecho esencial: que la especie humana es la única especie que se ha apartado deliberadamente del proceso de Selección Natural, de forma que *aún bajo la influencia de sus leyes,* trata de contrarrestarlas y modularlas a su conveniencia[3]. Para bien o para mal, el ser humano ha modificado (lo cual no quiere decir que haya solucionado satisfactoria y definitivamente) los límites que le imponían las leyes naturales. Así, nos hemos desviado de la Selección Natural al esforzarnos por la supervivencia de los más débiles (enfermos, disminuidos físicos y psíquicos, ancianos...; hablamos, claro está, como especie, sin aludir a las por desgracia muy numerosas excepciones que abundan en los más diversos países y culturas a lo largo del planeta) y al modificar esos límites biológicos: no sólo seguimos los

---

[2] No olvidemos que el 98,3 por 100 de los genes totales y el 99,6 por 100 de los genes activos de los hombres y chimpancés son exactamente iguales. De hecho, los chimpancés y el hombre son parientes más estrechos (genéticamente) que chimpancés y gorilas (que es el siguiente género más cercano al chimpancé) (Sagan y Druyan, 1992).

[3] Como recordaba M. Yela: «las exigencias culturales perturban o eliminan el juego de la selección natural, p. ej., protegiendo al menos apto, o prefiriendo otros valores a la fertilidad de los más aptos. El desarrollo cultural sustituye cada vez más en el hombre a la evolución biológica. Ésta, aunque prosiga, es lenta (requiere cientos o miles de generaciones para consolidar la selección de una variante genética aleatoria). El desarrollo cultural es, por el contrario, intencional y relativamente rápido» (1986; pp. 32-33).

© Ediciones Pirámide

ciclos de luz solar, sino además inventamos la electricidad; no sólo observamos lo que perciben nuestros ojos, sino que inventamos el microscopio y el telescopio; y, finalmente, no sólo sentimos los impulsos sexuales, sino que inventamos una compleja forma de regularlos y estructurarlos (presumiblemente cara al bien común, aunque como veremos también tiene su «cara oscura»): el amor.

Precisamente una de las conductas que parecen específicas del ser humano es la represión de la sexualidad (si bien existe una gran variabilidad cultural en este sentido, como veremos más adelante). A modo de ejemplo señalemos que el porcentaje de peticiones sexuales explícitas directas aceptadas por las hembras de los chimpancés es de un 97 por 100 (Sagan y Druyan, 1992), mientras que en humanos ronda el 0 por 100 (Clark y Hatfield, 1989). Otra diferencia reseñable es el promedio de cópulas en los chimpancés macho, que oscila entre una y dos por hora, comparado con el de la especie humana[4].

De esta forma, cabe concebir el amor, desde el punto de vista evolutivo, como el resultado de los impulsos sexuales básicos y los vínculos afectivos primarios, combinados (y, por tanto, modificados) con la Cultura a la que ha dado lugar nuestra compleja evolución cerebral.

A medida que ascendemos en la escala filogenética crece el control cortical del deseo y de la conducta sexual frente al control por las hormonas gonadales, *aunque éstas no dejan de influir* (Beach y Ford, 1951). En la especie humana, dicho control cortical incluye las normas socioculturales, que regulan el deseo y la conducta sexual, conformando el complejo fenómeno al que denominamos «amor».

Distintos autores destacan el hecho de que cuanto mayor cuidado necesitan las crías de una especie desde su nacimiento hasta su independencia, y cuanto menor sea el número de descendientes que esa especie pueda sacar adelante, mayor será la intensidad y la duración del vínculo afectivo que se establecerá entre los padres (p. ej., Attenborough, 1990; Fisher, 1992; Sagan y Druyan, 1992). En la especie humana se dan ambos condicionantes: por un lado las crías humanas están extraordinariamente indefensas al nacer y requieren un largo período de aprendizaje (en términos filogenéticamente comparativos) para sobrevivir por sí mismas; por otro lado las hembras de nuestra especie pueden obtener una descendencia muy reducida si la comparamos con el resto de las especies animales (incluso con el resto de los primates). Así, no es de extrañar que el vínculo afectivo (que con el legado cultural se convertirá en vínculo amoroso) entre humanos sea tan notable[5].

---

[4] Por otro lado, los bonobos (los llamados «chimpancés enanos») utilizan la estimulación sexual en la vida diaria para muchos fines, aparte de la simple satisfacción del impulso erótico (Sagan y Druyan, 1992). Quizá ahí no existan tantas diferencias.

[5] Obviamente, al tratar del amor homosexual, la posible adaptabilidad reproductiva desaparece, pero aún nos quedan otras posibles funciones adaptativas como el control del crecimiento de la población o el fortalecimiento de la cohesión social (volveremos sobre el tema más adelante).

© Ediciones Pirámide

El siguiente paso debería ser el análisis de la evolución del fenómeno amoroso a lo largo del *proceso de hominización y humanización*: desde los primeros antropoides hace unos 35 millones de años, pasando por el Dryopithecus y el Australopithecus, hasta el Homo sapiens sapiens (como tan modestamente nos hemos autocalificado). Desgraciadamente es muy poco lo que se sabe con certeza acerca de los vínculos afectivos en la Prehistoria, y su evolución hacia comportamientos amorosos a través del surgimiento de las primeras culturas humanas. La investigación arqueológica sobre este tipo de cuestiones no permite asegurar nada con rotundidad, aunque sí aventurar algunas hipótesis con cierto fundamento.

Como quiera que de los enterramientos, las pinturas en cavernas, los utensilios elaborados, y de otros datos arqueológicos, no pueden extraerse conclusiones firmes acerca de las relaciones afectivas y/o amorosas, una práctica común entre los estudiosos de la materia es tratar de extrapolar a dichas épocas (en la medida de lo posible) los datos obtenidos en el estudio de otros primates superiores, así como en las llamadas «culturas primitivas» existentes en la actualidad.

Recientemente (aunque ese término siempre es relativo), basándose en estudios paleo-antropológicos, etnológicos y etológicos (fundamentalmente primatológicos), la conocida antropóloga H. Fisher (1992) ha especulado sobre la presumible importancia de cada uno de los principales hitos de la hominización (bipedalismo, fabricación de herramientas, control del fuego, desarrollo del habla —y consiguiente evolución exponencial del pensamiento simbólico y de las normas sociales—, creación del arte, invención de la agricultura, y adopción del sedentarismo) en la evolución de las normas y costumbres en torno a las relaciones sexuales y los vínculos amorosos. Esta autora considera como equivalentes la atracción sexual, el enamoramiento, y el amor romántico, y por ello defiende su universalidad y su existencia en otras especies de primates y mamíferos superiores. Desde nuestro punto de vista, concebimos la atracción sexual como un impulso biológico básico, universal e interespecífico, mientras que el enamoramiento sería un estado fugaz e intenso, típicamente humano, y muy extendido (sobre su universalidad o no sigue abierta la polémica —que abordaremos posteriormente—), y el amor romántico como un producto sociocultural imbuido de un conjunto de creencias aprendidas durante la socialización (si bien tenga sus raíces últimas en ese impulso básico).

En un reciente artículo, dos renombrados sociobiólogos sugieren que la «asimetría intergenérica en el nivel mínimo de inversión parental» (es decir, el hecho de que las hembras de la especie humana deben invertir un mínimo de 9 meses para tener descendencia, mientras que los machos de nuestra especie tan sólo deben invertir un mínimo de unos minutos) provocará, a lo largo de eones de tiempo, la evolución de unas estrategias sexuales diferentes en uno y otro género —distintas según se trate de estrategias para relaciones a corto o a largo plazo—.

Dichas estrategias no deben entenderse nunca como planes conscientes, sino como tendencias adaptativas. Los beneficios y los costes de las relaciones sexuales y amorosas a corto y largo plazo serán distintos para los machos que para las hembras (debido principalmente a ese nivel mínimo de inversión parental, así como a otros factores biológico-evolutivos, como el notablemente mayor nivel de testosterona —productora de impulsividad sexual y agresividad— en los machos). Estos imperativos evolutivos determinarán en gran medida diferencias en las preferencias sexuales y amorosas entre machos y hembras, transmitidas genéticamente (p. ej., Buss y Schmitt, 1993; Buss, 1994; Buss, 1998).

Comoquiera que nuestros genes son prácticamente idénticos a los de nuestros remotos antepasados, estas preferencias sexuales y amorosas diferenciales podrían estar actuando poderosamente como telón de fondo (de las diferencias aprendidas socioculturalmente) en los hombres y mujeres actuales (preferencias adaptativas en el entorno en que surgieron, pero no conscientes, ni voluntarias, ni planeadas, y seguramente no adaptativas en el entorno actual, tan distinto al de nuestros ancestros). Entre esas diferencias, se supone que evolutivamente adaptativas (y por tanto instauradas por Selección Natural), podríamos destacar (Buss, 1989; Buss y Barnes, 1986; Buss y otros, 1992; Buss y Schmitt, 1993):

— A corto plazo (relación específicamente sexual): valoración masculina de los signos de promiscuidad femenina (pero no al revés); rechazo de las personas con un compromiso previo por parte de las mujeres (no así los hombres); mayor deseo de promiscuidad sexual en hombres; deseo de un menor lapso temporal entre el encuentro y la relación sexual en hombres; relajación de los criterios de selección en hombres; mayor importancia concedida al atractivo físico del otro por parte de los hombres, y a los recursos materiales, la altura y la fuerza física del otro por parte de las mujeres.
— A largo plazo (relación amorosa, con expectativas de duración): valoración de parejas de mayor edad (que uno mismo) por parte de las mujeres, y de menor edad por parte de los hombres; mayor incidencia de los celos sexuales (ante infidelidad sexual) en hombres, y de los celos emocionales (ante implicación emocional) en mujeres; mayor importancia concedida por los hombres al atractivo físico del otro, y por las mujeres a los recursos (socio-económico-culturales); mucho mayor deseo de promiscuidad sexual en hombres; mayor incidencia del efecto «Coolidge» (deseo de novedad del estímulo sexual, por habituación a la misma pareja) en hombres.

Con frecuencia este enfoque ha sido tachado de «machista», pero lo cierto es que muchas de estas diferencias, aunque no nos guste reconocerlo, han sido verificadas empíricamente (en un estudio con muestras de 37 culturas: Buss, 1989; así como en nuestro propio país: Jiménez Burillo y otros, 1995; Jiménez Burillo, Sangrador y C. Yela, 1995; Sangrador y otros, 1997; C. Yela, 1998). Además, la socialización en los roles de género suele apuntar en la misma dirección que estas supuestas influencias genéticas, aumentándose las diferencias. Los problemas principales de las explicaciones sociobiológicas que subyacen a estos postulados estriban fundamentalmente en su carácter post-ductivo y en su causalidad no eficiente: es decir, explican a posteriori (cuando ya ha pasado el fenómeno), pero no tienen tanta fuerza para predecir (antes de que pase), y se refieren a causas remotas del origen del comportamiento, y no a aquellos factores que actualmente pueden ser responsables del mantenimiento de tales comportamientos. Volveremos más adelante sobre ello, confiando en que el lector no nos prejuzgue antes de tiempo.

Otro aspecto investigado por algunos sociobiólogos (p. ej., Wilson y Nias, 1976), es el de la evolución de unos determinados estímulos desencadenantes *(releasers)* de la atracción física y sexual (que, como venimos diciendo, es la base del fenómeno amoroso). Como regla general, a pesar de las más o menos acusadas diferencias transculturales e históricas, sobre las que hablaremos, cabe afirmar que la atracción sexual se basa principalmente en los aspectos físicos que diferencian a un género del otro e indican salud y capacidad procreadora[6].

En definitiva, a medida que ascendemos en la escala filogenética, pues, se van regulando y haciéndose más complejas las conductas primarias de deseo y atracción sexual (que en humanos solemos denominar erotismo), afiliación (que los humanos hemos instituido como matrimonio —del tipo que este fuere—), y cuidado del otro (en humanos cariño), surgiendo en el hombre unas pautas socioculturalmente determinadas de amar (en nuestra cultura actual, las creencias e ideales románticos).

2. ¿Es útil el amor para la especie humana? Funciones evolutivas del fenómeno amoroso

Al hablar de funciones evolutivas del comportamiento amoroso nos estamos refiriendo al papel que puede estar desempeñando el fenómeno amoroso para el

---

[6] Así, los hombres tienden a sentirse más atraídos por mujeres sin vello, pechos grandes y firmes (por tanto no tan grandes como para que comiencen a caerse), cinturas estrechas, cejas finas, caderas moderadamente anchas, complexión suave y sinuosa (que es reforzada por los zapatos de tacón, tan extendidos en nuestra cultura), piernas finas y esbeltas (realzadas por el uso de faldas cortas), y nalgas moderadamente salientes, que son rasgos más presentes en las mujeres y ausentes en los hombres (a estos rasgos se han unido otros adquiridos culturalmente, que también los suelen diferenciar: uñas largas, maquillaje, pelo largo...). Por contra, las mujeres se sienten atraídas generalmente por una mandíbula fuerte, piel dura, cejas pobladas, nalgas pequeñas y fuertes, figura robusta, altura, ojos grandes y ausencia de tripa (Wilson y Nias, 1976).

individuo como miembro de una especie. Antes de sugerirlas y comentarlas es importante aclarar ciertos puntos. En primer lugar, al hilo de lo comentado en cuanto a la evolución filogenética, quizá sea más adecuado hablar de «funciones evolutivas del instinto sexual y los vínculos afectivos primarios», en lugar de «funciones evolutivas del amor», ya que son estos elementos básicos y primitivos del fenómeno global al que llamamos amor, los que propiamente están cumpliendo un papel evolutivo, es decir, un papel adaptativo para el individuo y la especie, en términos evolutivos (instaurándose mediante la consabida estrategia evolutiva de Selección Natural).

Por otra parte, es importante no confundir las funciones últimas que presumiblemente pueda estar satisfaciendo el comportamiento amoroso de cara a la especie (o de cara a la sociedad y al individuo, como veremos más adelante en otros apartados), con lo que son las causas efectivas de que nos enamoremos (lo que también veremos posteriormente): atracción física, sexual y personal, activación fisiológica, etiquetamiento sociocognitivo (de las emociones experimentadas con conceptos aprendidos sobre el amor), similaridad de actitudes (e intereses, valores, opiniones...), reciprocidad de atracción, percepción de características socialmente deseables, seducción (verbal y no verbal), autorrevelaciones íntimas, etc.

Finalmente, queremos resaltar otras dos cuestiones, tan importantes como por desgracia frecuentemente olvidadas: que una conducta tenga sentido biológico no significa que sea social o éticamente justificable, ni que los motivos por los que esa conducta sigue vigente en la actualidad se deban precisamente a esa funcionalidad biológica. Vamos a hablar de funciones que determinados comportamientos podrían estar cumpliendo *entre nuestros ancestros* (no necesariamente en la actualidad). Es posible, *pero ni mucho menos seguro ni demostrado* (incluso en ocasiones poco probable) que esas funciones adaptativas sigan actuando como telón de fondo en el mantenimiento de ciertas conductas amorosas y sexuales en la actualidad. Por ello es necesario extremar la precaución. A esas posibles (sólo posibles) tendencias evolutivas hay que añadir aún todos los factores provenientes del marco cultural, social, interpersonal e individual en que se desarrolla una relación amorosa determinada. Es, por tanto, fundamental, no hacer una lectura reduccionista de lo que sigue (ni de lo que antecede, claro).

Hechas estas aclaraciones previas, señalaremos a continuación las que, según los autores más relevantes en la materia (Dawkins, 1976; Wilson y Nias, 1976; Attenborough, 1990; Fisher, 1992; o Buss y Schmitt, 1993; Lampert, 1997), podrían ser las funciones evolutivas de las distintas conductas relacionadas con el fenómeno amoroso. Señalaremos un variado conjunto de conductas que solemos calificar como amorosas y/o sexuales y a continuación su presumible funcionalidad biológica. Como veremos, *todas ellas se resumen en una general: la función evolutiva fundamental de los impulsos sexuales básicos y los vínculos afectivos primarios* (es decir, el sustrato biológico de lo que al combinarse con los factores socioculturales llamamos amor) *es la de asegurar la transmisión genética* (es decir, maximizar las probabilidades de que se propague la mayor cantidad de genes propios a la próxima generación —o al «pool genético», a largo plazo—). La explicación, hoy en día, reposa en tres teorías complementarias: la de «Selección Natural» y «Selección Sexual» (Darwin, 1859, 1871), la de «Inversión Parental» (Trivers, 1972), y la que el propio Dawkins (1976) denominó metafóricamente como «Teoría del Gen Egoísta»[7].

Así, la manifestación de recursos, de muy diversa índole, de la que consta el ritual de cortejo (en humanos seducción) tendría como fin la selección de la pareja más apta (Buss, 1988; Attenborough, 1990), aunque, por supuesto, en el ser humano los criterios de aptitud y elección no son sólo, ni siquiera principalmente, biológicos[8].

Por otro lado, la conducta de permanecer juntos redundaría en la satisfacción de las necesidades de afiliación, apego, seguridad y protección, (Wilson, 1981; Hazan y Shaver, 1987; Shaver y otros, 1988).

La conducta de compartir recursos (de todo tipo: físicos, materiales, espaciales, temporales, cognitivos, —en el ser humano también económicos—, etc.), facilitará la supervivencia propia y de la descendencia (Buss, 1988).

En algunas especies es frecuente que tenga lugar algún ritual de vínculo; tal ritual tendría como función, dentro de la evolución biológica, fortalecer y asegurar la unión de la pareja el tiempo suficiente para el cuidado de la descendencia (Dawkins, 1976; Wilson, 1981; Liebowitz, 1983; Gómez-Tabanera, 1986; Buss, 1988; Attenborough, 1990; Fisher, 1992) (con el consiguiente éxito en la transmisión genética, que, como vemos, late en el fondo de todas las conductas analizadas y sus funciones evolutivas inmediatas). Dicho rito, en la especie humana, suele ser el matrimonio, en cualquiera de las múltiples formas que ha adoptado a lo largo de las distintas civilizaciones y culturas (Linton, 1936; Harris, 1971).

Por su parte, la conducta sexual, otro de los ingredientes que se espera forme parte de la relación amorosa, tiene como función inmediata la obtención de satisfacción sexual, y si la hembra está en el período de ovulación, la obtención de descendencia (transmisión genética). Existe abundante evidencia empírica que demuestra que no toda la sexualidad animal, ni mucho menos, está ligada a la

---

[7] Aludiendo al desconcertante hecho de que «parece como si» los genes fueran los auténticos seres vivos, que se sirven de sus portadores para transmitirse de generación en generación.

[8] En una linea similar, un reciente experimento reveló la preferencia, en una pequeña muestra de mujeres, por pañuelos de telas impregnados con feromonas (hormonas presentes en el sudor y generadoras de atracción sexual, especialmente en los períodos de ovulación) que pertenecían a hombres con un sistema inmunológico diferente al propio, lo que, en caso de unión genética proporcionaría mayor probabilidad de supervivencia a la descendencia (Percival, 1997).

reproducción (como solía pensarse, y aún cree buena parte de la gente). En varias especies de primates y otros mamíferos se han observado conductas de cambios frecuentes de postura coital, auto-sexualidad, homo-sexualidad, e incluso de sexualidad interespecífica, que obviamente están totalmente al margen de ningún fin reproductivo (Beach y Ford, 1951; Attenborough, 1990; Fisher, 1992; Sagan y Druyan, 1992).

Para muchas parejas humanas, tener un hijo juntos es una de las máximas expresiones de amor por el otro, por lo que ese sentimiento podría ser un útil vehículo para los genes. Por otro lado, con la introducción de los anticonceptivos, es claro que la función principal de las relaciones sexuales entre los humanos ha dejado de ser la obtención de descendencia (si alguna vez lo fue) para pasar a ser la de promover los vínculos entre sus participantes, así como la propia satisfacción sexual (Fisher, 1992). Dado que, por otro lado, la hembra de nuestra especie no manifiesta signos apreciables durante la ovulación (la llamada «ovulación silenciosa»), el macho debía permanecer de algún modo unido a ésta para asegurar la concepción y su paternidad (Fisher, 1992). Ahí podría estar otra de las bases de los vínculos amorosos entre macho y hembra de la especie humana. Claro que, como hacen la mayoría de los primates actuales (Sagan y Druyan, 1992), los machos también se beneficiaban de la estrategia alternativa: copular tanto como pudieran y con tantas hembras como pudieran, para aumentar la probabilidad de transmisión genética. Posiblemente nuestros antepasados trataron de combinar ambas cuestiones, siendo los machos muy promiscuos y cuidando, al mismo tiempo, de mantener la fidelidad sexual de sus hembras (obvio es que la Evolución no atiende a supuestos criterios éticos, ilustrados ni estéticos).

Hay otras dos características sexuales específicas de las hembras de nuestra especie: ser sexualmente receptivas en todo momento, sin estro o período de celo (lo cual quizá tenga que ver con la selección natural de una alta promiscuidad sexual masculina), y la capacidad de tener orgasmos múltiples (lo cual, desde el punto de vista evolutivo: favorece que la hembra permanezca tumbada —si es el caso— de modo que el esperma no se salga; produce una mayor satisfacción por lo que la hembra buscará repetir; y estrecha vínculos entre ambos sexos, lo que beneficia el cuidado de la descendencia) (Fisher, 1992)[9].

Además de estas conductas afectivas y sexuales, que componen los vínculos afectivos primarios y el instinto sexual, de las cuales hemos sugerido diversas fun-

---

[9] Todas estas argumentaciones son verdaderas en cuanto a los hechos enumerados, pero de nuevo las interpretaciones podrían considerarse como extremadamente adaptacionistas, pudiendo encontrarse otras de tipo no adaptacionista. Recordemos que la interpretación darwinista clásica de la Evolución es puesta en tela de juicio por las últimas corrientes especializadas en el área, que subrayan el decisivo papel de las contingencias y del mero azar a lo largo de todo el proceso evolutivo. Buen ejemplo de ello son las obras de Monod (1970), y especialmente de Gould y Lewontin (1979), y Gould (1989, 1994).

ciones evolutivas (que vienen a confluir en una principal, la transmisión genética), hay que subrayar el papel de otros dos fenómenos estrechamente emparentados y de importante incidencia en las relaciones sexuales, afectivas y amorosas: la exclusividad sexual y el «efecto Coolidge».

La exclusividad sexual (en humanos fidelidad sexual), y su guardián, los celos, también tendrían una funcionalidad biológica clara: la exclusividad sexual de la hembra asegura al macho su paternidad (obviamente imprescindible para la transmisión de los genes propios), mientras que la exclusividad sexual del macho asegura a la hembra la obtención de todos sus recursos, necesarios para sacar adelante a su propia descendencia (de otro modo el macho podría emplear su esfuerzo en las crías de otra hembra con quien también hubiera tenido descendencia). Ambos extremos son suscritos por diversos autores en este campo (Attenborough, 1990; Fisher, 1992; Buss y Schmitt, 1993). Desde luego, actualmente, tanto la introducción de los anticonceptivos como la independencia económica de la mujer prácticamente anulan (aunque no del todo: siempre quedará la duda de la paternidad) el valor evolutivo de la fidelidad sexual. Los motivos que sostienen actualmente tal conducta son de otra índole: creencias religiosas, aceptación irreflexiva y/o inconsciente de una costumbre social, y distintos tipos de temores (a implicarse emocionalmente en otra relación —uno mismo, o la pareja—; a las presiones sociales —el «qué dirán»—; a las enfermedades de transmisión sexual; temor ante una eventual inhibición de la respuesta sexual, etc.).

El «efecto Coolidge»[10] alude a la preferencia por estímulos sexuales novedosos, conducta que se ha observado repetidamente especialmente en los machos de distintas especies animales, y que la evidencia parece indicar que existe también en el ser humano (Wilson y Nias, 1976; Dewsbury, 1981; Wilson, 1981; Liebowitz, 1983; Cáceres, 1986; Fisher, 1992; Buss y Schmitt, 1993; Yela, 1998), si bien en nuestra especie no se ha comprobado experimentalmente, como es obvio (aunque sí mediante autoinforme). La intensidad del efecto depende, entre otras cosas, de la especie, la situación, y el propio paradigma experimental con que es evaluado. Como es fácil de imaginar, el efecto coolidge y la exclusividad sexual están inversamente relacionados (cuanto mayor sea la incidencia del efec-

---

[10] El nombre de dicho fenómeno proviene de una anécdota relativa al que fuera presidente de los Estados Unidos, Calvin Coolidge: un día el matrimonio Coolidge se encontraba de visita en una granja, y cada uno de ellos iba por su lado junto a su séquito. Al pasar la señora Coolidge junto al corral de las gallinas, ésta se quedó impresionada por los comentarios de los granjeros acerca de la virilidad y capacidad sexual del gallo, de quién aseguraban que copulaba incansablemente durante todo el día: «Díganselo al sr. presidente cuando pase por aquí» espetó. Al pasar el presidente, los granjeros, no sin turbación, le hicieron notar la observación que había hecho su señora, ante lo cual el presidente preguntó: «¿pero siempre copula con la misma gallina?», a lo que los granjeros respondieron «no señor, jamás copula dos veces con la misma; cada vez escoge una gallina nueva». A esto replicó el presidente, con una sonrisa irónica: «¡vaya!, díganselo a la señora Coolidge cuando vuelva a pasar por aquí» (Dewsbury, 1981).

to Coolidge en una especie, tantos más episodios de «infidelidad sexual» tenderán a ocurrir en ella). Debido a las comentadas diferencias intergenéricas en el nivel mínimo de inversión parental (Trivers, 1972), el efecto Coolidge cumplirá la función evolutiva de maximizar las probabilidades de transmisión genética propia en machos, mientras que tal función no se beneficiaría de la incidencia del efecto Coolidge en hembras, y por tanto será de menor intensidad. En las alternativas —biológicas y sociológicas— de explicación de esta diferencia entre machos y hembras (entre hombres y mujeres, en nuestra especie, que se traduce en un mayor deseo de promiscuidad sexual en hombres) nos detendremos con detalle más adelante.

Ocupémonos ahora, siquiera brevemente, de los factores biológicos (procesos neuroquímicos, las características anatomofisiológicas...) que acompañan a los sentimientos y conductas amorosas.

3. Factores biológicos involucrados en el fenómeno amoroso: la «química» del amor

> «El hecho de que una pequeña concentración de moléculas que corren por el torrente sanguíneo puedan desencadenar pautas complejas de comportamiento es un tema interesante de reflexión cuando se juzgan cuestiones como el libre albedrío.»
>
> CARL SAGAN y ANN DRUYAN (1992)

Pretender que los factores biológicos pueden bastar para describir, comprender, explicar, y predecir la conducta amorosa y sexual sería caer en un reduccionismo pernicioso (como todo reduccionismo). Pero olvidarnos de tales factores, tal y como ha sido habitual, es un defecto, como mínimo, igual de grave.

En esta área existe aún mayor incertidumbre y especulación que en las anteriores, aunque también es cierto que el futuro es más halagüeño, debido al ritmo actual de los progresos tecnológicos. Como veremos posteriormente, existe una primera fase en el proceso amoroso donde prevalecen los factores fisiológicos, que solemos denominar como «enamoramiento». En las relaciones entre la atracción sexual, el enamoramiento, y determinados procesos biológicos (fisio-anatomo-neuro-químicos) es en lo que más se ha centrado la investigación empírica en esta área (más que en los factores biológicos de las etapas posteriores del proceso amoroso).

Para empezar, parece hoy bastante evidente que una de las principales variables implicadas en el enamoramiento es la drástica elevación del la *activación fisiológi-*

ca general (lo que los psicólogos solemos llamar «arousal»: excitación general, nerviosismo, sudoración de manos, aceleración cardiaca, euforia...: Dutton y Aron, 1974; Berscheid y Walster, 1978; Aron y otros, 1989), elevación debida no sólo a la percepción de estímulos biológicamente programados para ello (Estímulos Incondicionados, EIs), sino también —y quizá fundamentalmente, a estímulos que hemos aprendido a asociar con la excitación (general y sexual) durante la socialización (Estímulos Condicionados, ECs) (Cook y McHenry, 1978; Storms, 1981).

También la *activación sexual* (aumento del deseo, excitación sexual...) es un proceso fisiológico —aunque de ningún modo exclusivamente— relacionado con la atracción física y el enamoramiento (aunque, desde luego, tampoco necesariamente). Ciertos factores biológicos relacionados con la activación sexual repercuten en las características del fenómeno amoroso-sexual; así, por ejemplo, determinadas características sexuales de cada uno de los géneros (como las mencionadas características peculiares del sexo femenino en nuestra especie: la ovulación silenciosa, la ausencia de período de estro, o la capacidad de tener orgasmos múltiples (Fisher, 1992).

Determinados *factores anatómicos* están también estrechamente relacionados con el fenómeno amoroso-sexual: tal acontece con los *receptores sensoriales,* dada la importancia de la vista (múltiples estímulos determinados social o biológicamente), el tacto (p. ej., en las caricias, y en los besos), el olfato (p. ej., las feromonas o los perfumes), el gusto (p. ej., en los besos), y el oído (p. ej., los susurros o los gemidos), en el comportamiento amoroso-sexual (Percival, 1997). Otro tanto cabe decir, lógicamente, de los propios *órganos sexuales:* el desarrollo anatomo-fisiológico de las zonas eróticas y erógenas en función de la edad, tiene una importante repercusión sobre la evolución ontogenética de la conducta amoroso-sexual (Cook y McHenry, 1978) a lo largo de las diferentes etapas de la vida.

Respecto a este último punto, es interesante resaltar (como hace, p. ej., Gil Calvo, 1991), el hecho de que la mujer (así como las hembras de otros primates; Beach y Ford, 1951; Fisher, 1992) posee el que parece ser único órgano del reino animal cuya función exclusiva es proporcionar placer: el *clítoris.* Tal innovación anatómica no parece tener ninguna relación con la reproducción y por tanto cabe conjeturar acerca de sus relaciones con los vínculos afectivos y las relaciones amorosas a través de un tipo especial de orgasmo, notablemente distinto al de los hombres. Tal vez esto ayude a explicar esa diferente estructura cognitiva del deseo entre uno y otro género, a la que aludiremos repetidas veces, como una de las diferencias intergenéricas más contrastadas: la diferente concepción de la relación amor-sexo entre hombres y mujeres, estando ambos aspectos notablemente más unidos en mujeres que en hombres (desde Hite, 1974 a Buss y Schmitt, 1993, y en nuestro país: Avia y otros, 1990; Ochoa y Vázquez, 1991, o Yela, 1998).

Centrándonos ya en la *anatomía cerebral,* se ha destacado la implicación en el fenómeno amoroso y sexual de determinadas estructuras como: el *cortex* (responsable, entre otras cosas, de los aspectos cognitivos y conscientes de los comportamientos amorosos y sexuales), el *sistema límbico* (donde están ubicados los centros de placer y dolor; y, por ende, importante sistema motivacional y emocional), la *hipófisis* (donde se producen algunas de las principales hormonas reguladoras de tales conductas), el *hipotálamo* (centro regulador y distribuidor de los impulsos nerviosos relacionados con dichas conductas, donde se halla la propia hipófisis), y en general todo el *tejido neuronal* (en cuyas sinapsis van a transmitirse los neurotransmisores, algunos de los cuales parecen jugar también un destacado papel en el fenómeno que nos ocupa). Así, no es de extrañar que todos los especialistas coincidan en señalar que nuestro principal órgano sexual es sin duda el cerebro (productor de temores, júbilos, deseos, excitaciones, fantasías, imaginaciones sexuales...) (Beach y Ford, 1951; Wilson y Nias, 1976; Kaplan, 1979; Masters y otros, 1982; Liebowitz, 1983; Vincent, 1986; Fisher, 1992; Sagan y Druyan, 1992).

Finalmente, respecto a la *neuro-química* del comportamiento amoroso, algunos autores han establecido una interesante *analogía* entre el estado de enamoramiento y el producido por los *efectos de algunas sustancias psicotrópicas* como la cocaína: sensación de euforia, hiperactividad, falta de concentración, exageración, vivencias intensas, obnubilamiento, pérdida del sueño, del hambre y del cansancio físico, etc. (Liebowitz, 1983), o como la morfina (Panksepp, 1986), con sus correspondientes fases de «subida» (enamoramiento), «síndrome de abstinencia» (recordemos las grandes tragedias que narra la literatura clásica por la ausencia del amado) y «tolerancia» (con el tiempo el amado deja de producir esos intensos efectos en el amante). Esta analogía no es ni mucho menos baladí, y es posible que ambos fenómenos se deban a procesos neuroquímicos similares, o incluso idénticos (basados, presumiblemente, en las endorfinas; Liebowitz, 1983).

Diversos especialistas en el área sostienen que parece haber *dos sistemas bioquímicos* distintos (Liebowitz, 1983; Fisher, 1992; Percival, 1997):

a) Uno, cuya función es que dos individuos de distinto sexo se unan (en su origen, de cara a la reproducción): es el sistema que produce lo que suele denominarse *atracción,* y que en el ser humano, debido al influjo cultural que se suma al biológico, se traduce en lo que llamamos *enamoramiento*.

b) Y otro, cuya función es que esos dos individuos permanezcan unidos (en su origen, de cara al cuidado de la descendencia): es el sistema que produce lo que suele denominarse *apego,* y que en la especie humana toma forma de lo que conocemos como «amor compañero»[11] (véase el apartado de las tipologías amorosas).

A la pregunta capciosa (aunque sin duda importante) de si secretamos «x» sustancias neuroquímicas porque estamos enamorados, o nos enamoramos por la secreción de tales sustancias cerebrales, Liebowitz (1983, p. 101) responde: «cuando nuestros centros límbicos del placer se disparan en presencia de otra persona, entonces probablemente tenderemos a sentirnos sexual o románticamente excitados». Con ello no queda definitivamente zanjada la cuestión (quizá ambas cosas sean lo mismo, pero descritas con dos tipos de lenguajes distintos), pero se atisba un interesante paralelismo con las teorías del etiquetamiento de las emociones (p. ej., la Teoría Bifactorial de Berscheid y Walster, 1978, en la que nos detendremos más adelante).

Respecto a las sustancias neuroquímicas concretas, *hormonas* y *neurotransmisores,* comprometidas con el fenómeno amoroso, se ha destacado desde hace tiempo el papel de las *feromonas* en la atracción, aún bastante desconocido, pero, por lo que parece, importante. Dichas sustancias pueden actuar como estímulos incondicionados en un proceso de condicionamiento clásico cuya respuesta condicionada sería la atracción (Fisher, 1992), y están siendo incorporados a los perfumes para la seducción (Wilson y Nias, 1976). En relación a esto último, los expertos en el área se detienen a desmitificar los falsos afrodisíacos: no está ni mucho menos suficientemente probado que el caviar, ni las ostras, ni la vitamina E, ni el llamado *spanish fly* produzcan un aumento de la atracción ni del deseo sexual. Respecto a las drogas, el alcohol, el hachís, la marihuana, o la heroína (depresores del SNC) pueden aumentar ligeramente el deseo sexual consumidos en dosis moderadas, pero suelen disminuir la capacidad (en dosis elevadas disminuyen ambos —deseo y capacidad sexual—). Por lo que atañe a sustancias excitadoras del SNC, como la mescalina, el LSD, o la cocaína, más que aumentar el deseo lo que hacen es disminuir las inhibiciones. (Sobre el «éxtasis» no hay resultados concluyentes; existe evidencia empírica que apunta en ambos sentidos). Finalmente, la

---

[11] En este punto queremos llamar la atención sobre un hecho que es el origen de gran parte de los problemas amorosos y de pareja: y es precisamente que la cultura occidental actual valora la atracción sexual, el enamoramiento y la pasión erótica como bienes irrenunciables de los que se espera no decaigan a lo largo de la relación, y sean satisfechos exclusivamente por la pareja estable. De esta forma, dichas normas sociales tácitas parecen chocar frontalmente contra los imperativos biológicos, como el de los dos sistemas bioquímicos con finalidades distintas, que tenderían a reducir dichos sentimientos una vez que la pareja se ha conformado, para mantenerla unida mediante ciertos procesos que denominamos de apego, cariño, intimidad, compromiso mutuo, y, en definitiva, amor compañero (vs. el amor pasional de los primeros momentos de la relación).

nicotina funcionaría como antiafrodisiaco al reducir el nivel de testosterona (Wilson y Nias, 1976).

También se ha puesto de manifiesto la influencia de la *testosterona,* hormona sexual masculina (cuya concentración en hombres es 10 veces superior a la de las mujeres), sobre el deseo sexual[12] (Wilson y Nias, 1976; Sagan y Druyan, 1992; Walsh, 1993). Por otro lado, los niveles de *progesterona* y *estrógenos,* hormonas sexuales femeninas, se relacionan con el cuidado de las crías, y con la reducción de la agresividad, respectivamente (Sagan y Druyan, 1992). Esto podría, de paso, ayudarnos a comprender, un poco más (insisto, nunca a explicar totalmente, pero tampoco a no tener nada que ver), algunas de las diferencias más comunes en la conducta amorosa y sexual entre hombres y mujeres.

También se ha puesto de manifiesto el papel de la *dopamina* y la *noradrenalina* en el comportamiento amoroso-sexual (Masters y otros, 1982). Por su parte, se ha sugerido que la *serotonina,* por su efecto paroxístico, puede estar más relacionada con la fase de enamoramiento, mientras que las *endorfinas,* por sus efectos narcotizantes, quizá estén más asociadas a las fases posteriores del proceso amoroso, menos pasionales (Liebowitz, 1983). También se ha sugerido la importancia de la *feniletilamina* en la activación emocional y el enamoramiento (Liebowitz, 1983; Fisher, 1992). Se han obtenido respuestas positivas a terapias IMAO (sustancias inhibidoras de la mono-amino-oxidasa) en «adictos románticos», es decir, sujetos con una fuerte y problemática dependencia de una persona a la que aman (Fisher, 1992). Este terreno está aún totalmente por explorar. Por su parte, otro autor ha señalado a la *luliberina* como la principal reguladora de la conducta pasional, Vincent (1987). Finalmente cabe reseñar que, no hace mucho, dos neuroendocrinólogos estadounidenses descubrieron experimentalmente una relación sistemática entre dos hormonas (la *oxitocina* y la *vasopresina*) con la conducta monogámica: mayor preferencia sexual por una «pareja» determinada, mayor tiempo compartido, y menor agresividad hacia ella, en un tipo de roedor —la llamada ratilla de la pradera— (Carter y Getz, 1993). Sobre la oxitocina se ha documentado también su abundante secreción durante los besos íntimos humanos (Percival, 1997). Sin duda, queda aún mucho terreno por explorar.

En definitiva, como hemos podido comprobar, muchas de las conductas amorosas y sexuales (fundamentalmente las que constituyen lo que hemos llamado vínculos afectivos primarios e instinto sexual básico, que compartimos en lo general con otras especies), parecen tener un origen en su funcionalidad evolutiva (que en último término se subsume en una función general: la transmisión genética), y estar sostenidas por unos factores biológicos que sólo recientemente

---

[12] Además de sobre otra serie de conductas, como agresividad, territorialidad, dominación, valentía, independencia, menor tendencia a la coperación (Sagan y Druyan, 1992), y lo que comúnmente se denomina «masculinidad» (Walsh, 1993).

estamos empezando a descubrir, y cuya importancia es capital para la comprensión del fenómeno.

No obstante, insistimos, es preciso añadir a este análisis otros factores explicativos provenientes de otros niveles de análisis (socio-histórico-cultural, e interpersonal), en los que nos detendremos en los siguientes apartados.

2 El amor y la cultura: constricciones culturales a nuestros sentimientos amorosos

> «Cuando el etnocentrismo y el ahistoricismo se combinan, el resultado es usualmente una tendencia a definir cualquier costumbre diferente a la nuestra actual como fuera de los límites de la verdad y la justicia.»
>
> J. A. LEE (1988)

El fenómeno amoroso ha tenido muy diversas expresiones a lo largo de las distintas civilizaciones y épocas históricas, apareciendo, no obstante, en todas ellas. Si atendemos a un concepto general del amor, éste es, sin duda, un universal humano. Pero si nos centramos específicamente en el llamado «amor romántico o pasional», con unas características específicas (con las que hoy lo entendemos: súbito, intenso, irracional, ambivalente, posesivo, idealizador, turbador...), aparece una polémica abierta: la mayoría de los autores coinciden en señalar, como se ha sostenido clásicamente, que éste es exclusivo de la cultura occidental, y surgido hacia el siglo XII, a partir de los trovadores provenzales (Ortega, 1926b; Rougemont, 1938; Solomon, 1988; Hendrick y Hendrick, 1992; etc.).

Pero no todos son de la misma opinión, habiendo quien defiende la universalidad del amor romántico: Wilson y Nias señalan que «a pesar de las aseveraciones de algunos antropólogos, el fenómeno [del enamoramiento] no es ni de origen reciente ni restringido a nuestra cultura. Aunque no siempre concebido como un necesario preludio para el matrimonio[1], el amor romántico y pasional ha existido en todos los tiempos y lugares» (1976, p. 58). De similar opinión es Fisher

---

[1] Y, en algunos casos, incluso en contra del mismo, como en el amor cortés de la Europa de los siglos XII y XIII en adelante (hasta épocas recientes).

(1992) —como ya se ha comentado—; por su parte, Jankowiak y Fisher (1992) documentan la existencia de lo que ellos definen como «amor romántico» en casi un 90 por 100 de las 168 culturas analizadas, por lo cual lo consideran como un rasgo universal.

La cuestión, como hemos dicho, permanece en debate, y está lejos de quedar resuelta. Como muchas de las polémicas, se debe en buena parte a discrepancias terminológicas (que analizamos más adelante). A tenor de los datos recogidos por la investigación histórica, etnológica y etológica, parece razonable suponer como universales la necesidad de afiliación y la atracción (interpersonal —general y específicamente sexual—), las cuales, unidas a otras circunstancias (que comentaremos con detalle posteriormente), dan lugar al enamoramiento y amor romántico, mientras que parece exclusivo de nuestra cultura (y nuestra época actual) el hecho de considerar a éste como la base fundamental para la unión estable de la pareja y el origen de la familia (unidad social básica).

1. El amor a lo largo de la Historia

1.1. Edad Antigua

Contamos con testimonios de la existencia de poemas, canciones y fábulas amorosas en las *antiguas civilizaciones no occidentales* como en la *India* (p. ej. en los Vedas, el Mahabharata y el Ramayana) y en *Mesopotamia* (Fisher, 1992 —quien documenta ya de la existencia de la «doble moral»— y Rodríguez Adrados, 1992). También en el antiguo *Egipto* hay testimonios de la existencia del fenómeno amoroso (p. ej. el poema que Ramsés II dedica a su esposa preferida, Nefertiti, en donde habla de su amor por ella, aludiendo a rasgos como la dulzura, la belleza, la gracia, la complacencia y el afecto). De *China* se han recogido cuentos que describen la agonía interna entre la obediencia al matrimonio arreglado por el padre, y la pasión por el amado (Fisher, 1992).

Centrándonos en *Occidente* (del que nos ocuparemos en lo sucesivo), dentro de la *Edad Antigua* (que abarca, aproximadamente, desde la invención de la escritura hasta el siglo V de nuestra era), hemos de hablar, lógicamente, de las culturas griega y romana:

En la *Grecia Clásica* las relaciones amorosas (hetero y, fundamentalmente, homosexuales, como vemos, p. ej. en el *El Banquete* —tanto de Platón como de Jenofonte, siglo IV a. C.—) estaban estrechamente *ligadas con las sexuales y radicalmente separadas de las matrimoniales* (Foucault, 1976). Platón habla del *Eros* como la búsqueda de la belleza metafísica a través de la belleza física (generalmente mediante relaciones *homosexuales* entre el filósofo-sabio-maestro y el efebo-discípulo, en las que aquél educaba a éste a cambio de sus favores sexuales)[2]. En boca de Sócrates se inaugura la *tensión entre Eros y Ágape* (la Penuria y la Abundancia, el deseo de recibir y el deseo de dar). Por su parte, el matrimonio era totalmente asimétrico —sólo la esposa debía fidelidad sexual al marido (nuevamente la doble moral sexual; Bardis, 1979)—, y el sexo en el matrimonio era exclusivamente procreador, buscándose el placer sexual fuera de él. La frase de Demóstenes es suficientemente explicativa: «las esposas sirven para tener descendencia y unas fieles guardianas del hogar» y añade que «no hay nadie con quien hable menos a lo largo del día el ateniense que con su mujer» (Fernández Galiano, 1982). Atenas y Esparta eran las capitales de la homosexualidad masculina y pederastia, y la isla de Lesbos de la homosexualidad femenina (Blanco Freijeiro, 1986).

Dentro del *Imperio Romano*, además de las bien conocidas y documentadas (y quizá un tanto exageradas) «orgías y bacanales», más bien entre las clases altas (Blanco, 1986; Cuatrecasas, 1993; Eslava, 1996), contamos con la inestimable obra de Ovidio — su *Ars Amandi*— (siglo I de nuestra era), en la que expone con detalle el arte de la seducción: cartas de amor, lenguaje ambiguo, miradas pasionales e ingestión de dosis moderadas de vino[3]. Tanto estas alusiones a la pasión y a cartas de amor como su recomendación de que *en vez de ley únaos el amor* (1991, p. 77), parecerían dar al traste con la argumentación de que amor romántico y matrimonio estaban nítidamente separados en la Edad Antigua (y en realidad, como veremos, hasta fechas muy recientes). Pero no es así, ya que al leer detenidamente la obra nos damos cuenta de que, al decir «únaos» no se está refiriendo a una unión estable (como el matrimonio), sino a una unión sexual esporádica, y al hablar de amor tampoco se refiere a lo que en la actualidad entendemos como el origen de las uniones estables (un enamoramiento que implica dependencia psicológica, idealización, necesidad, posesividad, entrega total...), sino un amor equiparable al deseo erótico, y de *carácter lúdico*. De hecho Ovidio trata con frecuencia el amor de forma un tanto frívola, y —desde la óptica actual— incluso maquiavélica.

Otras innovaciones notables de la obra de Ovidio estriban en el énfasis puesto en el amor *heterosexual*, y en la *reciprocidad*. Incluso llega a dedicar un capítulo dirigido a las mujeres, sobre las formas de seducir a los hombres (esto le costaría el destierro vitalicio al literato romano). De hecho, la «doble moral» continúa claramente vigente en la antigua Roma (Cuatrecasas, 1993; Eslava, 1996).

---

[2] Como vemos, pues, poco tiene que ver con lo que suele entenderse por «amor platónico» (un amor idealista, poco menos que quimérico, no manifiestamente sensual —siguiendo el mito de la caverna y el Demiurgo—). No hay consenso sobre el origen de esta confusión terminológica.

[3] Con su siempre agudo estilo literario recalcará que «Baco no hace malas migas con el hijo de Venus» (p. 134).

© Ediciones Pirámide

En resumen, durante la Edad Antigua (Grecia y Roma) transcurría por un lado la obtención de descendencia, que provenía del matrimonio arreglado (donde ocasionalmente podría acontecer un amor de carácter amistoso), y por otro el amor lúdico y/o erótico y el placer sexual, que se obtenían en conquistas ocasionales (efebos o doncellas) —además de con prostitutas y concubinas, en el caso de desear exclusivamente placer sexual— (Hendrick y Hendrick, 1992; Cuatrecasas, 1993).

1.2. Edad Media

Durante la *Alta Edad Media* (siglos VI-XI), las relaciones de pareja (amorosas y sexuales) comienzan a regirse decisivamente por los imperativos de la *Iglesia Católica* y su brutal represión de los placeres sexuales, que luego se prolongaría también durante la Alta Edad Media y la Edad Moderna (Flandrin, 1981):

— Condena las relaciones pre-maritales.
— Condena las relaciones extra-conyugales.
— Prohíbe, especialmente en la mujer, la búsqueda, obtención y expresión de placer sexual.
— Castiga todo acto sexual sin fines de procreación (con lo cual, al prohibir tanto la anticoncepción como el aborto, aumentaron escalofriantemente los índices de infanticidio).
— Desaprueba el excesivo amor entre esposos («adúltero es también el que ama con excesivo ardor a su mujer», nos dice Jerónimo de Antioquía —a la sazón «San Jerónimo»—).
— Y prescribe el derecho y el deber (p. ej. en Pablo de Tarso —«San Pablo»—) del esposo a castigar y pegar a su mujer, y el de ella a acatarlo sin protestar[4].

Así, el amor quedaba reducido a un tibio respeto conyugal (cuando existía éste) o confinado a la clandestinidad extramarital a menudo acompañada de un sentimiento de culpa y pecado (Flandrin, 1981).

Así pues, en el occidente cristiano, durante la Alta Edad Media, podemos hablar de la obtención de descendencia por un lado (mediante el matrimonio arreglado), y la obtención de placer sexual —exclusivamente en hombres— por otro (mediante las prostitutas). Poco lugar quedaba, en principio, para las relaciones amorosas que no fueran divinas o fraternales —al menos tal y como las entendemos actualmente— (Hendrick y Hendrick, 1992).

---

[4] Exceptuando los dos últimos puntos, los otras cuatro condenas morales siguen siendo de la máxima vigencia para la Iglesia Católica ortodoxa. En cualquier caso, también la religión musulmana (como reza explícitamente El Corán) impele a los maridos a mandar, disponer, desconfiar e incluso golpear a sus mujeres —aunque muchos de sus versículos son contradictorios entre sí— (El Korán, 1931; Vernet, 1986).

© Ediciones Pirámide

Sin embargo, al comienzo de la *Baja Edad Media* (siglos XII-XV) va a producirse un fenómeno capital, según la gran mayoría de los historiadores de las relaciones amorosas: el *surgimiento del amor cortés* (Ortega, 1926b; Rougemont, 1938; Alvar, 1982; García Gual, 1982; Salvador, 1986; Hendrick y Hendrick, 1992, etc.).

El amor cortés nace, de boca en boca, de los *trovadores franceses de finales del siglo XII y principios del XIII*, como un amor que implica distancia, ambivalencia (gozo y sufrimiento a la par, uno de sus rasgos más característicos) y culto a la mujer. Siendo en su origen esencialmente espiritual, va tornándose progresivamente en carnal, a través de los siglos, transformándose en lo que más tarde se llamaría «amor romántico», y posteriormente «amor pasional» Ortega (1926b). Su irrupción tiene que ver con la herejía cátara albigense del siglo XII: mientras la Iglesia Católica ortodoxa proscribía la pasión (p. ej., Tomás de Aquino —«Santo Tomás»—), prescribiendo el matrimonio (haciendo de una unión por intereses socioeconómicos —totalmente independientes de los sentimientos— un sacramento), los trovadores provenzales del siglo XII (momento en que surge la línea herética señalada) van a exaltar la pasión de un mancebo por una *mujer casada* (constituyéndose así en una crítica al matrimonio convencional); pero *no una pasión sexual* (como suele connotar en la actualidad dicho término), *sino una pasión idealista* (intensa, conflictiva y ambivalente) cuyas leyes eran «el servicio, la espera, la castidad y la proeza», como vemos en el mito de Tristán e Isolda (Rougemont, 1938). Para el mencionado historiador suizo, la cultura occidental ha ido confundiendo progresivamente (desde el siglo XII hasta nuestros días) el «*Eros* espiritual» con el «*Eros* instintivo», degradando *(sic)* el mito del amor cortés hasta el amor como pasión sexual.

Otros autores han subrayado otras características del amor cortés en la Baja Edad Media: cortesano, religioso y adúltero en la intención (aunque no en la consumación). Andreas Capellanus, hijo de Leonor de Aquitania y autor del conocido tratado sobre el amor cortés a finales del siglo XII, afirmaba rotundamente que «el amor no puede darse entre cónyuges». En esa misma obra, Capellanus describe hasta 31 reglas básicas del amor cortés, entre las que destacan: *sufrimiento*, reciprocidad, *adulterio no consumado,* monogamia, y fidelidad (García Gual, 1982).

Así, como vemos, aún siendo en el fondo espiritual y religioso, el amor cortés surge contra las costumbres feudales y eclesiásticas tradicionales, las cuales equiparaban el concepto de mujer al de hembra, madre y esposa fiel (sexual y religiosamente). Con el amor cortés, la mujer pasa a ser un *objeto de culto*. Esta clase de amor se expandió a través de la lírica culta cortés, narrada en boca del hombre, dirigida a mujeres casadas, de carácter frecuentemente tormentoso y trágico (ejemplificado p. ej. en el mito de Tristán e Isolda), y de fondo moral (Alvar, 1982).

Durante la Baja Edad Media se produce en nuestro país un progresivo aumento del poder y coerción de la Iglesia Católica, con la creación, en el siglo XII, de los Tribunales del Santo Oficio (más conocidos como la Inquisición), que alcanzarían su máxima dureza a finales del siglo XV y principios del XVI, durante el mandato de los Reyes Católicos, abriendose múltiples procesos inquisitoriales no sólo en España, sino por todo Occidente (Salvador Miguel, 1986).

Así pues, durante la Baja Edad Media tendríamos la siguiente situación: el matrimonio por conveniencia como institución social (y religiosa) para obtener descendencia legítima; los devaneos de corte con mujeres casadas donde obtener el amor cortés o romántico; y finalmente, la prostitución donde obtener el placer sexual (presente, como es bien sabido, en todas las épocas históricas), Hendrick y Hendrick (1992).

Es fundamental subrayar el hecho de que en su origen, el amor cortés-romántico, el matrimonio y la sexualidad eran tres conceptos independientes, satisfechos en relaciones distintas (amada/o, esposa/o, y prostituta; —continuando vigente, desde luego, la doble moral).

1.3. Edad Moderna

Durante la *Edad Moderna* (siglos XVI-XVIII) se consolidarán los modos amorosos de finales de la Edad Media, con una Iglesia Católica en su período de máximo control sobre las normas y costumbres sociales y morales, y aún más sobre los comportamientos amorosos y sexuales (Flandrin, 1981).

Entre las costumbres eróticas (es decir, amorosas y sexuales) de la España de los Austrias (siglos XVI y XVII), destaca ese férreo control del Estado-Iglesia (que en este período se confunden) desde el que se elogiaba la castidad y se prohibía como pecado todo devaneo amoroso y/o placer sexual que no fuera con fines procreadores. A pesar de ello, o quizá precisamente por ello, en dicha época florecen con profusión los burdeles, los «hijos naturales», los «bastardos regios», y el concubinato clerical (Sánchez Ortega, 1986).

Por otro lado, hay que resaltar que esta época será con justicia reconocida como la Edad de Oro de la Literatura en España, surgiendo entre la extraordinaria producción sobre literatura amorosa obras clásicas de figuras del relieve de Fernando de Rojas, Cervantes o Tirso de Molina (y sus inmortales personajes: La Celestina, el Quijote, y el Don Juan). En este sentido, a caballo entre el Renacimiento (siglo XVI) y el Barroco (siglo XVII), dos de las más grandes figuras de la Literatura Universal de todos los tiempos, Shakespeare y Cervantes, describen puntualmente el tipo de amor romántico, apasionado, ambivalente, irracional, súbito, idealizador, intenso, trágico, acrecentado por los obstáculos, exaltador de la belleza física y espiritual, de absoluta entrega y abnegación, casi épico, que era

© Ediciones Pirámide

loado por entonces, frente a las tradicionales uniones matrimoniales por conveniencia (valgan las inmortales parejas: Romeo y Julieta, el Quijote y Dulcinea, o Cardenio y Luscinda).

El análisis de las costumbres amorosas en la España de la Ilustración (siglo XVIII), nos muestra dos estilos completamente diferenciados: los tradicionales (llamados «majos/as») y los modernos («petimetres/as»), estos últimos de alta sociedad, practicantes del cortejo (no sexual), y siempre atentos a cumplir con el protocolo cortés y romántico, y un tanto cursis y redichos (es la época de los desmayos, las sales, etc.), (Martín Gaite, 1972, 1986).

Como vemos, pues, en la Edad Moderna sigue existiendo un matrimonio tradicional por conveniencia, (donde en el mejor de los casos podía surgir un amor amistoso), un amor romántico (extraconyugal, no sexual, y aún minoritario), y una satisfacción del deseo sexual (permitido exclusivamente a los hombres, como en las otras épocas históricas) mediante prostitutas o «mujeres de vida licenciosa» (no hace falta decir que en este sentido la Iglesia era mucho más permisiva con los varones)[5].

1.4. Edad Contemporánea

La *Edad Contemporánea* (desde el siglo XIX) comienza con una exaltación de la pasión romántica y trágica, que vuelve a su punto más álgido; de hecho el siglo XIX es conocido como el del Romanticismo. En el Imperio Británico, se vive la llamada «Era Victoriana», caracterizada —en el área de la que se ocupa nuestro trabajo— por su exacerbado *puritanismo*. Refiriéndose a nuestro país, se nos habla de una sociedad pudibunda que mantiene un severo control sobre las manifestaciones eróticas (Amorós, 1986). Por otro lado, durante este siglo comienza a surgir lentamente un tipo de noviazgo que comienza, aunque tímidamente, a desvincularse de la imposición paterna (Iglesias, 1987; quien señala un ejemplo de ello en la obra de Moratín *El sí de las niñas*).

Durante el siglo XX van a producirse grandes cambios sociales, que repercutirán de forma notable en las relaciones amorosas y sexuales. A la *revolución industrial y tecnológica*, apuntada en el siglo anterior y disparada vertiginosamente en el actual (que, en principio, supondrá un notable aumento de la calidad de vida)[6],

---

[5] Frente a algunas corrientes no ortodoxas de la Iglesia Católica, menos intransigentes con las conductas que con los dogmas, la Iglesia Protestante se mostraba aún más estricta y puritana que la Católica.

[6] Y decimos que «en principio», ya que tanto los costes del deterioro alarmante del medio ambiente como los costes psicológicos (estrés, anomia, alienación, confusión medios-fines, individualismo, insolidaridad, superficialidad, soledad, etc.) del modo de vida que ha surgido a partir de el llamado «progreso», nos llevan a poner en duda el tan cacareado aumento de la «calidad de vida». Lamentablemente, no es este el momento ni el lugar para profundizar en esta discusión. (Pueden consultarse al respecto trabajos como los de Fromm, 1955; y en nuestro país los de Blanco Abarca, 1985 y 1986, y Jiménez Burillo, 1986.)

© Ediciones Pirámide

se unen cambios sociales de la magnitud de la llamada *liberación de la mujer* (p. ej. Fisher, 1992), liberación no sólo económica sino, quizá fundamentalmente, psicológica, repercutiendo ello tanto en la esfera pública como en la privada (p. ej en la toma de iniciativa amorosa a partir de mediados de nuestro siglo; Iglesias, 1987). A ello se añade la denominada *revolución sexual*: liberalización de las actitudes y conductas amorosas y sexuales, toda vez que la presión coercitiva de la Iglesia Católica se ve notablemente reducida (aunque, como muestran diversos estudios (p. ej. Robinson y otros, 1991, o Malo de Molina, 1992), sigue existiendo una notable represión sexual y un elevado índice de machismo). Otros factores de nuestra época, que influyen de forma importante en las relaciones amorosas, uno aumentando la variedad y cantidad de las relaciones amorosas, y el otro con influencia radicalmente opuesta, son la *accesibilidad a los métodos anticonceptivos* (a pesar de que persiste una férrea oposición eclesiástica), y el *temor al contagio del sida* (Fisher, 1992; Hendrick y Hendrick, 1992).

Estos y otros cambios sociales producirán la *segunda gran revolución del comportamiento amoroso* (Ortega, 1952)[7]: la *vinculación de los conceptos de amor romántico, matrimonio y sexualidad,* apareciendo así el matrimonio por elección libre, basado en el enamoramiento, y dejando de ser el amor romántico un fenómeno socialmente minoritario. Este trascendental cambio en las costumbres amorosas se originará *a finales del siglo XVIII o principios del XIX* (Flandrin, 1981; Solomon, 1988; Hendrick y Hendrick, 1992), se irá consolidando paulatinamente durante el siglo XIX (Rougemont, 1938), y se hará definitivo (si bien no exclusivo) en la primera mitad de nuestro siglo (Ortega, 1952).

Hay ciertos indicios de que el desarrollo económico-industrial promueve el cambio de la base del matrimonio: del acuerdo paterno a los sentimientos amorosos. Las razones de ese cambio estribarían fundamentalmente en la independencia económica (con respecto a la unidad familiar), la movilidad geográfica, la movilidad social, y el ritmo vertiginoso de los cambios que supone el desarrollo económico-industrial (el cual aumenta el «hiato generacional», con lo que se espera un menor apoyo personal de las relaciones familiares y un mayor apoyo personal en las relaciones amorosas) (Theodorson, 1979; Williams y otros, 1979).

Por tanto, el fenómeno amoroso actual en Occidente (el amor romántico), que proviene del amor cortés medieval, adquiere sólo muy recientemente las características actuales de amor sexual, voluntario, igualitario y base fundamental para el matrimonio (Solomon, 1988). Como hemos visto, una de las características más destacadas del fenómeno es la separación en su origen, y durante siglos, de los conceptos de amor, sexualidad, y matrimonio. Su unión, posiblemente haya conllevado la consecución de una mayor libertad (de elección) e igualdad (de

---

[7] La primera fue, como ya hemos comentado, el surgimiento, a finales del siglo XII, del «amor cortés».

trato entre ambos sexos), pero ha originado también un *grave problema:* el que se deriva de pretender establecer sobre la pasión (fugaz, por su propia naturaleza) el matrimonio (del que se espera sea una institución estable y duradera). Esta *paradoja*, origen de múltiples decepciones y sufrimientos, es resaltada también por otros muchos autores (Ortega, 1917, Rougemont, 1938; Wilson y Nias, 1976; Liebowitz, 1983; Iglesias, 1987; Hendrick y Hendrick, 1992, etc.). Volveremos sobre este punto más adelante.

Por otro lado, centrándonos en nuestro país, los cambios acontecían con notable retraso, debido, como es sabido, a la represión y el puritanismo impuestos por el régimen franquista. La estricta represión se extiende no ya sólo a la sexualidad, sino a la propia amistad entre personas de distinto sexo, existiendo un noviazgo formal rigurosamente reglado, muy distinto de un conocimiento real entre ambos miembros de la pareja. Otro rasgo característico de esta época era la radical separación de los roles de género, asignando a la mujer el de buscarse un buen esposo (en lo cual influía notablemente la posición social), y ser una buena esposa y una buena madre (es decir, ser «prudente, discreta, sacrificada, obediente, ahorrativa, fiel, abnegada y católica»). (Martín Gaite, 1982, 1987). Quizá resulte interesante recordar algunas citas textuales de las revistas dirigidas al ama de casa durante el régimen franquista, y controladas por el Opus Dei, que no pueden ser más explícitas: «el amor no es pasarlo bien, sino todo lo contrario», o «la continencia sexual es la mayor prueba del amor». Hablan por sí solas (Verdú, 1986).

Con la caída del régimen dictatorial se produce una liberalización relativamente rápida de las costumbres sexuales (Malo de Molina, 1992). En el aspecto amoroso, no obstante, la inmensa mayoría de la población se adscribe a la creencia de que el amor romántico debe ser la base de su matrimonio (CIRES, 1992) y acepta (con los problemas que ello acarrea, como apuntábamos recientemente) la expectativa social de mantener la pasión (erótica y romántica) por una misma persona durante toda la vida (objetivo teórico de la unión matrimonial, especialmente si esta es, como sucede en la mayoría de los casos, de índole religiosa), así como la estricta fidelidad sexual (en principio) (como veremos en el capítulo de las encuestas de opinión).

2. El amor en Occidente y otras culturas actuales: pautas «universales» y peculiares

Si no queremos hacer como los ciegos de la fábula, que trataban de describir a un elefante (animal del que jamás habían oído hablar) tocando cada uno únicamente la parte que abarcaba del cuerpo de la bestia, sin moverse de su sitio (con lo que cada descripción era notablemente distinta), deberemos «movernos» de nuestra cultura (no sólo de época histórica), para poder comprender en su plenitud el fenómeno amoroso, en lugar de dar una visión parcial (y por ende necesariamente sesgada) del mismo. Estructuraremos tal análisis en cuatro puntos: rasgos o procesos (presumiblemente) universales del fenómeno amoroso, rasgos específicos de variabilidad intercultural (o, como se suele decir, transcultural), aspectos diferenciales del fenómeno amoroso en nuestra cultura, y aspectos concretos de algunas culturas estudiadas[8].

2.1. Pautas amorosas (presuntamente) universales

Antes que nada una brevísima acotación. El paréntesis que precede (ese «presuntamente») hace referencia a la polémica entorno a qué porcentaje de culturas es suficiente que compartan un rasgo para poder considerarlo universal. Hay autores que hablan de un 90 por 100, hay quien considera que «universal» implica que acontezca siempre y en todo lugar (con lo que una sola prueba contraria bastaría para refutarla), etc. De ahí ese precavido «presuntamente».

La investigación etnológica ha puesto de relieve la *universalidad* de ciertos rasgos en el comportamiento amoroso y temas afines (sistema familiar, matrimonio, sexualidad, etc.): alguien tan reputado como R. Linton (1936) expone en la introducción de su clásica obra que si la Antropología ha conseguido demostrar algo, ha sido que todos los pueblos y razas son fundamentalmente muy similares entre sí, a pesar de sus notables diferencias. En general, hay una serie de procesos sociales básicos que están presentes en todas las civilizaciones y culturas; lo que varía es el modo y la forma que estos procesos toman en cada cultura concreta, y las reglas implícitas y explícitas de lo normativo y lo desviado de cada uno de esos procesos, para cada cultura. Así, en nuestro tema, en todas las culturas existen unos vínculos afectivos, unas pautas de cortejo, unos rituales de vínculo, un sistema familiar, unas costumbres sexuales, etc., pero en cada una de ellas dichos fenómenos adquieren una forma u otra.

Un estudio clásico sobre comportamiento sexual, realizado sobre 190 sociedades actuales[9] de muy distinta índole, descubrió que existe una marcada tendencia a buscar *relaciones sexuales fuera de la pareja* en prácticamente todas las sociedades humanas (esté o no socialmente sancionada tal conducta), y tanto por

---

[8] Hay que tener presente, no obstante, el imparable fenómeno de «occidentalización» (en la mayor parte de los casos, «norte-americanización») del planeta, que está produciendo la pérdida de muchos rasgos de identidad de culturas ancestrales y una cada vez mayor semejanza intercultural.

[9] Entre las que se incluyen norteamericanos, europeos, kurdos, lapones, mongoles, apaches, arapahoes, cheroqui, colorados, cheyennes, esquimales, guajiros, haitianos, jíbaros, maoríes, vedas, tuaregs, zulúes, navajos, samoanos, hopis, y tikopios, entre los más conocidos.

parte de los hombres como por parte de las mujeres, aunque con mayor frecuencia por parte de aquéllos (Beach y Ford, 1951). Estudios más recientes llegan a idéntica conclusión: el adulterio es universal (en todas las culturas de todas las épocas, y también en otras especies animales —incluidas las aves monógamas, prototipo común de fidelidad vitalicia—), (Fisher, 1992).

Por su parte, el *beso* está presente en muy diversas culturas (desde tribus primitivas como los papúas, los kukukuku, etc., hasta las sociedades occidentales), y en toda época histórica (ya aparece en los relatos de Herodoto y Plutarco), si bien las reglas normativas (conductas prescritas y proscritas) sobre quién, a quién, cómo, dónde, cuándo, y por qué besar, son específicas de cada cultura (Eibl-Eibesfeldt, 1970; 1973).

Entre las *pautas de seducción amorosa,* se ha hablado de dos características universales: las *bromas* y la *ambigüedad,* proponiendo que sus funciones pueden ser las de elevar el «arousal» fisiológico (nivel de activación) y reducir el sentimiento de fracaso y culpa ante un eventual rechazo (Rosenblatt, 1974). Resulta sorprendente comprobar cómo ya Ovidio (en el siglo I de nuestra era) hablaba del sentido del humor y del lenguaje ambiguo, en el arte de la seducción. Otras conductas universales de cortejo, de carácter no verbal, podrían ser: la sonrisa, la mirada a los ojos, y «sacar pecho» (para ambos sexos), y ofrecer regalos e invitaciones (más frecuentemente del hombre a la mujer) (Givens, 1978; Fisher, 1992).

Y entre las características que producirían universalmente *atracción,* se han destacado: la *similaridad* (entre el atraído y el atrayente), las *habilidades,* y la *belleza física* (Rosenblatt, 1974), si bien, respecto a las dos últimas, hay que puntualizar que cada cultura define unos criterios específicos sobre qué se considera atractivo, y qué destrezas son más valoradas. No obstante, parece haber, como dijimos en el apartado del análisis evolutivo, ciertos *rasgos físicos* que producen atracción con carácter bastante universal (aunque siempre se encuentran excepciones): los hombres tienden a sentirse más atraídos por mujeres con: escaso vello, pechos grandes, cinturas estrechas, cejas finas, caderas moderadamente anchas, complexión suave y sinuosa, piernas finas y esbeltas, y nalgas moderadamente salientes; y las mujeres se sienten atraídas generalmente por una mandíbula fuerte, piel dura, cejas pobladas, nalgas pequeñas, figura robusta, ausencia de tripa, altura, y ojos grandes (Wilson y Nias, 1976). Por lo que respecta específicamente a las *características faciales* universales que producen atractivo físico, aunque la mayoría de los estudiosos concluyen que no existe ningún estándar universal de belleza, las tres preferencias más extendidas serían: las caras infantiles (el denominado «efecto bambi»), los rostros conocidos (el «efecto de la familiaridad»), y los semblantes limpios (sin elementos como suciedad, heridas, surcos, granos...) (Cook y McHenry, 1978), los rasgos expresivos (como pupilas grandes o sonrisa abierta) (Cunningham, 1986), y moderados (es decir, rasgos y apéndices faciales no excesivamente grandes ni pequeños) (Wilson y Nias, 1976).

© Ediciones Pirámide

Por último, se han propuesto como *dimensiones universales* del comportamiento amoroso, lo que se ha dado en llamar «intimidad» (vínculo afectivo entre la pareja), «pasión» (intensa vivencia de deseos y necesidades entre la pareja) y «compromiso» (decisión de mantener y desarrollar la relación), (Sternberg, 1986, 1987, 1988), apuntando que «Los tres componentes no tienen el mismo peso en todas las culturas, pero cada uno tiene al menos algún peso, de forma manifiesta, en cualquier época o lugar» (Sternberg, 1988, p. 37). La combinación en distinto grado de cada uno de los tres componentes daría lugar a distintos «tipos» o formas de amor (o de amar). Volveremos sobre este extremo.

2.2. Pautas amorosas que varían entre culturas

Por otra parte, son muy numerosos los estudios que reflejan la *variabilidad* de costumbres amorosas (y fenómenos relacionados) entre unas culturas y otras (uno de los más recomendables es de relativamente reciente publicación; Hatfield y Rapson, 1996).

Por un lado, diversos autores ofrecen datos que reflejan la enorme variabilidad cultural en comportamientos, normas y *costumbres sexuales* (p. ej. Beach y Ford, 1951; o Rosenblatt y Anderson, 1981). Lo que en unas sociedades es considerado como aberrante por los cánones sexuales vigentes, es en otras culturas perfectamente corriente, e incluso puede que alentado (Masters y otros, 1982; Nieto, 1989). El conocimiento de la relatividad de nuestras normas y costumbres sexuales debería conducir a la tolerancia de las normas de los demás (desde la total permisividad sexual a la más férrea castidad vitalicia, elegidas libremente)[10], y a la adopción personal de las conductas que consideremos más satisfactorias (siempre, lógicamente, que no atentemos *directamente* contra la libertad de los demás)[11] (Wilson y Nias, 1976).

También se ha constatado la gran variabilidad transcultural en cuanto a las *preferencias estéticas,* que subyace por debajo de los rasgos «universales» comentados más arriba (Beach y Ford, 1951). Las *características que nos atraen* de una persona están en buena parte determinadas (o mejor dicho, moduladas) socio-culturalmente, y en una sociedad con cambios constantes, como la nuestra, se incrementa el encanto de las personas de *valores similares* a los nuestros (pues-

---

[10] En este sentido, no obstante, cabe señalar que en las sociedades sexualmente represoras el número de violaciones es mucho mayor (Rosenblatt, 1974).

[11] Destacamos el término «directamente» puesto que los límites a esa permisividad se suponen coartados ante la cohibición de la libertad del otro sujeto implicado en la relación (p. ej. violación, rapto, tortura, abuso de niños...), pero no ante la eventual percepción de falta de libertad o malestar de un tercero (p. ej. el caso de las personas que se sienten «ofendidas» por la conducta sexual voluntaria de otras personas, por considerarla «inmoral» según su propia escala de valores). Obviamente este es un asunto muy polémico.

to que confieren apoyo en una situación de incertidumbre potencial) (Rubin, 1973). Tanto las pautas de *seducción*, como las de *noviazgo,* se ajustan a los roles y normas sociales de cada cultura concreta, por lo que varían notablemente de una a otra (Cook y McHenry, 1978).

Por su parte, los *estilos amorosos* (o las formas de amar) socialmente prescritos y proscritos, cambian a lo largo de las distintas civilizaciones, culturas, y sociedades (Lee, 1976), así como de épocas históricas, como ya hemos comentado.

También existen notables diferencias en el *tipo de uniones*: *la monogamia no sólo no es universal* (Rosenblatt, 1974), *sino que ni siquiera constituye la regla:* existe un número mucho mayor de culturas poligínicas (Beach y Ford, 1951; Fisher, 1992). «Los líderes religiosos y otros elementos conservadores de nuestra sociedad, nos han hecho creer que la monogamia es el orden natural de la humanidad. Pero un examen de las relaciones sexuales en otras culturas revela que la monogamia es, de hecho, muy rara» (Wilson y Nias, 1976, p. 128). Por otro lado, *la monogamia no implica, ni mucho menos, fidelidad sexual*. De hecho, en las distintas culturas monógamas (donde se establecen uniones socialmente reconocidas entre *un* hombre y *una* mujer) *existen diferentes definiciones de lo que constituye o no la «infidelidad sexual»* (p. ej. lo que es infidelidad sexual en nuestra cultura, no lo es entre los esquimales o en distintas culturas a lo largo de los cinco continentes; Fisher, 1992).

Lo propio cabe afirmar del *sistema familiar:* ni la familia nuclear, ni el matrimonio *strictu sensu* pueden considerarse como universales (una excepción, p. ej., la constituye la tribu de los nayar) (Valdés del Toro, en Westermarck, 1926). También varían los *criterios de elección de pareja* para el matrimonio: en las sociedades de elección libre (como la nuestra) el criterio suele ser la atracción interpersonal (amor romántico o «amor compañero» —ver tipologías—), mientras que en las sociedades de elección arreglada (como son la mayoría), los criterios suelen ser la capacidad de subsistencia, la salud, alianzas familiares, acuerdos económicos, etc. (Lee y Stone, 1980). A medida que aumenta la individualidad en la elección de la pareja, van cobrando mayor importancia los aspectos de la relación interpersonal y menor las características sociodemográficas (Murstein, 1980). Será precisamente la «independencia (de los esposos) para subsistir» uno de los factores que conduzca a las uniones basadas en las relaciones amorosas (vs. las uniones arregladas familiar o personalmente) (Coppinger y Rosenblatt, 1968). Por su parte, los *rituales de vínculo* también varían de una cultura a otra; no sólo el tipo de ritual, sino también los propios requisitos necesarios para acceder a él (Linton, 1936; Harris, 1971; Rosenblatt, 1974).

2.3. Rasgos distintivos de la cultura occidental

Por tanto, una vez vistas las características globales que podemos considerar universales (o, al menos, notablemente mayoritarias), y la gran variabilidad cultural en muchas de las características más específicas del fenómeno amoroso, recapitulemos brevemente sobre lo que constituyen las *notas diferenciales del comportamiento amoroso en nuestra cultura occidental en la actualidad:*

La vigencia del *amor pasional* como *forma normativa* de relación amorosa durante la adolescencia y juventud, y como *forma legítima* de relación amorosa *para el matrimonio* en las etapas adulta y madura (Goode, 1959; Liebowitz, 1983; Simpson y otros, 1986; Hendrick y Hendrick, 1992; CIRES, 1992, entre muchos otros). Ello da lugar a la problemática paradoja a la que nos hemos referido anteriormente (basar algo estable en algo inherentemente pasajero).

Otro rasgo distintivo es la *libertad de elección de la pareja*[12] de cara a la relación amorosa (Linton, 1936 y Branden, 1988). Dicha libertad de elección (aunque parcial, ya que siempre existen presiones más o menos sutiles) otorga a la disonancia cognitiva (Festinger, 1957; Aronson y Mills, 1959) un papel importante en el mantenimiento del compromiso con la relación (Cook y McHenry, 1978).

Prevalecen como normativos los *estilos amorosos* que J. A. Lee (1976; ver tipologías) denominara *Eros* (amor romántico —para resumirlo sucintamente—) y *Manía* (amor posesivo), y una vez transcurridos unos años de convivencia, el estilo *Storge* (amor compañero), no siendo normativos los estilos Pragma (amor interesado), Ludus (amor lúdico) y Ágape (amor abnegado no sensual), más propios de otras épocas y/u otras culturas (Dion y Dion, 1988; Yela, 1997b).

Para algunos autores el amor en nuestra sociedad, en el cual nos socializamos mediante todo tipo de presiones explícitas e implícitas (desde la familia, la escuela, los amigos, los medios de comunicación de masas...) es una *adicción,* debido a sus características de dependencia, búsqueda de seguridad, necesidad del otro, estricta fidelidad sexual, renuncia a la independencia personal, ausencia de libertad, celos, rutina, adscripción irreflexiva a las convenciones sociales, «enclaustramiento mutuo» (lo que H. D. Lawrence (1920) llamó «egoísmo a dúo») (Peele, 1975).

Por otro lado, en nuestra sociedad resulta difícil desarrollar y mantener una fuerte amistad íntima entre hombre y mujer, dadas las presiones sociales hacia el emparejamiento (si ninguno está ya comprometido en otra relación amorosa) o hacia el distanciamiento (si uno o ambos lo están) (Hendrick y Hendrick, 1992).

---

[12] Tomando el concepto de «libertad» en el sentido coloquial y laxo del término, ya que la acepción estricta y los debates filosóficos en torno a ella podrían llevarnos a introducir largas matizaciones, no siendo aquí pertinentes (véase, p. ej. Grünbaum, 1952; Ayer, 1954; Ferrater Mora, 1965).

Otro rasgo distintivo de nuestras costumbres amorosas frente a otras culturas sería el de la *sutilidad en la seducción* (muchos autores —desde el propio Ovidio— utilizan, en lugar del término positivo «sutilidad» el peyorativo «mojigatería»), aunque este punto, como en realidad prácticamente todos, depende mucho de otros factores psicológicos (como las actitudes hacia el amor, o las habilidades sociales) y psicosociales (como los grupos de pertenencia y referencia). Aún con todo, las proposiciones para mantener relaciones sexuales, o establecer un vínculo amoroso, suelen ser mucho más directas en la mayoría de las otras culturas (Cook y McHenry, 1978).

Por último, existe un conjunto de creencias paradójicas, problemáticas, y/o sencillamente imposibles, compartidas por la gran mayoría de la población, que constituyen el *estereotipo cultural occidental* sobre el amor romántico. Las llamaremos *mitos románticos* (Kephart, 1967; Good, 1976; Averill y Boothroyd, 1977; Liebowitz, 1983; Simpson y otros, 1986; Iglesias de Ussel, 1987; Solomon, 1988; Simon y otros, 1992; Barrón y otros, 1999, etc.), y podríamos considerarlos como «creencias» en sentido orteguiano del término, es decir, que la persona «está en» la creencia, cuenta con ella, y se conduce según ella:

— Mito de la *media naranja:* creencia de que hemos elegido la pareja que teníamos predestinada de alguna forma, y que ha sido la única o la mejor elección potencialmente posible.
— Mito de la *exclusividad:* creencia de que el amor romántico sólo puede sentirse por una única persona (al mismo tiempo).
— Mito del *matrimonio* o *convivencia:* creencia de que el amor romántico-pasional debe conducir a la unión estable de la pareja, y constituirse en la (única) base del matrimonio (o de la convivencia en pareja).
— Mito de la *omnipotencia:* creencia de que «el amor lo puede todo», y debe permanecer ante todo y sobre todo (y, por tanto, si hay verdadero amor no deben influir decisivamente los obstáculos externos o internos sobre la pareja).
— Mito de la *perdurabilidad* (o de la pasión eterna): creencia de que el amor romántico y pasional de los primeros meses puede y debe perdurar tras miles de días (y noches) de convivencia.
— Mito de la *fidelidad:* creencia de que todos los deseos pasionales, románticos y eróticos, deben satisfacerse exclusivamente con una única persona: la propia pareja.
— Mito del *libre albedrío:* creencia de que nuestros sentimientos amorosos son absolutamente íntimos y no están influidos de forma decisiva por factores socio-biológico-culturales ajenos a nuestra voluntad y, generalmente, a nuestra consciencia.

— Mito de la *equivalencia:* creencia de que los conceptos de «amor» y «enamoramiento» son equivalentes, y por tanto, que si uno deja de estar apasionadamente enamorado es que ya no ama a su pareja.
— Mito del *emparejamiento:* creencia de que la pareja (*un* hombre y *una* mujer —o en su caso *dos* personas del mismo sexo—) es algo natural y universal, por lo que en todas las épocas y culturas el ser humano ha tendido por naturaleza a emparejarse.
— Mito de los *celos:* creencia de que los celos son un indicador de «verdadero» amor.

Esta mitología romántica, sostenida en las distintas sociedades dentro de la cultura occidental actual, contiene algunas creencias de carácter *absurdo* (como la de la «media naranja»), otras sencillamente *falsas* (como las de exclusividad, omnipotencia, libre albedrío, equivalencia, celos y emparejamiento), otras *imposibles* —por imperativos biológicos, psicológicos, y sociales— (como la de la perdurabilidad), y todas ellas *problemáticas* —en mayor o menor medida— (fundamentalmente las de exclusividad, matrimonio o convivencia, perdurabilidad y fidelidad). Ya hemos obtenido los primeros datos empíricos, sobre una muestra representativa de la población española, que confirman la vigencia e impacto de tales mitos en nuestro país, su impacto en el comportamiento amoroso, así como su asunción relativa en función del sexo, la edad y el nivel de estudios (Barrón y otros, 1999).

2.4. Pautas amorosas en otras culturas actuales

Citaremos, por último, algunas referencias sobre aspectos concretos del fenómeno amoroso en otras culturas. Trataremos de sintetizar al máximo para no extendernos demasiado:

Investigaciones en países asiáticos han documentado la existencia de una menor valoración de las actitudes románticas hacia el amor en *Japón*, que en muestras occidentales (Estados Unidos y la ex Alemania Federal) (Simmons y otros, 1986), así como una reducción de la visión idealista (vs. pragmática) del amor romántico con el aumento de la duración de la relación amorosa, en *Corea* (Hong, 1986). Tales resultados son corroborados por otros autores subrayando la mayor prevalencia del estilo amoroso «pragmático» entre los orientales, así como la mayor privacidad del fenómeno amoroso en dichas culturas (las expresiones públicas de intimidad y afecto son peores vistas en Oriente) (Hendrick y Hendrick, 1986; Dion y Dion, 1988). Por su parte, el atractivo físico es más valorado en culturas donde prevalece un contexto social individualista (como la occidental), que en aquellas que predomina un contexto social colectivo o grupal (como en general las culturas orientales) (Dion y otros, 1990, en *China*). Sin embargo otros autores no encuentran grandes diferencias en muchas de las actitudes y experiencias amorosas (Sprecher y otros, 1994) —lo cual podría deberse a las particularidades del estudio o bien a ese paulatino proceso de «globalización» (¿o deberíamos decir «norteamericanización»?).

Analizando el romanticismo como motivación para el matrimonio, la comparación de muestras yankees con otras de *Singapur* y la *India* ha confirmando una mayor relación amor romántico-matrimonio en la cultura occidental (Theodorson, 1965; cfr. Williams y otros, 1979). Estudiosos del fenómeno en la India han sugerido que la institucionalización del amor conyugal por matrimonios arreglados (vs. el amor romántico «libre» occidental) es debida fundamentalmente a la enorme importancia de la familia como agente socializador (que en nuestra cultura ve reducida su influencia debido al creciente papel de los grupos de pares y los «mass media») (Gupta, 1976).

En el *mundo musulmán* tampoco existe el amor romántico, tal y como lo hemos definido en nuestra cultura (al menos como pauta normativa y extendida, aunque existan emociones similares): no son normas sociales ni la monogamia, ni la libertad de elección, ni la importancia decisiva de los sentimientos para la unión en pareja, ni la relativa igualdad entre ambos sexos, entre otras cuestiones (Vernet, 1986).

Respecto a las costumbres amorosas en *África,* estudios en *Nigeria* sobre las bases del matrimonio concluyen que el amor romántico poco tiene que ver con éste, y relatan las ventajas e inconvenientes que ello supone (Williams y otros, 1979). Por su parte, los estudios sobre las actitudes hacia el amor en *Uganda* y *Senegal,* concluyen que para los occidentales el amor romántico es más funcional sociológicamente (para la estabilidad del sistema monógamo) que para los africanos (basados en sistemas polígamos) (Vandewiele y Philbrick, 1983). Otros estudios describen cómo las costumbres amorosas están cambiando en *Ghana,* en función de los cambios socioeconómicos suscitados por la modernización del país (Oppong, 1979, 1980). Corroborando este punto, en muestras de *Senegal* la valoración del amor romántico ya es alta, aunque se sigue confiando en la razón (propia y paterna) a la hora de casarse (vs. en los sentimientos, como se espera que ocurra en Occidente) (D'Hondt y Vandewiele, 1983).

El lector interesado puede consultar también otros estudios sobre el comportamiento amoroso llevados a cabo la *América* no estadounidense, como los llevados a cabo en las islas caribeñas de *Barbados* y *Santa Lucía* (Payne y Vandewiele, 1987), en *México* (Pick y Andrade, 1988 —sobre una muestra representativa—, y Leon y otros, 1994), y el estudio comparativo entre muestras de *Brasil* y Australia en cuanto a las características centrales del amor (Morse, 1983), entre otros. También existen en la propia *Australia* (p. ej. el de Hong, 1986).

Por otra parte, también se han estudiado las pautas amorosas en los *países comunistas* (Sprecher y otros, 1994), hallando en una numerosa muestra, en *Polonia*, cómo —fundamentalmente desde hace un par de décadas— el papel paternal y económico en la elección de pareja, aún predominante, está disminuyendo lenta pero progresivamente, dejando paso a las elecciones personales basadas en los sentimientos amorosos (Lobodzinska, 1975).

Por otro lado, existen algunos estudios empíricos (aunque no son muy numerosos) que tratan de comparar las costumbres amorosas en diferentes sociedades dentro del ámbito cultural occidental. Así, entre los datos más significativos, se ha encontrado una mayor disparidad de poder entre los miembros de la pareja en Grecia que en los Estados Unidos (Safilios, 1976), se ha constatado que en las sociedades escandinavas existe una mayor permisividad con las relaciones homosexuales (de hecho está legalizado el matrimonio homosexual), y está mucho más extendida la cohabitación sin matrimonio (Lewin y Trost, 1979), y se ha observado que el estilo amoroso «manía» (amor dependiente, para explicarlo con pocas palabras —véase apartado de tipologías—) presenta un mayor índice en Estados Unidos que en Francia (Murstein y otros, 1991).

Al hablar de otras culturas no podemos dejar de mencionar la investigación etnológica, que ha puesto de manifiesto costumbres muy diferentes de las occidentales en cuanto a relaciones afectivas (p. ej. Eibl-Eibesfeldt, 1970, 1973), sexuales (p. ej. Beach y Ford, 1951; Masters y otros, 1982), y familiares (p. ej. Harris, 1971), entre las llamadas *culturas primitivas* (a las que ya nos hemos referido al hablar de las pautas en las que existe variabilidad trans-cultural).

Finalmente, mencionemos siquiera brevemente la importancia del estudio de las pautas amorosas en esas «culturas experimentales» que constituyen las denominadas *comunas,* como Oneida (De María, 1978), las comunas alemanas (Carandell, 1972), o la famosa Twin Oaks (Kinkade, 1973), donde la libertad amorosa y sexual no fue el origen de problemas en las relaciones personales, o, para decirlo con más exactitud, al menos no de más problemas que los que se originan en el contexto social habitual de monogamia y represión sexual —según los testimonios de sus propios miembros—), como suele argumentarse en las sociedades represivas de estas áreas del comportamiento humano (como la nuestra).

El amor y la sociedad: constricciones sociales a nuestros sentimientos amorosos

3

> «Los fenómenos psicológicos individuales, como la consciencia y el yo, son productos sociales. La interacción social crea la consciencia y el yo del individuo.»
>
> J. Israel (1968)

Una vez esbozados brevemente los imperativos del fenómeno amoroso como miembros de una especie, primero, y de una cultura, después, veamos someramente algunos de los condicionantes del comportamiento amoroso que actúan sobre nosotros como miembros de la sociedad específica en que vivimos. Si, como reza la cita que encabeza este bloque de capítulos, la propia conciencia y el «yo» son en realidad productos sociales, tanto más lo serán sus componentes y procesos, entre los que destacan los que ahora nos ocupan: los sentimientos y comportamientos amorosos.

1. Factores sociales que influyen en el fenómeno amoroso

De forma sucinta enumeraremos a continuación algunos de los innumerables factores sociales que influyen y conforman el fenómeno amoroso *(aunque frecuentemente no seamos conscientes de ello)*, sin entrar a señalar detalladamente de qué forma concreta lo hace cada uno, tanto por no ser reiterativos (ya que en algunos casos lo hemos hecho con anterioridad, y en algunos otros lo haremos posteriormente), como fundamentalmente por no extendernos de forma exagerada en estos niveles de análisis introductorios (introductorios dentro del marco del presente trabajo).

La literatura especializada ha subrayado la decisiva influencia sobre el fenómeno amoroso de factores tales como: las *pautas morales* de la sociedad (Glass y Wright, 1977; Mathes y Severa, 1981, y Garaizabal, 1992), las *presiones sociales* —*implícitas y explícitas*— para su cumplimiento[1], los *modelos de control social* (Goode, 1959), y las *sanciones sociales* —religiosas, legales, económicas, interpersonales...— ante conductas consideradas como «no normativas» —p. ej. infidelidad sexual— (Linton, 1936). Así, dentro de nuestra cultura occidental, las pautas conductuales amorosas y sexuales serán sensiblemente diferentes entre países más tradicionalistas (p. ej. Irlanda) y países más liberales (p. ej. Holanda).

Entre esas presiones destacan: la *presión hacia el emparejamiento*, plasmada, p. ej., en locuciones populares despectivas como «solterona», o «no se come un rosco», y frecuente —aunque no necesariamente— origen de múltiples problemas psicológicos en aquellas personas que fracasan persistentemente en conseguir emparentarse (ansiedad, sentimientos de incapacidad...); presión hacia la *endogamia* (emparejamiento con alguien de similares características socio-demográficas: edad, nivel socio-económico-cultural, religión, raza[2], etc.); presión hacia *la monogamia* (emparejamiento estable con una sola persona); hacia *el matrimonio eclesiástico* (Iglesias de Ussel, 1987)[3]; presión hacia la *fidelidad sexual* (reducción de las parejas sexuales a una sola y única persona); y presión hacia el *atractivo físico* (continuas alusiones al tipo y a la figura, frecuentemente con un fuerte carácter ansiógeno; Gil Calvo, 1991; Tseëlon, 1992; Lin, 1998...).

Todo este conjunto de presiones proviene de diversas fuentes como la familia (padres y otros familiares), el grupo de pares (los amigos más íntimos), las redes laborales, las redes sociales informales, los *medios de comunicación* (posiblemente los más poderosos en la actualidad, por su enorme alcance y su continua presencia), las propias leyes (ventajas fiscales a las parejas casadas, prohibición de la poligamia, infidelidad sexual como motivo legal de divorcio, prohibición de

---

[1] Recordemos cómo la presión social implícita a seguir la norma social de «obedecer a una autoridad competente» llevaba a las personas a ejecutar descargas eléctricas de hasta 450 voltios sobre personas inocentes, cuyo único «delito» era el de errar en una tarea mnemónica. (Naturalmente las descargas eran falsas —un artificio experimental—, pero los sujetos que las inflingían no lo sabían.) (*Milgram*, 1965.)

[2] Como denuncia contundentemente la conocida obra cinematográfica de Spike Lee.

[3] En palabras de *Iglesias de Ussel* (1987): «La cambiante historia legal de las formas del matrimonio no debe ocultar la existencia de fuertes presiones –sociales, eclesiásticas y políticas– para convertir, en la práctica, como forma única al matrimonio eclesiástico [...] La Iglesia en los dos últimos siglos, siempre ha reclamado para sí el monopolio del control matrimonial y la familia [...] Las intervenciones contrarias al matrimonio civil han sido persistentes y enconadas» (p. 165). Además de estas presiones, más o menos explícitas, las condiciones en que se llevan a cabo los matrimonios civiles tienen también cierto carácter disuasorio: largos plazos, rituales breves y parcos en contenidos simbólicos, sitios lúgubres, dificultades e incomodidades. El propio autor, relata el caso —famoso en la prensa local, hace ya algunas décadas— de un italiano que recibió una fuerte condena verbal por parte de la Iglesia (por renunciar al matrimonio eclesiástico), contra la cual reclamó en juicio. El día antes del mismo sufrió una hemiplejia. «Los clérigos se alegraron abiertamente y hablaron de castigo divino» (p. 166).

las uniones no heterosexuales, prohibición de las relaciones sexuales consentidas con menores de edad, etc.), y las instituciones sociales —como la Iglesia Católica, de cuyas condenas morales y conspicuo poder ya hemos hablado— (Dion y otros, 1972; Rubin, 1973; Gondonneau, 1973; Kerckhoff, 1974; Averill, 1985; Tseëlon, 1992; entre otros muchos).

Otros factores que influyen de forma notable en el fenómeno amoroso, aunque frecuentemente no seamos conscientes de ello, son: la *organización política* (p. ej. el *apartheid*, Stones y Philbrick, 1991; o las dictaduras —que tienden a reprimir las expresiones amorosas públicas y las expresiones sexuales públicas y privadas—; Verdú, 1986); la *organización económica* (Peele, 1975; tal como sugiriera ya el propio Engels, a finales del siglo pasado, respecto a la relación entre la propiedad privada y la conducta de fidelidad o exclusividad sexual); el sistema de *organización familiar* (p. ej. Linton, 1936; Harris, 1971; Rosenblatt, 1974); la *estrategia de ascenso social* dominante —hipergámica, meritocrática...— (Gil Calvo, 1991); y el *tipo y causa de elección de pareja* (la relación amorosa y sexual diferirá según se fundamente en la imposición paterna, el acuerdo económico, la atracción sexual, el enamoramiento, o un amor compañero —sereno—, más basado en un vínculo especial de intimidad que en los sentimientos pasionales iniciales; Burgess y Wallin, 1953; Kephart, 1967; Lee y Stone, 1980; Murstein, 1980; Simpson y otros, 1986; CIRES, 1992; Barrón et al., 1999).

Otro conjunto de factores sociales fuertemente influyentes son: las *normas sociales —implícitas y explícitas—* sobre las relaciones amorosas (Berscheid y Walster, 1969; Jourard, 1971; Simon y otros, 1992); las *expectativas sociales* sobre las relaciones amorosas (la «metáfora de las mariposas y la bombilla» de la que hablan Masters y otros, 1982: la bombilla serían las relaciones amorosas a las que las personas acudimos atraídas, para descubrir finalmente que no son lo que pensábamos —las mariposas se queman, quedan atrapadas en la bombilla, etc.—); los *usos y costumbres sociales* en torno a las relaciones amorosas (p. ej las formas de noviazgo; el dónde, cuándo, quién, de quién, cómo, qué, y por qué enamorarse, unirse, casarse, etc.; Martín Gaite, 1972, 1982, 1986, 1987 e Iglesias, 1987 etc.)[4], los *paradigmas sociales* vigentes sobre «el ideal romántico» (Averill, 1985); y el *estereotipo socio-cultural del amor romántico* del que hablamos en el apartado

---

[4] Iglesias de Ussel (1987) establece una *tipología histórica del noviazgo*, que adaptamos en el siguiente esquema:

	Relación sentimental	Relación sexual	Intención casarse (o unión estable)
Noviazgo tradicional (s. XVIII)	No	No	Sí
Noviazgo burgués (s. XIX)	Sí	No	Sí
Noviazgo actual (s. XX)	Sí	Sí	Sí
Amistad	Sí	No	No
Ligue	No	Sí	No
Enamoramiento	Sí	Sí	No

anterior —las creencias o mitos románticos— (Good, 1976; Averill y Boothroyd, 1977; Liebowitz, 1983; Solomon, 1988.; Barrón y otros, 1999, etc.).

También influyen decisivamente: el proceso *socialización* (a través del cual toman efecto todos los factores señalados al ser internalizados por cada persona; G. H. Mead, 1935; Berger y Luckmann, 1968; Berscheid y Walster, 1969; Peele, 1975; Peplau y otros, 1978; Sarabia, 1982; Valencia y otros, 1989); los *roles sociales* dominantes (el papel del «enamorado» y la «enamorada», el «novio» y la «novia», el «marido» y la «esposa», etc.; Zimbardo, 1975, y Huston, 1984)[5]; y los *estereotipos de rol de género* (los papeles del «hombre» y la «mujer», la «masculinidad» y la «feminidad»), de notable importancia en las relaciones interpersonales en general, y especialmente en las relaciones amorosas y sexuales en particular (Bem, 1974; Peplau y otros, 1978; Sandor y Rosenthal, 1986; Hatfield y Rapson, 1987, y Gil Calvo, 1991).

Otros factores sociales relevantes, que influyen de forma importante sobre nuestro comportamiento amoroso son los *tabúes sexuales y afectivos*. La interacción sexual dentro de las relaciones amorosas tenderá a diferir en función de los tabúes sexuales que prevalezcan en cada sociedad concreta. Ya hemos comentado la enorme variabilidad cultural que existe en este sentido. A su vez, dentro de una misma cultura, distintas sociedades apoyan unas pautas sexuales u otras, y presentan unos tabúes sexuales u otros (p. ej. Masters y otros, 1982). Por su parte, los tabúes afectivos, tabúes masculinos de intimidad, sensibilidad y ternura —por los cuales el hombre no debe mostrarse sensible o excesivamente afectivo en público—, son pautas de conducta que uno acaba generalmente asumiendo, incluso cuando racionalmente no las comparta (May, 1953, y Perlman y Fehr, 1987).

Factores que cobran creciente importancia son la *dualidad de funciones de la mujer* (el hecho de compartir el trabajo externo con el hombre, pero que éste no comparta el trabajo del hogar con la mujer —como suele suceder—, supone unas condiciones sociales, interpersonales y psicológicas específicas que repercuten en las relaciones amorosas; Gil Calvo, 1991 y Fisher, 1992); la propia *discriminación social de la mujer* (Nicholson, 1984; Nichols, 1992, y Garaizabal, 1992); el conocido fenómeno de *liberación de la mujer* (Mathes y Severa, 1981; Fisher, 1992; Hendrick y Hendrick, 1992); y la llamada *revolución sexual* (Hite, 1974; Zimbardo, 1986; Masters y otros, 1982, y Robinson y otros, 1991). Todos estos fenómenos comportan unos cambios sociales notables cuya influencia sobre las relaciones amorosas y sexuales es muy considerable.

---

[5] En un ya clásico artículo, Zimbardo y otros (1975) muestran de forma impactante la enorme importancia de los *roles situacionales* sobre nuestra conducta. Al final del artículo señalan que «La Institución Social del matrimonio se convierte para muchas parejas en un estado de encarcelamiento en el cual un componente consiente el ser el prisionero o el guardia, obligando o permitiendo al otro desempeñar el rol recíproco, sin hacer nunca explícito el contrato.» (p. 105.)

© Ediciones Pirámide

Otro conjunto de factores que repercuten notablemente sobre el tipo de relaciones amorosas —y sexuales— vigentes en la actualidad en nuestra sociedad son: el temor al contagio del sida (algunas de cuyas posibles consecuencias para el fenómeno amoroso pudieran ser el mayor deseo de tener una relación amorosa estable, o la disminución de la infidelidad sexual; p. ej. Hendrick y Hendrick, 1992); las *modas* (la distribución espacio/temporal de la interacción de pareja —dónde ir, qué hacer, cuándo hacerlo—, e incluso la propia interacción verbal en la relación amorosa están en cierto grado influidas por las modas y tendencias pasajeras del momento —especialmente entre los más jóvenes—; p. ej. Gil Calvo, 1991); las *canciones populares* (que reflejan y promueven los estilos amorosos erótico y maníaco —y en menor medida el lúdico, con frecuencia también proscrito[6]— y que contribuyen tanto a reforzar los estereotipos clásicos sobre el amor, como, en ocasiones, al cambio paulatino de los mismos; Lee, 1976; Wilkinson, 1976; Moore y otros, 1979); y la reseñada influencia de los *medios de comunicación de masas* (llamados, con evidente acierto, «medios de formación de masas», por el profesor García Calvo), especialmente el cine y sobre todo la televisión —todopoderoso instrumento de difusión de los mitos y creencias románticas— (p. ej. Rougemont, 1936, y Lara, 1982).

Finalmente, las propias *características físico-ambientales* de nuestro lugar de interacción ejercen una importante influencia sobre las relaciones amorosas: así lo hacen las *distancias normativas de interacción* (la interpretación de ciertas conductas como amorosas dependerá, en cierta medida, de la distancia social normativa para la interacción amorosa, dependiendo esta última de aquélla —en gran medida—; Hall, 1966). También el *clima* (Harris, 1971), factor al cual solemos conceder menos importancia de la que merece. De hecho, dentro de una misma cultura —la occidental—, las pautas amorosas difícilmente podrán ser las mismas en Noruega, que sufre temperaturas muy bajas, días muy cortos —en cuanto a horas de luz— e inviernos muy largos (todo lo cual condiciona de forma importante las relaciones sociales e interpersonales), que en España, que goza de un clima mucho más benigno. Y, por último, el *diseño espacial* de los escenarios de interacción amorosa característicos de cada sociedad también influye en la conducta amorosa. A este factor tampoco le concedemos la importancia que merece. Sommer (1969) demostró claramente la gran influencia del diseño espacial del escenario de interacción (es decir, del lugar en el que nos encontramos) sobre nuestra conducta. La interacción amorosa-sexual tenderá a variar en función de su desarrollo en espacios sociópetos (que favorecen la interacción) o sociófugos (que la dificultan), privados o públicos, abiertos o cerrados, el grado de intimidad que permitan, etc. (Sangrador, 1986, 1989).

---

[6] Véase el capítulo de las tipologías amorosas.

Con todo ello hemos visto (aunque con obligada brevedad) cómo la conducta amorosa no sólo está influenciada por presiones evolutivas y acervos culturales, sino también por un amplio elenco de factores propios de la sociedad específica en la que los seres humanos nos desarrollamos (presiones sociales, normas implícitas y explícitas, organización social, usos y costumbres, roles, expectativas, tabúes, factores ambientales...).

Veamos ahora si el amor cumple alguna función para la sociedad en la que se desarrolla.

2. ¿Es útil el amor para la sociedad? Funciones sociales del amor

Al hablar de funciones sociales del comportamiento amoroso nos referimos al papel que representa el amor en la sociedad en que están inmersos los individuos que lo sienten. Como hemos visto en los puntos anteriores, cada cultura y cada época histórica ha favorecido la existencia de una (o varias) forma(s) específica(s) de amar, y cada una de ellas presumiblemente cumple o ha cumplido una serie de funciones en las sociedades en que se han manifestado.

Si al hablar de la funcionalidad biológica del fenómeno amoroso podíamos señalar una función global (aumentar las probabilidades de transmisión genética propia a las próximas generaciones), respecto a las funciones sociales del comportamiento amoroso podemos señalar también una general y que subyace a todas ellas: el *mantenimiento del orden social*, con un tipo de amor prescrito, distinto para cada sistema social, en función de sus propios intereses[7].

Por supuesto que el amor también puede resultar subversivo, y los ejemplos de ello son numerosos (aunque excepcionales, en términos absolutos), incluso dentro de nuestra propia sociedad: el amor entre individuos del mismo sexo era percibido hasta hace muy poco como una grave amenaza para nuestra sociedad (y aún hoy siguen muy extendidos los prejuicios y actitudes negativas contra gays y lesbianas). El amor entre individuos de muy distinta edad (especialmente si uno de ellos es menor de edad) es también un tipo de amor socialmente proscrito (y perseguido)[8]. Otro tanto cabe decir del amor entre más de dos personas a la vez

---

[7] Dadas las implicaciones ideológicas que puede tener este punto, quisiéramos dejar claro antes que nada, que el hecho de contribuir a sostener un orden social no implica, para nosotros (como quizá pudiera pensarse), un matiz peyorativo (ni positivo): apoyar un determinado equilibrio social implica mantener tanto sus evidentes injusticias como sus innegables ventajas. No vamos a insistir aquí en que todo grupo humano necesita de una determinada organización social para sobrevivir y prosperar.

[8] Recientemente venía a los periódicos nacionales la noticia de la fuga de una alumna menor de edad con un profesor suyo que le doblaba en edad, los cuales confesaban estar profundamente enamorados. Tras mediar los padres, colectivos vecinales, medios de comunicación y la propia Guardia Civil, ambos acabaron entregándose a las autoridades.

(el llamado «amor libre») o entre individuos de clases sociales muy diferentes (p. ej. un/a obrero/a y un/a aristócrata), si bien el tipo (implícito o explícito) e intensidad de las presiones y sanciones sociales será distinto según los casos, desde el rumor o las miradas y acusaciones veladas del vecindario, hasta la discriminación y marginación social, o la propia persecución física y/o legal.

Pero los casos comentados son precisamente eso, excepciones a un tipo de amor socialmente prescrito y cuya función social es, como decimos, la de contribuir al mantenimiento del orden social establecido.

Convendría recordar aquí las advertencias de precaución que en su momento hicimos de cara a la interpretación de la funcionalidad biológica del amor, aplicadas ahora a la funcionalidad social: que las presumibles funciones sociales no implican causalidad eficiente, ni justificación ética, ni agotan la explicación de la funcionalidad del fenómeno amoroso (ya que han de ser complementadas con las funciones evolutivas, interpersonales y psicológicas que cumple también el comportamiento amoroso).

Durante el proceso de socialización aprendemos cómo debemos sentirnos cuando estemos enamorados, cuándo debemos enamorarnos, qué características son deseables en el otro para enamorarnos de él (sexo, edad, clase social, estado civil, atractivo físico, actitudes y aptitudes en general)[9], cuáles son las pautas y el ritmo de seducción adecuados, qué se espera de la gente cuando se enamora (a corto, medio, y largo plazo), cuáles son los lugares apropiados para enamorase, etc.

Aprendemos cuáles son las pautas normativas y cuáles las desviadas, y a la vez que soportamos el control social (presión hacia el cumplimiento de las normas implícitas y sanción de las desviaciones a esas normas) nos convertimos también en agentes de control social de los demás, y de nosotros mismos, jugando así a favor de un orden social determinado y/o colaborando, con alguna —más o menos pequeña— desviación, a la modificación paulatina de una o varias normas amorosas que la sociedad probablemente hará pronto suyas.

Así, cada sociedad tiene su propio tipo de amor prescrito y sus tipos de amor proscritos. Ello puede contribuir a saldar la polémica entre los antropólogos sociales sobre si cabe o no hablar de «amor» entre las llamadas «culturas primitivas»: el amor pasional y romántico (tipo de amor prescrito en nuestra sociedad) parece ser casi exclusivo de nuestra cultura como base normativa y mayoritaria de

---

[9] En nuestra sociedad, p. ej., conferimos una enorme importancia —no confesada, por otra parte—, al *atractivo físico*, como dejan patente la mayoría de los autores en este área. No hay más que pensar en la enorme cantidad de recursos (tiempo, esfuerzo y dinero) empleados para aumentar nuestra atractivo físico en comparación con otras cualidades —como sensualidad, bondad, sentido del humor, simpatía, etc.— (Dios y otros, 1972; Murstein, 1972; Mette y Aronson, 1974; Sternberg y Grajek, 1984; Hendrick y Hendrick, 1992; Tseëlon, 1992; Sangrador y Yela, en prensa, etc.).

© Ediciones Pirámide

las uniones estables[10], pero no así otros tipos de vínculos amorosos de carácter amistoso o consensuado (diferentes de la mera amistad o el mero «contrato» matrimonial, en tanto que formas de amor) como ya sugiriera hace varias décadas Goode (1959). Es posible que esas diferentes concepciones normativas de la conducta amorosa tengan que ver con el grado en que cada tipo de sociedad valore los conceptos de «libertad personal» e «individualismo» frente a conceptos como «bien común» y «compromiso familiar o comunitario» (Triandis, cfr. Dion y Dion, 1988).

Para asegurar un vínculo de pareja duradero (de cara a la estabilidad familiar y, con ella, social), una elección basada en la proximidad, endogamia, similaridad, complementariedad (amor consensuado), y, en el mejor de los casos, además, cariño e intimidad (lo que hemos llamado amor compañero), resultaría socialmente funcional (además de personalmente funcional). Pero a raíz del logro progresivo de libertad personal en nuestra sociedad, el individuo reclama sentirse libre en la elección de su pareja, por lo cual al sistema social le conviene dar su visto bueno al amor romántico o pasional (vehemente, idealizador, dependiente, posesivo) haciéndolo normativo. Quizá por ello nuestra actual civilización occidental sea exclusiva en cuanto al claro predominio normativo del amor romántico y a su utilización como justificador del matrimonio. Lo que sucede es que el amor romántico—pasional como justificación del matrimonio supone una paradoja (de la que ya hemos hablado) que es vivida, por el individuo, generalmente como decepción y frustración. Por otro lado, la elección libre de la pareja (propia de nuestra sociedad y, en general, de la cultura occidental) no está reñida con el cambio de base del matrimonio, del enamoramiento pasional a un amor más sereno —y racional, si se quiere— una vez traspasada la fase de intensa pasión.

Por su parte, Lee (1976) defiende que no existe un tipo de amor que podamos considerar verdadero o auténtico, y frente a él otros tipos desviados de la norma universal, sino que existen distintas ideologías o estilos amorosos, cada uno de los cuales sirve para *justificar unas normas sociales vigentes*.

Otra función social de las relaciones amorosas es la del *intercambio* sistemático *de bienes y servicios* entre los miembros de la pareja y sus unidades familiares (Gómez-Tabanera, 1986)[11].

Por un lado, como bien sabemos, la unidad básica donde se cimienta nuestra actual estructura social es la familia, y la base de ésta (salvo contadas excepcio-

---

[10] Aunque, como ya hemos señalado, diversos autores (p. ej. Fisher, 1992; Jankoviak y Fisher, 1992) han defendido recientemente la existencia de amor romántico en dichas culturas primitivas, si bien no como la base de las uniones estables familiares.

[11] Así, el tabú del incesto tendría su origen en los imperativos genéticos evolutivos (compartidos con las otras especies animales), y su continuidad en la necesidad de la exogamia para el hombre de la Edad de Piedra (Gómez-Tabanera, 1986).

nes) es el matrimonio. Por otro, las investigaciones que indagan los motivos por los cuales la gente se casa son extraordinariamente reveladores, con índices cercanos y superiores al 85 por 100 de la población confesando que el amor es la *condición principal y/o indispensable para contraer matrimonio* (Kephart, 1967; Simpson y otros, 1986: CIRES, 1992; Barrón y otros, 1999). Las funciones del matrimonio serían así funciones sociales indirectas del fenómeno amoroso (en las sociedades en que éste es el origen de aquél): establecimiento de la legalidad de los hijos, consecución de un fondo común de bienes y servicios, alianza social pública, y aseguramiento del monopolio sexual (Leach, cfr. Westermarck, 1926) —esto último, al menos dentro de la aún predominante ideología tradicional de lo que O'Neill y O'Neill (1971) llaman «matrimonio cerrado».

Así las cosas, es fácil de ver cómo el fenómeno amoroso está colaborando a mantener el orden social (Greenfield, 1965; Rosenblatt, 1967, 1974; Heimer y Stinchcombe, 1980). En parecidos términos se expresan Hendrick y Hendrick (1992) al afirmar que la principal función social del amor (en nuestra sociedad actual) es la *elección de pareja* (elección que puede conducir a establecer una unidad familiar, si bien esto no tiene por qué ocurrir en todos los casos).

Esto nos hace ver, al mismo tiempo, cómo las funciones sociales del amor dependen de la época histórica, toda vez que, como acabamos de ver, en la actualidad el amor romántico es la *justificación del matrimonio* (o de la convivencia en pareja), mientras que en el siglo XII el amor cortés (del que deriva nuestro amor romántico) surge como fenómeno radicalmente opuesto al matrimonio (p. ej. Ortega, 1926b; Rougemont, 1938; García Gual, 1982; Hendrick y Hendrick, 1992, etc.), como ya hemos visto.

Del mismo modo, para Vandewiele y Philbrick (1983), la función social del amor romántico en la sociedad occidental es la de afianzar la *estabilidad del sistema social familiar monógamo* (mediante los mitos de exclusividad, fidelidad, «media naranja», etc.). Ya Goode (1959) había adelantado, en su pionero artículo, que en aquellas sociedades en que es la base del matrimonio (y por consiguiente de la familia, unidad social básica), el amor tendrá una gran importancia en la organización social. Eibl-Eibesfeldt (1970) va aún más lejos, llegando a afirmar que «la sociedad humana se basa en el amor y la confianza», pero (además de pecar de quimérica ingenuidad) el etólogo alemán se está refiriendo a las relaciones afectivas positivas en general, más que al comportamiento amoroso propiamente dicho (tal y como lo conceptualizamos en la introducción general de este trabajo).

Entre otras presumibles utilidades del fenómeno amoroso para facilitar la convivencia del conjunto de individuos de una sociedad, podemos reseñar la de *canalizar el impulso sexual* de forma que no amenace las normas y estructura social vigente (Freud, 1921); la de servir como *legitimador de la conducta sexual* en

© Ediciones Pirámide

aquellas sociedades, como la nuestra (Beach y Ford, 1951), con fuertes restricciones de dicho tipo de conductas (Rosenblatt, 1974); la de *servir de nexo entre los miembros de la pareja* ahora que ya son menores la presión religiosa, la obligación paterna y la dependencia económica de la mujer; y las de *atenuación de la agresividad*, y *legitimación de la transmisión de la propiedad*.

3. Usos y costumbres amorosas y sexuales de la sociedad española actual

Expondremos en el presente apartado, los resultados más relevantes de un conjunto de encuestas sobre el comportamiento amoroso y sexual, que cumplan tres condiciones: se hayan publicado en la actual década (los años noventa), se hayan realizado sobre muestras representativas de la población española, y con un tamaño muestral de más de 1.000 sujetos. El problema de este tipo de estudios es que, a lo largo del proceso de diseño de la encuesta, recogida de datos, análisis de datos, redacción, y publicación, el tiempo sigue pasando, y las costumbres van lentamente (a veces muy lentamente, pero otras no tanto) modificándose. En cualquier caso, nos sirven para tener un referente cuantitativo riguroso sobre esos comportamientos que estamos estudiando:

3.1. Martín Serrano (1991) (sólo población juvenil)

En 1991 Martín Serrano publica los resultados de una encuesta realizada en enero de ese mismo año, sobre una muestra representativa de la población española entre 15 y 30 años (N = 1.210). Los datos más relevantes para nuestro ámbito son los siguientes:

Sólo un 15 por 100 están *casados*, otro 5 por 100 *viven juntos en pareja* pero solteros, y un 10 por 100 *tiene algún hijo*.

Un 30 por 100 de sujetos señalaron como la principal *causa de felicidad* el binomio pareja-amor (porcentaje sólo superado por el de amigos-salir, escogido por un 35 por 100). No obstante también un 10 por 100 señaló al amor y la pareja como la principal *causa de infelicidad*.

Nada menos que un 80 por 100 de la muestra se declaran *católicos* (aunque sólo el 15 por 100 practicantes), y hasta un 90 por 100 considera importante o imprescindible la *fidelidad sexual* en la pareja.

Un 30 por 100 considera injustificable el *divorcio*, un 60 por 100 el *aborto,* y un 70 por 100 reprueban la *homosexualidad*.

Preguntados sobre *lo más importante* de sus vidas, un 20 por 100 de la muestra señaló que era el amor, sólo superado por un 25 por 100 que adujeron que lo principal era la cultura. (Otros aspectos citados con gran frecuencia fueron la independencia y la salud. Al margen del tema que nos ocupa, sorprende la ausencia de referencias a aspectos como la solidaridad, la justicia o la igualdad.)

También en esta encuesta encontramos, por un lado, muy notables diferencias en función de las variables sociodemográficas clásicas, y, por otro, unas opiniones que se nos antojan en exceso conservadoras para las que se le supone a un grupo social como la juventud.

3.2. CIRES (1992)

En 1992 el CIRES (Centro de Investigaciones sobre la Realidad Social) publica una encuesta sobre aspectos relativos al amor, el sexo, la pareja, el matrimonio, etc., sobre una muestra representativa de 1.200 sujetos mayores de edad. Trataremos de destacar los datos más relevantes para el tema que nos ocupa:

Nada menos que un 90 por 100 de mayores de 30 años están *casados*, mientras sólo el 7 por 100 (entre todas las edades) *viven con su pareja sin casarse*, por lo que cabe concluir que la presión social hacia el matrimonio sigue siendo extraordinariamente fuerte.

Del mismo modo, nada menos que un 80 por 100 coinciden al señalar la *razón principal para el matrimonio:* el amor. Las pruebas de la aceptación de la mitología romántica normativa se completan con el siguiente dato: tan sólo un 40 por 100 de la población considera que el noviazgo debería ser suficientemente largo como para que ambos miembros de la pareja se conocieran bien (para el resto, la razón fundamental para casarse sería el amor pasional, propio de la fase breve y pasajera del enamoramiento —lo cual, como ya hemos comentado es uno de los errores más graves a que conduce la mencionada mitología romántica).

Otro dato destacable por su magnitud revela que un 80 por 100 de la población considera la *fidelidad sexual* como uno de los aspectos más importantes para el éxito del matrimonio.

La edad media de *inicio de vida en pareja* ronda los 24 años para las mujeres y los 26 para los hombres.

Casi la mitad de los sujetos conocían al menos un pariente cercano y un amigo que se había *separado* o *divorciado* de su pareja (aunque la tasa de divorcios no alcanza en nuestro país los enormes índices que muestra, por ejemplo, en los Estados Unidos).

Un 25 por 100 de la población se muestra contrario a la *planificación familiar*, y un 35 por 100 emplea como *método anticonceptivo* más frecuente la «marcha atrás».

Sólo un 20 por 100 de las parejas comparten el *trabajo doméstico* (no hace falta decir que en el otro 80 por 100 las tareas del hogar las hace exclusivamente la mujer).

En cuanto a la valoración personal (del 1 —muy desfavorable— al 10 —muy favorable—) de determinadas conductas socialmente sancionadas, las medias obtenidas fueron las siguientes: *divorcio* (5,5), *relaciones prematrimoniales* (5,5), *aborto* (4,0), y *relaciones extramatrimoniales* (2,5).

Existe una gran variabilidad de opinión en función de una serie de factores sociodemográficos (como la educación, el estado civil, el sexo, la ocupación, el hábitat, el estatus socioeconómico, la edad, la clase social, e incluso la región de España en la que se ha educado la persona) y de factores psicológicos clásicamente agrupados con los sociodemográficos (como las actitudes políticas y religiosas), pero aún así llama poderosamente la atención lo fuertemente conservadoras que son en general la gran mayoría de las opiniones recogidas en esta encuesta (como en otras).

3.3. Malo de Molina (1992)

En 1992 Malo de Molina publica una obra en la que recoge los resultados de 36 encuestas sobre sexualidad y relaciones de pareja, llevadas a cabo sobre muestras representativas de más de 1.000 sujetos cada una, los años anteriores. Trataremos, una vez más, de destacar los datos más relevantes:

Respecto a las relaciones de pareja

Interrogados a cerca de la *importancia* relativa de las diversas relaciones sociales, las relaciones de pareja quedaron en un lugar intermedio, consideradas como más importantes que las relaciones con los amigos, y laborales, pero no tanto como las relaciones con uno mismo (las señaladas como más importantes) y con la familia.

El *problema principal* en la relación de pareja señalado con mayor frecuencia fue el de la falta de diálogo entre sus miembros. Los *motivos de discusión* en la pareja señalados con más frecuencia fueron, por este orden, cosas sin importancia, y asuntos relativos a los hijos.

Un dato enormemente preocupante muestra que el 12 por 100 de las parejas reconoce haber empleado en alguna ocasión la *violencia física* contra el otro (en la inmensa mayoría de los casos es el hombre quien agrede a la mujer). Cabe suponer que el porcentaje real sea incluso mayor que el confesado.

Aproximadamente un 75 por 100 de la población tiene *pareja estable* (resultado congruente con el 90 por 100 obtenido por el CIRES entre los mayores de 30 años, y los porcentajes mucho menores obtenidos por Martín Serrano entre los jóvenes).

Un 70 por 100 considera como fundamental la *fidelidad* en la pareja, y otro 25 por 100 como importante (aunque no fundamental); sólo hay un 5 por 100 entre los indecisos (NS/NC) y los que no la consideran importante. Y sin embargo el 70 por 100 de los hombres y el 55 por 100 de las mujeres han sido *infieles* a su pareja en alguna ocasión. Por otro lado, casi un 50 por 100 se confiesa como *celoso* o muy celoso (no es gratuito suponer que el porcentaje real sea aún sensiblemente mayor; trataremos de verificar este punto en nuestra investigación empírica).

Respecto a la sexualidad

Cabe destacar también una serie de datos sobre costumbres sexuales, pues es una de las áreas relevantes de las relaciones amorosas (en mayor o menor medida, dependiendo de múltiples factores), y dado que no abundan las encuestas de este tipo, sobre muestras representativas de la población española, realizadas desde las Ciencias Sociales.

La edad media aproximada de los *primeros contactos* sexuales ronda los 13,5 años, y de la *primera relación sexual «completa»* (este es un criterio muy relativo, pero suele considerarse como tal el coito) los 17,5 años para los chicos, y los 18,5 para las chicas (S. del Campo obtiene —en 1986— una media de 18 años en ambos sexos).

Un dato curioso es que la gran mayoría de las parejas tiene sus relaciones sexuales por la noche, justo antes de irse a dormir, que es presumiblemente cuando más cansados están ambos (física y psicológicamente). Es lógico pensar que esto acentúe los efectos de las leyes de la habituación y la saciación (y el efecto «Coolidge»), deteriorando dichas relaciones sexuales.

Apenas la mitad de la población (alrededor de un 55 por 100) ha practicado alguna vez (activa o pasivamente) el *sexo oral,* si bien los índices varían enormemente en función de las variables sociodemográficas clásicas (edad, ideología política y religiosa, nivel cultural...), y nada menos que un 20 por 100 se adscribe a la opción NS/NC (opción que normalmente arroja índices mucho menores).

Por lo que atañe a las *conductas sexuales que implican más de dos* personas (como triángulos, sexo grupal, «camas redondas», e intercambio de parejas) los porcentajes no superan el 5 por 100, y es mucho menor en mujeres que en hombres[12]. Sin embargo los índices que indican el *deseo* de llevar a cabo este tipo de

---

[12] Dado que estamos hablando de conductas heterosexuales, ello implica que en dichas situaciones hay más hombres que mujeres y/o que las mujeres que las realizan repiten con más frecuencia que los hombres, y/o que son más remisas a confesarlo y/o los hombres más propensos a «fanfarronear».

conductas sexuales son notablemente superiores, alcanzando en algunos casos un 40 por 100.

Respecto a otro comportamientos tácitamente sancionados, un 35 por 100 de los hombres y un 70 por 100 de las mujeres no ha visto nunca una cinta de vídeo *pornográfico,* y un 80 por 100 de los hombres y un 95 por 100 de las mujeres no ha entrado jamás en un *sex-shop*.

Casi un 20 por 100 de mujeres tiene dificultad en alcanzar el *orgasmo*, cifra que consideramos preocupante como indicativo inverso de salud, bienestar, y relaciones sociales positivas de la población (y más aún si tenemos en cuenta otros datos, como los de Vázquez, 1982, que hablan de un 15 por 100 de mujeres que jamás han alcanzado un orgasmo, y hasta un 45 por 100 que tienen dificultades en alcanzarlo). Además, una proporción extraordinariamente elevada de la gente se siente mal si durante las relaciones sexuales no tienen ambos un orgasmo (un 50 por 100) o si no es simultáneo (un 35 por 100), lo que indica que persiguen una finalidad concreta en las relaciones sexuales, más allá del mero contacto físico íntimo con la pareja (lo cual suele ser también origen de decepciones y conflictos en las relaciones sexuales).

Respecto a la conducta autosexual *(masturbación)*, los resultados discrepan excesivamente entre unas encuestas y otras. Así, en la que nos ocupa en este momento, se habla de un 55 por 100 de hombres y un 25 por 100 de mujeres que dicen practicarla habitualmente, y un 15 por 100 y 50 por 100, respectivamente, que dicen no haberla practicado nunca. S. del Campo (1993) obtiene que más del 75 por 100 de los varones, frente a poco más del 25 por 100 de las mujeres se masturban habitualmente, mientras que el porcentaje de varones que dicen no haberlo hecho jamás apenas asciende al 5 por 100, mientras que en las mujeres casi alcanza la mitad —el 45 por 100—.[13] En cualquier caso, frente a los estudios científicos que demuestran que no es perniciosa para la salud, e incluso que es beneficiosa para el desempeño sexual (incorporándose a distintas terapias sexuales de reconocido prestigio), aún existe cerca de un 20 por 100 de la población que mantiene que la masturbación causa trastornos mentales o físicos, y nada menos que un 45 por 100 que sostiene que es un indicador de la insatisfacción sexual en la pareja (véase Malo de Molina).

Los contenidos más frecuentes de las *fantasías sexuales* (importantes como índice de las necesidades psicológicas del individuo, y consecuentemente de su satisfacción o frustración —racionalizada o no—) son: la propia pareja (un 60 por 100 dicen sentirlas; mucho más las mujeres que los hombres), sexo grupal (un

---

[13] Dado luego, es muy posible que la deseabilidad social esté sesgando las respuestas, especialmente las de las mujeres (debido a la vieja doble moral), pero en cualquier caso, las diferencias entre uno y otro género no dejan de resultar muy llamativas, y merecedoras de atención.

45 por 100; más los hombres que las mujeres), algún amigo/a o conocido/a (un 40 por 100), relación homosexual (25 por 100; más las mujeres), y sexo con adolescentes (10 por 100; mucho más los hombres). Hasta un 65 por 100 confiesa que desearía firmemente llevarlas a cabo, pero prácticamente ninguno lo hace (excepto, sólo en raras ocasiones, las relativas a la propia pareja).

Respecto a la *conducta homosexual*, además de las fantasías homosexuales esporádicas, reconocidas por un 20 por 100 de los hombres y un 30 por 100 de las mujeres, los datos revelan la existencia de algún contacto homosexual esporádico en un 15 por 100 de la población durante la infancia, en un 10 por 100 durante la adolescencia, y en un 7 por 100 de adultos. Un 2 por 100 se considera homosexual (1,5 por 100 de *gays* y 0,5 por 100 de lesbianas), y un 4 por 100 bisexual. Este punto será tratado con mayor amplitud al hablar de las relaciones amorosas homosexuales.

Algunos datos que revelan, a nuestro juicio, una alarmante falta de conocimiento de la realidad social en que vivimos, así como una importante irresponsabilidad personal y social, son los relativos a los *anticonceptivos:* un 15 por 100 se muestra absolutamente en contra del empleo de cualquier método anticonceptivo, otro 10 por 100 está indeciso al respecto, un 25 por 100 utiliza como técnica contraceptiva más frecuente la «marcha atrás», y un 40 por 100 se declaró a favor de la famosa campaña obispal «antipreservativo» que propugnó la Iglesia Católica en respuesta a los programas de sensibilización y educación de la población contra el sida, impulsada desde las instituciones públicas.

En cualquier caso, y tomando todos los datos en conjunto, parece claro que la tan cacareada revolución sexual es más una quimera que un fenómeno real, al menos en nuestro país (y, por lo que sabemos, también en otras sociedades occidentales como la estadounidense —Robinson y otros, 1991—, o la irlandesa —donde la influencia de la Iglesia Protestante es aún más notable)[14].

3.4. A. de Miguel (1992)

En 1992, A. de Miguel publica los resultados de una encuesta realizada a finales de 1991, sobre una muestra amplia (varios miles), estratificada, y representativa de la población española entre 18 y 65 años, de municipios con más de 3.000 habitantes (es decir, excluyendo los pequeños pueblos). La encuesta trataba sobre los aspectos más diversos de la realidad social española. Destacaremos los más

---

[14] Fernández de Quero (1989) constata también la elevada persistencia de tenores, falacias y sentimientos de vergüenza que aún generan las relaciones sexuales en nuestro país.

directamente relacionados con el fenómeno amoroso (relaciones de pareja, sexualidad, etc.):

Los índices de *fecundidad* se han reducido notablemente durante la época democrática. Durante el mismo período, han aumentado notablemente las tasas de *separación* y *divorcio*.

Las *actitudes religiosas* son uno de los factores que más diferencian a la población respecto al resto de sus actitudes y conductas, entre ellas principalmente las relativas a la pareja, el amor y la sexualidad. Los individuos religiosos (más del 75 por 100 de los adultos y casi un 70 por 100 de los jóvenes), y especialmente los católicos practicantes (50 por 100 de los adultos y casi un 15 por 100 de los jóvenes), muestran comportamientos y actitudes marcadamente más estrictas, intransigentes y conservadoras. Quede, pues, subrayado, de forma que no sea necesario repetirlo para cada uno de los aspectos sobre el amor y la sexualidad que mencionaremos a continuación, lo que nos haría extendernos demasiado.

La aceptación del *aborto,* y las posibilidades prácticas de llevarlo a cabo, crecen progresivamente, con lo cual hay menos *uniones forzadas* («de penalty»).

La *independencia de los hijos* se produce bastante más tarde que en otros países europeos (considerando su promedio), retrasándose hasta los 26 años para las mujeres y los 27 para los hombres.

Sorprendentemente, los porcentajes de personas contrarias a las *relaciones sexuales prematrimoniales* siguen siendo enormemente elevados: más de un 50 por 100 de los adultos (entre 30 y 64 años), y casi un 20 por 100 de los jóvenes (entre 18 y 29 años) se muestran contrarios a ellas (porcentajes muy similares a los ofrecidos por S. del Campo). Tanto hombres como mujeres se muestran especialmente contrarios a que las mujeres participen en dichas relaciones: la *doble moral* sigue plenamente vigente.

La edad media de *entrada en el matrimonio* ha aumentado considerablemente (en parte debido a la coyuntura económica —paro, precio de la vivienda...—, y en parte debido a la mayor permisividad hacia la cohabitación no matrimonial).

Otro dato que se desprende de la encuesta que nos ocupa apunta que la mayoría de los jóvenes *se casa formalmente* en lugar de vivir juntos sin casarse, y que, de aquéllos, la mayoría se casa *por la Iglesia* (incluso entre las personas jóvenes, arreligiosas, y de izquierdas, aproximadamente la mitad se casa formalmente, y de ellos la mitad lo hace por la Iglesia). Como podemos comprobar, la presión social hacia el matrimonio, santificado por la Iglesia, es aún muy poderosa en todas las esferas sociales (véase, p. ej. la obra de Iglesias de Ussel, 1987).

Hay una cierta aproximación entre los *roles* de uno y otro sexo, con respecto a épocas anteriores (como la del franquismo), pero tanto la igualdad laboral, como fundamentalmente la igualdad doméstica, están muy lejos de ser una realidad.

© Ediciones Pirámide

La importancia del *atractivo físico* es hoy mucho mayor que en otras épocas (se habla incluso de la cultura del «culto al cuerpo»). Se valora más el aspecto físico de la pareja que su inteligencia (especialmente los hombres, quienes buscan en el atractivo físico de su pareja aumentar su prestigio social).

Por otro lado, un 80 por 100 considera muy importante para la felicidad de la pareja el *tener hijos,* mientras sólo un 35 por 100 considera importante para su satisfacción amorosa el compartir la *ideología política* general con su pareja. Esto contrasta con los hallazgos de las investigaciones psicosociales, por las que sabemos que los hijos, al margen de toda la satisfacción personal que sin duda conllevan, suelen ser una importante fuente de problemas de pareja (Argyle, 1987; Pick y Andrade, 1988; Sternberg, 1988), y por otro lado, la similaridad de valores —políticos, religiosos, sociales...— es muy importante para la satisfacción amorosa (p. ej. Byrne, 1971; Levinger, 1974, y Sternberg, 1988, entre otros muchos).

Respecto a las *relaciones sexuales entre adolescentes* (menores de 18 años), la existencia del llamado «foso generacional» (discrepancia de actitudes entre padres e hijos) se hace muy evidente, así como patente la influencia de otras variables sociodemográficas: más de un 70 por 100 de amas de casa están en contra, frente a sólo un 10 por 100 entre los jóvenes de 18 años (recordemos que un 20 por 100 de los jóvenes estaban en contra de las relaciones sexuales prematrimoniales, pero eran jóvenes entre 18 y 29 años, y no sólo los de 18, como en este caso).

Finalmente, en cuanto a la *infidelidad sexual,* un 35 por 100 de los jóvenes, y un 55 por 100 de los adultos la rechaza categóricamente en cualquier circunstancia. (En otras encuestas los resultados indican, como hemos comentado más arriba, unos porcentajes aún sensiblemente mayores de personas con actitudes contrarias a la infidelidad sexual, o favorables a la fidelidad sexual, pero al mismo tiempo unos porcentajes exiguos de personas que traducen esa actitud en conducta.)

3.5. Salustiano del Campo (1993)

Por su parte, S. del Campo publicaba en 1993, en tres volúmenes, una serie de resultados de diferentes encuestas sobre las tendencias sociales (de muy diversa índole) en nuestro país. Los datos a los que nos referiremos están expuestos en distintos capítulos del propio autor (S. del Campo, 1993), y de Gil Calvo (1993):

Menos de un 60 por 100 de los varones, y poco más de un 40 por 100 de la mujeres, consideran legítimas las *relaciones sexuales prematrimoniales* (entre personas menores de 40 años los índices se sitúan en torno al 80 por 100 de favorabilidad); las diferencias en este juicio entre los distintos niveles de estudios, son abrumadoras. Los porcentajes referentes a la *cohabitación* sin matrimonio son muy similares.

Los datos relativos al *uso de anticonceptivos* no dejan de parecernos alarmantes, habida cuenta de la enorme cantidad de embarazos no deseados que se producen anualmente, y de la acuciante extensión del sida. Con datos de 1989: poco más de la mitad de los varones (54 por 100), y tan sólo un 40 por 100 de las mujeres, ha utilizado alguna vez anticonceptivos (que en el caso de los hombres es en la práctica totalidad de los casos el preservativo). Por otra parte, menos del 25 por 100 de las mujeres solteras ha utilizado alguna vez algún tipo de anticonceptivo. Nuevamente, el nivel de estudios era un buen predictor del uso de anticonceptivos.

Respecto a la pregunta de si mantendrían *relaciones sexuales por simple placer, sólo por amor, o sólo por compromiso matrimonial,* los porcentajes —aproximados— fueron: en varones 40, 25 y 25 por 100 respectivamente (un 10 por 100 NS/NC), y en mujeres 20, 25 y 45 por 100 respectivamente (mismo porcentaje de omisiones). Llama la atención la notable diferencia en la admisión de relaciones sexuales sin amor (cerca de la mitad de los varones, y apenas un quinto de las mujeres).

3.6. Jiménez Burillo y otros (1995-2000)

Desde 1995, varios profesores del Departamento de Psicología Social de la Universidad de Madrid dirigidos por el profesor Jiménez Burillo, llevamos a cabo una investigación sobre el comportamiento amoroso (a la que ya nos hemos referido antes), cuya parte empírica consistió en la aplicación —con colaboración del CIS— de una encuesta a una muestra representativa de la población española entre 18 y 65 años (N = 1.949). Entre sus resultados, aún en análisis y debate, y de los que todavía apenas se han hecho públicos una pequeña parte (Jiménez Burillo, Sangrador y Yela, 1995; Sangrador, Yela y Martínez Íñigo, 1997; Yela, 1997 b; Barrón y otros, 1999; Sangrador, Yela y Jiménez Burillo, en prensa; Yela y Sangrador, en prensa), podemos destacar los siguientes:

Entre las *características más valorada en la pareja, a la hora de un eventual ligue,* la más citada es el atractivo físico (a pesar de nuestra reticencia a reconocerlo abiertamente; Hadjistavropoulos y Genest, 1994 y Sangrador y Yela, 2000). Entre las más valoradas, hay una notable diferencia entre hombres y mujeres, siendo la «accesibilidad sexual» la tercera cuestión más valorada por los hombres (después del mencionado atractivo físico y algo tan genérico como «carácter agradable»), mientras que desciende al duodécimo puesto entre las características más valoradas por las mujeres en su pareja. Todo ello (y otros resultados que alargarían demasiado este texto; p. ej. Yela, 1998a) parece corroborar tanto las tesis sociobiológicas (impulso genético adaptativo) como las de socialización diferencial (educación sexista, doble moral...), respecto al mayor deseo de promiscuidad sexual masculino.

Sin embargo, las *características más valoradas en la pareja, de cara a una relación amorosa estable,* son muy similares en uno y otro sexo: carácter agradable, inteligencia, sinceridad y fidelidad sexual (si bien, respecto a las siguientes, los hombres valoran más el atractivo físico y la juventud en sus parejas, y más la «feminidad» que las mujeres la «masculinidad»).

Respecto a la *relación entre el amor, el sexo y el matrimonio* (sobre la que ya hemos visto que varía entre unas épocas históricas y otras, y entre unas culturas y otras, aún cuando sea común creer que «es algo natural»): cerca de un 20 por 100 de la población aún no acepta el sexo fuera del matrimonio, y un porcentaje similar tampoco concibe el amor que no se produce en el (o conduce al) matrimonio. Cerca del 50 por 100 tampoco aceptan el sexo sin amor, aunque aquí hay una notable diferencia entre hombres (un 35 por 100 rechazan el sexo sin amor) y mujeres (un 65 por 100 lo rechazan). El porcentaje de rechazos aumenta al 60 por 100 si se trata de amor sin sexo, y hasta aproximadamente un 75 por 100 si hablamos de matrimonio sin sexo o sin amor. Como vemos, pues, en nuestra sociedad española actual, el concepto de amor va considerablemente unido a los de sexo y matrimonio (o emparejamiento estable); esta unión es mayor entre las personas de mayor edad, más religiosas y con menor nivel de estudios (Barrón y otros, 1999).

A pesar de los (para algunos exiguos y para otros excesivos) cambios sociales que han acontecido en las últimas décadas en el papel social de la mujer, en cuanto a las relaciones amorosas se refiere, los hombres siguen llevando la *iniciativa:* tanto en el primer contacto (60 por 100 de las veces los hombres vs. 15 por 100 las mujeres —el resto corresponde a la opción «ambos»—), como en el primer contacto físico íntimo (65 por 100 vs. 10 por 100), y en las primeras relaciones sexuales «completas» (50 por 100 vs. 5 por 100).

Entre los *motivos aducidos para iniciar una relación amorosa* estable destacan: la necesidad de compartir, el deseo de formar una familia y tener hijos en un futuro, la búsqueda de sentido a la vida, y la búsqueda de estabilidad. Entre las personas no emparejadas ocupa el cuarto lugar el «temor a estar solo/a el día de mañana», y entre las mujeres no emparejadas (no así entre los hombres) ocupa el quinto lugar (de una larga lista abierta) «el deseo de sentirse protegido/a».

Entre las *estrategias de seducción* destacan: el «mostrar interés por el otro» (la más mencionada entre las mujeres), halagar (la más «confesada» entre los hombres), demostrar atracción hacia el otro (más común en hombres), ofrecer ayuda, y mostrar seguridad en uno mismo. En un puesto de menor frecuencia destaca otra diferencia entre los sexos: la estrategia clásica de «mostrarse difícil» (Walster y otros, 1973) es empleada (o confesada) por un 20 por 100 de las mujeres, y poco más del 5 por 100 de los hombres.

Por otra parte, y en consonancia con los estudios anteriores, aproximadamente un 75 por 100 de la población *mantiene una relación amorosa* estable (lo que confirma su normatividad social), de las cuales un 85 por 100 *viven juntos* (prácticamente el 100 por 100 de las que tienen medios para ello, ya que los porcentajes varían desde un 20 por 100 entre los menores de 25 años, a un 98 por 100 entre los mayores de 35), el 60 por 100 se ha *casado,* y un porcentaje similar tiene *hijos*. No llega al 1 por 100 el porcentaje de gente que se casa más de una vez (y tan sólo una persona en toda la muestra lo ha hecho «tres o más veces»). Entre los casados, el 90 por 100 de ellos continúa haciéndolo por la Iglesia (independientemente de sus creencias religiosas). A casi la mitad, su relación amorosa le ha supuesto *pérdida de contacto con sus amistades* (un 20 por 100 algo de pérdida, y a un 25 por 100 mucho o bastante).

Si un 75 por 100 tiene pareja actualmente, un 80 por 100 la ha tenido en algún momento (siendo la media = 1,5 relaciones amorosas estables). Sin embargo, no llegan a un 25 por 100 las personas que manifiestan haber tenido varias *relaciones breves*. Más llamativo aún nos parece que cerca de la mitad de la muestra (un 30 por 100 de los hombres y un 60 por 100 de las mujeres) sólo ha tenido *relaciones sexuales* con una única persona a lo largo de toda su vida. En cuanto a la frecuencia de relaciones sexuales dentro de la pareja, la gran mayoría de las respuestas se reparten entre «varias veces al mes» (42 por 100), y «varias veces a la semana» (39 por 100), y aunque la mayoría se confiesa como *sexualmente satisfechos,* un 30 por 100 señala que desea tener relaciones sexuales con distinta frecuencia que su pareja, un 45 por 100 confiesa que uno de los dos rechaza prácticas sexuales que el otro desea realizar (aunque la mayoría de ellos —2/3 de éstos— dice que eso le sucede con poca frecuencia), y también un 45 por 100 confiesa que no habla abiertamente con su pareja de sus deseos sexuales. Del mismo modo, aunque el 90 por 100 se considera *satisfecho de su relación de pareja* (45 por 100 bastante y 45 por 100 muy satisfecho), más de un 60 por 100 confiesan discutir con cierta frecuencia.

Respecto a la siempre polémica *fidelidad sexual,* tan sólo un 15 por 100 de los hombres y un 5 por 100 de las mujeres confiesan abiertamente haber tenido relaciones sexuales con otra/s persona/s distinta a su pareja desde que comenzó su relación actual (porcentaje mucho menor que el de otras encuestas expuestas en este mismo capítulo, pero en las que se preguntaba por «infidelidad sexual» a lo largo de la vida, no de la relación presente). Sobre el mero deseo de tenerlas, tan sólo el 20 por 100 de los hombres y el 5 por 100 de las mujeres afirman desearlo. Tal vez este dato refleje una realidad social menos promiscua de lo que suele pensarse, o tal vez los sujetos encuestados en sus casas temieran que el entrevistador comentara los datos con sus parejas.

Finalmente, y por no extendernos más, la población española confiesa sentir «muchos» (40 por 100) o «bastantes» *celos* (30 por 100), y aún otro 10 por 100 «algunos» o «regular».

Con este panorama, como sugieren diversos autores (Robinson y otros, 1991; Malo de Molina, 1992...), no parece claro que la tan cacareada revolución sexual haya sido ni tan revolucionaria (ha habido grandes cambios, desde luego, pero quizá no tantos como para calificarla de «revolución») ni tan sexual (puesto que muchos de los cambios más importantes han sido en la esfera social, más que específicamente sexual).

El amor, el individuo y las relaciones interpersonales 4

Entramos ahora en el nivel de análisis más propio de disciplinas como la Psicología y la Psicología Social, que, por nuestra formación académica, son (en principio) las que menos desconocemos.

Como es lógico, comenzaremos exponiendo una serie de cuestiones básicas generales, que tratan de responder a algunas de las cuestiones generales que planteábamos al inicio del libro: ¿cómo se define exactamente el amor?, ¿en qué se diferencia el amor de otras relaciones íntimas?, ¿existen teorías sobre el amor?, ¿de qué está compuesto el amor?, ¿existen distintas formas de amar?, ¿cuáles son?, ¿se puede «medir» el amor?

Una vez contempladas estas cuestiones previas, nos centraremos en las aportaciones más relevantes en algunas de las principales áreas de investigación psicosocial, como el curso temporal de las relaciones amorosas, el papel de los procesos interpersonales, las características demográficas y los factores psicológicos del individuo en su relación (su comportamiento amoroso y su satisfacción en la relación), y lo que hemos denominado «las dos caras del amor» (dicho rápidamente: sus ventajas e inconvenientes).

1. El amor desde la Psicología Social: cuestiones básicas

1.1. Definiciones del amor

> «Eros (el Amor) es el hijo de Poros (la Abundancia) y Penía (la Penuria).»
>
> SÓCRATES (*El Banquete* de PLATÓN)
>
> «...dejadme llegar al muro de quien yo soy hiedra.»
>
> CERVANTES (*El Quijote*: Luscinda refiriéndose a Cardenio; primera parte; cap. XXXVI)[1]

Al lector avezado probablemente le sorprenderá que este no sea el primer capítulo del libro. Y tiene razón: parece lógico comenzar definiendo la materia de análisis. Pero, de hecho, así lo hemos hecho —bien que someramente—, en el tercer apartado de la introducción. Allí, definíamos el amor, genéricamente (y para diferenciarlo de otros tipos de amor) como el «conjunto de pensamientos, sentimientos, motivaciones, reacciones fisiológicas, acciones (incluida la «comunicación no verbal») y declaraciones (conducta verbal) que ocurren en las relaciones interpersonales íntimas y sexuales». Pero ¿todas las conductas que ocurren en una relación amorosa pueden incluirse en el concepto al que llamamos «amor»? Parece claro que no. ¿Qué es exactamente el amor? En los siguientes capítulos trataremos de profundizar y matizar la cuestión. Veamos, en primer lugar, las variadas definiciones que sobre el escurridizo fenómeno han propuesto algunos diccionarios, enciclopedias, filósofos, literatos, y, por último, psicólogos (desde luego, las definiciones sobre el amor ofrecidas por los científicos sociales carecen de la belleza de la que hacen alarde los poetas y prosistas —como las que encabezan el capítulo—, ya que se busca la precisión y el rigor, en lugar de la metáfora y la estética).

Como suele ser frecuente en el ámbito de las Ciencias Sociales, y desde luego en nuestro tema, cabe afirmar, sin exagerar, que existen tantas definiciones sobre el amor como autores han escrito sobre él. Como es sabido, existen diferentes tipos de definiciones. La propia definición y tipología del concepto «definición» constituye uno de los más arraigados problemas filosóficos. El término «definición» es uno de los que mayor extensión suelen ocupar en los diccionarios de

---

[1] La metáfora del amor como la unión del muro y la hiedra tiene un antecedente en el *Diálogo entre Venus y el Amor*, de Garcilaso de la Vega.

Filosofía (p. ej. Ferrater Mora, 1965). Este autor distingue entre definición real, nominal, verbal, causal, explícita, contextual, ostentiva, intrínseca, extrínseca, por abstracción, y operacional. Otros textos defienden otras clasificaciones. Obviamente, no es este el momento más adecuado para abordar un análisis minucioso de cada uno de los tipos de definiciones. En lugar de ello vamos a resaltar, desde luego sin ninguna pretensión de exhaustividad, algunas de las definiciones ofrecidas por distintas fuentes sobre el tema que nos ocupa:

El *Diccionario de la Real Academia Española* (1984; DRAE a partir de ahora) ofrece hasta 11 acepciones del término. La primera de ellas reza: «Afecto por el cual busca el ánimo el bien verdadero o imaginado, y apetece gozarlo». La segunda señala: «Pasión que atrae un sexo hacia otro». El resto tienen poco o nada que ver con las relaciones íntimas de pareja y con el amor romántico.

El *Diccionario Ideológico de la Lengua Española* (Casares, 1942) señalaba entre sus tres primeras acepciones: «Sentimiento afectivo que nos mueve a buscar lo que consideramos bueno para poseerlo o gozarlo» (claramente similar a la primera acepción del DRAE); «Sentimiento altruista que nos impulsa a procurar la felicidad de otra persona» (subrayando una de las características clásicas del amor —o, al menos, de un tipo de amor, como analizaremos más adelante—); y «Pasión que atrae un sexo hacia otro» (acepción que recogerá más tarde el DRAE).

Por otra parte, llama la atención que en la prestigiosa *Encyclopædia Britannica* (1985) no aparezca la entrada *love*, y que en la *International Encyclopedia of the Social Sciences* (1968), la entrada *love* remita directamente a *affection* (donde se habla fundamental y casi exclusivamente de Freud y Harlow). Por su parte, el *Oxford Dictionary* ofrece hasta 26 acepciones distintas.

Respecto a la etimología del concepto, Corominas (1961) afirma que la palabra castellana «amor» proviene del vocablo latín «amor-amoris» (lo cual es suscrito por el propio DRAE), y se introduce en la lengua castellana hacia el año 1140. Ferrater Mora (1965) establece una relación entre los vocablos:

Griego	Latín	Castellano
Eros ($\alpha\rho\omega\delta\zeta$)	Ágape ($\alpha\gamma\alpha\pi\eta$)	Filia ($\phi\iota\lambda\iota\alpha$)
Amor-amoris	Charitas	Dilectio
Amor romántico	Amor altruista	Amor-cariño

Por su parte, los literatos y filósofos de todos los tiempos, también nos han ofrecido múltiples y variadas definiciones del término, algunas más analíticas, otras más poéticas (aunque ambos términos no son *necesariamente* incompatibles). En ellas, no siempre se ha distinguido, como hará luego la Psicología

Social, entre «amor» y «enamoramiento». Veamos sólo unas pocas de entre las que nos han parecido más interesantes:

Eurípides (siglo V a. C.) lo define muy agudamente en su «Medea» como la síntesis entre *Eros* (la sensualidad) y *Nomos* (las normas y costumbres sociales), en lo que constituye uno de los primeros ejemplos de cómo la sociedad influye de forma decisiva en nuestros sentimientos amorosos.

Platón (siglo IV a. C.), en *El Banquete,* pone en boca de Sócrates una idea que va a perdurar, bajo muy distintas enunciaciones, hasta nuestros días: que el Amor es el hijo de «Poros» (dios de la abundancia) y «Penía» (dios de la penuria). Es decir, la unión del deseo de dar lo mejor de uno mismo con el deseo y la necesidad de recibir lo mejor del otro; lo cual está estrechamente relacionado con la dialéctica *Ágape-Eros* de la que más tarde hablaremos —al hablar de los tipos de amor)[2].

En el siglo XII, Andreas Capellanus ofrece, junto a «las reglas del nuevo amor cortés» (el embrión de nuestro amor romántico pasional, como ya hemos visto), una bella definición: «El amor es un sufrimiento que nace de dentro de uno, derivado de la contemplación o la excesiva meditación sobre la belleza de un miembro del sexo opuesto, que provoca, por encima de todo, el deseo de abrazarlo». Desde el punto de vista psicológico, se anticipan procesos y factores cuyo papel explicará luego la Psicología Social, como los de «necesidad», «pensamientos recurrentes», «atractivo físico» o «deseo».

Otra definición aguda, y desde luego provocativa, es la de Maquiavelo (siglo XVI), quien en su *Príncipe* subraya que el amor es el deseo de «fama, riqueza y poder» (que podríamos redefinir como «reconocimiento social y personal, bienestar y capacidad de influencia»), disfrazado de deseo de verdad, bien y belleza...

En una línea no muy alejada, Hobbes (siglo XVII) expondrá en el *Leviathan* que: «Llamamos amor por una persona concreta al deseo de ser deseados por ella»; así el amor sería un producto del miedo a no ser reconocido, a permanecer solo y/o a resultar diferente, idea que late en muchas teorías psicológicas y psicosociales del amor.

Por su parte, Locke, en su obra *Sobre el entendimiento humano,* señala que el amor es el fruto de la reflexión sobre el placer (no necesariamente sólo físico) que alguien puede producirnos; lo cual está estrechamente relacionado con las posturas que, en el actual lenguaje psicológico, hablan de «expectativas de refuerzo».

---

[2] Según relata el conocido astrónomo y divulgador C. Sagan (fallecido hace unos años), el legado de los filósofos, junto a los literatos y científicos clásicos sería de una magnitud extraordinariamente superior de no ser por la quema de la incomparable Biblioteca de Alejandría, en el siglo IV, en manos de las turbas cristianas del arzobispo Cirilo, quien, tras ordenar la quema de la Biblioteca, y mandar a sus huestes desollar viva a la científica más sobresaliente (la matemática, astrónoma, física, y filósofa Hipatia de Alejandría) fue proclamado santo (Sagan, 1987).

Y Spinoza afirma en su *Ética* que el amor es básicamente un sentimiento de alegría unido al conocimiento (o sospecha, intuición, creencia...) de su causa; proposición que, a mi juicio, puede considerarse como un antecedente de una de las más reputadas teorías psicosociales sobre el amor: la Teoría Bifactorial de Berscheid y Walster (que se expondrá más adelante).

Finalmente, para no extendernos demasiado, Nietzsche (siglo XIX) va a referirse en repetidas ocasiones al amor como una trampa para perpetuar la especie; si sustituimos el término «trampa» por el de «estrategia evolutiva» vemos que no está muy alejado de las tesis sociobiológicas actuales.

Por último, vamos a referirnos muy brevemente a algunas de las numerosas definiciones del amor postuladas por distintos psicólogos, lo que contribuye a completar la idea de la gran variedad de acepciones desde las que ha sido y es concebido:

W. James (1884), se refería al amor como a la asociación entre una sensación agradable y la idea del objeto que la produce. Esta idea, vinculada a la propia teoría general de las emociones del ilustre psicólogo americano, recuerda mucho a la que propusiera dos siglos antes Spinoza en su *Ética* (y, como ha quedado dicho, a la que sistematizarán después Berscheid y Walster en su Teoría Bifactorial).

A principios de nuestro siglo, J. B. Watson (1924; en Yarnoz, 1989), define el amor, en la más estricta línea conductista (naturalmente), como una respuesta emocional provocada por estimulación cutánea de las zonas erógenas —las cuales, como es sabido, son mucho más amplias que los meros órganos sexuales—. No es que el amor sea la propia excitación, sino que ésta es el estímulo (E) que provoca la respuesta (R) amorosa: E (estimulación cutánea) → excitación fisiológica → R emocional (amor). Obviamente esta definición no agota, ni mucho menos, todas las formas de amor, ya que en la mayoría de las ocasiones el amor romántico surge sin que se haya producido ninguna estimulación cutánea de las zonas erógenas (e incluso, en ocasiones, sin una anticipación cognitiva concreta de tal estimulación, aunque esta expectativa pueda ser más o menos frecuente). Siguiendo en el paradigma conductista, recordemos, de paso, que Frazier, uno de los protagonistas de Walden II se pregunta en un momento dado «¿qué es el amor... sino un sinónimo del refuerzo positivo?» (Skinner, 1948, p. 55). Por su parte Miller y Siegel (en Murstein, 1980) señalan, en términos cognitivo-conductuales, que el amor es una amplia expectativa de placer, y el amado un refuerzo secundario generalizado. En nuestro país, Costa y Serrat (1982), desde la terapia de conducta, lo definirán operativamente como una «alta y mutua tasa de intercambio de refuerzos» (de muy variado tipo) en las diferentes áreas vitales. Sin duda que el amor tiene mucho que ver con los refuerzos positivos...

© Ediciones Pirámide

En una línea muy distinta, y con un lenguaje radicalmente diferente, H. S. Sullivan (1953), se refería a él como al estado en el que la seguridad y la satisfacción del otro son tan importantes como las propias, mientras que recientemente R. C. Solomon (1988) lo define como el proceso de fusión del propio *yo* con un *otro,* creando un *nosotros* autoconsciente.

Vemos, así, que los propios «juegos de lenguaje» (en términos wittgensteinianos) con los que los diferentes paradigmas (o corrientes teóricas) psicológicos se han referido al amor, son notablemente distintos entre sí. En las páginas que siguen trataremos de clarificar el concepto, desde el lenguaje de la Psicología Social de las relaciones interpersonales.

Posteriormente, en distintos apartados, aludiremos a las concepciones de muchos otros renombrados psicólogos y psicólogos sociales sobre el amor, la atracción y el enamoramiento (Freud, Fromm, Maslow, May, Kelley, Festinger, Aronson, Bem, Walster, Levinger, Rubin, Lee, Sternberg...). Consideramos más oportuno incluir sus puntos de vista en el apartado específico en que encaje su definición, en lugar de repetirlas ahora en una lista que podría resultar interminable (aunque nunca exhaustiva).

Lo que sí hemos querido reflejar en este apartado es la existencia de muy diferentes tipos de definiciones, y el hecho de que los rasgos que se acentúan en unas y otras dependen de la orientación teórica de su autor. Por nuestra parte, pensamos que todas ellas son plausibles y compatibles, y señalan, desde diversos puntos de vista, y con pocas palabras, algunas de las características más relevantes del complejo fenómeno amoroso. Todas son aproximaciones útiles e interesantes, aunque, como el lector ya ha sospechado, ninguna del todo completa. Además, hay que tener en cuenta que, sin duda, el rasgo fundamental del amor es su carácter dinámico: el amor no es una estructura estática, sino un proceso dinámico, que está en continuo cambio a lo largo del curso de la relación, por lo que su definición variará en función del estado de la relación (a dicho curso temporal dedicamos un amplio apartado posteriormente).

1.2. ¿En qué se diferencia de otros conceptos afines?

En el presente capítulo trataremos de discernir las diferencias existentes entre los principales tipos de relaciones interpersonales íntimas (desde el «juego de lenguaje» de la Psicología Social), para ir acercándonos progresivamente a la comprensión del fenómeno amoroso. Trataremos de subrayar las diferencias entre el amor y un conjunto de conceptos más o menos vinculados con el fenómeno amoroso: afiliación, atracción, amistad, cariño, atracción sexual, enamoramiento, intimidad, pasión, compromiso, amor, amor romántico-pasional, amor compañero, etc. Ello supone un esfuerzo de análisis, no con el objeto de acuñar términos gratuitamente, sino con el objetivo de identificar procesos psicológica y socialmente diferentes y significativos, y definirlos de forma adecuada para su mejor comprensión y uso.

A continuación presentamos un cuadro en el que resumimos, a lo largo de una dimensión temporal (sobre la que volveremos más adelante), los *principales factores involucrados en el surgimiento de los distintos tipos de relaciones interpersonales íntimas*. Evidentemente, el cuadro no es exhaustivo, ni todos sus pasos son estrictamente necesarios. Pretende ser una aproximación general al fenómeno de las relaciones interpersonales íntimas, para su mejor comprensión, por encima de los casos concretos y de las —sin duda numerosas— excepciones y matizaciones:

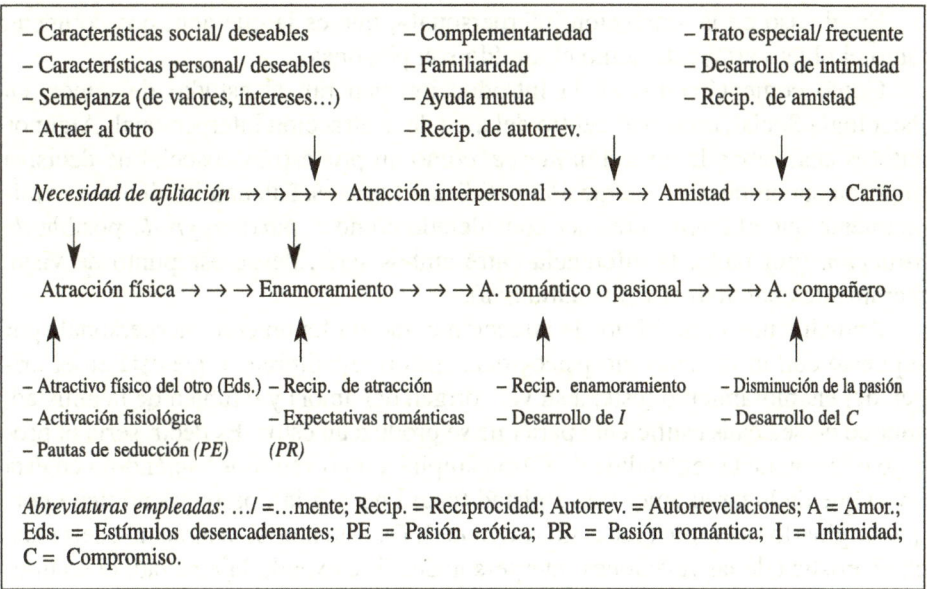

Seguidamente, describiremos dichos procesos con la máxima brevedad posible. Entre paréntesis figura la definición ofrecida por el DRAE (1984):

Afiliación

«Juntar, unir o asociar una persona a otras que forman corporación o sociedad.»
Posiblemente el origen de todas las relaciones interpersonales íntimas (atracción, amor, amistad...) radica en la necesidad de afiliación, básica en el ser humano. En todas las culturas conocidas, el hombre ha sentido siempre la necesidad de

establecer contactos con otras personas, de cara a su propia *supervivencia,* tal como hacen el resto de los primates. La afiliación es especialmente importante en aquellas especies —como la humana— en que las crías necesitan un mayor cuidado (en intensidad y duración) de sus progenitores para sobrevivir (Attenborough, 1990; Fisher, 1992; Sagan y Druyan, 1992), y es especialmente deseada en *situaciones de ansiedad e incertidumbre* (Schachter y Singer, 1962), estableciéndose también por *comparación social* (Festinger, 1954), y por el *deseo de aprobación* (y de no ser rechazado) y apoyo por parte de los demás (Hendrick y Hendrick, 1992), y para *reducir la soledad* (p. ej. Peplau, 1991).

Atracción

«Acción o efecto de traer hacia sí una persona o cosa.»

En el caso de la «atracción interpersonal», que es la que aquí nos compete, tanto el objeto atrayente como el atraído son personas.

Como comentábamos en la introducción general, el estudio del amor, en Psicología Social, comenzó dentro del área de la atracción interpersonal. Algunos autores analizaban la atracción *per se,* como un proceso psicosocial de decisiva importancia en nuestra interacción cotidiana. Otros, señalaban implícita o explícitamente que el *amor* podía ser considerado como el *máximo grado* posible *de atracción* (por tanto, la diferencia entre ambos sería, desde ese punto de vista, meramente cuantitativa y no cualitativa).

Actualmente, concebimos la atracción como un fenómeno interpersonal (por supuesto con influencias bio-psico-socio-histórico-culturales) que está en el origen del enamoramiento (éste, a su vez, origen del amor) y también de la amistad, aunque no sea causa suficiente para que se produzcan éstos. Es decir, sería el proceso o la conducta (entendida de forma amplia, como venimos haciéndolo en esta obra) que da lugar al amor y la amistad (causa necesaria), pero que no tiene porque originarlos siempre (causa no suficiente). De este modo, la atracción sería una característica de las relaciones interpersonales (incluyendo la amistad, el enamoramiento, el amor...), cualitativamente diferente de el amor.

Se han propuesto muy diversas *teorías* para tratar de explicar el surgimiento de la atracción. Vamos a enumerar las principales, describiéndolas en solo una línea (y, por tanto, simplificándolas al máximo —somos conscientes de ello—), atendiendo a su índole «conductista» (las teorías del refuerzo), «cognitivista» (teorías cognitivas) o de «interacción psicosocial» (teorías del intercambio). Por supuesto, hay muchas más, pero su enumeración exhaustiva nos llevaría un tiempo y un espacio excesivos; el objetivo del presente punto no es ser exhaustivo (tampoco lo seremos al enumerar las teorías sobre el amor) ni excesivamente extenso, sino sintetizar lo principal. Una descripción detallada de algunas de estas teorías puede verse en Carreño (1991), además de, lógicamente, en las referencias originales:

A) *Teorías del Reforzamiento:*

— Teorías de refuerzo positivo (Byrne, 1971; Griffit, 1974, y Clore, 1977): nos atrae quien nos refuerza (gratifica).
— Anticipación de refuerzos (Lott y Lott, 1974): nos atrae quien nos produce expectativas de refuerzo.
— Teoría Instrumental (Centers, 1975): nos atrae quien satisface nuestras necesidades.
— Reforzamiento negativo (Kenrick y Cialdini, 1977): nos atrae quien reduce las preocupaciones diarias.

B) *Teorías Cognitivas:*

— Disonancia (Festinger, 1957, y Aronson y Mills,1959): nos atrae quien elegimos «libremente» y con esfuerzo.
— Equilibrio (Heider, 1958, y Newcomb, 1961): nos atrae quien (creemos) tiene actitudes similares a nosotros.
— Teoría de Reciprocidad (Backman y Secord, 1959): nos atrae aquel a quien (percibimos que) atraemos.
— Teoría de la Reactancia (Brehm, 1966): nos atrae quien percibimos nos es prescrito tácita o explícitamente por la sociedad, por el grupo de pares o por el propio sujeto atrayente.
— Teoría de Autopercepción (Bem, 1972): nos atrae aquel a quien reforzamos (gratificamos) y con quien nos comportamos como si nos atrajera.
— Atribución de voluntariedad (Tedeschi, 1974): nos atrae quien creemos que nos refuerza voluntariamente.
— Procesamiento de información (Ajzen, 1977): nos atrae quien nos proporciona información positiva.

C) *Teorías del Intercambio Social:*

— Teoría «Económica» (Homans, 1950; 1961): nos atrae quien nos proporciona más «beneficios» que «costes».
— Teoría del nivel de comparación (Thibaut-Kelley, 1959): nos atrae quien nos proporciona una interacción cuyo balance «costos/recompensas» supera nuestro «nivel de comparación» (subjetivo y variable).
— Poder y vulnerabilidad (Kelvin, 1977): la atracción es un intercambio entre poder (el que atrae) y vulnerabilidad (el atraído); nos atrae quien nos suscita tolerancia a esa vulnerabilidad.

— Teoría de la Equidad (Walster y otros, 1978): nos atrae quien nos ofrece y pide algo similar (en términos de gratificaciones y esfuerzos) a lo que nosotros le ofrecemos y damos.
— Teoría de los Recursos (Foa y Foa, 1980): nos atrae quien nos proporciona el tipo de recursos deseado (amor, servicios, sexo, bienes, dinero, información, estatus).

Como en otras clasificaciones que hemos realizado a lo largo del presente trabajo, queremos resaltar que los límites entre un conjunto y otro de teorías no son en absoluto infranqueables, y que las teorías presentadas no son, ni mucho menos, excluyentes. Un buen ejemplo de ello lo proporcionan los modelos de los Lott, de Tedeschi (e incluso otro no expuesto: McCall, 1974), quienes, cada uno con su lenguaje (conductista, cognitivista, e interaccionista simbólico, respectivamente), ofrecen una explicación bastante similar del fenómeno.

Como puede verse por las fechas, en la última década, el estudio de la atracción interpersonal ha dado paso a la investigación sobre el comportamiento amoroso (de hecho no aparece ningún nuevo enfoque especialmente destacable sobre la atracción interpersonal durante los años ochenta).

En definitiva, de las citadas teorías y las investigaciones empíricas sobre el tema, podemos señalar que la atracción interpersonal sería una actitud positiva hacia una persona, originada fundamentalmente porque tal persona posee *características socialmente deseables* (atractivo físico, habilidades sociales, inteligencia, simpatía, amabilidad, sentido del humor, generosidad, etc.), *características personalmente deseables* para la persona que se siente atraída, y por la *similaridad* de intereses, gustos y opiniones en general con esa persona.

Amistad

«Afecto personal, puro y desinteresado, normalmente recíproco, que nace y se fortalece con el trato.»

Si la necesidad de afiliación, inherente al ser humano, hace que determinadas características (en las que influyen tanto condicionantes genéticos como de aprendizaje) nos produzcan atracción hacia sus poseedores, dicha atracción interpersonal puede (o no) desembocar en una relación de amistad, dependiendo de una serie de factores. La definición del DRAE destaca una serie importante de características de la amistad: «pura» (que pudiera entenderse, de forma bien distinta, como «sin condiciones» o como «ajena a la sensualidad»); en esta última acepción se distinguiría del amor que estamos tratando —de relaciones de pareja—, «recíproca» (a diferencia, p. ej. del enamoramiento, que bien puede ser unilateral), y que «se fortalece con el trato» (a diferencia de la atracción sexual, el enamoramiento, o la pasión, que disminuyen con el trato, una vez superado un cierto umbral).

Aunque en nuestra sociedad no es lo más frecuente —pues está severamente proscrito—, es perfectamente posible (y de hecho así sucede en ocasiones) tener amistades con las que se mantienen esporádicas relaciones sexuales. Quizá lo más distintivo entre el amor y la amistad, en este sentido, no sea tanto el mantenimiento de relaciones sexuales, como su frecuencia, legitimidad, y —en el caso de las primeras etapas de la relación amorosa— los sentimientos pasionales.

Para algunos autores (Davis y Todd, 1982) los rasgos pasionales son los que más diferencian al amor de la amistad; para otros (Mathes, 1984) es la atracción sexual el principal rasgo distintivo. Pero hay más rasgos diferenciadores. Un tema polémico en nuestra sociedad es el de la amistad íntima entre hombres y mujeres, que suele ser considerada por los demás como relación amorosa, dando por supuesto que existe interacción sexual (Swain, 1992). Desde luego no tiene por qué existir una relación sexual entre dos amigos íntimos de sexo opuesto; pero incluso en el caso de que la hubiera, el amor (en nuestra cultura actual) es más que la suma de amistad y sexualidad (puesto que incluye también interdependencia, un cierto grado de romanticismo y de compromiso, una fase previa de enamoramiento, etc.).

Duck y Gilmour (1981) dedican toda la segunda parte del segundo volumen de su extensa obra al estudio de la amistad, y sus relaciones con otros procesos interpersonales. En definitiva, la amistad sería una relación interpersonal íntima surgida fundamentalmente por la *atracción interpersonal* (en la que juega un papel importante la similaridad de actitudes), la *reciprocidad de autorrevelaciones* (comunicación íntima mutua), el *trato frecuente*, y la *ayuda mutua*.

Cariño

«Inclinación de amor o buen afecto que se siente hacia una persona o cosa.»

Es un sentimiento afectuoso hacia una persona especial, provocado fundamentalmente por una *fuerte amistad recíproca*, un *trato especialmente frecuente*, y el desarrollo de una *estrecha intimidad*. Incluye sentimientos de apego, cuidado del otro, aprecio y gratitud. Es, por tanto, un sentimiento muy asociado con la intimidad y el «amor compañero» (es decir, en fases avanzadas de una relación amistosa, o de una relación amorosa —cuando la pasión va dando paso a una mayor intimidad y compromiso—). Las diferencias entre el cariño y el enamoramiento o el amor pasional son claras. No obstante el cariño también se diferencia de los sentimientos amorosos no pasionales de las etapas tardías de una relación amorosa (lo que posteriormente llamaremos «amor compañero»): en el cariño no existe el grado de interdependencia propio del amor, ni una legitimidad (ni demanda) social para mantener relaciones sexuales, no es tan exclusivo (puede sentirse cariño por muchas personas, pero nuestra sociedad espera que sólo se ame a una), no ha sido precedido de etapas pasionales de enamoramiento y amor romántico (como lo ha sido el amor compañero), y no implica el grado de compromiso propio del amor compañero.

Atracción física

«La definición sería la misma que la de la "atracción" pero centrada en los aspectos físicos y sexuales.»

No es infrecuente la confusión entre amor, enamoramiento y atracción física, cuando, de hecho, son fenómenos ciertamente distintos (aunque, por supuesto, relacionados). La atracción física es un tipo de atracción, basada fundamentalmente en el *atractivo físico* y en el *deseo sexual,* que suele ser corriente durante el enamoramiento y en las primeras fases del proceso amoroso (disminuyendo posteriormente su intensidad), pero que puede producirse de forma totalmente independiente de ellos (como sucede en las «aventuras» nocturnas y/o estivales). El deseo sexual es la base (la infraestructura) sobre la que comienza a establecerse toda la superestructura sentimental amorosa (mediante el enamoramiento), pero en muchas ocasiones su fin es simplemente la interacción sexual, sin ir más allá. Lo mismo cabe decir de la *sexualidad* en general: puede estar asociada al amor o ser independiente de él (asociada simplemente a sentimientos de deseo, o bien desaparecida, p. ej. por la edad, de una relación amorosa). (Por supuesto, la atracción sexual independiente de sentimientos amorosos no implica en ningún caso que no haya respeto hacia el objeto de atracción —idea que se ha venido manteniendo tradicionalmente y que continúa vigente en círculos conservadores—; Vannoy, 1980.)

Determinados estímulos, *tanto innatos como aprendidos,* desencadenan nuestra respuesta de activación y atracción física y sexual. En las pautas de seducción se combinan y resaltan muchos de dichos estímulos (miradas a los ojos, movimientos seductores, destacamiento de los rasgos genéricamente distintivos, proximidad física, tono de voz suave, sonrisas, etc.). Además del atractivo físico y de las pautas de seducción, los niveles hormonales y la propia situación ambiental, influyen también de forma importante en la respuesta de atracción física por una persona.

Pasión

(1.ª: «acción de padecer» / 3.ª: «lo contrario a la acción» / 5.ª: «perturbación o afecto desordenado del ánimo» / 6.ª: «inclinación o preferencia muy viva de una persona a otra»):

Erótico/a: «perteneciente o relativo al amor sensual».
Romántico/a: «sentimental, generoso/a y soñador/a».

Podemos caracterizar a la pasión como el componente más claramente emocional del fenómeno amoroso, propio de las primeras etapas de una relación (real o deseada). Diversos autores han considerado conveniente diferenciar entre varios subtipos de pasión (algunos explícitamente, como Rougemont, 1938; Carreño, 1991; Fraia, 1991; Yela, 1997 a, etc.; y otros implícitamente, como Tennov, 1979; Fisher, 1992, etc.). Como veremos más adelante, cabría hablar de una *Pasión Erótica* (similar a la *atracción sexual*, de la que ya hemos hablado) y una *Pasión Romántica*. Esta última haría referencia a los deseos y necesidades psicológicas respecto al amado (preocupación, fantasías, idealización, felicidad automática junto a él, grandilocuencia, nerviosismo ante su presencia, pensamientos intrusivos y constantes sobre el otro, dificultades de concentración, intenso deseo de intimidad y reciprocidad, hipersensibilidad ante los deseos del otro, etc.) propias del enamoramiento. Nótese que ambos tipos de pasión comparten las características de intensidad (emoción muy significativa y saliente), desorden (emocionalmente turbadora), y falta de control (aparece subrepticiamente, independientemente de nuestra voluntad).

Enamoramiento

«Acción y efecto de excitar en uno la pasión del amor.»

La *atracción personal* por una persona, unida a la *atracción física*, va a generar unas *expectativas románticas*, que pueden acentuarse si confluyen otras circunstancias (como la proximidad espacial, una relativa homogamia, disponibilidad mutua...) y especialmente si existe constancia de la *reciprocidad de atracción*, con lo que aparece un fuerte *deseo de intimar* con esa persona. Ambos tipos de pasión (la más específicamente fisiológica-sexual, y la que responde a las expectativas románticas aprendidas durante la socialización) se unen y se enfocan hacia una misma persona, apareciendo el estado que solemos llamar de «enamoramiento».

Según Berscheid y Walster (1978), el enamoramiento se diferencia de la mera atracción interpersonal en que es *más emocional*, *irracional* (puede fundarse en refuerzos imaginados) y frágil (mucho *menos duradero*). Para las propias autoras, el enamoramiento es un proceso que comienza con una fuerte *activación fisiológica*, interpretada psicológicamente (adscribiéndole la «etiqueta de enamoramiento» y unas pautas socialmente normativas, aprendidas durante el proceso de socialización), y que se constituye en la *primera etapa* de las relaciones amorosas en nuestra cultura. Para Hendrick y Hendrick (1988) enamorarse es una experiencia definida culturalmente, que en nuestra sociedad combina los estilos *Eros* (*pasional*) y *Manía* (*obsesivo*), y rechaza el estilo lúdico (basado exclusivamente en la atracción sexual sin ningún compromiso). Recordemos que ya Ortega

(1926) se refería al enamoramiento como al «estado de imbecilidad transitoria» por focalización de la atención en un solo objeto (con lo cual el resto de nuestras capacidades cognitivas quedarían temporalmente mermadas). Probablemente es una expresión demasiado dura para el sentimiento más deseado y disfrutado por la inmensa mayoría de la gente (siempre que sea correspondido, y se dé en un contexto interpersonal adecuado), pero acierta a recoger una de las características fundamentales del enamoramiento: el pensamiento constante (o muy frecuente) en el amado, hasta llegar a entorpecer el funcionamiento estable del individuo (a nivel emocional, laboral, etc.).

Por su parte, Solomon (1988) diferencia entre enamoramiento y amor, cuyos términos en inglés (*falling in love* y *to love*, respectivamente) reflejan en cierta medida sus distintos matices. El enamoramiento sería un estado *pasivo* (en tanto que «caemos en él»), pasajero, pasional, y de anticipación (*de expectativas*). El amor sería un proceso activo (en tanto que construido paulatinamente), duradero, de ofrecimiento activo (más que de deseo pasivo-pasional), y de identificación (fusión progresiva de la identidad de ambos en un «nosotros»). La «ley de cierre de las emociones» (Frijda, 1988), señala la impermeabilidad de las emociones al razonamiento, de modo que no podemos hacer nada para evitar sentirlas (se imponen independientemente de nuestros deseos). Esto es especialmente válido respecto al enamoramiento.

Así pues, el enamoramiento es la primera fase del amor (en nuestra actual sociedad y época), caracterizada por sentimientos pasionales (tanto eróticos como románticos), y producida, fundamentalmente, por: la *atracción interpersonal,* y la *atracción física* (tanto más si es recíproca); a su vez, en éstas influyen —como ya hemos mencionado—: la similaridad, el atractivo físico, una seductora comunicación verbal y no verbal, y una situación oportuna (en la cual pueda desarrollarse y detectarse todo lo anterior). La activación fisiológica está también estrechamente relacionada con el enamoramiento; lo que no está del todo claro es si es una de sus causas (o incluso su causa principal), una consecuencia de éste, o una de sus múltiples manifestaciones (Berscheid y Walster, 1978; Liebowitz, 1983, etc.).

Del enamoramiento puede o no surgir una relación amorosa estable (dependiendo de factores tales como los que veremos a continuación, al hablar específicamente del amor). Es decir, ni la pasión erótica, ni la pasión romántica, ni ambas juntas, suponen ni conducen necesariamente a una relación amorosa estable. Para ello son necesarios, además, otros factores.

Amor

1.ª: «Afecto por el cual busca el ánimo el bien verdadero o imaginado, y apetece gozarlo.»

2.ª: «Pasión que atrae un sexo hacia otro»:

El amor (que aquí consideramos) es, siquiera por definición, la relación interpersonal más íntima. Surge tras una fase de enamoramiento *recíproco,* debido principalmente al desarrollo de un extraordinario grado de *intimidad* (apoyo emocional y material, autorrevelaciones recíprocas, compenetración, complementariedad de necesidades, comprensión mutua, comunicación íntima abierta, conocimiento mutuo, disponibilidad, entendimiento, entrega, interdependencia, receptividad, respeto, valoración del otro, el hecho de compartir —ideas, recuerdos, actividades, tiempo, bienes, ilusiones, proyectos, una jerga especial...—), y un progresivo *compromiso.* Al hablar de compromiso no nos referimos a una carga forzosa con la que hay que lidiar, ni a la imposición mutua de una estricta fidelidad sexual (como sugieren los usos más frecuentes del término), sino a la aceptación de la importancia especial de la relación amorosa, y la consiguiente decisión (más o menos reflexiva; más o menos consciente) de mantenerla, por encima de los problemas que pueda suponer, y a pesar de las cosas a las que hay que renunciar por ella.

A medida que la *pasión va disminuyendo y la intimidad y el compromiso aumentando*, cabe hablar del paso de un *amor pasional, erótico o romántico* a un *amor compañero* (como se explicará con detalle en un capítulo posterior).

Resumiendo, el amor se diferencia de la mera amistad en que, además de ésta, incluye cierto grado de atracción sexual recíproca y expectativas románticas —si hablamos de amor romántico—, y una intimidad muy especial y un fuerte compromiso mutuo —si hablamos de amor compañero—. Y se diferencia del enamoramiento en que éste es «simplemente» la primera y breve etapa de aquél, en la que predominan los factores pasionales (eróticos y románticos), así como el deseo de establecer una relación íntima; mientras que en la fase de amor estable, una vez superada la etapa de enamoramiento, se establece de hecho esa relación íntima, y dicha intimidad, unida a un paulatinamente mayor compromiso, va sustituyendo progresivamente a los sentimientos pasionales (que se reducen por diversos motivos —comentados en diversas ocasiones a lo largo del libro—, en mayor o menor medida, y con mayor o menor rapidez).

1.3. ¿En qué consiste el amor? Modelos teóricos sobre la naturaleza del amor

¿Qué explicaciones —más o menos sistemáticas— ha ofrecido la Psicología y la Psicología Social sobre el surgimiento y la naturaleza del amor?

Nuestra intención en este apartado no es ir exponiendo sucesivamente un enfoque tras otro. Lo que haremos aquí será simplemente enumerarlos, de forma ordenada, y sintetizar su idea básica en dos líneas, para comentar algunos de ellos con mayor o menor extensión en los apartados posteriores en que sea pertinente. La exposición detallada de los distintos enfoques teóricos sobre el comportamiento amoroso es práctica sistemática en la mayoría de las revisiones sobre la materia. Hemos evitado a propósito repetir una vez más esa faceta. Tales exposiciones pueden consultarse en gran parte de las obras citadas a lo largo del presente trabajo. Una buena revisión en castellano es la ofrecida por Carreño (1991).

Hay que hacer notar que no siempre es fácil diferenciar entre teorías sobre el amor (de las que nos ocuparemos en este apartado), teorías sobre la atracción (que enumeramos en el apartado anterior), y teorías sobre el desarrollo de las relaciones íntimas de pareja (a las que aludiremos brevemente en un capítulo posterior). Además, el concepto de «teoría» ha de entenderse en sentido laxo, como sinónimo de enfoque o modelo (y no en el sentido epistemológico estricto del término, que adquiere, p. ej., en Ciencias Físicas).

A la hora de clasificar el numeroso conjunto de propuestas teóricas en torno al fenómeno amoroso, hemos seleccionado como criterio fundamental el factor tiempo, diferenciando entre los enfoques centrados en el origen de la relación amorosa (por qué surge), los centrados en la evolución de la relación (qué etapas pasa, y por qué se mantiene), y los centrados en su deterioro (por qué y cómo desaparece), y ordenándolos por orden cronológico. Nuevamente hay que hacer constar la dificultad de discernir la ubicación de un buen número de modelos teóricos siguiendo tal criterio, pero aún así parece fructífero intentarlo. Como comentamos en la introducción, las clasificaciones no son verdaderas ni falsas, sino útiles o inútiles. Confiamos en que esta esté más cerca del último extremo.

Por supuesto, las teorías que vamos a mencionar no sólo no son necesariamente incompatibles o mutuamente excluyentes, sino que en muchas ocasiones pueden complementarse. De hecho, tanto el enamoramiento como el posterior desarrollo de una relación amorosa estable, va a depender tanto de factores provenientes del sujeto amante (necesidades, deseos, actitudes, preferencias, proceso de socialización, creencias románticas, niveles hormonales, factores genéticos, atractivo físico propio, historia de aprendizaje asociativo de estímulos desencadenantes de la atracción sexual...), como del amado (atractivo físico, características personal y socialmente deseables...), de la interacción entre ambos (similaridad de características sociodemográficas, de atractivo físico, de valores, actitudes, gustos, opiniones, adecuación entre las variables de la personalidad de ambos, reciprocidad de atracción, equilibrio y equidad en el balance costes-recompensas...), y del propio contexto en el que se desarrolla la interacción (situación de activación, normas grupales, normas socio-culturales —implícitas y explícitas...):

Énfasis en: El origen	La evolución	El deterioro
Teorías clínicas o del déficit:	Teorías sobre el curso de la relación:	Ley del cambio (Aronson 65).
— Sublimación (Freud 21).	— Teoría Filtros (Kerckhoff y Davis 62).	Teoría del Guión (Weiss 75).
— Proyección (Freud 21).	— Teoría Interdependencia (Levinger 72).	Tensión C-Indep (Hart 76).
— Vacío (Reik 44).	— Teoría Penetración Social (Altman 73).	Teoría Intercambio (Levinger 79).
— Existencial (Fromm 56).	— Teoría Es-Valores-Roles (Murstein 77).	Teoría del Secreto (Vaughan 86).
— Necesidades (Maslow 63).	— Teoría Triangular (Sternberg 86).	Teoría del Conflicto (Rusbult 87).
— Apego (Hazan y Shaver 69).	— Teoría Tetrangular (Yela 96, 97).	Teoría Integradora (Rodgers 87).
— Adicción (Peele 75). — Idealización (Tennov 75).	Teorías sobre el mantenimiento: — Teoría Balance R-C (Homans 50).	Teoría Cíclica (Fisher 92).
Teorías meliorativas (Montagu 75).	— Teoría NC y NCalt (Thibaut y Kelley 59).	
Teorías cognitivas atracción (70's).	— Teorías cognitivas atracción (70's).	
Teorías conductuales atracción (70's).	— Teorías conductuales atracción (70's).	
Teoría Bifactorial (Berscheid 78).	— Teoría Equidad (Walster y otros 78).	
Teoría Construcción Soc (Averill 85). Sociobiología (Buss 86).	— Teoría Incertidumbre (Livingston 80).	

Teorías centradas en el origen de la relación

a) *Teorías Clínicas o del Déficit*

— Teoría de la Sublimación (Freud, 1921): el amor surge como «sublimación» del deseo sexual (conversión de un impulso instintivo en algo socialmente legítimo).
— Teoría de la Proyección (Freud, 1921): el amor surge como una «proyección» sobre otra persona de aquello que valoramos.
— Teoría del Modelo interior (Freud, 1921): el amor surge por la búsqueda (y encuentro) de un objeto de amor siguiendo un «modelo interior» configurado en la infancia (y generalmente similar al progenitor de sexo opuesto).

— Teoría del Vacío Existencial (Reik, 1944): el amor surge por la ilusión de cubrir el vacío existencial ante el que se enfrenta el hombre frente al resto del mundo.
— Teoría de las Necesidades (Maslow, 1954): «el amor-d» (de déficit) surge como el deseo de cubrir las necesidades propias (de diversa índole); el «amor-b» (del ser) surge como ofrecimiento para cubrir las necesidades del otro, una vez que uno mismo ha alcanzado la autorrealización.
— Teoría Existencial (Fromm, 1956): el amor surge como la búsqueda de la respuesta al problema de la existencia humana, y la búsqueda de trascendencia (de uno hacia los demás).
— Teoría del Apego (Hazan y Shaver, de 1969 en adelante): el amor surge como la búsqueda de un vínculo de apego adulto, análogo al apego infantil con la madre (aunque con ciertas diferencias).
— Teoría de la Adicción (Peele, 1975): el «amor adictivo» (el corriente, para el autor) surge como una adicción al otro (celos, dependencia, «enclaustramiento» en la pareja...) frente al amor maduro (en el que se mantendría la independencia y libertad de ambos miembros).
— Teoría del Embeleso o Idealización (Tennov, 1979): el amor surge como producto de la caída en un estado obsesivo, irracional, de «embelesamiento» e idealización de otra persona.

b) Teorías Meliorativas (May, 1953; Montagu, 1975; Branden, 1988): el amor surge como el deseo de ofrecer lo mejor de uno mismo, fruto de la madurez psicológica (similar al amor-b de Maslow)

c) Teorías Conductuales de la Atracción (comentadas en el apartado anterior): el amor surgiría como una intensa atracción producida principalmente por una alta tasa de refuerzos proveniente del otro.

d) Teorías Cognitivas de la Atracción (véase apartado anterior): el amor surgiría como una intensa atracción producida principalmente por la percepción y atribución positiva de los comportamientos del otro.

e) Teoría Bifactorial (Berscheid y Walster, 1978): el amor surge como resultado de dos factores: uno atribuir una fuerte activación psico-fisiológica a otra persona, y dos «etiquetarla» como «amor» o «enamoramiento» (factores que hemos ido aprendiendo a lo largo del proceso de socialización).

f) Teoría de la Construcción Social (Averill, 1985): el amor surge como un rol social a desempeñar (y por tanto, unas expectativas), formado por un conjunto de síntomas («el ideal romántico») y construido en función de los paradigmas socio-culturales vigentes (o normas sociales implícitas).

g) Teorías Evolutivas o Sociobiológicas (Buss y colaboradores, desde 1986 en adelante): el amor surge como fruto de estrategias adaptativas, instauradas a través del proceso de Selección Natural, y centradas en la atracción sexual (a través de «estímulos desencadenantes» —*releasers*— presentes en el objeto de atracción), y en los vínculos entre los progenitores para el cuidado de la descendencia.

Teorías centradas en la evolución de la relación

1. *Teorías sobre el curso o las etapas de la relación*

a) Teoría de los Filtros (Kerckhoff y Davis, 1962): una relación amorosa se configura a través de una serie de factores que actúan a modo de filtros, seleccionando a la pareja, entre los que destacan, cronológicamente: la proximidad, la homogamia (semejanza de características sociodemográficas), la similaridad (semejanza de características personales: actitudes, valores...), y la complementariedad.

b) Teoría de la Interdependencia (Levinger y Snoek, 1972; Levinger, 1974): una relación pasa por distintas fases en las que se va desarrollando una progresiva interdependencia entre ambos miembros: «conciencia» (lo principal es la proximidad), «contacto» (factores principales: atractivo físico y habilidades sociales), «reciprocidad» (factores principales: autorrevelaciones y semejanza) e «institucionalización» (reconocimiento social).

c) Teoría de la Penetración Social (Altman y Taylor, 1973; Altman, 1974): el desarrollo de una relación consiste en el continuo crecimiento en la amplitud y profundidad de la intimidad de la pareja, fundamentalmente mediante las paulatinas autorrevelaciones recíprocas verbales y no verbales (es decir, lo que en el lenguaje coloquial se conoce como «abrirse a la otra persona»).

d) Teoría Estímulo-Valor-Rol (Murstein, 1977 a): diferencia tres fases: una primera («estímulo») donde prevalece la importancia de las características externas (p. ej. el atractivo físico); una segunda («valor») donde lo principal es el consenso en las actitudes y valores de ambos miembros de la pareja; y una tercera («rol») donde se requiere la compatibilidad de roles y funciones a desempeñar entre ambos.

e) Teoría Triangular (Sternberg, 1986 y siguientes): el curso de una relación amorosa varía en función de la fluctuación de sus tres componentes principales (intimidad, pasión y compromiso).

f) Teoría Tetrangular (Yela, 1995, 1996, 1997): el curso de una relación amorosa varía en función de la intensidad de sus cuatro factores principales (pasión erótica, pasión romántica, intimidad y compromiso), distinguiendo tres etapas fundamentales: enamoramiento, amor romántico, y amor compañero.

2. *Teorías sobre el mantenimiento de la relación*

a) *Teoría Económica* (Homans, 1950): (comentadas en el apartado anterior): uno continuará en una relación siempre que el balance recompensas (lo que uno recibe)-costos (lo que uno da, y a lo que uno renuncia —p. ej. otras relaciones—) sea positivo.

b) *Teoría del Nivel de Comparación* (Thibaut y Kelley, 1959): (véase apartado anterior): uno permanecerá en una relación siempre que el balance costes-recompensas supere el nivel de comparación general (NC) o el nivel de comparación de alternativas (NC.alt), es decir siempre que no disponga de alternativas realistas que puedan mejorar ese balance.

c) *Teoría cognitiva de la atracción* (véase apartado anterior): muchas relaciones se mantienen (a pesar del balance costes-recompensas) por procesos cognitivos: autoconvencimiento de lo acertado de una decisión «voluntaria» (la relación) y que supone esfuerzo; interpretación de nuestro compromiso de hecho (conducta) como deseo de compromiso (actitud); atribución sesgada de los costes-recompensas...

d) *Teoría de la Equidad* (Walster y otros, 1978; Hatfield y otros, 1979): lo fundamental para el mantenimiento de la relación no es tanto que el balance recompensas/costes de sus miembros sea positivo, como que exista un equilibrio equitativo entre los balances de cada uno de ambos: sentirse perjudicado crea enojo, pero sentirse beneficiado genera culpabilidad.

e) *Teoría de la Incertidumbre* (Livingston, 1980): lo que mantendría las relaciones sería una situación de continua reducción de incertidumbre; agotada ésta se agotaría el amor y tendería a deteriorarse la relación amorosa (deterioro sobre cuyos enfoques teóricos hablaremos a continuación).

Finalmente, dado que las teorías sobre el deterioro de la relación son en realidad teorías sobre el desamor (más que sobre el amor), las comentamos un próximo capítulo, sobre el proceso de desamor.

1.4. ¿De qué está compuesto el amor? Dimensiones básicas del amor

Tras comentar algunas definiciones del comportamiento amoroso, y algunos de los principales enfoques teóricos que se han propuesto de cara a la explicación del mismo (o, para ser más exactos, de distintas y pequeñas áreas de dicho fenómeno), debemos referirnos brevemente a los rasgos básicos (o factores, o dimensiones o componentes, llámense como se quiera) del amor. ¿Cuáles son las dimensiones fundamentales de eso que llamamos «amor»? ¿De qué aspectos consiste?

Existe toda una línea investigadora, centrada fundamentalmente en el análisis factorial, que trata de discernir cuáles son esos componentes principales del fenómeno amoroso. Las *investigaciones empíricas* más relevantes centradas en este punto (Rubin, 1973; Pam y otros, 1975; Forgas y Dobosz, 1980; Prentice y otros, 1983; Davis, 1985; Critelli y otros, 1986; Hendrick y Hendrick, 1986; Sternberg, 1986 y ss.; Carreño, 1991; Fraia, 1991; Fehr y Russell, 1991; Yela, 1996), obtienen como componentes principales (los citados con mayor frecuencia): la pasión, la intimidad, el cuidado (de la pareja —se entiende—), y el apego.

Otros estudios se basan principalmente en la *reflexión personal,* fruto de una extensa revisión de la literatura especializada y de la experiencia profesional y académica sobre nuestro punto específico (entre los que podemos destacar los de Fromm, 1956; Prescott, 1957; Beach y Tesser, 1988; Shaver y otros, 1988; Solomon, 1988...). Estos estudios señalan como componentes fundamentales (los más frecuentemente citados): la sexualidad, el respeto, el cuidado, y el compromiso.

Conjuntando los resultados de ambos tipos de análisis, obtenemos que los componentes citados con mayor frecuencia son, por este orden: *cuidado, sexualidad, pasión, intimidad, respeto, compromiso y apego*.

En una reciente investigación empírica (Yela, 1995, 1996), tomando como guía el modelo de Sternberg (1986 y ss.), tratamos de poner a prueba si tales dimensiones (y otras muchas que se han propuesto, como veremos enseguida) pueden ser sintetizadas en tan solo cuatro componentes: *pasión erótica, pasión romántica, intimidad, y compromiso,* obteniendo cierto apoyo empírico. De forma muy sintética, la pasión erótica (PE, a partir de ahora) alude a la vivencia de deseos y necesidades de carácter fundamentalmente fisiológico relacionados con el otro (tanto de excitación general —arousal— como sexual). La pasión romántica (PR) se refiere a deseos y necesidades amorosas de carácter fundamentalmente psicológico como la idealización del amado, el pensamiento constante en él, y la adscripción a las creencias románticas. La intimidad (I) apunta al vínculo afectivo especial de comprensión, comunicación, confianza, apoyo... entre ambos miembros de la pareja. Por último, el compromiso (C) indica la existencia de planes a medio y largo plazo, percepción de la pareja como algo estable, y, en definitiva, la decisión (más o menos consciente) de mantener la relación a pesar de las dificultades. Los diferentes tipos de amor de pareja (de los que hablaremos en el próximo apartado) vendrían determinados por una mayor o menor intensidad en dichos cuatro componentes básicos (intensidad que a su vez depende de una larga serie de variables, que son las que venimos analizando a lo largo del presente trabajo: factores biológicos, culturales, sociales, interpersonales e individuales)[3].

---

[3] Naturalmente que esta distinción entre pasión «fundamentalmente fisiológica» y «fundamentalmente psicológica» no pretende defender un dualismo ontológico (nada más lejos de la realidad —valga la

Otras muchas dimensiones del fenómeno amoroso son también citadas, aunque con menor frecuencia: afinidad, altruismo, amistad, cariño, cercanía, cohesión, confianza, compatibilidad, comunicación, conocimiento, dependencia, disponibilidad, empatía, honestidad, «manía», pragmatismo, preocupación, responsabilidad, seguridad, y «manía» (quizá no tan curiosamente, una de las acepciones de «manía» —en el DRAE «afecto o deseo desordenado»— es muy similar a una de las ofrecidas para la «pasión» —«perturbación o afecto desordenado del ánimo»—). Quizá muchas de ellas sean englobables en los componentes citados anteriormente, y algunas otras sean específicas de un tipo concreto de relaciones amorosas, pero no tan representativas como las anteriores, de las relaciones amorosas como fenómeno global. En cualquier caso, todos ellos son factores que, de una forma u otra, están estrechamente vinculados al fenómeno amoroso, y es importante tenerlos presentes para una adecuada comprensión de éste.

1.5. Los diferentes tipos, estilos, clases, o formas de amar

Cuando uno indaga sobre el comportamiento amoroso (entiéndase conductas, pensamientos y sentimientos) al pronto surge la pregunta: ¿hay una sola o, como parece entreverse, varias formas de amar? ¿uno o varios tipos de amor en las relaciones de pareja? Y si existen distintas formas de amor ¿cuáles son y en qué se diferencian? La respuesta más obvia e inmediata no deja de ser cierta: existen, de hecho, tantas formas de amar como personas aman (e incluso más, dado que una misma persona puede —y suele— amar de forma distinta en función de diversos factores que varían: edad, duración de la relación, la propia pareja, etc.). Pero, siendo eso cierto, una de las tareas de la Psicología Social, como ciencia nomotética, es determinar la existencia de ciertas regularidades en la conducta que nos permitan configurar ciertos grupos dentro de los cuales las diferencias en esa conducta estudiada sean sustancialmente (o significativamente, si lo prefieren) menores que las diferencias entre cada uno de esos grupos. En nuestro caso, se trata de ver si pueden diferenciarse distintas formas de amar, que difieran notablemente unas de otras, y que se relacionen de manera diferencial con otros aspectos conductuales, de forma que dicha clasificación nos resulte útil para la comprensión del fenómeno amoroso (sea nuestra intención última básica o aplicada).

---

expresión—), sino simplemente reflejar una presunta diversidad fenomenológica. En este sentido, cabe recordar la solicitud del propio Ortega: «Zoología y Botánica han llegado a describir, diferenciar y clasificar minuciosamente hasta dos millones de especies animales y vegetales, sin que nadie las tache de bizantinismo. En cambio, la psicología sale al frente de la fauna y la flora psíquicas, tal vez no menos ricas que las otras, con tres o cuatro docenas de conceptos, y aún esos toscos y mal diferenciados. Esto es imperdonable. La psique es infinitamente más ingeniosa que nuestra psicología. Yo espero que se nos deje a los psicólogos un amplio margen para más sutiles definiciones y clasificaciones» (Ortega, 1921; p. 287).

Muchas han sido las tipologías amorosas que, desde muy diversas perspectivas, se han propuesto a la hora de concebir las distintas formas de amar o los diferentes estilos amorosos. Existe, no obstante, una gran confusión terminológica, partiendo del propio término de «amor romántico» que es utilizado tanto como sinónimo de amor sexual de pareja, como para designar un tipo concreto de amor caracterizado por la pasión y la idealización propias de las primeras etapas de la relación amorosa.

Lo que subyace a todas las tipologías propuestas (o a la gran mayoría) es la dimensión o *continuum Eros-Ágape*, recogido de forma ejemplar en la famosa frase que Platón (en *El Banquete*) pone en boca de Sócrates —«El amor es el hijo de la Penuria y de la Abundancia»—. Esta dimensión está *presente a lo largo de toda la literatura occidental* (poética, filosófica y psicológica) desde la Antigua Grecia hasta nuestros días, aunque con muy diferentes nombres según las épocas, las disciplinas y los autores (véase, p. ej. Rougemont, 1938; Rubin, 1973; Lee, 1976; o Yela, 1992).

La dimensión «erótico-agápica» puede concebirse como un «continuo» (resaltando con ello que los distintos tipos de amor —y los calificativos que a ellos se aplican— no son una cuestión de «todo o nada», sino de grado) en cuyos extremos se han situado diversos sustantivos y adjetivos, que subrayan las diferentes características de esos dos tipos fundamentales de amor. A grandes rasgos, *Eros* nacería de las carencias, deseos y necesidades (*Penía*) de forma súbita y de naturaleza fugaz, mientras *Ágape* nacería de las capacidades propias (*Poros*), de forma más pausada y de naturaleza más estable.

Algunos sustantivos asociados a esta clásica dicotomía a lo largo de la Literatura Universal (literaria y científica) han sido:

Eros: deseo, seducción, aspiración, sensualidad, idealización, obsesión, petición, necesidad, pasión...

Ágape: altruismo, amistad, donación, virtud, cariño, aceptación, ternura, entrega, generosidad, afecto...

Muchos autores, más que ofrecer una tipología amorosa, van a resaltar esa diferencia entre un polo y otro del mencionado «continuo». Así, Rougemont (1938), en su célebre tratado histórico-literario, condena el carácter destructivo y conflictivo del *amor pasional-erótico,* alabando el *amor agápico,* al que considera el auténtico amor.

Por su parte, Maslow (1954), diferencia entre lo que llama «amor-d» (amor de deficiencia), caracterizado fundamentalmente por una actitud defensiva, separación entre los roles de género, obsesión por la fidelidad sexual, celos, percepción dicotomizada de la realidad y percepción idealizada del otro) y lo que denomina

© Ediciones Pirámide

«*amor-b*» (amor del ser), caracterizado por la integración de las jerarquías de necesidades de ambos miembros de la pareja, de los roles de género, por el respeto de la individualidad propia y de la pareja, admiración por el otro, percepción realista del otro, y la ausencia de celos posesivos), es decir, entre un amor impulsado por nuestras propias necesidades y carencias, y un amor impulsado por el deseo de dar lo mejor de nuestro ser, una vez el individuo ha cubierto sus necesidades biológicas y psicológicas básicas.

Y por no extendernos demasiado, Berscheid y Walster (1978), dos de las más conocidas psicólogas del área, diferencian entre un *amor pasional o romántico,* y un *amor conyugal o* «compañero», términos más comúnmente utilizados para designar en la actualidad los tipos de amor a los que nos referíamos con los términos clásicos griegos de *Eros* y *Ágape*.

Para complicar algo las cosas, no todas las clasificaciones bipolares, basadas en un continuum entre dos polos teóricos, se fundamentan en la dimensión *Eros-Ágape*. Señalaremos tan sólo dos ejemplos, de reputados psicólogos contemporáneos:

Diversos autores (p. ej O'Neill y O'Neill, 1972) han hecho hincapié en la distinción entre *relaciones* amorosas «cerradas» (las tradicionales, las normativas, las más frecuentes) *y* «abiertas». Veamos sus principales características diferenciadoras —teniendo en cuenta que también son dos polos de un continuo:

Relaciones amorosas cerradas	Relaciones amorosas abiertas
Renuncia a la propia independencia.	Conservación total de la libertad personal.
Dificultades para el crecimiento personal independiente de la pareja.	Aliento para el crecimiento personal independiente de la pareja.
Percepción y conducta como «nosotros» en vez de como «yo» y «él/ella».	Percepción y conducta como «nosotros» además de como «yo» y «él/ella».
Expectativas irreales románticas.	Expectativas realistas de crecimiento mutuo.
Frecuentes silencios «piadosos».	Comunicación totalmente sincera y abierta.
Estereotipos de rol de género rígidos.	Flexibilidad en los roles de género.
Diferencias de poder y estatus.	Igualdad de poder y estatus.
Absoluta exclusividad sexual y/o sentimental:	Absoluta libertad de relación (sexual *y* sentimental) con otras personas:
— Presión coercitiva y sanciones ante su incumplimiento.	— Confianza hacia el otro a través de la apertura mutua.
Centradas en el futuro (y en el pasado).	Centradas en el presente.
Miedo a los cambios.	Aceptación de los cambios.
Celos (ante la atracción de la pareja por otras personas).	Ausencia de celos: sinergia (ser feliz al dejar al otro total libertad para su felicidad).

Para el matrimonio O'Neill, la transformación de las relaciones cerradas en relaciones abiertas sería la forma de resolver la ubicua *paradoja* que se establece entre nuestro *deseo de compartir-intimar-comprometerse* y nuestro *deseo de libertad-autonomía-independencia;* tensión que es origen de buena parte de los problemas y rupturas amorosas.

Ello está directamente relacionado con la paradoja existente entre amor pasional y matrimonio, al pretender fundar este último (del que se espera estabilidad) sobre aquél (fugaz por naturaleza). Para nuestros autores —y para muchos otros— no existirían tales incompatibilidades (o al menos sus efectos negativos serían mucho menores) si sustituimos el amor romántico por un amor menos fundado en la atracción sexual y la pasión, y más centrado en la atracción personal y la intimidad, y/o si sustituimos el clásico matrimonio cerrado por una convivencia abierta, tal y como se ha expuesto más arriba. Existen ciertos signos de que a medida que aumentan la independencia económica de la mujer y se reduce la rigidez de los criterios morales sexuales, el matrimonio cerrado tradicional va dejando paso lentamente a relaciones de carácter más abierto (Mathes y Severa, 1981). Pero, como replican distintas voces: «no nos engañemos, a pesar de lo que se pudiera haber avanzado en este terreno [y hay datos de que no ha sido tanto: Robinson y otros, 1991; Malo de Molina, 1992...] se sigue considerando que la relación (digamos) fetén, la buena, sigue siendo la relación heterosexual, estable, monógama, con fines reproductivos y, preferiblemente, santificada por el matrimonio» (Garaizabal, 1992; los corchetes son nuestros). Todo lo que se sale de esa norma, es decir, relaciones homosexuales, relaciones esporádicas, poligamia, relaciones con finalidad lúdica y cohabitación no matrimonial, está socialmente proscrito, con mayor o menor presión, y con sanciones sociales más o menos severas.

El último ejemplo de clasificación bipolar al que vamos a aludir es el que subraya la diferencia entre lo que se ha denominado amor «adictivo» y un *amor* «maduro» (Peele, 1975), términos, desde luego, algo más que meramente descriptivos. El tipo de «amor» que genera nuestra sociedad, en el cual nos socializamos desde pequeños por la familia, la escuela, los «grupos de pares», los medios de comunicación de masas, y todo tipo de presiones sociales más o menos soterradas o explícitas, es un «amor» de: dependencia, búsqueda de seguridad, necesidad del otro, celos, rutina, adscripción irreflexiva a las convenciones sociales amorosas y sexuales, y «enclaustramiento por parejas» (lo que D. H. Lawrence, a principios de siglo, llamó «egoísmo a dúo»). Este tipo de amor sería análogo a una *adicción* (como puedan ser las adicciones a otros objetos, sean la televisión, la comida, la religión, o las drogas), y es origen de multitud de problemas y sufrimiento.

Frente a ello —sigue Peele—, en el polo opuesto, cabría concebir un *amor maduro* (definido básicamente como el deseo alegre (vs. la necesidad acuciante) de compartir lo mejor de uno mismo y del otro). Tal amor maduro se basaría en: el equilibrio entre el compromiso y la independencia, la capacidad de disfrutar en soledad, la autoaceptación, y el desarrollo de criterios éticos propios (en definitiva, en la superación del «egoísmo a dúo»). El amante maduro —siguiendo esta tipología— se valora a sí mismo, se siente crecer personalmente gracias a su relación, tiene intereses y relaciones personales significativas fuera de su relación de pareja, vive su relación integrada con el resto de sus esferas vitales (laboral, familiar, ociosa...), no siente celos por los nuevos intereses y/o relaciones personales de su pareja, desea la felicidad de su pareja más que su compañía, habla abierta y sinceramente de su relación con su pareja frecuentemente, y no distorsiona la realidad para hacer que su pareja se sienta mejor, más halagada, o más amada. No parece que las características recientemente señaladas sean precisamente frecuentes en las relaciones amorosas vigentes (en la actualidad, y en nuestra cultura).

Pero, para complicar aún más las cosas, no toda tipología amorosa ha de ser dicotómica. Otros muchos autores han propuesto tipologías amorosas distinguiendo más de dos clases o tipos distintos de amor. Por poner unos pocos y breves ejemplos, E. Fromm (1956), en su conocida obra, distingue (dentro del amor erótico, empleado como sinónimo de amor de pareja) entre lo que llama «amor verdadero» y distintas formas de «pseudoamor» (neurótico, pragmático, ansioso, evitador, idolátrico, etc.). Otros, distinguen entre *ágape, afecto, filia* y *eros* (Lewis, 1972). Por su parte, H. Kelley (1983), conocida psicóloga actual, habla de amor pasional, pragmático y altruista. Y otros (Murstein, 1988), por no extendernos más, defienden la existencia de tres tipos básicos: amor compañero, amor pasional y amor romántico (introduciendo una distinción entre estos dos últimos, que muchos autores toman como sinónimo).

Como vemos, *la confusión terminológica es grande*. Unos distinguen dos tipos de amor, otros añaden un tercero o más tipos (Bloom, en 1967, habló hasta de 17 tipos diferentes); unos equiparan los términos «pasional» y «romántico», y otros marcan una distinción entre ellos; unos distinguen entre enamoramiento y amor romántico, y otros los equiparan; unos toman el amor romántico como sinónimo de todo amor de pareja (a diferencia del maternal, filantrópico, filial, etc.), y otros como un subtipo muy concreto de amor (de carácter pasional). Todas las clasificaciones señaladas hasta el momento fueron fruto de la *reflexión personal* llevada a cabo por expertos en la materia, pero al margen de toda constatación empírica sistemática. A partir de aquí, tratamos de poner un cierto orden en todo este *maremagnum*, atendiendo a la investigación empírica sobre las tipologías amorosas.

Será J. A. Lee (en 1973, hace ya más de 25 años —o tan sólo 25 años, según se mire—) el primero en intentar *validar empíricamente* su propuesta, hoy clásica en el área de los estilos amorosos.

© Ediciones Pirámide

Partiendo de un extenso análisis de la literatura clásica y de entrevistas estructuradas elaboradas por él, Lee distinguió, mediante una aguda analogía con los colores, tres estilos amorosos básicos: *Eros* (amor pasional, que comienza súbitamente y con una fuerte atracción física, de carácter intenso y emocionalmente turbador), *Ludus* (amor sin una notable implicación emocional, sin expectativas futuras, centrado en el «aquí y ahora»), y *Storge* (amor sereno, basado en la intimidad, la amistad y el cariño).

La combinación, en diferentes grados, de los estilos primarios, nos daría otros tres estilos secundarios, independientes de los primeros: *Manía* (amor obsesivo, con una fuerte dependencia de la pareja, celos intensos, posesividad, desconfianza y ambivalencia —la célebre paradoja del «amor-odio»—), *Pragma* (amor basado en la búsqueda racional de la pareja compatible ideal, antes que en ideales románticos y/o fuertes emociones), y *Ágape* (amor altruista, devoto y abnegado, de renuncia absoluta y entrega totalmente desinteresada; relacionado con el ideal cristiano del amor divino, pero —como él mismo señala— muy infrecuente en las relaciones amorosas de pareja).

Finalmente, la adición (no la combinación —aunque el autor no deja muy clara la diferencia entre ambas operaciones—) de los estilos básicos nos ofrece otros tres estilos: *Storgic Eros, Ludic Eros,* y *Storgic Ludus*. Estos tres últimos tipos o estilos amorosos han tenido mucha menor repercusión en la investigación posterior sobre el tema.

Es muy importante tener en cuenta que para Lee los estilos amorosos serían «tipos puros», esto es, categorías ideales que no se presentan nítidas e independientes en la realidad cotidiana, sino que cada persona a cada momento manifestará una determinada mezcla concreta de todos los estilos, cada uno en distinto grado.

No menos importante es el hecho (en el que también insiste nuestro autor) de que los estilos amorosos socialmente prescritos y proscritos *varían a lo largo de la Historia, las Culturas y las Sociedades*. Así, el *Eros* tiene su raíz fundamental en la Antigua Grecia (generalmente mediante relaciones filósofo/maestro-efebo/discípulo, como relata el propio Platón, aunque posteriormente va tornándose progresivamente heterosexual); el *Pragma* en los matrimonios arreglados en casi todas las épocas históricas, desde la propia Grecia hasta muy recientes fechas; el *Ludus* tendría su raíz en el Imperio Romano (en las relaciones descritas entre otros por Ovidio entre muchacho y doncella); el *Ágape* y lo que Lee denomina *Storge* será loado durante la Era Cristiana como sentimiento normativo entre los esposos (sin connotación pasional); y el tipo amoroso *Manía* surgirá en la Europa Medieval (exacerbación trágica de *Eros,* entre un mancebo y una cortesana casada, por tanto rotundamente separado del matrimonio, como expuso A. Capellanus a finales del siglo XII), estilo que se perpetúa con ciertos cambios a lo largo de la Edad Moderna.

La unión que actualmente se presupone y fomenta entre el amor, la sexualidad y el matrimonio, no es, por tanto, algo natural ni universal (presente en todas las culturas y épocas históricas), sino un producto cultural de los últimos siglos, como consecuencia de ciertos cambios sociales (entre los que destacan la revolución industrial y tecnológica, el fenómeno de la liberación de la mujer, la llamada «revolución sexual», y cambios en los valores sociales y familiares), unión que, por cierto, resulta considerablemente problemática, como ya se ha comentado[4].

De ese modo, en la actualidad primarían los estilos *Manía* y *Eros* (es decir, el amor pasional posesivo) al principio de la relación, y *Agape-Storge* (es decir, lo que llamaremos «amor compañero») posteriormente, estado peculiar en que deriva una relación amorosa que se presupone estable y fundamentada en la pasión, como consecuencia de la reducción progresiva de la misma con el paso del tiempo (fenómeno que abordaremos detenidamente en un próximo capítulo).

Por otro lado, el estilo amoroso de una persona *varía a lo largo de su vida, a lo largo de sus diferentes relaciones, y a lo largo de cada relación amorosa*. Es decir, existe no sólo una variabilidad cultural e histórica, sino también inter e intraindividual, y temporal (variación a lo largo del propio curso de la relación amorosa).

El propio Lee elabora un primer cuestionario para evaluar los estilos amorosos propuestos. Posteriormente, diversos autores (primero Lasswell y Lasswell, 1976; posteriormente Hendrick y Hendrick, 1986) se quedarán definitivamente con seis estilos amorosos, eliminando la distinción entre estilos primarios y secundarios, y elaborando distintos instrumentos para evaluarlos. Para cada persona, en cada momento dado, cada estilo amoroso tendrá un peso determinado (nuevamente es una cuestión de grado, no absoluta).

Otras tipologías empíricas, han seguido un camino ciertamente distinto. Algunos autores (Hazan y Shaver, 1987; Feeney y Noller, 1990; Ortiz y Yarnoz, 1993), basándose en las obras de destacados psicólogos de orientación dinámica (como Bowlby, 1969, y Ainsworth y otros, 1978), conciben el amor romántico como un proceso de apego entre adultos, similar al vínculo afectivo establecido en la infancia entre el bebé y su objeto de apego (generalmente la madre). De esta

---

[4] Iglesias de Ussel (1987) establece una *tipología histórica del noviazgo*, que adaptamos en el siguiente esquema:

	Relación sentimental	*Relación sexual*	*Intención casarse (o unión estable)*
Noviazgo tradicional (s. XVIII)	No	No	Sí
Noviazgo burgués (s. XIX)	Sí	No	Sí
Noviazgo actual (s. XX)	Sí	Sí	Sí
Amistad	Sí	No	No
Ligue	No	Sí	No
Enamoramiento	Sí	Sí	No

forma distinguen entre *relaciones amorosas seguras* (confianza en la disponibilidad del amado), *ansiosas* (temor a la pérdida del amado), y *evitadoras* (ausencia o debilidad de implicación emocional y compromiso, como función defensiva ante un eventual rechazo). Los propios autores elaboran un cuestionario para evaluar el estilo amoroso adulto, así como otro, retrospectivo, para evaluar el estilo de apego infantil, obteniendo cierto apoyo empírico sobre la existencia de sus tres estilos amorosos (y en proporciones similares a las de los vínculos de apego infantiles), aunque *no* sobre la influencia del estilo de apego infantil en el estilo amoroso adulto. Es decir, parece incuestionable la influencia del proceso de socialización adolescente y adulta (no sólo infantil) sobre el estilo amoroso desarrollado (además de la influencia de factores meramente coyunturales: situación concreta, duración de la relación, etc.).

Finalmente, por no extendernos demasiado, otro de los intentos más ilustres de elaborar una tipología con apoyo empírico es el del conocido psicómetra norteamericano R. J. Sternberg (1988 y ss.), quien construye, a partir de los tres componentes básicos del amor que identifica mediante análisis factorial (intimidad, pasión y compromiso), una clasificación de los posibles tipos amorosos puros:

Componentes amorosos	Término original	Traducción
Sólo I	*Liking*	Gusto o atracción
Sólo P	*Infatuated love*	Amor caprichoso o insensato
Sólo C	*Empty love*	Amor vacío
P + C	*Fatuous love*	Amor fatuo o irracional
I + P	*Romantic love*	Amor romántico o pasional
I + C	*Companionate love*	Amor compañero
I + P + C	*Consummate love*	Amor completo

Sternberg construye sendas subescalas con las que evalúa la intensidad de los distintos componentes de la relación amorosa (1988). La peculiar combinación de los tres factores (I, P, C) en cada sujeto nos indicará el tipo de amor al que más se aproxima en su relación amorosa en un momento dado.

Antes de concluir este apartado es importante volver a subrayar que al hablar de tipos o estilos amorosos se suele hablar de categorías puras; en la realidad, el estilo amoroso de un sujeto en un momento dado, es una combinación de todos los estilos, que puede aproximarse en mayor medida a uno de ellos.

Asimismo, dichos estilos amorosos no serían tanto un rasgo estable de la personalidad de un individuo, como un resultado de la combinación entre ésta, la de su pareja, la situación concreta en que se desenvuelve la relación, y el transcurso temporal de la misma: la mayoría de los autores coinciden en señalar cómo (en la actualidad y en nuestra cultura) la relación amorosa suele comenzar con un estilo romántico-pasional para ir transformándose paulatinamente en lo que se ha dado en llamar «amor compañero», menos pasional pero más íntimo.

Por último, exponemos un cuadro en el que se esbozan las posibles analogías entre los términos empleados para designar los distintos tipos o estilos amorosos en las clasificaciones más relevantes. Lógicamente, no se trata de hacer corresponder de forma unívoca e inequívoca los términos (como si de sinónimos se tratase), sino de poner en relación aquellos términos que mayor similitud presenten en cuanto a su referente, para contribuir a una mejor comprensión del fenómeno:

Maslow (54)	Lee (73)	Hazan y Sahver (87)	Sternberg (88)
	Ludus / Pragma	A. evitador	Atracción [o cariño] (I) / Encaprichamiento (P) / Vacío [o relación de conveniencia] (C)
Eros ...... Amor-d	Manía	A. ansioso	Amor fatuo [o dependiente, o posesivo] (P + C)
	Eros		Amor romántico [o pasional] (I + P)
Ágape ...... Amor-b	Storge / Ágape	A. seguro	Amor compañero (I + C)
			Amor completo (I + P + C)

1.6. ¿Cómo «medir» el amor? La evaluación del comportamiento amoroso

> «... has de saber, Sancho, si no lo sabes, que entre los amantes, las acciones y movimientos que muestran cuando de sus amores se trata, son certísimos correos que traen las nuevas de lo que allá en lo interior del alma pasa.»
>
> CERVANTES (*El Quijote*: segunda parte, cap. XI)

Sin duda, una de las mayores objeciones que suelen aducirse (entre «el hombre corriente» —si es que hay algún hombre corriente—) ante la propuesta de los psicólogos sociales de analizar científicamente el comportamiento amoroso estriba precisamente en la supuesta imposibilidad de medir el amor. Desde luego, el amor no puede medirse como se mide la longitud de una mesa o el tiempo de existencia de un muón, pero sí puede evaluarse, del mismo modo que se evalúa la inteligencia, la extroversión, la autoestima, o cualquier otro constructo psicológico. Podemos evaluar las conductas externas amorosas (verbales y no verbales)[5] mediante autoinforme o mediante observación sistemática y registros conductuales. Podemos evaluar los sentimientos y pensamientos amorosos mediante autoinforme (entrevistas, cuestionarios, diferenciales semánticos, listas de adjetivos...) o mediante análisis de documentos (cartas de amor, diarios personales, canciones populares...). Y podemos evaluar las respuestas psicofisiológicas del comportamiento amoroso mediante registros psicofisiológicos (p. ej. índices de tasa cardiaca, excitación sexual, sudoración cutánea, etc., ante la presencia real o imaginada del amado).

Naturalmente, si nuestra intención es analizar un caso aislado (p. ej. la relación amorosa de una pareja, como suele ocurrir en contextos clínicos) el investigador podrá combinar las diferentes técnicas para una evaluación más precisa del comportamiento amoroso. Pero, frecuentemente, la intención del psicólogo social es analizar el comportamiento general de la población estudiada (en este caso el comportamiento amoroso), por lo cual suele recurrir, con gran frecuencia, al uso del cuestionario como técnica fundamental de evaluación, lo que va a facilitar la obtención de datos en una muestra representativa de la población estudiada.

Por supuesto, los cuestionarios elaborados por los científicos sociales nada tienen que ver con los tristemente famosos *tests* que suelen aparecer en las revistas «amarillas» y en los suplementos dominicales de los periódicos de gran tirada, y que con frecuencia conducen a trivializar tanto al tema objeto de estudio (en este caso el amor), como a la Ciencia que se ocupa de él (la Psicología), como al propio instrumento de evaluación (el cuestionario). No es este, sin embargo, el lugar para explicar el laborioso proceso psicométrico que se lleva a cabo para elaborar un cuestionario con ítems y escalas adecuadas (es decir, fiables y válidas), para lo que el lector puede consultar cualquiera de los muchos manuales de Psicometría publicados en nuestro país.

A continuación exponemos una tabla que recoge algunas de las principales escalas sobre el amor y constructos afines, que se manejan frecuentemente en la investigación psicosocial:

---

[5] Como ya sugirió nuestro inmortal manchego en la cita que encabeza el presente capítulo.

Autor	Constructo	Factores	Ítems	α
Rubin (1973)	Amor	1	13	0,81
Lund (1985)	Amor	1	9	0,88
Critelli y otros (1986)	Amor	5 (DR, IC, AF, R, CR)	63	0,92
Sternberg (1988)	Amor	3 (I, P, C)	45	0,96
Fraia (1991)	Amor	3 (I, P, C)	54	
Yela (1995)	Amor	4 (I, PE, PR, C)	20	0,78- 0,91
Lund (1985)	Compromiso	1	9	0,82
Gross (1944)	Romanticismo	1	80	0,81
Hobart (1958)	Romanticismo	1	12	
Hatfield y Sprecher (1985)	Amor pasional	1	30	0,94
Fraia (1991)	Pasión	4 (IR, CP, LA, erotismo)	30	
Knox y Sporakowski (1968)	Actitud amor estereotipada	3 (Tradic, omnipotencia, irracionalidad)	25	0,79
Munro y Adams (1978)	Actitudes amorosas	3 (Recionalidad, IR, poder R)	26	
Wada (1994)	Actitudes románticas	4 (Rom, relación Rom-Mat, IR, poder R)		
Lee (1976)	Estilos amorosos	8 (M, Eros, LE, Ludus, SL, Pragma, S, SE)	20	
Lasswell y Lasswell (1976)	Estilos amorosos	6 (Ludus, Eros, S, M, Pragma, Ágape)	50	
Hendrick y Hendrick (1986)	Estilos amorosos	6 (Ludus, Eros, S, M, Pragma, Ágape)	42	0,76
Hendrick y Hendrick (1998)	Estilos amorosos	6 (Ludus, Eros, S, M, Pragma, Ágape)	18	
Dietch (1978)	Amor-b	1	16	0,80
Hazan y Shaver (1987)	Estilos de apego adulto	3 (Seguro, evitador, ansioso)	15	
Terman (1938)	Felicidad en pareja	1	90	0,60
Locke y Wallace (1959)	Ajuste de la pareja	1	15	0,90
Orden y Bradburn (1968)	Felicidad en pareja	1	18	
Spanier (1976)	Ajuste de la pareja	4 (Consenso, Sat, Cohesión, EE)	32	0,96
Snyder (1979)	Satisfacción en pareja	11 (CA, SP, TC, SS, OR, CH...)	280	0,88
Hendrick (1988)	Satisfacción en la relación	1	7	0,86
Snyder (1979)	Satisfacción sexual	1	29	0,88
Hendrick y Hendrick (1987)	Actitudes sexuales	4 (Permisividad, Prac, comunión, Ins)	43	
Alberoni y Fraia (1992)	Sexualidad	10 (Desinhibición, promiscuidad...)	67	

Las siglas empleadas en la tabla se corresponden a los siguientes factores:

AF = Arousal fisiológico	C = Compromiso	CA = Comunicación afectiva
CH = Conflictos por los hijos	CP = Comportamiento pasional	CR = Compatibilidad romántica
DR = Dependencia romántica	EE = Expresividad emocional	I = Intimidad
IC = Intimidad comunicativa	Ins = Instrumentalidad sexual	IR = Ideología romántica
LA = Lenguaje amoroso	LE = Ludic Eros	M = Manía
Mat = Matrimonio	OR = Orientación de rol	P = Pasión
PE = Pasión erótica	PR = Pasión romántica poder	R = Poder romántico
Prac = Prácticas sexuales	R = Respeto	Rom = Romanticismo
S = Storge	Sat = Satisfacción amorosa	SE = Storgic Eros
SL = Storgic Ludus	SP = Solución de problemas	SS = Satisfacción sexual
TC = Tiempo compartido	Trad = Tradicionalismo	

La evaluación del comportamiento humano mediante cuestionarios supone un conjunto de riesgos en forma de sesgos de respuesta: que uno no entienda bien la pregunta (o no entienda lo mismo que el investigador ha pretendido preguntar), que uno no sea suficientemente analítico, o suficientemente sincero consigo mismo, y, en definitiva, el problema de la incierta relación entre respuestas, actitudes, y conductas. Sin embargo, cada técnica presenta (aparte de ciertas virtudes o potencialidades) sus propias limitaciones; por otra parte, los cuestionarios (nos referimos a los cuestionarios fiables: que midan con precisión, y válidos: que midan efectivamente lo que pretenden medir) presentan la ventaja de poder evaluar cuestiones inaccesibles a la observación, además de poder recoger información sobre muchas personas (y sobre muchos aspectos de esas personas) en menor cantidad de tiempo. Como siempre, lo ideal es una estrategia multimetodológica (utilizar diferentes técnicas para evaluar un mismo fenómeno).

Así, como vemos, la «medición» y el estudio científico del amor no es más complejo (¡ni menos!) de lo que lo es el estudio de, pongamos, la comunicación interpersonal, la autoestima, o el poder (o cualquier proceso psicológico o psicosocial).

2. ¿La cuarta dimensión? El curso temporal del amor

Seguramente, el factor crucial para la comprensión del fenómeno amoroso es el factor *tiempo*. El amor no es un estado estático, sino un proceso dinámico a lo largo del cual se producen una serie de cambios en los sentimientos y conductas de los miembros de la relación amorosa. Como ya hemos señalado en otras ocasiones, es evidente que cada persona es —en última instancia— diferente, y tanto más lo es cada relación amorosa, pero ello no obsta para que un análisis sistemático revele la existencia de ciertas pautas amorosas que se repiten con notable regularidad (dentro de nuestra cultura y sociedad actuales) y que no podemos obviar. Dichas pautas serán el objeto de este apartado, que dividiremos en tres epígrafes: la breve e intensa fase de *enamoramiento,* el *desarrollo o evolución* de la relación amorosa (transformación del enamoramiento en amor romántico y progresivamente en amor compañero), y el eventual proceso de *desamor* (la relación amorosa puede estabilizarse en cierto tipo de amor compañero —más o menos íntimo y más o menos satisfactorio—, o puede desembocar en el deterioro y/o la ruptura de la relación amorosa).

Hay que tener en cuenta que los efectos del paso del tiempo, se verán también modulados por otros factores como la existencia o no de convivencia cotidiana, la frecuencia con que se ven los miembros de la pareja, el tiempo real que pasan juntos diaria o semanalmente, o el estado de la relación (saliendo casualmente, saliendo de forma reconocida —por las redes interpersonales próximas—, comprometidos para una relación estable —formal o informalmente, implícita o explícitamente—, o casados), además de variar en función de las características individuales, socio-demográficas e interpersonales que comentaremos en los sucesivos apartados.

2.1. El enamoramiento

«Nada afirma mi voluntad con mayor empeño que ese afecto que hace a mi voluntad cautiva.»

CHRETIENNE DE TROYES (s. XII)

Frente a la creencia generalizada de que el enamoramiento es un fenómeno impredecible y aleatorio (Lykken y Tellegen, 1993), un número creciente de científicos sociales (especialmente psico-sociólogos) llevan varias décadas acumulando un numeroso conjunto de datos acerca de sus rasgos característicos, y de los factores involucrados en su surgimiento, así como tratando de formular enfoques explicativos que den cuenta de las causas últimas por los que éste aparece. Dado que esto último ya ha sido expuesto (capítulo de los modelos teóricos), en el presente epígrafe nos centraremos fundamentalmente en las dos primeras cuestiones: las características principales del enamoramiento, y los factores que lo elicitan.

Características del enamoramiento

Antes de comentar cuáles son los factores fundamentales implicados en su aparición, veamos cuáles son las principales características del enamoramiento, resaltadas por los más diversos autores, de las más diversas orientaciones (Freud, 1921; Rougemont, 1938; Reik, 1944; Rubin, 1973; Peele, 1975; Money, 1976; Averill y Boothroyd, 1977; Kelvin, 1977; Berscheid y Walster, 1978; Dion y Dion, 1979; Tennov, 1979; Trías, 1979; Berscheid, 1988; Brehm, 1988; Sternberg, 1988; Fisher, 1992...):

— Grandilocuencia (estado emocional extraordinariamente intenso, al que uno confiere una enorme importancia)[6].
— Intenso deseo de intimidad y unión con el otro (estar con él físicamente, tocarlo, abrazarlo, compartir experiencias, secretos, relaciones sensuales...)[7].
— Aparición súbita (el famoso «flechazo»).
— Intenso deseo de reciprocidad (que el otro también esté enamorado de nosotros) e intenso temor al rechazo[8].
— Pensamientos frecuentes e intrusivos sobre el otro (que resultan incontrolables e interfieren la actividad normal de la persona).
— Pérdida de concentración (para el resto de las conductas cotidianas)[9].
— Fuerte activación fisiológica ante la presencia (real o imaginada) del otro (excitación, nerviosismo, sudoración de manos, aceleración cardiaca, euforia...).
— Hipersensibilidad ante los deseos y necesidades del otro[10].

---

[6] Un bellísimo ejemplo de ello (quizá algo exagerado desde los cánones actuales) lo constituye la carta que escribe Don Quijote a Dulcinea en Sierra Morena (primera parte, cap. XXV):

«Soberana y alta señora: El ferido de punta de ausencia, y el llagado de las telas del corazón, dulcísima Dulcinea del Toboso, te envía la salud que él no tiene. Si tu fermosura me desprecia, si tu valor no es en mi pro, si tus desdenes son en mi afincamiento, maguer que yo sea asaz de sufrido, mal podré sostenerme en esta cuita, que además de ser fuerte es muy duradera. Mi buen escudero Sancho te dará entera relación, ¡oh bella ingrata, amada enemiga mía!, del modo que por tu causa quedo: si gustares de acorrerme tuyo soy, y si no, haz lo que te viniere en gusto, que con acabar mi vida habré satisfecho a tu crueldad y a mi deseo».

«Tuyo hasta la muerte. El Caballero de la Triste Figura».

[7] En su célebre tratado del siglo XII, Capellanus se refería al amor como al «sufrimiento que nace de dentro de uno, derivado de la contemplación o la excesiva meditación sobre la belleza de un miembro del sexo opuesto, que provoca, por encima de todo, el deseo de abrazarlo».

[8] Como queda ejemplificado en la conocida sentencia hobbesiana: «Llamamos amor por una persona al intenso deseo de ser deseados por ella»

[9] Recordemos que Ortega habla de «imbecilidad mental transitoria», y que muchos autores se refieren a él como a una auténtica «enfermedad», cuyo signo (benigno o maligno) dependerá fundamentalmente de la reciprocidad y la viabilidad de la relación. La literatura, tanto científica como no, ha puesto de manifiesto que el enamoramiento no correspondido (o que, por otras circunstancias, no puede ver realizados sus deseos), es probablemente una de las situaciones vitales que mayor sufrimiento acarrea (el enamorado no correspondido puede llegar a perder no sólo la concentración en sus responsabilidades laborales e interpersonales, sino incluso el sueño, el apetito, y la propia motivación por la vida sin su amado).

[10] Recordemos la famosa frase de Julieta a Romeo: «Es tanta la hondura de mi amor que cuanto más te doy tanto más tengo».

— Vulnerabilidad psicológica.
— Cierta timidez ante el otro.
— Sentimientos ambivalentes (el famoso «dulce tormento»)[11].
— Atención selectiva (centrada en el otro).
— Idealización del otro (percepción de características positivas en la otra persona, mediante una visión positivamente sesgada)[12].
— Ausencia de control voluntario sobre tales sentimientos[13].

Factores que precipitan el enamoramiento

Por su parte, los estudios sobre los factores que precipitan el enamoramiento son extraordinariamente numerosos. Trataremos de repasarlos lo más brevemente posible (para seguir mejor el presente capítulo el lector puede consultar el esquema que figura en la página 103):

Sintetizando al máximo, podríamos decir que el enamoramiento (en nuestra cultura actual, insisto) se produce fundamentalmente por la combinación de tres factores: suele comenzar con una *atracción física* hacia otra persona, se acrecienta con una *atracción personal* hacia ella, y se dispara definitivamente cuando existe un conocimiento o una sospecha fundada de que existe *reciprocidad de atracción* (que esa persona también se siente atraída física y personalmente hacia nosotros). Analicemos algo más detenidamente estos factores:

Previamente, a modo de condición necesaria, se requiere de una cierta *proximidad* (propincuidad), no sólo espacial, sino también interpersonal; de hecho la gran mayoría de las parejas suelen compartir un cierto ámbito geográfico y unas redes de amistades antes de conocerse, como han señalado múltiples autores (Festinger y otros, 1950; Clarke, 1952; Goode, 1959[14]; Newcomb, 1961; Rubin, 1973; Kerckhoff, 1974; Ineichen, 1979; Aron y otros, 1989...) —aunque los lími-

---

[11] El propio Ortega (1917; p. 141) define el enamoramiento como el «*goce* de sentirse *transido* íntegramente por la persona amada». Por su parte, «transido» denota (según el DRAE) penalidad, angustia y necesidad. Así pues, sería un goce de sentir angustia por causa del amado y necesidad de él.
Esta ambivalencia es puesta de manifiesto con exquisita belleza por una copla del renacentista Juan Boscán:

«Veros harto mal ha sido,
más no veros peor fuera;
no quedara tan perdido,
pero mucho más perdiera».

[12] Sancho advierte, refiriéndose al enamoramiento, que «mira con unos anteojos que hacen parecer oro al cobre, a la pobreza riqueza, y a las legañas perlas» (*El Quijote,* segunda parte, cap. XIX).
[13] Este rasgo es descrito también poéticamente por el trovador provenzal del siglo XII Chretienne de Troyes, en la cita que encabeza el capítulo.
[14] En una aguda metáfora, Goode (1959) señalará que «la flecha de Cupido no va muy lejos».

tes concretos de la proximidad geográfica varían en función de la evolución de los medios de transporte.

A) En la *atracción física* hacia una persona intervienen varios factores, entre los que la literatura especializada ha destacado el propio *atractivo físico* del percibido, la *activación fisiológica* del perceptor, y las *pautas de seducción* entre ambos.

— La importancia del *atractivo físico* en el enamoramiento es puesta de manifiesto, tanto teórica como empíricamente, por decenas de autores (Byrne, 1971; Metee y Aronson, 1974; Rosenblatt, 1974; Averill y Boothroyd, 1977; Berscheid y Walster, 1978; Dion, 1979; Sternberg y Grajek, 1984; Harris, 1990; Hendrick y Hendrick, 1992; Sangrador y Yela, en prensa...).

Algunos autores han descubierto que, como regla general, los estímulos desencadenantes de la atracción física se centran principalmente en las características que, bien de forma natural o bien por costumbres socioculturales, diferencian a uno y otro sexo (Wilson y Nias, 1976). Así, aparte de las preferencias particulares de cada persona (sobre las que tienen una fuerte influencia tanto sus redes interpersonales como los criterios socioculturales), los hombres tienden a sentirse atraídos por mujeres sin vello, con pechos prominentes y turgentes, cinturas estrechas, caderas moderadamente anchas, cejas finas, piel suave, complexión sinuosa, y piernas esbeltas (entre los rasgos definidos culturalmente, que tienden a reforzar esas diferencias, están la depilación, el uso de escotes, el maquillaje, las uñas y pelo largos, el uso de tacones, la ropa ceñida, y las faldas cortas). Por su parte, las mujeres se sentirían atraídas, en general, por hombres con espaldas y pecho amplios, caderas no anchas, cejas pobladas, complexión robusta (altura, fuerza...), manos grandes, nalgas pequeñas, ausencia de tripa, rasgos faciales moderadamente grandes —ojos, boca, labios, nariz— (pero no exagerados), piel dura, y mandíbula fuerte. Ambos géneros compartirían la atracción por los signos de salud y juventud (y consecuentemente, el rechazo de los signos de enfermedad y/o vejez). Existe otra larga serie de rasgos externos (p. ej. en el vestuario) cuya influencia sobre el atractivo físico dependerá estrechamente de los valores personales y grupales del perceptor.

Nuestra sociedad actual confiere una creciente importancia al atractivo físico, aunque precisamente está penalizado de forma severa reconocerlo de forma explícita. Por otra parte, ha sido verificada empíricamente de forma sistemática la vigencia del «efecto de halo» sobre la atracción, por el cual tendemos a atribuir rasgos personales positivos a personas físicamente atractivas —dado que el atractivo físico es lo primero que se percibe de una persona, al ser lo más externo— (Dion y otros, 1972; Wilson y Nias, 1976; Cook y McHenry, 1978). «En buena medida, nuestras percepciones, evaluaciones y comportamientos con la gente están influenciados por los sentimientos y reacciones que nos provocan sus rasgos físicos» (Griffitt, 1979, p. 295).

En nuestro país, Carreño (1991) obtiene una elevada correlación entre el atractivo físico percibido en la propia pareja y el atractivo personal que atribuimos a ésta (comprobando, además, que esta correlación era significativamente mayor en hombres, lo que sugiere que éstos atribuyen aún mayor importancia al aspecto físico de las mujeres que a la inversa). A. de Miguel (1992) constata en una muestra representativa de la población española la creciente importancia concedida al atractivo físico (hablándose incluso de «la cultura del culto al pueblo»). Tiende a valorarse más el aspecto físico de la pareja que, por ejemplo, su inteligencia (especialmente entre los hombres, quienes buscan en el atractivo físico de su pareja aumentar su prestigio social)[15]. Por su parte, Sangrador (1993) incide en la adquisición de la asociación «bello-bueno», que se establece de forma muy sólida a través del proceso de socialización (desde los cuentos infantiles, los dibujos animados, las películas de cine, las series de televisión, etc.).

Otro efecto constatado por la investigación es que a pesar de desear que nuestra pareja tenga el mayor atractivo físico posible, tendemos a sentirnos atraídos, a enamorarnos y a emparejarnos con personas de similar atractivo físico, posiblemente en función de una evaluación previa —seguramente inconsciente— de la probabilidad de reciprocidad. Es el fenómeno conocido como la «hipótesis del matching»[16] (Murstein, 1972; Huston y Levinger, 1978; Feingold, 1990).

— Por otro lado, la *activación fisiológica* es también un elemento fundamental dentro de la atracción física sentida hacia una persona, aunque (como casi siempre que hablamos de factores biológicos —fisiológicos, neuroquímicos, hormonales...—) no está del todo claro si son parte de las *causas* de esa atracción física, si son parte de sus *efectos,* o si son el correlato conductual, a nivel fisiológico, del fenómeno global de la atracción (como ya hemos sugerido anteriormente). La activación fisiológica puede ser general (nerviosismo, euforia, sudoración de manos, aceleración cardiaca...) y/o específicamente sexual (excitación —erección o lubrificación—, elevación del deseo sexual...). Ambos tipos están estrechamente relacionados con la atracción física y el enamoramiento (Berscheid y Walster, 1969, 1978; Dutton y Aron, 1974; Aron y otros, 1989).

El estrecho vínculo entre «arousal» y enamoramiento nos remite a la gran importancia del contexto situacional en el surgimiento del enamoramiento

---

[15] Volveremos sobre ello en el capítulo de las diferencias intergenéricas.
[16] Que mantiene el término de «hipótesis» a pesar de haber sido repetidamente contrastada (recientemente también en una muestra representativa de la población española; Yela y Sangrador, en prensa).

(Rubin, 1973; Kerckhoff, 1974; Averill y Boothroyd, 1977, y Cook y McHenry, 1978). De hecho éste suele surgir en un contexto de alta activación: lugares ruidosos (discoteca, pub, fiesta, concierto...), novedosos (un viaje, una experiencia no vivida anteriormente), placenteros, y distintos de la rutina (un fin de semana «loco», unas vacaciones, una acampada, una tarde en el río, en un parque, una noche en la playa...etc.), y situaciones peligrosas o amenazantes (compartir experiencias emocionantes e intensas como enfrentarse a un meta difícil juntos, transgredir una norma paternal o social, enfrentarse juntos a un problema serio —personal o social—, o afrontar un peligro físico real o simulado —puente colgante, montaña rusa, etc.).

— Finalmente, las *pautas de seducción*[17] tienen una fuerte influencia sobre el atractivo físico sentido hacia otra persona, y consecuentemente sobre el enamoramiento, como han puesto de manifiesto numerosos autores. Ya hemos comentado cómo determinados estímulos tanto evolutivamente programados como aprendidos durante el proceso de socialización (interpersonal y cultural), así como las situaciones de alta activación fisiológica, tienden a producir atracción física. También el ser objeto de conductas seductoras tenderá a generar atracción, aunque, como es lógico, dependerá de las características físicas y personales del seductor, y de sus habilidades seductoras.

Al mismo tiempo, cada uno establece sus propias «aspiraciones amorosas» en función de la autoevaluación del grado de «deseabilidad social» que se posee; y de esa autoevaluación —y de su comparación con la deseabilidad social del sujeto atrayente— depende, en buena parte, la disposición a iniciar o no la seducción (Rubin, 1973). Los principales factores que influyen sobre nuestra decisión de seducir a alguien que nos atrae físicamente son: que exista algo de incertidumbre sobre la reciprocidad de atracción (si es obvia no habrá seducción, sino interacción íntima directa, y si es claramente inexistente ahorraremos esfuerzos y decepciones), que exista alguna sospecha positiva sobre dicha reciprocidad (ya sea por nuestra percepción de determinados signos en dicha persona, o por algún comentario de otras personas), y que exista confianza en nuestras propias habilidades de seducción (Huston y Levinger, 1978).

Veamos, pues, breve y finalmente —por lo que a la atracción física se refiere— cuáles son esas *pautas esenciales de seducción,* basadas en los factores principales que conducen directa o indirectamente al enamoramiento, expuestas en un cierto orden cronológico (siempre aproximado y relativamente variable):

---

[17] Tómese el término «seducción» como sinónimo de «cortejo», desprovisto de cualquier matiz peyorativo (de engaño o embaucamiento) que pudiera tener.

- Propiciar la proximidad espacio-temporal: condición previa, tratando de provocar un aumento en la frecuencia de encuentros con esa persona (p. ej. Festinger y otros, 1950).
- Buscar contextos de alta activación fisiológica: compartir situaciones intensas, novedosas, placenteras, emocionantes, arriesgadas, peligrosas, distintas de la rutina, etc. (p. ej. Berscheid y Walster, 1978).
- Potenciar el atractivo físico propio: peso, aspecto facial, aseo, vestuario, peinado, etc., teniendo en cuenta los gustos del otro sexo (p. ej. Wilson y Nias, 1976).
- Mostrar una adecuada comunicación no verbal: sonrisas, miradas, proximidad paulatina, postura sociópeta, tono de voz suave, movimientos seductores, etc. (Argyle y Dean, 1965; Rubin, 1973; Altman, 1974; Goldstein y otros, 1976; Wilson y Nias, 1976; Cook y McHenry, 1978; Givens, 1978; Noller, 1987; Kellerman y otros, 1989; McClanahan y otros, 1990; Fisher, 1992).
- Emplear un lenguaje un tanto ambiguo y lúdico: resulta activador para el otro, y reduce el sentimiento de fracaso ante un eventual rechazo (Rosenblatt, 1974; Berscheid y Walster, 1978).
- Mostrarse especial para el otro: «difícil» para los demás pero no excesivamente para el otro, lo que hace sentirse al otro como especial; según la hipótesis de *hard to get (but)* de Walster y otros (1973), cuyas explicaciones se basan en procesos psicológicos como la «disonancia» (Festinger, 1957) y la «reactancia» (Brehm, 1966).
- Mostrar características socialmente deseables: simpatía, sentido del humor, generosidad, etc.; ello tenderá a elicitar atracción personal del otro hacia nosotros (p. ej. Centers, 1975).
- Mostrar características personalmente deseables por el otro: naturalmente, previa evaluación subjetiva de las mismas, durante el tiempo en que transcurren los pasos anteriores (p. ej. Costa y Serrat, 1982).
- Mostrar similaridad de actitudes, gustos, opiniones, intereses, etc., con el otro (p. ej. Byrne, 1971).
- Sugerir que sentimos atracción por el otro: ello tiende a favorecer la reciprocidad de atracción, siempre que no se haga de forma muy explícita ni insistente (p. ej. Mettee y Aronson, 1974).
- Mostrar que los deseos y necesidades de uno y otro son complementarios: p. ej. hablador-escuchador, asertivo-acatador, protector-desvalido, ofrendoso-receptivo... (p. ej. Winch, 1954).
- Hacer progresivas autorrevelaciones personales: de forma paulatinamente creciente tanto en frecuencia como en profundidad, pues de lo contrario no habrá reciprocidad (Levinger y Snoek, 1972).

- Mostrar similaridad de valores: tanto de medios como de fines (p. ej. Averill y Boothroyd, 1977; Carreño, 1991).

B) Junto a la atracción física, otro de los pilares básicos del enamoramiento es la *atracción personal*[18]. Cabría destacar dos factores fundamentales productores de atracción interpersonal (además de la propia atracción física, que, como ya hemos visto, también suele generar, de por sí, atracción personal): la posesión de *características deseables* (ya sea características socialmente consideradas como positivas, o específicamente positivas para el atraído), y la *similaridad* (de características socio-demográficas, y de intereses y opiniones).

— No es de extrañar que la posesión de *características social o personalmente deseables* produzca atracción (Centers, 1975; Huston y Levinger, 1978; Costa y Serrat, 1982; Aron y otros, 1989). Diversos autores han tratado de verificar empíricamente cuáles son las características comúnmente más atractivas. Destacaremos la obra de Wilson y Nias (1976), quienes obtienen como características preferidas por los hombres en el sexo opuesto[19], por este orden: atractivo físico, erotismo, afectividad, y habilidades sociales; y como características preferidas por las mujeres —en el sexo opuesto—: realización, liderazgo, competencia laboral, y estatus socioeconómico-cultural[20]. Por su parte obtienen como características preferidas por ambos sexos: inteligencia, sentido del humor, similaridad de actitudes, y disponibilidad (que la persona que nos atrae sea una opción realista puede incrementar la atracción surgida hacia esa persona poseedora de las características mencionadas —u otras—). Recientemente, en nuestro país, Carreño (1991) ha obtenido como el rasgo fundamental valorado por ambos sexos la «afectividad» (afecto, cariño, sensibilidad), mientras que los hombres valoraban más el atractivo físico y la feminidad, y las mujeres valoraban más la inteligencia y la bondad (entendida principalmente como generosidad). Volveremos sobre ello en el apartado de diferencias entre hombres y mujeres.

— La lista de autores que han sugerido y comprobado que la *similaridad* es otro de los motores básicos de la atracción, es prácticamente interminable. La investigación psico-sociológica pone de relieve que lo que primero actúa es la

---

[18] Ya nos hemos referido a ella en un capítulo precedente, ofreciendo las referencias de los principales modelos teóricos que tratan de explicar su aparición.

[19] Los estudios citados aquí son todos con muestras heterosexuales.

[20] Hay que tener en cuenta que las muestras de los estudios citados, como las de la gran mayoría de las investigaciones psico-sociológicas, están compuestas por estudiantes universitarios (y por tanto no son representativas del conjunto de la población). Además, los resultados variarán en función de si las respuestas posibles son abiertas o los sujetos deben escoger entre una lista ya configurada por el investigador (como suele ser habitual).

similaridad de características sociodemográficas (de forma casi inconsciente), y la similaridad de actitudes, opiniones e intereses. (Más tarde actuarán la similaridad de valores y de variables de personalidad, como veremos en su momento.)

Desde un primer momento surgió la polémica entre los defensores de la similaridad como productora de atracción (refrendada por el dicho popular «cada oveja con su pareja») y los que opinaban que lo que verdaderamente atrae es la complementariedad (como reza otra sentencia popular «los polos opuestos se atraen»). La hipótesis de la similaridad ha recibido mucho mayor apoyo empírico.

El defensor principal de la Teoría de la Complementariedad es Winch (1954), quien señala que el factor fundamental que genera atracción es que las necesidades de uno y otro sean complementarias (como ya hemos señalado más arriba, p. ej. hablador-escuchador, asertivo-acatador, protector-desvalido, ofrendoso-receptivo...). Por su parte, el defensor más insigne de lo que podríamos llamar Teoría de la Similaridad —aunque no, desde luego, el primero— es Byrne, quien en 1971 publica un extensa obra donde desarrolla un auténtico paradigma de investigación, recogiendo abundante evidencia empírica favorable, y proponiendo incluso una compleja fórmula matemática para el cálculo de la atracción, en función de los refuerzos asociados al objeto de atracción y de su peso relativo sobre el sujeto evaluado.

Pero una y otra hipótesis no son necesariamente excluyentes, como propusieron Kerckhoff y Davis en su Teoría de los Filtros (1962), señalando que la similaridad de actitudes actuaría en un momento anterior, y posteriormente lo haría la complementariedad de necesidades. Seyfried (1977); Seyfried y Hendrick (1977); y Sternberg y Grajek (1985), entre otros, obtienen apoyo empírico en este sentido. Por tanto, nosotros hablaremos de la complementariedad más tarde, al ocuparnos de la evolución temporal de la relación amorosa.

Muchos autores han destacado que la similaridad sociodemográfica (similar edad, estatus socioeconómico, nivel cultural, religión —o agnosticismo—, raza, salud...) produce atracción, actuando como un filtro que acota un «campo de elegibles» (Winch, 1954; Burgess y Wallin, 1953; Newcomb, 1961; Lewis, 1972; Rubin, 1973; Sternberg, 1988; Gil Calvo, 1991). Ello, desde luego, no quiere decir que no existan numerosas parejas que difieran en alguna de esas características, sino que la mayoría suelen asemejarse en ellas. Tal efecto puede deberse simplemente a que en nuestras redes de interacción más próximas, la mayor parte de los miembros suelen compartir nuestras mismas características sociodemográficas. Por otro lado, parece ser que tendemos (si bien inconscientemente) a atribuir rasgos negativos y valores diferentes a las personas con características demográficas distintas a las nuestras (en ausencia de información contraria obtenida personalmente)[21] (Rubin, 1973).

---

[21] Ahí están los calificativos de «viejo cascarrabias», «juventud pervertida», «ricachón», «pordiosero», «paleto», «pedante», «sidoso», etc., por no mencionar los empleados respecto a otras razas. Ello no

Pero probablemente, lo que produce mayor atracción en un primer momento (en lo que a rasgos similares se refiere) es la similaridad de actitudes (opiniones, intereses, gustos...), como han verificado multitud de autores (Byrne, 1971; Griffit, 1974; Levinger, 1974; Lott y Lott, 1974; Mettee y Aronson, 1974; Rosenblatt, 1974; Stroebe y otros, 1974; Wheeler, 1974; Duck, 1977; Nias, 1979...). Se han sugerido diversas explicaciones al hecho contrastado de que la similaridad de actitudes produce atracción:

— Porque valida nuestra posición durante el proceso de comparación social (explicación basada en la Teoría de la Comparación Social de Festinger, 1954).
— Porque de esa forma se mantiene el equilibrio entre lo cognitivo y lo afectivo (basada en la Teoría del Equilibrio de Heider, 1958).
— Porque aumenta las expectativas de reciprocidad de atracción, al facilitar la interacción (Aronson y Worchel, 1966).
— Porque es reforzante al aumentar la autoestima (Byrne, 1971).
— Porque indica que el otro posee opiniones (y por extensión, características) consideradas por uno mismo como positivas (Ajzen, 1977).

Posiblemente, cada una de las explicaciones comentadas sea válida en una u otra ocasión. Lo que sí parece claro es que la similaridad de actitudes produce atracción, y que esto es especialmente válido respecto a actitudes importantes, peculiares (Griffitt, 1974) y cuyo criterio de verdad no sea objetivo (Wheeler, 1974)[22]. Por otro lado, parece ser que la similaridad percibida es notablemente mayor que la similaridad real, tanto en parejas aleatorias recién presentadas (Byrne, 1971) como entre parejas amorosas establecidas (Carreño, 1991), lo cual vuelve a subrayar el gran poder reforzador de la similaridad de opiniones sobre la persona, y su poder generador de atracción.

C) *Reciprocidad de atracción:* al combinarse atracción física y personal por una persona, cabe decir que está abonado el terreno para el enamoramiento. Pero que alguien nos guste mucho (físicamente y «como persona») no implica necesariamente que vayamos a caer en esa especie de «enfermedad» intensa y delirante que hemos descrito recientemente como enamoramiento. La llama que prende la mecha definitiva bien puede ser una sospecha de que existe *reciprocidad de atracción;* es decir,

---

significa que todos o la mayoría de la gente sea racista o elitista, sino que inconsciente y automáticamente nos sentimos más cómodos y más atraídos por gente del mismo grupo social que el nuestro (por lo general).

[22] Por otra parte, la «necesidad de afiliación» aumenta el poder atractivo de la similaridad de actitudes (Byrne, 1971; Mettee y Aronson, 1974).

la sospecha de que la persona que nos atrae también parece sentirse atraída hacia nosotros (Deutsch y Solomon, 1959; Secord y Backman, 1964; Aronson y Worchel, 1966; Byrne, 1971; Mettee y Aronson, 1974; Aron y otros, 1989). De este modo, cuanto mayor sea la intensidad de nuestra atracción, y cuanto mayor sea la certeza de que la atracción es recíproca, mayores serán las posibilidades de caer en ese estado de enamoramiento. En ocasiones la intensidad de nuestra atracción es tal, que apenas requiere de una mínima e incierta sospecha de reciprocidad; otras, será la total certeza de reciprocidad la que complemente una soterrada atracción por el otro, disparando esa atracción hasta convertirla en enamoramiento.

2.2. Evolución de la relación amorosa: las etapas de la relación

«Más fuerza tiene el tiempo para deshacer y mudar las cosas que las humanas voluntades.»

CERVANTES (s. XVII)

«Son las costumbres, y no la razón, la guía de nuestras vidas.»

HUME (s. XVIII)

El gran esfuerzo investigador llevado a cabo durante las últimas décadas ha permitido discernir con relativa precisión cuáles son algunos de los procesos más comunes que acontecen en una relación amorosa a medida que transcurre el tiempo[23]. En este apartado vamos a ocuparnos de ellos.

Una vez la persona ha «caído»[24] en el estado de enamoramiento al que nos referíamos en el punto anterior, el paso fundamental para que se inicie una relación amorosa romántica (normativa en nuestra cultura actual, si bien, como es sabido, también existen relaciones de pareja de carácter más pragmático) será que exista *reciprocidad de enamoramiento,* ya que en otro caso el proceso quedaría en un estado de enamoramiento unilateral (que, por cierto, suele ser vivido de forma notablemente traumática por la persona no correspondida, como ya hemos señalado en otro lugar).

Si existe ese enamoramiento mutuo (marcado fundamentalmente por una intensa pasión —atracción física y expectativas románticas—, y un fuerte deseo

---

[23] No vamos a repetir aquí el debate entre Psicología «idiográfica» y «nomotética» al que ya hemos aludido en diferentes ocasiones.

[24] Y aquí «caído» tiene el mismo matiz de incontrolabilidad que denota el término inglés para enamoramiento (*falling in love*).

de intimidad), y se establece una relación amorosa, lo primero que va a acontecer es el *desarrollo* paulatino *de una fuerte intimidad* de pareja (un vínculo afectivo especial entre ambos miembros de la pareja).

Uno de los procesos claves en la evolución de ese vínculo especial es la *reciprocidad de autorrevelaciones*[25]. A este respecto hay que destacar que las autorrevelaciones (confesión de un aspecto importante y reservado de nuestra intimidad) producen atracción y colaboran a la intimidad de la pareja si son recíprocas y progresivas, pero conducen al rechazo (y deterioro de la relación) si son unilaterales, o excesivamente prematuras y numerosas. (Secord y Backman, 1964; Jourard, 1971; Levinger y Snoek, 1972; Lewis, 1972; Altman y Taylor, 1973; Rubin, 1973; Money, 1976; Archer y Berg, 1978; Critelli y Dupre, 1978; Morton, 1978; Chelune, 1979; Steck y otros, 1982; Derlega, 1984; Levinger, 1988; Hendrick, 1989).

Otros dos factores que ayudan de forma importante al desarrollo de esa intimidad especial de pareja son la *complementariedad de necesidades,* de la que hemos hablado más arriba (Winch, 1954; Kerckhoff y Davis, 1962; Lewis, 1972; Aron y otros, 1989...), y la *similaridad*. En este fase de la relación, además de la similaridad de actitudes, intereses y opiniones (que producía atracción en un primer momento), influirá de forma importante la *similaridad de valores,* tanto finales como instrumentales (Averill y Boothroyd, 1977; Cunningham y Antill, 1981; Carreño, 1991; Alberoni y Fraia, 1992; Caspi y otros, 1992; Hendrick y Hendrick, 1992), y de variables de *personalidad*: autoconcepto, mecanismos de defensa, constructos personales centrales, etc. (Byrne, 1971; Duck, 1977; Dion y Dion, 1979). La similaridad en rasgos poco comunes produce mayor atracción, facilitando el desarrollo de la intimidad de pareja, mientras que la similaridad en un rasgo percibido como negativo no parece generar dicho efecto positivo (Wheeler, 1974).

Durante esa fase de *amor romántico-pasional* (que une a la pasión propia de la fase de enamoramiento, la recién aludida intimidad de pareja) comienza el *desarrollo* progresivo *de* un cierto *compromiso* de pareja (decisión de mantener la relación por encima de los problemas que surjan)[26]. Dicha fase romántica-pasional llega a su cenit cuando la intimidad alcanza su máximo nivel al tiempo que se conserva en buena medida la pasión inicial.

---

[25] No hace falta insistir en que estamos hablando del amor romántico normativo en la cultura occidental del siglo XX (no, por ejemplo, del estilo lúdico, ni pragmático, donde posiblemente no se de esa reciprocidad de autorrevelaciones, ni en general el curso de los acontecimientos que aquí se describen).

[26] Proceso al que ya hemos aludido anteriormente (cuyo curso puede apreciarse, p. ej. en Sternberg, 1986 y ss., Carreño, 1991; Fraia, 1991; Acker y Davis, 1992; Yela, 1997; y cuyo surgimiento puede deberse ya a la disonancia cognoscitiva —Festinger, 1957—, ya al balance positivo de recompensas/costes —Thibaut y Kelley, 1959—, al proceso de autoatribución —Bem, 1972—, o a la progresiva interdependencia desarrollada a medida que avanza la relación —Levinger y Snoek, 1972; Altman y Taylor, 1973).

© Ediciones Pirámide

Pero ese amor pasional irá tornándose progresivamente en lo que se ha dado en denominar *amor compañero,* debido a un ineludible proceso psico-fisiológico: la *disminución progresiva de la pasión.* Hay quien cita incluso una fecha en que se produciría el comienzo de esa notable disminución de la pasión —alrededor del cuarto año—, señalando que tal efecto tiene carácter universal (Fisher, 1992). Después de unos meses o años de citarse o convivir con una misma persona, el ser humano ya no siente un estado emocional tan intenso ni una activación fisiológica tan fuerte ante la presencia del otro (excitación, nerviosismo, sudoración de manos, aceleración cardiaca, euforia...), ni pensamientos intrusivos que suponen una pérdida de concentración e interfieren en sus actividades cotidianas, ni esa cierta timidez ante el otro característica del enamoramiento, ni idealiza a su pareja de la forma en que lo hacía al principio (sino que es capaz de percibir defectos en ella, que ya estaban allí antes pero pasaron desapercibidos), ni manifiesta una atención selectiva absolutamente centrada en el otro, etc.[27].

A esa controvertida pero irrefutable disminución de los sentimientos pasionales colaboran distintos procesos fisiológicos y psicológicos:

Por un lado, el «efecto Coolidge»: preferencia por estímulos (Es) sexuales novedosos, y pérdida progresiva de interés por los Es sexuales repetitivos —la pareja— (Wilson y Nias, 1976; Dewsbury, 1981; Wilson, 1981; Liebowitz, 1983; Cáceres, 1986; Fisher, 1992, y Buss y Schmitt, 1993), efecto de indudable sentido evolutivo (especialmente en los machos, debido a la diferencia intergenérica en el nivel mínimo de inversión parental; Trivers, 1972).

Por otro lado, los efectos de «habituación/saciación»: por la exposición continuada a un mismo estímulo —la pareja— disminuye progresivamente la intensidad de la respuesta que antes elicitaba —los sentimientos pasionales— (Skinner, 1953; Aronson y Linder, 1965; Liebowitz, 1983; Sternberg, 1988).

Existen otros efectos psico-fisiológicos, como el de «tolerancia» (necesidad de una mayor intensidad de un E repetido para que provoque los mismos efectos que al principio; p. ej. Liebowitz, 1983), o el del «proceso oponente» (post-efecto hedónico opuesto a toda reacción afectiva repetitiva; Solomon, 1980) que actúan en el mismo sentido, reduciendo la pasión experimentada en los primeros momentos (días, meses, o algunos —pocos— años) de la relación amorosa.

Asimismo, otros autores han señalado cómo la rutina provoca esa reducción de la pasión mediante distintos procesos psicológicos como la desaparición de la incertidumbre (uno de los motores generadores de las respuestas emocionales —y entre ellas de la pasión—; Livingston, 1980), o la disminución de la atención prestada a los Es rutinarios, que provoca la desaparición del proceso de polarización de la actitud positiva hacia él —la pareja— (uno de los pilares de la pasión sentida hacia ella; Tesser y Paulhus, 1976, y Beach y Tesser, 1988).

---

[27] Recordemos la cita de nuestro buen hidalgo, que encabeza el presente capítulo.

En cualquier caso, resulta claro, a partir de los más diversos análisis (teóricos y empíricos, desde distintas disciplinas y con distintas metodologías —incluso desde análisis filosóficos, literarios, artísticos, y meramente experienciales—) que existe una disminución progresiva de la exacerbada pasión inicial, y que ello, junto al paulatino crecimiento del compromiso (ya referido), da lugar a una progresiva transformación en la relación, que muchos autores han dado en llamar *cambio del amor romántico-pasional a un amor compañero* (Berscheid y Walster, 1969; Driscoll y otros, 1972; Zeldin, 1982; Sternberg, 1988; Carreño, 1991; Fraia, 1991; Ochoa y Vázquez, 1991; Hendrick y Hendrick, 1992...).

Entre las consecuencias destacables de tal transformación destaca, por un lado, la creencia popular de que el declive de la pasión significa el declive del amor por la pareja; creencia que, como ya hemos comentado (recordemos el «mito de la equivalencia»), es tan común como errónea y enormemente nociva, ya que supone en muchos casos la ruptura de una relación que bien pudiera sustentarse en otros múltiples procesos distintos a la pasión, y tan demostrativos o representativos del amor como ella (una especial y estrecha intimidad, el cariño, las experiencias pasadas compartidas, el sentimiento de pareja, el equilibrio, la seguridad, la compenetración adquirida con el tiempo, el conocimiento mutuo, la buena comunicación, etc.).

Y por otro lado, ese declinar pasional y la consiguiente transformación hacia un amor compañero, suele conllevar también el aumento de la atracción hacia otras personas, frecuentemente unida a deseos de promiscuidad sexual[28]. En su extenso y documentado análisis, Fisher (1992) esboza las razones evolutivas y psicológicas del adulterio (o promiscuidad o infidelidad, es decir, del deseo de tener relaciones sexuales con otra/s persona/s distintas a la propia pareja estable).

Entre las presiones evolutivas hacia la adquisición de estrategias promiscuas resalta la expansión genética en los machos (quizá por ello —además de por motivos de socialización diferencial de roles— éstos se conforman simplemente con tener relaciones sexuales en sus relaciones promiscuas) y el aumento de la provisión de recursos para la descendencia en las hembras (quizá por ello —además de por motivos de socialización diferencial de roles— éstas reclaman, además, una cierta intimidad en sus relaciones promiscuas)[29].

---

[28] Para Cáceres (1986), además de la promiscuidad sexual, existe otra estrategia contra el «efecto Coolidge»: las fantasías sexuales promiscuas antes y/o durante el acto sexual con la pareja, y la variedad en las conductas sexuales en la relación de pareja (abogando por dejar de considerar a unas y a otras como una falta de fidelidad, respeto o sensibilidad para con el otro).

[29] El hecho de que los hombres manifiestan un mayor deseo de promiscuidad sexual que las mujeres, ha sido puesto de manifiesto por multitud de autores (Kinsey y otros, 1948, 1953; Beach y Ford, 1951; Eysenck, 1970; Trivers, 1972; Wilson y Nias, 1976; Fisher y Byrne, 1978; Eysenck y Wilson, 1979; Wilson, 1981; Masters y otros, 1982; Bailey y otros, 1987; Hendrick y Hendrick, 1988; Clarck y Hatfield, 1989; Avia y otros, 1990; Fraia, 1991; Malo de Molina, 1992; Sagan y Druyan, 1992; Buss y Schmitt, 1993; Oliver y Hyde, 1993; Walsh, 1993...). Lo veremos con cierto detalle más adelante.

Entre los motivos psicológicos del deseo de promiscuidad señala el anhelo de lo novedoso, de lo que no se posee, de lo prohibido, y el deseo de sentir emociones fuertes, y de sentirse especial, deseado, y/o más joven de lo que se es (Fisher, 1992).

Wilson y Nias (1976) repasan las investigaciones sobre las variables relacionadas con una alta y baja tendencia a la promiscuidad sexual: extroversión, «búsqueda de sensaciones» (Zuckerman, 1974; relación también señalada por Liebowitz, 1983), ausencia de dogmas católicos tradicionales, actitud política liberal (es decir, de «izquierdas»), alto nivel cultural, y alto deseo de variedad en las conductas sexuales (no ya en las personas), son rasgos que tienden a asociarse con mayores deseos de promiscuidad sexual. Mientras que timidez, seguimiento de dogmas católicos, actitud política conservadora (de «derechas»), bajo nivel cultural, temor al embarazo —más frecuente en las mujeres—, a las enfermedades de transmisión sexual, a las presiones sociales (es decir, temor al «qué dirán»), y a la pérdida de la pareja (ya sea por celos del otro, o por una posible implicación emocional propia —más frecuente en las mujeres— o de la pareja con otro/a), son rasgos que tienden a asociarse con menores deseos de promiscuidad sexual (Wilson y Nias, 1976).

Existen diversas alternativas frente al problema del deseo de promiscuidad: represión, prostitución, ruptura, infidelidad, intercambio, y consentimiento (Wilson y Nias, 1976):

Posiblemente la más común es la primera opción: no satisfacer tales deseos, en ocasiones reprimiendo no sólo la conducta de satisfacción de dichos deseos, sino incluso los propios deseos. Cualquiera de ambas cosas acabará por generar frustración a la larga, cuya agresión resultante se dirigirá contra la propia pareja.

Por su parte, la prostitución es una conducta tabú, penalizada éticamente, con el agravante del peligro de las enfermedades venéreas (incrementado geométricamente con la expansión del sida), y que satisface exclusivamente los deseos sexuales, pero no los deseos de seducir y ser seducido.

La ruptura suele ser una consecuencia lógica del desconocimiento de lo natural que resultan tales deseos promiscuos, y de la extendida creencia de que una relación sin pasión ya no es verdadero amor. Lo acertado o no de esa ruptura dependerá de si existen otras cosas que sustituyan —y aún superen— a la pasión, como las mencionadas más arriba[30].

---

[30] Si existe intimidad, comunicación, cariño, compenetración, apoyo, etc., romper una relación por la reducción de la pasión hacia la pareja, y el aumento de los deseos sexuales hacia otros, podría equivaler —salvando las distancias— a tirar la televisión cuando se ha acabado la serie que estábamos viendo (es natural que se acabe, pero siempre podremos ver nuevos capítulos de esa misma serie, u otras series con el mismo televisor, que nos ofrece otros muchos tipos de programas).

La infidelidad, es decir, la satisfacción de los deseos promiscuos con otras personas mediante la seducción, está también muy penalizada socialmente (a pesar de que casi tres de cada cuatro hombres y una de cada dos mujeres la ha practicado alguna vez —Fisher, 1992 y Malo de Molina, 1992—). Si se hace de forma oculta, lo que es, con mucho, lo más habitual, suele acarrear problemas de celos, engaños, acusaciones, etc. que repercuten de forma negativa en la relación.

Por último, el intercambio de parejas y la «infidelidad mutuamente consentida» son conductas marginales (en cuanto a su número de actores y en cuanto a su rechazo social), que, no obstante, permiten superar los comentados problemas de frustración del deseo sexual, frustración del deseo de seducir y ser seducido, ruptura, engaños y celos, si bien requieren de una gran seguridad en uno mismo y en el otro miembro de la pareja (para confiar en la continuidad de una relación más allá de esas simples aventuras promiscuas, y para luchar contra las presiones sociales radicalmente opuestas; como señalan también Constantine y Constantine, 1971) (Wilson y Nias, 1976)[31].

Hemos visto, pues, las tres fases fundamentales de una relación amorosa: enamoramiento (intensa pasión —atracción física y expectativas románticas— y deseo de intimidad), amor romántico-pasional (estabilización de la elevada pasión, desarrollo de una fuerte intimidad, y comienzo del desarrollo del compromiso), y amor compañero (descenso de la pasión, y máxima intimidad y compromiso), junto a los factores y procesos que intervienen en su surgimiento y su curso a lo largo de la relación. Antes de pasar a ver el último apartado de la evolución de la relación amorosa —la eventual fase de desamor—, veamos algunos factores que la investigación psico-social ha verificado que aumentan o disminuyen a lo largo de la relación.

Entre los principales *factores que tienden a aumentar con el paso del tiempo* se han citado: la interdependencia entre ambos miembros de la pareja (Levinger y Snoek, 1972; Altman y Taylor, 1973; Kelley, 1983), el cuidado mutuo (Steck y otros, 1982), la entrega hacia el otro (Carreño, 1991), la confianza en la disponibilidad del otro, la ayuda mutua, el apoyo emocional, la comunicación abierta, la valoración realista del otro, la compenetración, el sentimiento de pareja, el conocimiento del otro, y la experiencia de compartir (los días, los recuerdos, las vivencias, las actividades, los lugares...) —en definitiva, la intimidad y el compromiso— (Sternberg, 1988; Yela, 1997).

---

[31] Una conocida sentencia de Voltaire, con su famoso estilo corrosivo, llegó más lejos señalando que «el matrimonio es la única aventura abierta a los cobardes». (Pero posiblemente la inseguridad sea parte de la naturaleza humana, y uno de los «defectos» más comprensibles.)

Los mismos autores (Wilson y Nias, 1976) señalan que la gente que practica los intercambios de pareja «son sencillamente personas que creen que es mucho más enriquecedor y divertido para la gente jugar sexualmente juntos que jugar a las cartas o al golf (o juntarse para beber, como suele ser habitual en nuestra sociedad), y simplemente se comportan según piensan» (p. 139).

También suelen aumentar, sin embargo, la frecuencia de discusiones (Cáceres, 1986) y los deseos de novedad y promiscuidad (como vimos anteriormente).

Entre los principales *factores que tienden a disminuir con el paso del tiempo* se han citado: las características esenciales del enamoramiento —según acabamos de ver— (grandilocuencia, pensamientos intrusivos, pérdida de concentración, intensa activación fisiológica, hipersensibilidad a los deseos del otro, vulnerabilidad, timidez, atención selectiva, idealización, ausencia de control voluntario de los sentimientos amorosos...), la pasión (tal como hemos visto en el presente apartado) la frecuencia de relaciones sexuales (Wilson y Nias, 1976; Masters y otros, 1982; Liebowitz, 1983; Cáceres, 1987), la satisfacción sexual (dada la relación, aunque pequeña, entre frecuencia y satisfacción —Peplau y otros, 1978; Carreño, 1991—), y la propia satisfacción amorosa (Pick y Andrade, 1988; Sternberg, 1988; Carreño, 1991). De todos modos, los resultados concernientes a ambos tipos de satisfacción están lejos de resultar clara y firmemente establecidos: así, algunos autores (p. ej. Bueno, 1983; Yela, 1995) no hallan relación significativa entre la satisfacción amorosa y el paso del tiempo; otros sí la hallan, pero de muy pequeña magnitud (p. ej. la propia Carreño); y otros, finalmente, la hallan con algunos índices de satisfacción pero no con otros (como las citadas Pick y Andrade).

Por otro lado, los *factores que contribuyen al mantenimiento de la relación* amorosa serán todos aquellos que tiendan a aumentar la satisfacción amorosa (que comentaremos en próximos capítulos), los factores contrarios a los que propicien la insatisfacción amorosa y el desamor (en las que nos centraremos en el próximo apartado), y las llamadas «barreras» ante la separación (hijos, dependencia económica, presión social, presión religiosa, amenazas del otro, miedo a la soledad, ausencia de alternativas reales...; véase, p. ej. Fisher, 1992, o Martínez Íñigo, 1997)[32].

2.3. El proceso de desamor y sus causas

> «Somos igual de ingeniosos buscando malos motivos para las buenas acciones realizadas por otros, que buscando buenos motivos para las malas acciones efectuadas por nosotros.»
>
> C. GALEB COLTON

Hemos visto con cierto detalle qué factores y qué procesos están involucrados en el surgimiento de la atracción y el enamoramiento, cómo llega a establecerse

---

[32] Ovidio nos cuenta cuáles eran los factores involucrados en el mantenimiento del amor en la Roma del primer siglo de nuestra era: reciprocidad de atracción, un cierto grado de incertidumbre, sorpresas y

una relación amorosa, y cómo el amor romántico-pasional de los primeros instantes (meses o años) deja paso paulatinamente a lo que suele denominarse como «amor compañero». Ahora bien, una vez alcanzada esa etapa, la relación amorosa puede estabilizarse (con una alta intimidad y compromiso, y una moderadamente baja, aunque fluctuante, pasión) o puede comenzar (antes o después) a deteriorarse. ¿De qué factores principales depende el que la relación amorosa tome uno u otro curso?

En el presente apartado citaremos una larga serie de *factores que la investigación psicosocial ha vinculado con el deterioro de la relación*. Los agruparemos en 10 bloques, atendiendo a su contenido (problemas relacionados con: aspectos previos a la relación, las constricciones sociales, la convivencia, las diferencias entre los miembros de la pareja, la falta de ciertos aspectos, la percepción, los cambios, los celos, la sexualidad, y otros aspectos), y añadiremos algunas sugerencias para su solución, basadas en la investigación empírica (reducción de los factores problemáticos) en lugar de en las normas sociales o en el sentido común (como es habitual)[33]. Al final del capítulo reseñamos algunas de las teorías más relevantes propuestas para la explicación del proceso del desamor.

Problemas relacionados con aspectos previos a la relación

Desconocimiento real del amado en el momento de la unión estable: cuanto más breve sea el noviazgo (o como se le quiera llamar al período que transcurre desde que comienza la relación de pareja hasta que comienzan a convivir juntos), menor tiempo tendrán sus miembros para conocerse mutuamente, y mayor será la probabilidad de llevarse desagradables sorpresas sobre el otro, una vez haya pasado la etapa de enamoramiento pasional e idealización. Los ejemplos de esto son desgraciadamente muy frecuentes y numerosos (Sangrador, 1993). (Posible solución: no juntarse por enamoramiento o amor romántico-pasional, sino por amor compañero, una vez que ha cesado la idealización y se conoce verdaderamente al otro)[34].

---

cambios, ausencia de mojigatería, belleza física, satisfacción sexual, breves ausencias, infidelidades esporádicas, y buena situación económica.

Desde luego no es un discurso popular, pero posiblemente sea uno de los análisis más fríos, racionales y agudos que se hayan hecho del tema.

[33] En esta línea, puede resultar de interés un texto publicado no hace mucho, en el que se recogen una serie de guías o reglas para solventar los problemas de pareja, derivadas del enfoque terapéutico racional-emotivo (Borcherdt, 1996).

[34] Evidentemente esto rompe con el «ideal romántico» actual, pero no olvidemos que tanto el *Eros* griego como el amor cortés medieval (equivalentes de nuestro amor romántico-pasional actual) surgieron como formas totalmente ajenas al matrimonio (como ya se ha comentado con extensión). La asociación pasión-matrimonio se ha demostrado fatal, tanto para la primera como para este último. Sexo, amor y compromiso son factores independientes (Whitaker, 1976), pero lo novedoso en nuestra Cultura es pretender hacerlas interdependientes, y hacerlo de forma normativa.

Inmadurez afectiva (de uno o de ambos miembros): los tipos amorosos denotados bajo los términos «amor por defecto» (Maslow, 1954), «amor adictivo» (Peele, 1975), «amor manía» (Lee, 1976), «amor ansioso-ambivalente» (Hazan y Shaver, 1987), y «amor fatuo» (Sternberg, 1988), comparten la idea de que el amante necesita desesperadamente del amado para cubrir sus propias carencias (inseguridad, baja autoestima, insatisfacción general[35]...), de modo que se establece una relación de dependencia pero no de verdadera intimidad. Cuanto mayor sea la inmadurez afectiva de la persona (su falta de capacidad para asimilar los criterios sociales transformándolos en criterios éticos propios —Peele, 1975—) mayor será su tendencia a desarrollar esta forma de relación, que se ha comprobado asociada a unos mayores celos (Hazan y Shaver, 1987; Woll, 1989) y a una menor satisfacción amorosa propia (Hazan y Shaver, 1987; Hendrick y otros, 1988; Levy y Davis, 1988) y de la pareja (Martin y otros, 1990) (Sangrador, 1993). (Posible solución: la difícil superación de este problema provendría de la adquisición de la capacidad de transformar —mediante adopción consciente o cambio— las normas sociales aprendidas irreflexivamente en normas éticas propias.)

Expectativas estereotipadas (fundamentalmente sobre los roles de género, y sobre la propia relación amorosa): en muchas ocasiones, los estereotipos que hemos aprendido durante la socialización sobre el papel de los hombres y las mujeres, constituyen un obstáculo en nuestra relación amorosa, ya que no siempre —más bien rara vez— se corresponden con una realidad en continuo cambio. Tanto más cabe decir sobre los estereotipos del «amor romántico» aprendidos desde la infancia, y que constituyen lo que hemos denominado «mitos románticos» (media naranja, exclusividad, asociación «pasión-convivencia», omnipotencia, perdurabilidad, fidelidad, libre albedrío, y equivalencia «enamoramiento-amor»), ya absurdos, ya erróneos, ya falsos, ya imposibles, y en todo caso problemáticos (Sangrador, 1993; Barrón y otros, 1999). (Posible solución: abandono de los estereotipos tradicionales de rol de género y amor romántico, y elaboración de unos criterios propios.)

Confusión entre enamoramiento y amor: dicho error conlleva a creer que ya no se ama verdaderamente a la pareja cuando sobreviene la natural reducción de la pasión, por lo que se tiende a sentir decepción, frustración y desengaño, y a romper una relación que quizá funcione perfectamente en el resto de los aspectos (Sangrador, 1993). (Posible solución: abandono del «mito de la equivalencia» y aceptación de la naturalidad del descenso de la pasión y de la transformación del enamoramiento en otras fases del proceso amoroso de distinta índole.)

---

[35] Recordemos la sentencia, tantas veces oída, de que «si uno no es feliz consigo mismo, no puede esperar a serlo con otro, ni a que ese otro lo sea con él» (recogida, p. ej. en Sternberg, 1988, p. 203).

Escasa experiencia previa en relaciones amorosas y sexuales: como en cualquier área vital, la experiencia va a permitir desenvolverse mejor ante las múltiples eventualidades y circunstancias por las que pasa una relación amorosa (y tanto más en el terreno sexual) (Dion y Dion, 1979; Huston y otros, 1981). Se ha encontrado, en nuestro país, que cuanto menor era la experiencia previa en relaciones amorosas y sexuales, menores eran los índices de intensidad amorosa (I, P, C) con la pareja actual, menor el índice de satisfacción sexual, y mayor la puntuación en la escala de «amor manía» (Carreño, 1991). Este punto es especialmente relevante por cuanto hasta hace muy poco tiempo la gran mayoría de la gente formaba una relación estable sin contar con demasiadas experiencias amorosas previas, y mucho menos sexuales. (Posible solución: mayor permisividad con las relaciones amorosas y sexuales adolescentes y juveniles —junto a una mayor información sobre las mismas y sobre los métodos anticonceptivos—; entrenamiento en habilidades de seducción —para las personas con dificultades en este terreno.)

Problemas relacionados con las constricciones sociales

Contradicción entre valores sociales positivamente valorados: la sociedad actual fomenta, por un lado, la independencia personal, pero, por otro, valora el compromiso y denuesta las relaciones íntimas (sexuales o no) con toda persona del sexo contrario que no sea la propia pareja. Ello supone un conflicto a añadir al ya de por sí difícil equilibrio entre el compromiso adquirido con la pareja y la independencia personal deseada, del que ya hemos hablado (Sangrador, 1993). (Posible solución: llegar a un acuerdo en la concesión de libertades mutuas: tiempo para uno mismo, relaciones íntimas con otras personas...)

Contradicción entre las presiones biológicas y las sociales: así, mientras que las estrategias evolutivas y los impulsos biológicos provocan el «efecto Coolidge» (preferencia por estímulos sexuales novedosos —como hemos señalado en repetidas ocasiones—), las normas y presiones sociales proclaman la exclusividad o fidelidad sexual. Ya hemos hablado de ello en este mismo epígrafe y en el anterior apartado. Cabría señalar que el conflicto se extiende a la contradicción entre los procesos psicológicos que provocan deseos de flirtear (como especifica Fisher, 1992), y las normas y presiones sociales de exclusividad o fidelidad emocional: aprendemos a sentir celos no sólo —y quizá ni siquiera principalmente— ante una infidelidad sexual, sino también ante un vínculo emocional especial de la pareja con otra persona, pues tampoco eso es lícito socialmente (Sangrador, 1993). (Posible solución: llegar a un acuerdo en la pareja sobre las reglas propias respecto a las relaciones íntimas —sexuales y/o afectivas— con otras personas.)

© Ediciones Pirámide

Problemas relacionados con la convivencia

Rutina: todos los autores la consideran como un elemento negativo en la relación amorosa, y varios de ellos la resaltan como uno de los factores más nocivos para la misma (Byrne, 1971; Hill y otros, 1976; Carrasco y otros, 1984; Sternberg, 1988)[36]. La convivencia diaria es un poderoso factor de riesgo para que sobrevenga la rutina[37]. (Posible solución: sorpresas, pequeños cambios, planificación de actividades de ocio, breves separaciones esporádicas...)

Habituación: mecanismo psicológico muy relacionado con el anterior factor, y con la teoría de la ganancia-pérdida (Aronson y Linder, 1965); ya hemos comentado cómo con el paso del tiempo la habituación a la pareja reduce el poder reforzante de sus conductas, repercutiendo negativamente en la relación[38] (Byrne, 1971; Sternberg, 1988...). (Posible solución: algunos días por separado cada cierto tiempo —tanto más en vacaciones.)

Aumento en la frecuencia e intensidad de las discusiones de pareja: toda relación diádica supone la aparición de discusiones, cuya probabilidad aumenta al aumentar el tiempo que la pareja pasa junta; cuando esas discusiones se hacen demasiado frecuentes o dejan de ser pequeñas discusiones para convertirse en serias disputas, la relación amorosa se deteriora, pudiendo comenzar el proceso de desamor (hasta la solución de dicho problema o la ruptura, o la convivencia forzada)[39] (Bentler y Newcomb, 1979; Hendrick y Hendrick, 1992). (Posible solución: comunicación abierta sobre ello tratando de fomentar la empatía; breves separaciones temporales cuando aumente mucho la frecuencia de discusiones —un fin de semana, una parte de las vacaciones—; entrenamiento en habilidades de solución de problemas de pareja.)

Problemas relacionados con las diferencias entre los miembros de la pareja

Diferencia de intereses: cuando cada miembro está interesado por actividades diferentes, y apenas tienen aficiones en común, resulta muy difícil sostener una

---

[36] Hay que intervenir activamente en la mejora paulatina de la relación; dejarse llevar por la rutina suele ser abocarse al fracaso. «Una relación amorosa no puede cuidar de sí misma más de lo que puede hacerlo un edificio» (Sternberg, 1988, p. 70).

[37] «No es la razón sino la costumbre, la guía de nuestras vidas», elocuente frase atribuída a Hume.

[38] Como señala agudamente Sangrador (1993): «El insensato "te querré hasta que la muerte nos separe" olvida que el amor no es simplemente un acto de la voluntad».

[39] Recordemos que en la macroencuesta de Malo de Molina (1992), el motivo más frecuente de las discusiones en la pareja era «cosas sin importancia» (por encima de temas concretos y básicos como los hijos, el dinero, las relaciones sexuales, la colaboración doméstica, la infidelidad, etc.).

relación satisfactoria (Hill y otros, 1976; Cunningham y Antill, 1981). (Posible solución: buscar activamente aficiones en común; turnarse a compartir las aficiones del otro...)

Diferencia de actitud sobre temas importantes: así como la similitud generaba atracción, la diferencia de opinión en algún tema básico con repercusiones prácticas (política, religión, hijos, la propia relación amorosa, etc.) puede (y suele) ser fuente de un conflicto importante en la pareja. (Byrne, 1971; Lynch y Blinder, 1983) (Posible solución: comunicación abierta sobre el tema; acuerdo intermedio...)

Diferencia en los valores fundamentales: generalmente, la pareja muestra bastante grado de acuerdo en cuáles son los valores finales[40] e instrumentales[41] que consideran más importantes (Carreño, 1991). Cuando hay una discrepancia notable entre las metas generales de uno y otro, o los medios deseables para conseguirlas, ello repercute de forma negativa en la relación (Byrne, 1971; Hendrick y Hendrick, 1992). (Posible solución: comunicación abierta sobre los motivos de la defensa de unos u otros valores.)

Diferencias en la percepción de problemas: otro fenómeno que sucede, con mayor o menor intensidad, en toda relación diádica es que, en ocasiones, uno y otro miembro perciben problemas diferentes: uno percibe como problemática una situación que para el otro no lo es (y que, por tanto, no trata de solucionar), y viceversa. Ello acaba por generar malestar por ambas partes (Hendrick y Hendrick, 1992). (Posible solución: no es fácil evitar esta circunstancia, pero, una vez más, una adecuada comunicación abierta sobre los problemas, o —en su defecto— un entrenamiento en habilidades de detección y solución conjunta de problemas— puede ayudar a paliar sus efectos negativos sobre la relación.)

Diferencias en el estilo amoroso: cuando cada miembro presenta una forma de amar notablemente distinta (con unas actitudes, unas conductas y unas expectativas diferentes), no es de extrañar que aparezcan problemas en la relación (p. ej. un romántico y un lúdico). Esa discrepancia podía ya existir al principio de la relación y haber sido pasada por alto (dado el proceso de «idealización» de la fase del enamoramiento), haciéndose presente una vez desaparece esa idealización, o bien puede haber surgido por el cambio de estilo amoroso de uno de los

---

[40] Las metas valoradas: p. ej. paz, felicidad, libertad, igualdad, realización, amor, amistad, placer, seguridad, sabiduría, etc.
[41] Los medios para conseguirlas: p. ej. ser sensible, honesto, comprensivo, tolerante, responsable, decidido, ambicioso, etc.

miembros (o de ambos) (Lee, 1976; Martin y otros, 1990; Morrow y otros, 1995). (Posible solución: comunicación abierta sobre las expectativas de cada uno respecto a la relación amorosa.)

Diferencia en los sentimientos amorosos: en una relación amorosa nunca van a sentir exactamente lo mismo ambos miembros, pero cuando la diferencia entre lo que cada uno siente por el otro se hace muy grande, está abonado el terreno para el fracaso. También repercutirá negativamente la diferencia entre los sentimientos deseados y los percibidos (Sternberg, 1988, lo operativiza como la diferencia entre los triángulos —I, P, C— de cada uno, y como la diferencia entre el triángulo deseado y el percibido) (Carreño, 1991; Serrano y Carreño, 1993). (Posible solución: evaluación de los sentimientos percibidos y deseados para tratar de incrementar o reducir precisamente aquellos en los que haya discrepancia —como en la mayoría de los casos, puede intentarse personalmente mediante comunicación abierta, y en caso de fracaso hacerse profesionalmente.)

Diferencias en el grado de compromiso e independencia deseados: el equilibrio entre el grado de compromiso deseado y la independencia demandada siempre es muy delicado; suelen producirse dos tipos de situaciones problemáticas:

- *Deseo de mayor independencia propia:* un miembro de la pareja desea un mayor grado de independencia, y ello genera cierto malestar latente tanto en ese miembro como en su pareja (O'Neill y O'Neill, 1972; Peele, 1975; Hill y otros, 1976; Bentler y Newcomb, 1979; Sternberg, 1988; Hendrick y Hendrick, 1992). (Posible solución: comunicación abierta sobre el balance entre el compromiso mutuo y la independencia de cada uno; acuerdos sobre concesión de libertades mutuas —tiempo propio, relaciones sexuales con otros, etc.)
- *Y deseo de que el otro manifieste un mayor compromiso:* el otro miembro, sin embargo, suele desear que su pareja se comprometa más con la relación, y reacciona acercándose más a él, lo cual empeora las cosas para ambos (Hill y otros, 1976; Sternberg, 1988; Carreño, 1991; Hendrick y Hendrick, 1992) (Posibles soluciones: comunicación abierta; cierto «alejamiento» —de efecto paradójico contrastado—; concesión de ciertas libertades; empleo de pautas de seducción ya abandonadas...)
- *Tensión de funciones:* en no pocas ocasiones se produce una discrepancia en la asunción de las tareas y responsabilidades de cada uno; ello puede ir limando progresivamente la relación (Brehm, 1985; Sternberg, 1988). (Posible solución: acuerdo explícito sobre el reparto de tareas y responsabilidades.)

Problemas relacionados con la falta de ciertos aspectos

Falta de habilidades en la solución de problemas: en concreto, la poca destreza en solucionar los problemas que siempre surgen en toda relación diácida (Costa y Serrat, 1982; Rusbult, 1987; Hendrick y Hendrick, 1992), y en superar el enfado que se deriva de estos (Mace, 1976). (Posible solución: entrenamiento en habilidades de solución de problemas, y de estrategias de enfrentamiento ante situaciones de enfado con la pareja.)[42]

Falta de reciprocidad de autorrevelaciones: cuando en la pareja es sólo uno el que «se abre» al otro, mientras éste apenas cuenta sus sentimientos, problemas y preocupaciones al primero, ello genera una fuerte tensión que pronto suele resultar difícil de soportar (Lynch y Blinder, 1983; Hendrick y otros, 1988; Hendrick y Hendrick, 1992). (Posible solución: comunicación abierta sobre ello; entrenamiento en habilidades sociales.)[43]

Falta de apoyo emocional y/o profesional: la percepción de falta de apoyo en el terreno de los sentimientos (ánimo, afecto, comprensión, empatía...) es otro de los factores que producen el deterioro en la relación amorosa, iniciando el proceso de desamor (Bentler y Newcomb, 1979). Otro tanto cabe decir en el terreno profesional[44] (Hendrick y Hendrick, 1992). (Posible solución: comunicación abierta sobre la importancia del trabajo propio, y del apoyo afectivo del otro, para cada miembro; —en caso de fracasar, entrenamiento en habilidades sociales y en solución de problemas.)

Falta de colaboración doméstica: esta es una de las quejas más comunes, muy fundamentalmente entre las mujeres (Hendrick y Hendrick, 1992). La encuesta del CIRES de 1992, reflejó que tan sólo en una de cada cinco parejas se comparte el trabajo doméstico (en las otras cuatro lo hacen exclusivamente las mujeres, siendo insignificante —en términos estadísticos— el porcentaje de parejas en que se ocupa de él exclusivamente el hombre). Este hecho tendrá una repercusión más o menos acusada en la relación en función de si la mujer trabaja o no fuera de casa, y de sus actitudes respecto a la diferenciación de roles de género. (Posible solución: acuerdo sobre cómo compartir y/o repartir las distintas tareas —laborales y domésticas— dentro de la pareja.)

---

[42] Aprendizaje de técnicas para reconocer el enfado, considerarlo inapropiado, y pedir ayuda a la propia pareja para reducirlo (Mace, 1976).
[43] Un completo resumen sobre las bases teóricas, los objetivos y las fases del entrenamiento en habilidades sociales puede consultarse en Gil Rodríguez (1984).
[44] Sobre todo las mujeres, se quejan de que su pareja no las valora adecuadamente en el terreno profesional, sino «únicamente» como mujeres, esposas, y madres.

Problemas relacionados con la percepción

El error fundamental de atribución: es la tendencia a considerar las causas de las conductas propias que disgustan al otro como situacionales (motivadas por las circunstancias) y las causas de las conductas del otro que nos disgustan como disposicionales (motivadas por la clase de persona que el otro es). Tendemos a operar con ese sesgo, de forma inconsciente, y ello repercute negativamente en la relación. (Kelley, 1977; Baucom, 1987; Sternberg, 1988; Hendrick y Hendrick, 1992). (Posible solución: entrenamiento re-atributivo —ya sea personal o profesional.)

Percepción de falta de equidad: tanto si percibimos que el balance entre recompensas (lo que obtenemos en la relación —por supuesto no sólo, ni principalmente, material—) y costes (lo que invertimos en la relación —de nuevo no sólo ni principalmente material—, y a lo que renunciamos de otras relaciones posibles) nos beneficia ostensiblemente (pues genera culpabilidad), como sobretodo si percibimos que nos perjudica, ello genera malestar, y resulta problemático para la relación (Walster y otros, 1978; Hatfield y otros, 1979; Cunningham y Antill, 1981). (Posible solución: disonancia cognitiva —esta «solución» es automática e inconsciente—; comunicación abierta sobre el origen y consecuencias de la inequidad...)

Problemas relacionados con los cambios

Cambios drásticos: los cambios radicales o súbitos, tanto personales como externos (cambio de ciudad, de residencia, de trabajo, de nivel profesional, un accidente grave, una fuerte depresión, una experiencia traumática, la muerte de un ser muy querido, etc.) suponen una amenaza para la estabilidad de la relación, y en ocasiones suponen el inicio de la ruptura (Byrne, 1971; Fazio y Pascucci, 1984; Solomon, 1988; Sternberg, 1988). (Posible solución: dependerá del tipo de cambio, su magnitud, y la reacción de uno y otro —en general el apoyo mutuo siempre será positivo.)

Cambio en las necesidades de uno o ambos: si la satisfacción mutua de las necesidades personales de ambos era un pilar importante para el establecimiento y consolidación de la relación, un cambio importante en las necesidades sentidas por uno de los miembros (o por ambos, si es en direcciones opuestas) supondrá la ruptura de ese equilibrio y redundará de forma negativa en la relación amorosa (Centers, 1975; Lynch y Blinder, 1983; Sternberg, 1988). (Posible solución: comunicación abierta para reajustar las conductas —si es posible y se considera oportuno— hacia la satisfacción de las nuevas necesidades.)

Descuido del atractivo físico: la consolidación de la relación como algo firme y estable da lugar frecuentemente a un descuido (más o menos acusado) del aspecto físico propio ante el otro (no tanto ante otras personas). Dado que, como hemos visto, la importancia atribuida al atractivo físico de la pareja permanece elevada a lo largo de la relación (Yela y Sangrador, en prensa), no es de extrañar que su descuido repercuta negativamente en la relación (Byrne, 1971; Harris, 1990; Hendrick y Hendrick, 1992). (Posible solución: no descuidar el aspecto físico; atender a las preferencias estéticas de la pareja.)

Reducción de la pasión: la natural disminución de la pasión (véase apartado anterior) suele ser percibida como algo negativo debido al mencionado «mito de la perdurabilidad» (capítulos 5 y 25); la expectativa de que la pasión perdurará de por vida se ve insatisfecha y surge la decepción, las dudas sobre los propios sentimientos (debido al «mito de la equivalencia»), y el desengaño. (Lynch y Blinder, 1983; Hendrick y otros, 1988; Sternberg, 1988; Sellner, 1989...). (Posible solución: abandono de los «mitos románticos» —perdurabilidad, equivalencia...— y aceptación de que la reducción de la pasión es un proceso natural.)

Problemas relacionados con la fidelidad y los celos

Celos: la presión social hacia la exclusividad emocional y sexual, unida a la lógica atracción de la pareja por otras personas, van a hacer aparecer una respuesta emocional aversiva —a la que llamamos celos— ante la sospecha o evidencia de una relación íntima de nuestra pareja con otra persona de nuestro mismo sexo (si bien, la intensidad de esta reacción depende de las circunstancias concretas y las características de las personas; véase, p. ej. Bringle y Evenbeck, 1979; o Buunk y Bringle, 1987). Los más diversos especialistas han resaltado la negativa influencia de esos sentimientos sobre la relación amorosa (Maslow, 1954; Peele, 1975; Lee, 1976; Buunk y Bringle, 1987; Hazan y Shaver, 1987; Van Sommers, 1989; Ochoa y Vázquez, 1991; Hendrick y Hendrick, 1992...). El que siente los celos sufre por ello, mientras que el otro siente cercenada su libertad por los celos de su pareja, por lo que, antes o después, acaba deteriorándose la relación amorosa. (Posible solución: comunicación abierta con la pareja sobre las relaciones íntimas con otras personas, llegando a un acuerdo mutuo sobre lo lícito y lo ilícito para la propia pareja.)

Deseos de promiscuidad sexual: ya hemos hablado con cierta extensión de ello en el apartado anterior. Tanto el desarrollo de un estilo amoroso lúdico (Hendrick y otros, 1988; Levy y Davis, 1988), como el de un estilo de apego evitador (Feeney y Noller, 1992), como determinadas características personales

(Wilson y Nias, 1976), como el mero paso del tiempo (Fisher, 1992) van a favorecer la atracción por otras personas y el deseo de flirtear y/o mantener relaciones sexuales con ellas. Dados nuestros actuales cánones sociales (presión hacia la fidelidad emocional y sexual) ello suele resultar problemático en la relación (la propia Fisher, 1992, en su amplio estudio transcultural, cita el adulterio como la primera razón universalmente señalada para la ruptura de la relación, seguido de la esterilidad, los malos tratos, y las desavenencias internas). (Posible solución: variedad en las conductas sexuales con la pareja y desarrollo de fantasías sexuales con ella; acuerdo mutuo sobre los límites —desde absolutos hasta ninguno— de la legitimidad de las relaciones sexuales con otras personas[45].)

Infidelidad: entendida como las relaciones sexuales con otras personas distintas a la pareja, contra la voluntad explícita de ésta, es, como ha quedado dicho, uno de las principales causas de divorcios, separaciones y rupturas, tanto en nuestro país (Malo de Molina, 1992), como en otras culturas (Fisher, 1992)[46]. Si no hay un compromiso previo acerca del tema, entre ambos miembros, la infidelidad sexual es vivida como una ofensa, un riesgo para la estabilidad de la relación, y como una amenaza de la propia autoestima —frente a la gente que pueda conocer ese episodio de infidelidad, y/o frente a uno mismo— (Gondonneau, 1974; Hendrick y Hendrick, 1992...). No sucede así, cuando la pareja llega a un acuerdo mutuo sobre las reglas en torno a este punto (Solomon, 1988 y Sternberg, 1988). (Posible solución: comunicación abierta con la pareja para llegar a un acuerdo sobre lo que la propia pareja se auto-permite y se auto-prohíbe en lo referente a las relaciones sexuales con otras personas; abandono del «mito de la fidelidad» y asunción de una opinión propia sobre el tema, de forma madura y responsable.)

Problemas relacionados con la sexualidad

Disminución en la frecuencia y variedad de las relaciones sexuales: con el tiempo, la convivencia tiende a disminuir paulatinamente la frecuencia de relaciones sexuales (por los ya comentados procesos de habituación/saciación, y el efecto del deseo de novedad del estímulo sexual; Masters y otros, 1982; Liebowitz, 1983; Cáceres, 1986...), y ello repercute negativamente en la satisfacción sexual (Peplau y otros, 1978 y Carreño, 1991) y amorosa —dado el estrecho

---

[45] Aunque existe evidencia contradictoria, Glass y Wright (1977) obtuvieron, en una muestra de 2.000 personas, que la satisfacción en la pareja tendía a declinar con el tiempo, *excepto para los hombres que mantenían relaciones sexuales con otras personas.*

[46] Cuando no de destierro, flagelación pública o lapidación (en otras culturas tanto históricas como actuales, por espeluznante que parezca; Amnesty International, 1995).

vínculo entre ambos tipos de satisfacción— (Bentler y Newcomb, 1979; Alberoni y Fraia, 1992; Hendrick y Hendrick, 1992). Si también disminuye, como suele, la variedad en las relaciones sexuales con la pareja (por la repetición de una serie más o menos amplia de pautas fijas), la frecuencia y satisfacción sexual pueden irse reduciendo aún más —aunque, si atendemos a los datos empíricos recogidos, no siempre es así— (Masters y otros, 1982; Hendrick y Hendrick, 1992). (Posible solución: comunicación abierta en el terreno sexual; desarrollo conjunto de fantasías sexuales; esporádicas separaciones breves —para tratar de contrarrestar el efecto de habituación—; cierta libertad sexual —para tratar de contrarrestar el efecto Coolidge—; disminución *compartida* de la importancia conferida a las relaciones sexuales[47]...)

Ansiedad ante el desempeño sexual: el temor a «no cumplir» interfiere abruptamente en las relaciones sexuales y repercute antes o después en la relación amorosa, de forma muy notable. Este problema está basado fundamentalmente en prejuicios y mitos sobre las relaciones sexuales fuertemente extendidos entre la población (p. ej. que en las relaciones sexuales hay una meta a cumplir —el orgasmo, o incluso el orgasmo simultaneo—); dichas ideas, extendidas fundamentalmente a causa de la ignorancia y los tabúes inculcados por una educación represiva en este terreno (en la cual han tenido parte decisiva las religiones en general, y —en nuestra sociedad— la Iglesia Católica en particular; Serrano, 1975; Valverde y Abril, 1975; Masters y otros, 1982; Vázquez, 1982; Carrasco y otros, 1984; Flandrin, 1984; Verdú, 1986), generan un problema especialmente delicado por cuanto se retroalimenta: la ansiedad genera fracaso y éste genera ansiedad (Kinsey y otros, 1948, 1953; Beach y Ford, 1951; Hite, 1974; Masters y otros, 1982; Vázquez, 1982; Carrasco y otros, 1984; Cáceres, 1986, etc.). (Posible solución: información; comunicación abierta[48] sobre las relaciones sexuales —en general, y sobre las propias—; terapias sexuales de pareja[49]...)

Problemas relacionados con otros aspectos

Problemas de comunicación: sin duda es uno de los factores más importantes y frecuentes en el deterioro de las relaciones amorosas (Carrasco y otros, 1984;

---

[47] Si el problema se percibe como muy intenso, y la pareja no es capaz de llegar a un acuerdo en los puntos anteriores —o de llevarlos a cabo—, puede ser útil una terapia sexual de pareja (véase, p. ej. Cook y Wilson, 1979; Masters y otros, 1982; Carrasco y otros, 1984).

[48] Por «comunicación abierta» (O'Neill y O'Neill, 1972; Peele, 1975) entendemos una comunicación directa, sincera y asertiva —sin dejar de ser cordial.

[49] Desde las «clásicas» de focalización sensorial y desensibilización sistemática (Masters y Johnson, 1966, 1970) hasta las más modernas de información-discusión en pareja (Mc Mullen, 1979), talleres de fin de semana (Leiblum y Rosen, 1979), y terapias de grupo (Gillan, 1979).

Hendrick y Hendrick, 1992...), si no el que más (Huston y Levinger, 1978; Costa y Serrat, 1982, Malo de Molina, 1992...). Algunos de los principales procesos responsables de la falta de comunicación y entendimiento entre los miembros de la pareja son (Salomé, 1986):

- Exposición selectiva a la información negativa por parte del otro (nos llama más la atención una crítica que diez halagos —a los que ya estamos acostumbrados).
- Diferencia entre lo que queremos decir y lo que decimos (muchas veces no cuenta tanto la intención como lo que de hecho decimos).
- Confusión basada en inferencias implícitas («yo supuse/creí/pensé que...»).
- Proyección de los propios deseos (creer que al otro le apetece lo mismo que a uno en un determinado momento).
- Interpretación errónea de la comunicación no verbal (denominado «diálogo interno»: un miembro lleva a cabo cierta conducta no verbal —mirada, sonrisa, postura, movimiento, caricia, distancia, gesto, tono de voz...— con una intención, y el otro percibe una intención distinta).
- Falta de escucha (es, sin duda, uno de los problemas más comunes: preferimos convencer a escuchar).
- Orgullo y resentimiento (muchas veces es la «cabezonería», o el ánimo de «venganza» los que dificultan o imposibilitan una adecuada comunicación[50].)

(Posible solución: entrenamiento en habilidades sociales de comunicación, especialmente —aunque no exclusivamente— en lo referente a la comunicación no verbal.)

Hijos: aunque también se han señalado como motivo de unión y enriquecimiento personal, en numerosas ocasiones los hijos se cuentan entre los principales factores asociados con el deterioro de la relación amorosa: aumentan la res-

---

[50] Por su parte, Noller (1987) analiza los errores más frecuentes durante el proceso mismo de la comunicación:

— Inexactitud en la codificación (no expresar lo que realmente se desea, especialmente mediante la comunicación no verbal).
— Inexactitud en la decodificación (no comprender lo que se nos quiere decir realmente).
— Sesgo negativo a lo largo de las distintas fases del proceso comunicativo.
— Sobrevaloración de nuestra capacidad (y la del otro) para expresar y comprender mensajes (esta sugerencia nos parece particularmente acertada e interesante).
— Discrepancia entre diferentes canales de un mismo mensaje (p. ej. entre la comunicación verbal y no verbal).

© Ediciones Pirámide

ponsabilidad, el estrés y el cansancio, disminuyen la libertad y el tiempo de intimidad y soledad de la pareja, provocan discusiones por discrepancias en su educación... (Argyle, 1987; Pick y Andrade, 1988; Sternberg, 1988; Hendrick y Hendrick, 1992; Malo de Molina, 1992...). (Posible solución: asumir previamente esas consecuencias de forma consciente, y esperar a estar realmente preparado y a desearlo verdaderamente antes de tenerlos[51].)

Estrés: es otro de los factores presentes en la vida cotidiana, y que suele tener una repercusión muy negativa sobre las relaciones amorosas (generalmente uno tiende a «pagar los platos rotos» con la persona que tiene más cerca —física y anímicamente—) (Rosenberger y Strube, 1986). (Posible solución: aprendizaje de técnicas para reconocer el estrés y evitar descargar la tensión en la pareja, técnicas de relajación, programación diaria de unas horas de descanso para actividades de ocio —con y sin la pareja—, salir fuera algunos fines de semana...)

A tenor de todo lo comentado, cabe afirmar, en términos generales, que si la pareja consigue solventar los mencionados problemas, la relación amorosa perdurará satisfactoriamente; si no los soluciona, sino que simplemente los soporta, la relación puede perdurar pero de forma insatisfactoria (evidentemente, entre un extremo y otro hay todo un «continuo» de casos intermedios, con más o menos problemas y relaciones más o menos satisfactorias). Finalmente, cuando dichos problemas no son ni solubles ni soportables (o se carece de la habilidad para ello), la relación amorosa se extingue (al unirse a la desaparición de la pasión, la desaparición del vínculo especial de intimidad) y la pareja se verá abocada a la ruptura (desaparición del compromiso) —o a permanecer juntos por circunstancias ajenas al fenómeno amoroso: hijos, situación económica, temor a los comentarios, amenazas del otro...

Las *consecuencias de la ruptura* de la relación amorosa dependerán fundamentalmente de: el desenlace (peor si es repentino que progresivo), el «precipitador» (peor si es el otro que uno mismo), la existencia de otra persona (peor si no existe), los propios recursos (económicos, psicológicos y redes de apoyo), la duración de la relación (peor cuanto más larga fuera), el grado de implicación emocional (peor cuanto mayor fuera), el nivel de satisfacción amorosa (peor cuanto mayor fuera) y la calidad de la relación posterior con la «ex pareja» (peor cuanto peores sean) (Cáceres, 1986; Ahrons y Wallisch, 1987; Sternberg, 1988). En función de todo ello, el cese de la relación amorosa puede ser vivido como muy doloroso (incluso como generador de suicidio u homicidio) o como una liberación.

---

[51] Un ameno manual sobre cómo tratar los problemas cotidianos de la relación padre/madre-hijo, basado en los principios del aprendizaje, es el de Peine y Howarth (1975).

En general, las consecuencias negativas suelen incluir un fuerte resentimiento, un descenso en la autoconfianza y en la autoestima, y depresiones (más o menos graves); entre las consecuencias positivas cabe citar la liberación de responsabilidades, el cese de las discusiones[52], y la sensación de recuperación total de la libertad de decisiones (Cáceres, 1986). Antes de volver a comprometernos es necesario reconstruir previamente nuestra autoestima, independencia e identidad propia: dejar a una persona por otra suele ser pronóstico de nuevo fracaso (Sternberg, 1988)[53].

Modelos teóricos explicativos del proceso de desamor

Veamos muy brevemente por último, tal como dijimos al comenzar este apartado, algunas teorías propuestas específicamente para explicar el proceso de desamor y disolución de la relación amorosa. De todos modos, las teorías que explicaban la evolución del proceso amoroso, darían cuenta de su deterioro —de forma más o menos implícita— en tanto no se satisfagan los motivos del mantenimiento de la relación: balance recompensas/costos negativo, percepción de mejores alternativas, grandes diferencias en actitudes, valores y/o necesidades, ausencia de reciprocidad, percepción de inequidad, desaparición del vínculo especial de intimidad de pareja, etc. Como vemos, tales motivos coinciden en su mayoría con los factores expuestos más arriba; cada enfoque se centra en uno o varios de ellos, sin que exista una teoría integradora que los subsuma y sintetice:

Ley del Cambio o de la Ganancia-Pérdida (Aronson y Linder, 1965): con el paso del tiempo, las conductas de nuestra pareja que antes nos resultaban muy reforzantes van perdiendo poder de refuerzo (debido a la habituación), mientras cobran intensidad las conductas aversivas de nuestra pareja que antes pasábamos por alto. Al mismo tiempo, una conducta positiva de alguien distinto a nuestra pareja tendrá mucho más valor reforzante que la misma conducta realizada por nuestra propia pareja (debido al valor diferencial de los refuerzos)[54]. De este modo, no es de extrañar que los alumnos de Aronson denominaran a este hecho «ley de la infidelidad», pues sus consecuencias son bastante precarias para la pareja. Pero, como ya hemos visto, existen mecanismos evolutivos (p. ej. el cuidado de los hijos), socioculturales (p. ej. la presión social hacia una estricta exclusivi-

---

[52] Siempre que no sigan viéndose y discutiendo una vez separados.
[53] Para profundizar sobre este tema consúltense los volúmenes 3 (sobre problemas en las relaciones íntimas) y 4 (sobre la disolución de las relaciones íntimas) de la extensa obra compilada por Duck y Gilmour (1981).
[54] Lo cual está relacionado también con la ley del cambio de las emociones (Frijda, 1988): las emociones surgen como respuestas a cambios en determinadas situaciones más que a situaciones favorables o desfavorables en sí.

dad —no sólo sexual, sino también afectiva—, la organización social en familias, las ventajas conferidas a los matrimonios...), y procesos psicológicos (p. ej. la disonancia, la fluctuación de NC y NC.Alt...) que actúan en dirección opuesta, tendiendo a mantener unida a la pareja, y contrarrestando los efectos que señala esta teoría, de incuestionable vigencia en las relaciones amorosas.

Teoría del Guión (Weiss, 1975): cuando existe una gran desavenencia, cada uno de los miembros construye su versión propia de los hechos (su «guión» sobre los hechos) con asignación de culpas al otro, con lo que se dificulta el entendimiento, abocándose a la ruptura final.

Teoría de la Tensión Compromiso-Independencia o del Cambio de Estatus (Hart, 1976): incide en que lo que acaba por deteriorar la relación es el conflicto latente entre presión hacia el compromiso vs. el deseo de independencia, deseo que, paradójicamente, se encuentra en su cenit precisamente en la época socialmente prescrita para el emparejamiento —la juventud—, lo que supone un cambio de estatus altamente costoso para el individuo y a medio-largo plazo también para la relación.

Teoría del Intercambio Social (Levinger, 1979): jugando con los conceptos de balance recompensas/costos, y de NC y NC.Alt, señala que la relación amorosa comienza como una inestabilidad atractiva y se transforma progresivamente en una estabilidad atractiva. Ahí puede permanecer o transformarse en una estabilidad inatractiva, y, eventualmente, en una inestabilidad inatractiva (momento en que se producirá la ruptura). Es un enfoque estrechamente emparentado con la teoría de la ganancia-pérdida.

Teoría del Secreto (Vaughan, 1986): señala que en la mayor parte de las ocasiones la separación comienza de forma unilateral y silenciosa, y avanza paulatinamente mediante una reinterpretación negativamente sesgada del curso de la relación[55], con lo que la reconciliación se dificulta enormemente ya que requeriría una nueva re-evaluación (esta vez positiva) de toda la relación. El otro miembro generalmente no se da cuenta hasta que su pareja ya ha realizado toda la interpretación cognitiva y es demasiado tarde.

Teoría Integradora o Proposicional (Rodgers, 1987): el autor trata de aunar las teorías que considera más relevantes, en un complejo modelo en el que la ruptura va a depender fundamentalmente de: las demandas sociales, los recursos per-

---

[55] Tal como decía Machado: «En el hombre no está el mañana ni el ayer escrito».

sonales, las estrategias de afrontamiento y solución de problemas, las redes de apoyo, los estresores ambientales, los roles normativos y asumidos, etc. De todo ello deriva hasta 68 predicciones —en las que, por motivos obvios de espacio, no podemos entrar aquí— (pero no ofrece evidencia empírica).

Teoría de la Respuesta a los Conflictos (Rusbult, 1987): la separación sería una forma de responder a los problemas de la pareja (activa pero destructiva), frente a otras como la conversación (activa y constructiva), el simple apoyo (pasivo aunque constructivo), y la negligencia (pasiva y destructiva). Para el autor, el empleo de una estrategia u otra dependerá de factores de la relación (satisfacción, nivel de inversiones, percepción de alternativas...) e individuales (edad, nivel cultural, sexo, orientación de rol de género, autoestima...). Generalmente, la ruptura suele ser la última de las alternativas empleadas, cuando no han funcionado las demás, o cuando la satisfacción y el nivel de inversiones son bajas, y la percepción de alternativas elevada (Martínez Íñigo, 1997).

Teoría Cíclica (Fisher, 1992): la conocida autora norteamericana ha llevado a cabo un extenso análisis paleontológico, etológico y etnológico de las relaciones sexuales y amorosas, concluyendo lo que podríamos llamar una *Teoría Cíclica* sobre las relaciones amorosas (aunque ella no le da este nombre de forma explícita): 1) presiones evolutivas y biológicas a la reproducción y sociales al emparejamiento → 2) estímulos desencadenantes → 3) atracción física → 4) cortejo o seducción → 5) enamoramiento → 6) unión (noviazgo, convivencia o matrimonio) → 7) descenso de la pasión → 8) decepción y deseos de infidelidad sexual (consumados o no) → y 9) separación; volviendo otra vez a comenzar el ciclo puesto que las presiones evolutivas, biológicas y sociales son permanentes (aunque, lógicamente, no insuperables). Para la antropóloga norteamericana, hay varios errores en esta cadena: tomar como la base de la unión estable el enamoramiento, sufrir un desengaño ante la natural desaparición de la pasión, y romper la relación como consecuencia de la infidelidad sexual. De esta forma, el ciclo continuará hasta que la pareja corrija dichos errores —en el mejor de los casos—, o —en el peor— hasta que aparezca un fuerte temor a romper la relación debido a uno de dos factores capitales: los hijos y/o una avanzada edad.

Como siempre, ni los factores ni las teorías son mutuamente excluyentes, y unos y otras conjuntamente nos ayudan a comprender mejor el fenómeno estudiado (en este caso el —eventual— proceso de desamor).

3. El amor y otros procesos interpersonales

3.1. Factores interpersonales que influyen en la conducta y satisfacción amorosa

> «Todo el mundo es un escenario / Y todos los hombres y mujeres simples actores / Tienen sus salidas y sus entradas / Y un hombre en su escena representa muchos roles.»
>
> W. SHAKESPEARE (s. XVI-XVII)

Una vez comentado el curso temporal de la relación amorosa (enamoramiento, transformación del amor pasional en amor compañero, y el eventual proceso de desamor), comentemos ahora otros factores interpersonales (es decir, provenientes de las relaciones interpersonales —las relaciones con los demás— y especialmente con la propia pareja) que la investigación psicosocial ha destacado como más estrechamente vinculados con el comportamiento amoroso y la satisfacción en la relación. Como no deja de ser lógico, no pocos de esos factores son precisamente los contrarios a los comentados recientemente, al tratar de los factores problemáticos y productores del proceso de desamor.

En primer lugar, es necesario destacar la enorme importancia de las *redes interpersonales* sobre el comportamiento amoroso:

La *familia* (véase, p. ej. Gilmartín, 1985) va a tener un peso fundamental como uno de los principales agentes de socialización, en la cual el individuo aprende los *mitos* románticos, las *expectativas* amorosas, los *roles* amorosos prescritos y proscritos (entre otras cosas en función del género), y las *normas* sociales en torno al amor, y recibe las *presiones* sociales (hacia el emparejamiento, la fidelidad, el atractivo físico, etc.). Posteriormente, la familia se constituye en uno de los agentes de reconocimiento social de la relación (la «institucionalización» social de la relación), así como en una de las «barreras» para la ruptura de la misma.

Las redes de *apoyo social* (a la hora de afrontar los problemas de la relación amorosa), el *grupo de pares* (el grupo de pertenencia —el grupo de amigos, en términos más coloquiales—), y el grupo *de referencia* (aquel con el que nos sentimos identificados o al que nos gustaría parecernos), suponen un elemento clave, con frecuencia de forma inconsciente, para nuestro comportamiento (incluidos los sentimientos) en las relaciones amorosas (Rubin, 1973; Kerckhoff, 1974; Peele, 1975; Huston y Levinger, 1978; Sarabia, 1982; Parks y otros, 1983; Gilmartín, 1987; Sternberg, 1988).

Recordemos, la gran influencia que ejerce la opinión grupal sobre la modificación y distorsión de nuestros juicios, e incluso de nuestras percepciones, como muestran los clásicos experimentos de Sherif (1935), y Asch (1956), lo cual es perfectamente aplicable a los juicios y percepciones relativos al amor. Esos mitos, expectativas, roles, normas y presiones sobre el amor que comienzan a aprenderse en el seno familiar, continúan aprendiéndose (en ocasiones, en dirección diferente) en el grupo de pares.

Por otro lado, estamos continuamente comparándonos con nuestro grupo de pares (amistades más cercanas y de trato más frecuente) para «validar» (confirmar) nuestras actitudes y conductas amorosas (Festinger, 1954). Finalmente, y subrayando esa influencia de los demás sobre nuestro comportamiento amoroso, Girard (1961) señaló agudamente que nos creemos libres en el amor, pero eso es tan sólo una ilusión romántica, ya que de hecho sólo deseamos los objetos (en este caso un hombre o una mujer) deseados por un tercero, y tanto más cuanto más numeroso y más cercano a nosotros sea ese tercero —o terceros— (a ese fenómeno lo denominó «deseo mimético», y ha sido constatado recientemente —en diferente grado— en casi la mitad de una muestra representativa de la población española; Jiménez Burillo y otros, 1995).

Por otro lado, centrándonos ya en los factores interpersonales provinientes de la propia relación de pareja, sin duda el área que mayor caudal de investigación ha recibido es el de la *similaridad*[56] entre los miembros de la pareja, en muy diversos aspectos:

Ya en 1935, en un artículo clásico, Terman y Buttenweiser, se referían a la *similaridad de actitudes, gustos y opiniones* como uno de los principales factores para la compatibilidad matrimonial[57]. Posteriormente, múltiples estudios han verificado su influencia en la satisfacción dentro de las relaciones interpersonales íntimas en general, y en las relaciones amorosas en particular (Byrne, 1971; Wilson y Nias, 1976; Lynch y Blinder, 1983; Sternberg y Grajek, 1984; Levinger, 1988; Sternberg, 1988...). Del mismo modo, se ha comprobado la influencia de la *similaridad de intereses* (Hill y otros, 1976; Cunningham y Antill, 1981) y de la *similaridad de valores y metas* (Sternberg, 1988; Alberoni y Fraia, 1992; Hendrick y Hendrick, 1992) sobre la satisfacción amorosa.

La *similaridad en deseos, necesidades y actitudes sexuales* también se ha mostrado como muy relevante de cara al ajuste y la satisfacción en la relación

---

[56] El término proviene (como casi siempre) del inglés, cuya traducción más correcta al castellano es «semejanza», pero mantendremos el término «similaridad» por ser muy utilizado al respecto, en la literatura especializada de habla hispana.

[57] Por entonces los estudios sobre satisfacción en las relaciones amorosas se centraban en el matrimonio.

amorosa (Centers, 1975; Masters y otros, 1982; Ochoa y Vázquez, 1991). Si los deseos y/o actitudes sexuales de uno y otro son notablemente distintos en naturaleza o intensidad, difícilmente van a poder acoplarse los miembros de la pareja[58]. Seguramente la importancia de este punto es mayor de lo que nos damos cuenta y solemos reconocer. Así lo expresa un destacado autor del área: «Muchos de nuestros comportamientos, particularmente en las relaciones interpersonales, están influidos de manera importante por nuestros intereses, preferencias y deseos sexuales» (Griffitt, 1979, p. 295).

Otro factor clave para la satisfacción en la relación es la *similaridad sobre las expectativas amorosas*: que ambos coincidan en:

— *El grado de compromiso deseado* (Money, 1976; Sternberg, 1988; Williams y Barnes, 1988)[59].
— *El estilo amoroso* manifestado (Lee, 1976, 1988; Martin y otros, 1990. Hendrick y Hendrick, 1992; Morrow y otros, 1995; Hahn y Blass, 1997): la «regla de la proximidad» de Lee indica que cuanto mayor sea la proximidad —la similaridad— entre los estilos amorosos de uno y otro miembro de la pareja, mayor será la satisfacción en la relación amorosa).
— En el *grado de intimidad y pasión que se espera* de la relación (Sternberg, 1988).
— Y en la *importancia personal concedida al amor* dentro de sus vidas (Steck y otros, 1982; Sternberg, 1988; Williams y Barnes, 1988; Carreño, 1991).

Ninguno de estos equilibrios es fácil de alcanzar, ya que (tanto por estrategias evolutivas como por un aprendizaje de roles de género diferentes entre uno y otro sexo) hombres y mujeres tienden a mostrar deseos y expectativas amorosas y sexuales distintos[60].

Del mismo modo, la *similaridad entre los sentimientos amorosos* de cada uno hacia el otro, es un buen predictor de la satisfacción amorosa (es decir, la *reci-*

---

[58] Acuerdo ciertamente difícil de alcanzar, tanto por el comentado mayor deseo de promiscuidad masculino —sobre el que volveremos— (explicable ya desde la sociobiología, ya desde la socialización diferencial), como por la falta de habilidad en la comprensión de los deseos del sexo opuesto (dado que no ha habido lugar a aprenderlos, en tanto que es un tema tabú en nuestra sociedad; así, p. ej., en un estudio conducido por Elias y Elias —1979— sobre una muestra representativa de 500 mujeres, el 55 por 100 afirmaba que la mayoría de los hombres no saben excitarlas, el 60 por 100 consideraba que los hombres no entienden sus necesidades sexuales, y hasta un 90 por 100 afirmaban que los hombres aún las consideraban —en el terreno sexual— como objetos sexuales.

[59] Lo cual es extraordinariamente difícil, como vimos al hablar de los problemas en las relaciones amorosas.

[60] Posiblemente, en este sentido, las relaciones homosexuales tendrían mayor probabilidad de alcanzar esa similitud en los deseos y expectativas amorosas y sexuales.

procidad en el amor: que no haya grandes diferencias entre lo que cada uno siente por el otro). En términos de Sternberg (1988), se trataría de la similaridad entre los «triángulos amorosos» de cada uno (la intensidad de la intimidad, pasión, y compromiso sentidos hacia el otro, como corroboran en nuestro país Carreño, 1991; Serrano y Carreño, 1993).

El propio Sternberg (1988) señala que la *similaridad en el atractivo físico* y la *similaridad en inteligencia* también se relacionan positivamente con la satisfacción amorosa (como no resulta difícil de entender desde las teorías del intercambio social). Diversos estudios han calculado la correlación entre ambos miembros de las parejas amorosas en distintas características asociadas con la satisfacción en la relación, obteniendo índices significativos, positivos, y notablemente altos. Ello puede significar tanto que las parejas con similaridad en esas características tienden a mantenerse unidas (con lo que cabe suponer —aunque no con rotundidad— que estarán más satisfechas), como que a lo largo de la relación las parejas van aproximándose en esas características (dado su valor «adaptativo» para la relación): 0,35 en inteligencia (M. Yela, 1981), 0,40 en valores y metas (Caspi y otros, 1992), 0,45 en atractivo físico (Murstein, 1972), y 0,65 en deseos y necesidades sexuales (Centers, 1975).

Otra variable fundamental es la *similaridad de amistades* (Sternberg, 1988): si uno y otro miembro consiguen fusionar sus redes de amistades más cercanas, o, al menos, mantienen contacto frecuente y satisfactorio con las amistades más íntimas del otro, la pareja tenderá a mostrar una mayor satisfacción que en caso contrario (cuando uno o ambos no consigue acoplarse al grupo de pares del otro, o —como sucede con frecuencia— se ve «obligado» a abandonar el suyo propio para estar con el de su pareja).

Otro de los factores sobre los que más se ha investigado es respecto a la influencia de las *habilidades de comunicación (verbal y no verbal) y de solución de problemas* en la satisfacción amorosa (Mace, 1976; Huston y Levinger, 1978; Noller, 1987; Sellner, 1989; Hendrick y Hendrick, 1992). Para algunos autores la satisfacción en la relación va a depender esencialmente de la capacidad de la pareja para solventar adecuada y conjuntamente los múltiples problemas que genera la convivencia (p. ej. Costa y Serrat, 1982); estrechamente relacionado con ello, para otros, será una comunicación óptima la condición *sine qua non* para el éxito de la relación (p. ej. Sternberg, 1988). Este último autor señala que, dentro de la pareja, la incomunicación crece como un cáncer, debido a lo que denomina «trampa del reforzamiento negativo», que tiende a extinguir la respuesta de comunicación y a mantener la de incomunicación:

Estímulo (E) →	Respuesta (R) →	Resultado →	Consecuencia sobre la R
Problema	Comunicación	Posible discusión (castigo)	Extinción
Problema	Incomunicación	No discusión (refuerzo negativo)	Mantenimiento

Por su parte, Salomé (1986) propone una serie de medidas interpersonales para incrementar la satisfacción en la relación, basadas fundamentalmente —aunque no exclusivamente— en la comunicación:

— *Cuidar la comunicación verbal* (la tendencia natural a aumentar las críticas y reducir los halagos con el paso del tiempo) *y no verbal* (miradas, caricias, sonrisas, y dos factores tan importantes para dicho autor como olvidados por muchos especialistas —quizá por considerarlos demasiado, digamos, «sensibleros»—: compartir momentos de risa y de llanto).
— *Desdramatizar incidentes* (frente a la tendencia común a exagerarlos).
— *Aceptar y valorar las diferencias* entre uno y otro (frente a la tendencia común a rechazarlas).
— *Explicitar las normas tácitas* de la relación (reparto de tareas, finanzas, relaciones sexuales, cuidado de los niños, relaciones con los familiares, amigos, etcétera), sin dejar lugar a las suposiciones implícitas que luego generarán malentendidos.
— *Crear unas reglas amorosas propias* (no aceptar las normas sociales irreflexivamente; véase también Solomon, 1988).
— *Acordar cierta independencia,* puesto que ya hemos visto que, antes o después, el deseo de independencia mantendrá una dura pugna con el deseo de compromiso, debilitando la relación si no es satisfecho[61]. Dicho deseo abarca distintos tipos o ámbitos de independencia: *espacial*, *temporal* («aunque sea un simple armario y un par de noches al mes», como señala el autor) *económica* (proporcionarse pequeños caprichos sin sentirse obligados a justificarlos), *afectiva* (tener sentimientos, relaciones y lazos afectivos con otras personas sin sentirse culpables) *y sexual* (acordar el grado en que la pareja se permite a sí misma superar la coerción de la norma social —de origen eclesiástico— de exclusividad sexual).
— *Compartir placeres* (algo tan obvio como frecuentemente olvidado).

---

[61] En este sentido, Salomé concluye la comentada obra señalando —quizá de forma un tanto cursi, pero muy elocuente— que «En una pareja puede que lo importante no sea el querer hacer feliz al otro, sino el hacerse feliz y ofrecer al otro esa felicidad» (p. 251).

— Realizar *variaciones en los rituales habituales* (como son levantarse, regresar del trabajo, cenar, acostarse, las relaciones sexuales...) para no caer en la rutina (véase también Byrne, 1971).

Al hilo de esto, otros autores destacan la importancia de lo que hemos denominado *comunicación abierta,* de cara a la satisfacción en la relación. Una conversación directa, sincera, asertiva, franca y sin reservas, sobre temas tales como las expectativas de cada uno sobre la relación, las necesidades básicas de cada uno, las relaciones sexuales, los celos, la fidelidad, el deseo de cierta independencia, etc., supone un aval para afrontar satisfactoriamente la relación, frente a las parejas donde no existe esa comunicación (O'Neill y O'Neill, 1972; Peele, 1975; Masters y otros, 1982; Helm y Zenthoefer, 1985; Sternberg, 1988; Hendrick y Hendrick, 1992).

Otro factor interpersonal sistemáticamente relacionado con la satisfacción amorosa es la *reciprocidad de autorrevelaciones*, tal como constatan autores como Secord y Backman (1964), Rubin (1973), Steck y otros (1982), Levinger (1988), Hendrick y otros (1988), Hendrick (1989), Hendrick y Hendrick (1992), etcétera, y tal como señalamos —a la inversa— respecto a la falta de reciprocidad, al hablar del desamor. La revelación de nuestras facetas más íntimas al otro miembro de la pareja debe ser recíproca para que la relación progrese satisfactoriamente.

También son muchos los autores que refrendan, directa o indirectamente —por medio del incremento de la satisfacción sexual—, la importancia de la *frecuencia y la variedad de las relaciones sexuales con la pareja* sobre la satisfacción amorosa (Peplau y otros, 1978; Gillan, 1979; Leiblum y Rosen, 1979; McMullen, 1979; Masters y otros, 1982; Cáceres, 1986; Carreño, 1991; Alberoni y Fraia, 1992; Hendrick y Hendrick, 1992). La consideración católica tradicional de las relaciones sexuales como exclusivamente encaminadas a la procreación, y de los distintos juegos sexuales como obscenos o inmorales —incluso dentro de la propia pareja santificada por el matrimonio— (véase, sin ir más lejos, el Nuevo Catecismo de la Iglesia Católica, promulgado en 1992) choca frontalmente con el desempeño de ambos tipos de factores (frecuencia y sobre todo variedad en las relaciones sexuales), incidiendo negativamente en la satisfacción sexual y amorosa (Serrano, 1975; Valverde y Abril, 1975; Flandrin, 1981; Masters y otros, 1982; Carrasco y otros, 1984; Verdú, 1986).

Si bien la primera premisa ha sido ya abandonada por muchas personas, el efecto de esas ideas lenta e inexorablemente inculcadas es tan poderoso que sigue siendo extraordinariamente habitual la consideración de determinadas conductas sexuales (aún dentro de la propia pareja, aceptadas libremente, y entre adultos) como avergonzantes, escabrosas o impúdicas, independientemente de las características sociodemográficas, desde gente de avanzada edad, creencias católicas, y actitudes conservadoras, hasta jóvenes, agnósticos, ateos y «de izquierdas».

La influencia de otros factores interpersonales sobre la satisfacción amorosa ha recibido menor volumen de confirmación. Algunos autores —curiosamente dos matrimonios— han señalado que el mantener *relaciones abiertas* (caracterizadas fundamentalmente por el mantenimiento de una cierta independencia personal, afectiva y sexual, y la ausencia de celos y de expectativas irreales románticas —con independencia de si la pareja está o no casada—) se relaciona con una mayor satisfacción amorosa, frente a las relaciones cerradas tradicionales[62] (Constantine y Constantine, 1971; O'Neill y O'Neill, 1972).

Estrechamente relacionado con ello, Wilson y Nias (1976) resaltan la influencia positiva de la *permisividad sexual* sobre la satisfacción amorosa, señalando distintos motivos, en tanto que la permisividad sexual:

— Reduce el efecto de saciación del estímulo sexual (al permitir combinar éste con otros estímulos sexuales), con lo cual se reduce el descenso de la pasión que acarreaba dicha saciación, reduciéndose el consiguiente descenso de la satisfacción sexual, y aumentándose, por tanto, la satisfacción amorosa.

— Permite satisfacer el efecto Coolidge, con lo cual desaparece la frustración ante su no satisfacción y las repercusiones negativas de esa frustración sobre ambos miembros de la pareja, aumentando la satisfacción amorosa.

— Posibilita la desaparición de los sentimientos de culpa que surgen después de las relaciones sexuales con otras personas (cuando la norma no es la permisividad, sino la fidelidad), aumentando la satisfacción amorosa.

— Disminuye el temor a mantener relaciones sexuales con otras personas (pues las legitima) y la ansiedad ante el desempeño sexual (pues ya no serán tan infrecuentes), con lo que aumenta la satisfacción sexual, aumentando la satisfacción amorosa (ya directamente, o indirectamente —como sensación de agradecimiento por la libertad concedida recíprocamente en beneficio mutuo).

— Supone la disminución del sentimiento de excesivo compromiso y el aumento de la sensación de independencia, con lo que se favorecerá

---

[62] La diferencia entre relaciones abiertas y cerradas es expuesta con algo más de detalle en el apartado de las tipologías amorosas.

© Ediciones Pirámide

ese difícil equilibrio entre ambos niveles, aumentando la satisfacción amorosa.

En relación a todo esto, los autores señalan que «Con el aumento de la permisividad sexual, ciertos tipos de amor, especialmente el maníaco-pasional, quizá disminuyan en intensidad, pero la sociedad se beneficiará probablemente de una mayor extensión de los sentimientos amorosos [...]. Quizá estemos desaprovechando el poder potencial de las relaciones sexuales en una socialización pacífica, restringiéndolas a relaciones exclusivas entre dos únicas personas» (Wilson y Nias, 1976; p. 166-167), para concluir su obra declarando que «La permisividad sexual significa aceptar el hecho de que somos diferentes, tanto biológicamente como en términos de nuestras experiencias, y tolerar las diferentes formas de relaciones amorosas y sexuales (homosexualidad, amor libre, intercambio de parejas, prostitución, incluida la norma actual de exclusividad sexual —con o sin infidelidad—, o la castidad de por vida). En este sentido esperamos que la tendencia hacia una mayor permisividad no se detenga jamás».

Finalmente, para concluir, otros factores interpersonales asociados con la satisfacción en la relación amorosa son:

— El *equilibrio de poder* entre ambos miembros de la pareja —obteniéndose que la variable «necesidad de poder» se relacionaba negativamente con la satisfacción en la relación—; Stewart y Rubin, en Huston y Levinger, 1978— (Kurdek y Schmitt, 1986).
— La *colaboración doméstica* —que cobra cada vez mayor importancia— (Suitor, 1991; Hendrick y Hendrick, 1992).
— Y la existencia de un *noviazgo prolongado* antes de la unión estable —como prevención a un posible desengaño posterior, desgraciadamente frecuente— (Sangrador, 1993).

Lógicamente, cabe pensar en más factores interpersonales vinculados con la conducta y la satisfacción amorosa, empezando —sin ir más lejos— por los factores inversos a los comentados en el apartado anterior (los elementos problemáticos), pero, para no extendernos más, dejaremos aquí la cuestión, una vez mencionados los principales aspectos constatados por la investigación empírica.

4. El amor y las características sociodemográficas del individuo

> «La tentación de dividir a los hombres en un número pequeño de categorías estereotipadas, en lugar de reconocer las diferencias y juzgar a los individuos uno por uno, sigue estando muy arraigada entre nosotros.»
>
> C. SAGAN y A. DRUYAN (1992)

El amor, en sus diversas manifestaciones, no sólo depende de factores evolutivos, históricos, culturales, sociales e interpersonales, como los que hemos analizado hasta el momento, sino que también depende de las características del propio individuo (lo que no quiere decir que dependa de sus deseos o voluntades), y, entre ellas, de sus características sociodemográficas; es decir, de aquellas características (relativamente objetivas) que lo encuadran en distintos grupos sociales o demográficos, en función de su pertenencia a una categoría u otra (como el género, la edad, o la orientación sexual). El análisis de estas características nos ayuda sin duda a comprender mejor el fenómeno amoroso, aunque, quede claro, la pertenencia de un individuo a una categoría definida por estas variables *no determina* (como no lo hace en el fondo ninguna variable) el comportamiento (sentimientos, pensamientos y conductas) amoroso de dicho individuo.

En este sentido, existe un viejo debate filosófico[63] que en Psicología se ha plasmado en la polémica entre la Psicología como ciencia «idiográfica» (cuyos defensores optan por estudiar la singularidad de cada individuo) y la Psicología como ciencia «nomotética» (cuyos defensores abogan por el estudio de las regularidades de la conducta, tratando de establecer leyes generales, ya sea sobre el ser humano como especie, o para distintos subgrupos —definidos generalmente por los llamados «factores sociodemográficos»—). La segunda opción nos permitirá avanzar en el conocimiento de las causas y correlatos de la conducta humana y de la de los distintos grupos sociodemográficos. La primera, *combinada con la segunda,* nos permitirá ahondar en el estudio de una persona en particular (como conviene, p. ej. en la Psicología Clínica).

Quede dicho esto antes de abordar el estudio de las diferencias en comportamiento amoroso en función del sexo, la edad, o la orientación sexual: sin dejar de

---

[63] Debate al que se refiere la cita que encabeza nuestro capítulo. Actualmente la Psicología reconoce que la formación de estereotipos es, entre otras cosas, parte del proceso cognitivo de «categorización», y aunque suele conducir a conflictos e injusticias, parece en cierto grado necesario para poder manejar toda la información que recibe el individuo en su vida cotidiana. No es este el momento de profundizar más en este apasionante y controvertido tema.

reconocer y subrayar explícitamente que la comprensión de la conducta amorosa de cada individuo requiere un análisis particular que matice los hallazgos del análisis general (de ese individuo como parte de uno o varios grupos sociales), queremos insistir en la relevancia y necesidad de ese análisis general.

Dentro de la perspectiva nomotética, la Psicología Diferencial, como el resto de las ramas de la Psicología, ha recibido diversas críticas, tanto sobre su objeto como sobre su método. Aunque es necesario tenerlas en cuenta y analizarlas, afortunadamente no tenemos que ir muy lejos para encontrar una réplica acertada —a nuestro juicio— a ambos tipos de críticas (véase Burgaleta, 1989).

4.1. El género: ¿aman igual hombres y mujeres?

> «Quizá no hay ningún campo con aspiraciones científicas en el cual los sesgos personales flagrantes, los intentos de apoyar los propios prejuicios, las aseveraciones infundadas, e incluso las propias miserias sentimentales, hayan provocado tantos conflictos como el de las diferencias entre hombres y mujeres.»
>
> H. Thompson (1910)

La cita que encabeza este capítulo continúa teniendo máxima vigencia en la actualidad. Por ello, dado el frecuente carácter polémico de esta área, se impone formular, de entrada, una serie de *advertencias previas:*

Además del viejo debate recientemente comentado, es preciso recordar que cuando encontramos una diferencia intergenérica (entre los sexos), no hemos de olvidar que existe siempre una gran variabilidad intragenérica (dentro de cada sexo) (como muestra el metaanálisis de Hyde, 1981), y esto es válido también respecto al comportamiento amoroso. Las diferencias entre hombres y mujeres se refieren a tendencias generales, no —ni mucho menos— a personas concretas: siempre existirán, por tanto, no pocas excepciones a esa regla o tendencia general hallada.

Por otro lado, para establecer como firmemente consolidada una diferencia conductual entre dos grupos cualesquiera —aunque siempre de forma provisional, como toda proposición científica— habrá que cerciorarse de que los resultados obtenidos se deben realmente al fenómeno estudiado y no a determinadas características de la muestra (que suele estar compuesta por estudiantes universitarios), de los instrumentos (que suelen adolecer de ciertas debilidades técnicas), de la situación de investigación (apremio de tiempo, condiciones de aplicación...), ni a posibles sesgos en la respuesta de los sujetos (como deseabilidad social, vergüenza, falta de interés o sinceridad...), ni a la influencia de otras posibles variables contaminadoras (cuya totalidad resulta, como es sabido, imposible de controlar).

Igualmente, nos permitimos recordar que el hallazgo de una diferencia entre uno y otro sexo en formas de pensar, sentir o comportarse, no implica ni justifica en absoluto la existencia de una discriminación sexista: la igualdad de derechos y oportunidades nada tiene que ver con la igualdad psicológica (ni con disciplina científica alguna), sino que se basa en criterios éticos. Por nuestra parte, confiamos en que si la discriminación sexista tiene sus últimas raíces en la ignorancia, el conocimiento de las diferencias reales entre ambos sexos pueda conducir a eliminar —o reducir— la discriminación, logrando un mayor respeto mutuo y una mayor igualdad de derechos y oportunidades.

Esto no debe confundirse con una obsesión, muy extendida actualmente, por tratar de eliminar las diferencias conductuales (en nuestro caso amorosas y sexuales). Existe la idea comúnmente aceptada —de forma implícita— de que tales diferencias son nocivas o perjudiciales, y que justifican la discriminación sexual todavía vigente en nuestra sociedad. Pero esto es ya un juicio de valor: las diferencias existen o no existen, y se deberán a factores evolutivos o de aprendizaje sexista (o, más plausiblemente, a ambas causas), pero en ningún caso tales diferencias pueden ser utilizadas como una justificación lógica de ninguna conducta discriminativa. Por otro lado, la Literatura de todos los tiempos y actualmente las propias Ciencias Humanas y Sociales ponen de manifiesto cómo, en la mayoría de las ocasiones, son precisamente esas diferencias entre hombres y mujeres lo que atrae un sexo hacia el otro. Como señalaba recientemente M. Yela (1994, p. 53): «La desigualdad es un hecho psicobiológico y cultural; la igualdad, una aspiración ética [...] aunque no necesariamente en todo. Las diferencias pueden ser fecundas y enriquecedoras [...]. Debemos conocer las diferencias y sus causas, aprovecharlas en lo que favorezcan la solidaridad [y la atracción, añadiríamos nosotros], y remediar las injusticias que provocan».

Como es sabido, existen distintos *modelos teóricos que tratan de explicar las diferencias genéricas* en los comportamientos amorosos y sexuales. Con frecuencia, enfoques de muy diversa índole dan cuenta (eso sí, a posteriori), cada una con conceptos y procesos distintos, de un mismo fenómeno. Por citar un ejemplo, Oliver y Hyde (1993), en su meta-análisis sobre los estudios concernientes a las diferencias genéricas en actitudes y conductas amoroso-sexuales, resaltan que la sistemáticamente contrastada mayor promiscuidad sexual de los hombres es explicada tanto por el Psicoanálisis (Chodorow), como por la Sociobiología (Buss), la Teoría del Aprendizaje (Mischel), la Teoría de los Roles Sociales (Eagly), o la Teoría de Guiones-Conducta (Gagnon) (véase Oliver y Hyde, 1993).

En última instancia, y tratando de sintetizar, cabe hablar de dos corrientes teóricas fundamentales a la hora de tratar de explicar las diferencias genéricas:

— La primera, basa la explicación de las diferencias genéricas en comportamiento amoroso y sexual, en la adquisición, a través del proceso evolutivo, de estrategias sexuales adaptativas diferentes en uno y otro sexo, transmitidas genéticamente. Es el enfoque de la llamada *Sociobiología* (Trivers, 1972; Dawkins, 1976; Symons, 1979; Wilson, 1981; Buss y Barnes, 1986; Buss, 1988, 1989, 1994, 1998; Walsh, 1991, 1993; Buss y otros, 1992; Buss y Schmitt, 1993...).
— La segunda, basa su explicación en el aprendizaje, a través del proceso de socialización, de conductas amorosas y sexuales diferentes en uno y otro sexo. Es el enfoque de la *Socialización Diferencial* (Harris, 1971; Bem, 1974; Peplau y otros, 1978; Wrightsman y Deux, 1981; Nicholson, 1984; Averill, 1985; Coleman y Ganong, 1985; Etxeberría, 1989; Nieto, 1989; Valencia y otros, 1989; Carvajal y otros, 1990; Garaizabal, 1992; Nichols, 1992...).

Pero, a nuestro modo de ver, ambas explicaciones no son necesariamente incompatibles: la *Sociobiología* puede resultar válida fundamentalmente para explicar las *posibles causas originales* del surgimiento de las estrategias amorosas y sexuales diferentes entre uno y otro sexo, durante el proceso de hominización, así como la *pautas amorosas y sexuales universales* (presentes a lo largo de las distintas culturas y épocas históricas); mientras que la *Socialización Diferencial* parece más plausible a la hora de explicar los *motivos que mantienen* esas diferencias en el hipersocializado hombre occidental de finales del siglo XX (aunque no faltan voces entre los propios sociólogos, que señalen que las Ciencias Sociales tienen una concepción «sobre-socializada» del hombre; Wrong, 1961), así como las *diferencias en el comportamiento amoroso y sexual entre unas culturas y otras* (tanto actuales como a lo largo de la Historia). Tal y como cabe señalar respecto al viejo debate «natura-nurtura»: los genes del hombre no actúan sino en un ambiente concreto, y todo ambiente lo es para un hombre con una determinada carga genética. La conducta humana es el resultado de la continua interacción genes-ambiente (M. Yela, 1978; Lewontin, 1984). Explicar sistemáticamente cualquier diferencia atendiendo exclusivamente a factores genéticos o de aprendizaje y relegando totalmente de la explicación el otro tipo de factores, es caer en un reduccionismo pernicioso, como han denunciado muy diversas voces (p. ej. Gould, 1981, respecto al determinismo biológico; y Wrong, 1961, respecto al determinismo sociológico).

La Sociobiología ha solido asociarse a actitudes machistas, y la Socialización Diferencial a actitudes feministas, bajo un conjunto de erróneas pre-suposiciones:

que las conductas debidas a factores biológico-evolutivos son inmodificables; que las debidas a factores ambientales y de aprendizaje son fácilmente modificables; y que las diferencias conductuales o psicológicas suponen o deben suponer diferencias en la igualdad de derechos y responsabilidades. Ninguna de esas premisas es cierta. Como señalaron recientemente Sagan y Druyan (1992, p. 83): «Si algunas de nuestras propensiones son innatas, como probablemente lo son, eso no significa que no podamos aprender a modificar, mitigar, incrementar o redirigir el comportamiento resultante.» Por otro lado, todos conocemos la enorme dificultad de modificar las costumbres sociales, por muy ajenas que éstas estén de nuestros impulsos innatos. Ya se ha señalado que al constatar una diferencia entre hombres y mujeres (p. ej. en deseo de promiscuidad sexual), por un lado, ello no quiere decir que todos los hombres ni todas las mujeres se comporten según la dirección apuntada, y, por otro, nada tiene que ver con las cuestiones éticas como las referidas a la igualdad de derechos y oportunidades. Finalmente, *con frecuencia ambos tipos de presiones (evolutivas y socioculturales) actúan en la misma dirección,* con lo que se refuerzan sus efectos (p. ej. el valor adaptativo de la promiscuidad sexual masculina a lo largo de la hominización, junto a la represión social de la promiscuidad femenina a través de la Historia).

Dentro de la corriente de la Sociobiología, el desarrollo de unas estrategias amorosas y sexuales diferentes en uno y otro género debe su origen, en última instancia, a la diferencia en el «nivel mínimo de inversión parental» (Trivers, 1972): mientras los machos de nuestra especie sólo necesitaban (y necesitan) invertir un mínimo de unos pocos minutos para transmitir sus genes, las hembras requerían (y requieren) un mínimo de nueve meses. Esta inexpugnable diferencia provocará, a lo largo de eones de evolución por Selección Natural, la adquisición de estrategias adaptativas diferentes en uno y otro sexo, transmitidas genéticamente. Así, el sexo que más invierte (la mujer) desarrollará y consolidará una estrategia más selectiva y menos promiscua, puesto que dicha estrategia tendrá mayor valor adaptativo ya que redundará en una transmisión genética más eficaz (Buss y Schmitt, 1993). Dado que nuestra carga genética es prácticamente idéntica a la de nuestros ancestros —e incluso a la de otros primates, como el chimpancé, con quién compartimos un 99,6 por 100 de los genes activos; Sagan y Druyan (1992)—, dichas estrategias podrían estar actuando como telón de fondo de nuestras conductas amorosas y sexuales (aunque no de forma consciente, ni voluntaria, ni planeada, y quizá tampoco de forma adaptativa en el entorno actual).

En un ambicioso análisis, Buss (1989) verificó algunas de las hipótesis derivadas de la Sociobiología, empleando muestras de 37 culturas a lo largo de los cinco continentes (para una N total de más de 10.000 sujetos). El propio autor ha sistematizado recientemente su enfoque, en forma de postulados, hipótesis generales e hipótesis de trabajo sobre la promiscuidad sexual, las características más valoradas en el otro, el carácter de los celos, el efecto Coolidge (preferencia por estímulos sexuales novedosos, mucho mayor en el género que menos invierte —los machos—, al menos en otras especies...). Un aspecto esencial de su enfoque es la distinción entre estrategias a corto plazo (fundamentalmente —aunque no exclusivamente— relativas a relaciones sexuales) y estrategias a largo plazo (principalmente relativas a relaciones amorosas), insistiendo en que dichas estrategias no tienen por qué ser —y de hecho no lo son— conscientes ni planeadas. Mientras que las estrategias de las mujeres no diferirían sensiblemente en función del contexto temporal, las estrategias de los hombres a largo plazo serán notablemente distintas que las estrategias empleadas a corto plazo (Buss y Schmitt, 1993). Resultados muy similares hemos obtenido en una reciente investigación (Jiménez Burillo y otros 1995, y en preparación).

Muchas de las hipótesis propuestas por estos autores han sido confirmadas empíricamente (Buss y Barnes, 1986; Buss, 1989; Clark y Hatfield, 1989; Kenrick y Trost, 1989; Buss y otros, 1992; Oliver y Hyde, 1993, etc.; y en nuestro país, p. ej. Avia y otros, 1990; Carreño, 1991; Malo de Molina, 1992; Jiménez Burillo y otros, 1995, y en preparación), si bien existe siempre la posibilidad de una explicación alternativa a los mismos hechos, tanto sociológica como desde la propia Sociobiología. Así, por citar sólo un ejemplo, al igual que existen motivos evolutivos para explicar la menor promiscuidad femenina (según la mencionada teoría del óvulo caro o del nivel de inversión parental), también los habría para explicar (con carácter post-dictivo, como es habitual tanto en el enfoque sociobiológico como en el de la socialización diferencial) una presunta mayor promiscuidad femenina: mayor provisión de recursos para la descendencia, mayor variabilidad genética, como previsión en caso de pérdida de la pareja, como evaluación de potenciales parejas con mayores recursos y mejor calidad genética, etc. (Fisher, 1992).

Por su parte, los defensores de la Socialización Diferencial, señalan que desde el mismo momento del nacimiento, e incluso antes del mismo (como ponen de relieve ciertos estudios tanto con madres embarazadas como con bebés —ellos vestidos de rosa y ellas de azul—; Nicholson, 1984), varones y féminas son tratadas de forma distinta y enseñadas a comportarse de distinto modo, de acuerdo con el *estereotipo de rol de género* que la sociedad les asigna. La existencia de la llamada *doble moral* (normas socioculturales tácitas sobre lo prescrito y lo proscrito en el terreno de las relaciones amorosas y sexuales, diferentes para uno y otro sexo) es constatada ya en la Antigua Mesopotamia (Fisher, 1992), y ha permanecido a través de la Edad Antigua (Bardis, 1979) y las Edades Media y Moderna (Flandrin, 1981 —apoyada por la Iglesia Católica, como señalan, entre otros, Gondonneau, 1971 o Verdú, 1986, y como vemos en las propias encíclicas papales—), hasta nuestros días (Nicholson, 1984; Hendrick y Hendrick, 1992).

© Ediciones Pirámide

Así, por ejemplo, en nuestra sociedad actual, los hombres aprenden que su promiscuidad sexual es un signo del que jactarse, mientras que las mujeres aprenden que es un signo del que avergonzarse (no es necesario enumerar los epítetos con los que se suele calificar a las mujeres que, al igual que a muchos —o a la mayoría— de los hombres, les gusta flirtear y tener relaciones con varias personas del sexo opuesto). De este modo, no es de extrañar que unos y otros desarrollen distintos papeles en sus relaciones amorosas y sexuales (Nicholson, 1984), como el tabú femenino de la promiscuidad (Robinson y otros, 1991), y el tabú masculino de la sensibilidad (Rubin, 1973). Por un lado, la promiscuidad femenina sigue estando peor vista que la masculina, no sólo entre los hombres, sino también entre las propias mujeres (en Estados Unidos, Robinson y otros, 1991; hecho corroborado en nuestro país por A. de Miguel, 1992). Por su parte, los hombres deben procurar no mostrarse sensibles en público, ni cariñosos, ni llorando, ni emocionados, pues aprenden desde niños que «eso son cosas de mujeres» (p. ej. Rubin, 1973).

La variabilidad transcultural en los roles amorosos y sexuales de hombres y mujeres, como los cambios producidos a raíz de la revolución industrial, fruto de la liberación económica y sexual de la mujer, y de los avances técnicos en el terreno de las relaciones amorosas y sexuales (anticonceptivos, fecundación *in vitro*, planificación familiar, etc.), o los cambios en la conducta amoroso-sexual que está suponiendo la expansión del sida (Nicholson, 1984; Hendrick y Hendrick, 1992, etc.), son factores que jugarían a favor de las tesis sociológicas sobre la génesis —o cuando menos sobre el mantenimiento y la vigencia actual— de tales diferencias de género. En este sentido, en su obra clásica, Beach y Ford (1951) señalan que existe una marcada tendencia a buscar relaciones sexuales fuera de la pareja en prácticamente todas las sociedades humanas, tanto en hombres como en mujeres, y que en culturas donde no existen presiones sociales contra la promiscuidad femenina, las mujeres inician las demandas sexuales con la misma frecuencia que los hombres. Ello apuntaría hacia factores adquiridos y no innatos como los responsables actuales de las diferencias aludidas. En este sentido, M. Yela (1986, pp. 32-33) recordaba que «las exigencias culturales perturban o eliminan el juego de la selección natural, p. ej. protegiendo al menos apto, o prefiriendo otros valores a la fertilidad de los más aptos. El desarrollo cultural sustituye cada vez más en el hombre a la evolución biológica. Ésta, aunque prosiga, es lenta (requiere cientos o miles de generaciones para consolidar la selección de una variante genética aleatoria). El desarrollo cultural es, por el contrario, intencional y relativamente rápido».

Valga todo lo comentado hasta ahora para afrontar con precaución y rigor esta con demasiada frecuencia polémica área. Una vez comentadas las precauciones a tener en cuenta a la hora de interpretar las diferencias entre hombres y mujeres, y las posibles alternativas de explicación de las mismas, veamos cuáles son las *principales conductas amorosas y sexuales en las que se han constatado diferencias sistemáticas (entre hombres y mujeres):*

De entre todas ellas, posiblemente la que goza de mayor apoyo empírico es la tendencia de hombres y mujeres a *diferir en la concepción de la relación entre amor y sexo.* Son muchos los autores que han argumentado teóricamente —en algunos casos— y verificado empíricamente —en otros— que *los hombres tienden a separar en mayor medida que las mujeres los deseos y conductas sexuales de los sentimientos y comportamientos amorosos* —que es tanto como decir que las mujeres tienden a concebir como más vinculadas las relaciones sexuales con las amorosas, de lo que lo hacen los hombres— (Kinsey y cols, 1948, 1953; Beach y Ford, 1951; Masters y Johnson, 1966; Eysenck, 1970; Byrne, 1971; Hite, 1974; Cook y McHenry, 1978; Fisher y Byrne, 1978; Foa y otros, 1987; Hatfield y otros, 1988; Hendrick y Hendrick, 1986, 1988; Clark y Hatfield, 1989; Buss y Schmitt, 1993; y en nuestro país, por ejemplo, Avia y otros, 1990; Gil Calvo, 1991; Ochoa y Vázquez, 1991; Jiménez Burillo y otros, 1995; Yela, 1995; Barrón y otros, 1999)[64].

Hobart (1979) apunta uno de los aspectos que refleja esa diferente relación entre amor y sexualidad entre uno y otro género (aunque en absoluto el único): un 35 por 100 de los hombres, frente a un 70 por 100 de las mujeres rechazaron los juegos sexuales previos (en inglés *petting*) si no amaban a su pareja; y un 50 por 100 de los hombres frente a un 85 por 100 de las mujeres rechazaron las relaciones sexuales completas si no existía amor entre ambos miembros. Por otro lado, como se comentó anteriormente, S. del Campo (1993) obtiene que cerca de la mitad de los varones, mientras que apenas un quinto de las mujeres, aceptan tener relaciones sexuales sin sentir amor hacia el otro. Por nuestra parte, en una investigación realizada junto a otros miembros del Departamento de Psicología Social de la UCM sobre una muestra representativa de la población española (N = 1.949), hemos obtenido que aproximadamente un 30 por 100 de los varones y un 60 por 100 de las mujeres rechazan tener relaciones sexuales con una persona sin sentir amor hacia ella (Jiménez Burillo y otros, en preparación). Finalmente, Fisher (en Hendrick y Hendrick, 1992) encontró que los sentimientos de amor por la pareja eran un buen predictor de los orgasmos femeninos (aunque ni mucho menos determinantes), mientras que no tenían ninguna relación con los orgasmos masculinos.

---

[64] Foa y Foa (1987) reproducen un fragmento del diálogo entre Woody Allen y Diane Keaton en la película «Annie Hall», que ilustra irónicamente la diferencia aludida:

— Ella: «El sexo sin amor es una experiencia vacía».
— Él: «Sí, pero como experiencia vacía es una de las mejores».

Por su parte, Bell y Weinberg (1978) señalan que esa diferencia en la concepción de la relación amor-sexo existe, e incluso acentuada, entre los homosexuales.

Esta diferencia esencial, ya sea debida a estrategias adaptativas evolutivamente adquiridas, a pautas de socialización diferenciales entre los sexos, o a la interacción de ambos factores, late en la base de muchas otras de las diferencias encontradas. Así, existe abundante evidencia empírica sobre diferencias en las principales *actitudes sexuales:*

Por una parte, *los hombres tienden a manifestar una mayor permisividad sexual* que las mujeres, como constatan, entre otros, Bailey y otros (1987); Hendrick y Hendrick (1988); Dion y Dion (1993; en un análisis con sujetos de distintas culturas), Oliver y Hyde (1993; en un meta-análisis de 177 estudios sobre diferencias entre hombres y mujeres en actitudes y conductas sexuales, con una N total de 128.363 sujetos); y en nuestro país Avia y otros (1990), o Yela (en prensa). Por otra parte, las mujeres tienden a manifestar una mayor actitud de *comunión sexual,* constructo que se refiere —como rezan los ítemes que lo evalúan— a una concepción idealista de la sexualidad como la forma suprema de interacción humana: unión de dos almas, comunicación más íntima, intensa conciencia del otro... (Hendrick y Hendrick, 1988).

Igualmente, se han constatado diferencias respecto a la fidelidad sexual: *las mujeres tienden a mostrar una actitud más favorable hacia la fidelidad sexual* que los hombres (Sternberg, 1988; Oliver y Hyde, 1993; y en nuestro país Avia y otros, 1990; Carreño, 1991; Jiménez Burillo y otros, 1997, y en preparación), y *los hombres tienden a manifestar más conductas de infidelidad sexual* (Fraia, 1991; Fisher, 1992; y en nuestro país Carreño, 1991; Malo de Molina, 1992; Jiménez Burillo y otros, 1997, y en preparación). O al menos eso es lo que unos y otros dicen (por motivos obvios no es posible obtener dichos datos a partir de la observación directa de la conducta). Naturalmente, esto se refiere a la fidelidad sexual en general. Si analizáramos por separado —fidelidad propia *vs.* del otro—, probablemente obtendríamos que los hombres sí confieren importancia a la fidelidad, pero mucho más a la de su pareja que a la suya propia.

Veamos algunos breves datos: en una muestra de italianos entre 40 y 50 años, un 60 por 100 de hombres frente a un exiguo 2 por 100 de mujeres habían sido alguna vez «infieles» a lo largo de su vida (Fraia, 1991). En muestras de diferentes edades, aproximadamente un 75 por 100 de hombres y un 50 por 100 de mujeres han sido «infieles» alguna vez (Fisher, 1992). En nuestro país, Malo de Molina (1992) constata a lo largo de 36 encuestas de más de 1.000 sujetos cada una, de diferentes edades, índices similares a los de la antropóloga americana: aproximadamente un 70 por 100 de los hombres frente a un 50 por 100 de las mujeres confiesan haber cometido alguna vez algún «episodio» de infidelidad sexual. Preguntados por episodios de infidelidad en la relación amorosa actual los índices descienden al 15 por 100 los hombres y un 3,5 por 100 las mujeres (casi una quinta parte de aquellos) (Jiménez Burillo y otros, en preparación).

Relacionado con esto último, es aún mayor el número de investigadores que han confirmado sistemáticamente notables diferencias en el deseo de promiscuidad sexual —el deseo de tener relaciones sexuales con muchas personas distintas—, obteniendo que *los hombres tienden a mostrar mayores deseos de promiscuidad sexual que las mujeres* (Kinsey y cols, 1948, 1953; Beach y Ford, 1951; Eysenck, 1970; Trivers, 1972; Wilson y Nias, 1976; Fisher y Byrne, 1978; Wilson, 1981; Masters y otros, 1982; Bailey y otros, 1987; Hendrick y Hendrick, 1988; Fraia, 1991; Sagan y Druyan, 1992; Buss y Schmitt, 1993; Oliver y Hyde, 1993; y Walsh, 1993; y en nuestro país Avia y otros, 1990; Carreño, 1991; Malo de Molina, 1992; Jiménez Burillo y otros, en preparación).

Merece la pena destacar la investigación de Clark y Hatfield, (1989) por lo espectacular en la magnitud de las diferencias halladas: un cómplice experimental (hombre o mujer, según los casos) muy atractivo físicamente y totalmente desconocido para los sujetos, se acercaba al sujeto (que se encontraba solo) y tras una breve presentación, le halagaba y le hacía una proposición. Veamos las respuestas de los sujetos según el sexo de los mismos, y el tipo de proposición:

Porcentaje de sujetos que respondieron afirmativamente

A) ¿Quieres salir conmigo esta noche?	50% de los hombres	50% de las mujeres
B) ¿Quieres venir a mi apartamento esta noche?	70% de los hombres	5% de las mujeres
C) ¿Quieres hacer el amor conmigo esta noche?	75% de los hombres	0% de las mujeres

Mientras que el porcentaje de aceptaciones masculinas aumentaba cuanto más explícita y sexual fuera la invitación, con las mujeres sucedía todo lo contrario; ni una sola de ellas aceptó la proposición más directa, y prácticamente ninguna la intermedia.

Las distintas investigaciones sobre diferencias intergenéricas en el estilo amoroso coinciden en el resultado de que *los hombres tienden a mostrarse más lúdicos que las mujeres* (Hatkoff y Lasswell, 1979; Bailey y otros, 1987; Hendrick y Hendrick, 1988; Carreño, 1991; Walsh, 1993; Philbrick y Owuamanam, 1994, y Yela, 1997 b), cosa que coincide con los comentados mayores deseos masculinos de promiscuidad e independencia (ya sea por roles y valores aprendidos o por imperativos ancestrales de carácter genético —o por ambos).

Por otro lado, tanto en deseo como en conducta, *los hombres tienden a mostrar una mayor frecuencia en la variedad de las prácticas sexuales que las mujeres* (masturbación, fantasías sexuales promiscuas, sexo oral activo, sexo grupal, consumo de pornografía y de prostitución, etc.) (Kinsey y otros, 1948, 1953;

© Ediciones Pirámide

Beach y Ford, 1951; Fisher y Byrne, 1978; Masters y otros, 1982; Oliver y Hyde, 1993; y en nuestro país Malo de Molina, 1992). La conducta auto-erótica (masturbación), por otra parte, también es más frecuente en los machos de otras especies de primates y de otros mamíferos, entre los cuales es sumamente común, incluso en las situaciones en las que tienen fácil acceso al intercurso heterosexual (y no, como se ha solido pensar, como sustituto de éste) (Beach y Ford, 1951).

Otro dato de índole similar refleja que las mujeres tienden a mostrar una mayor represión de su sexualidad que los hombres (Hobart, 1979; Masters y otros, 1982; Robinson y otros, 1991; Nichols, 1992; y en nuestro país Etxebarría, 1989; Avia y otros, 1990; Malo de Molina, 1992). El autor canadiense obtuvo índices sistemáticamente mayores en mujeres en el sentimiento de culpa tras la primera experiencia sexual: casi un 75 por 100 de las mujeres manifestaban tenerlo, con mayor o menor intensidad (Hobart, 1979).

En esta misma línea, parece suficientemente constatado que los hombres tienden a activarse fundamentalmente ante estímulos visuales, mientras que las mujeres tienden a activarse principalmente ante estímulos táctiles, imaginarios y/o leídos (Kinsey y otros, 1948, 1953; Gillan y Frith, 1979; Money, 1980; Masters y otros, 1982; y en nuestro país Carvajal y otros, 1990; Malo de Molina, 1992).

No existe acuerdo, sin embargo, respecto a si la pornografía resulta más activadora para los hombres que para las mujeres; diversas investigaciones así lo constatan (Kinsey y otros, 1948, 1953; Christensen y Gregg, 1970; Steele y Walker, 1976; Money, 1980), pero otras arrojan un curioso resultado: mientras que las mujeres decían excitarse mucho menos que los hombres ante estímulos sexuales explícitos (ya fueran vídeos o relatos pornográficos), no se encontraron diferencias significativas en los registros fisiológicos de excitación sexual (pletismógrafos de pene y vagina) (Sigusch y otros, 1976; Wincze y otros, 1977; Fisher y Byrne, 1978; Carvajal y otros, 1990). Esta disparidad entre juicios verbales y procesos fisiológicos fue manifiesta, por ejemplo, cuando las mujeres integrantes en el experimento señalaron que las escenas que más las habían excitado fueron las de una pareja haciendo el amor, mientras que los registros fisiológicos indicaban claramente que la máxima excitación había ocurrido ante las escenas de sexo oral y sexo grupal, totalmente relegadas en los juicios verbales (Wincze y otros, 1977). Quizá la represión de la promiscuidad femenina esté influyendo en los juicios verbales, o quizá la excitación fisiológica en las mujeres no sea tan decisiva como para los hombres a la hora de sentir una activación sexual subjetiva —o ambas cosas— (Hall y otros, 1985). Los autores españoles citan la Teoría de Proyección-Objetivación (Money y Ehrhardt, 1972), respecto a la diferente reacción genérica ante los estímulos sexuales: ante una escena o relato sexual las mujeres tenderían a proyectarse o identificarse con la mujer, mientras que los hombres no se identifican con el hombre, sino que, obviándole, perciben a la mujer como objeto de satisfacción sexual (Carvajal y otros, 1990); los propios autores verifican una hipótesis deducida de esta teoría: que ambos géneros se excitan más ante una escena o relato de masturbación femenina que masculina (de todos modos, ellos mismos ofrecen explicaciones alternativas).

Otra diferencia ampliamente contrastada es la que alude a los roles amorosos y sexuales, a saber, que *los hombres tienden a desempeñar un «rol instrumental» y las mujeres un «rol expresivo» en las relaciones amorosas y sexuales.* (Bem, 1974; Dickens y Perlman, 1981; Critelli y otros, 1986; Derlega y Winstead, 1986; Bailey y otros, 1987; Cancian, 1987; Hendrick y Hendrick, 1988, 1992; Sherrod, 1989; Fisher, 1992; y en nuestro país Vergara y Páez, 1989; Gil Calvo, 1991) Por «rol instrumental» suele entenderse el desempeño de conductas asertivas, directas, físicas, analíticas, centradas en la tarea, propósito o finalidad de la situación, etcétera, mientras que por «rol expresivo» suele entenderse el desempeño de conductas afectivas, emocionales, verbales, de intimidad, centradas en las relaciones personales, comunicativas, etc.

Hatfield y otros, (1988) preguntaron a sus sujetos qué es lo que deseaban de su pareja en las relaciones sexuales, obteniendo que los hombres tendían a desear mayores conductas específicamente sexuales (iniciativa, verbalizaciones sexuales, variedad de juegos eróticos...) mientras las mujeres tendían a desear expresiones afectivas y amorosas de su pareja (mayor lapso antes del coito, mayor tiempo de intimidad después del orgasmo, lenguaje sensible y amoroso, caricias...). A ello lo denominaron «orientación corporal» masculina vs. «orientación personal» femenina. Por su parte, Nardi, (1992) recalca cómo la expresividad afectiva y emocional entre los hombres se ve limitada por la «homofobia», que estigmatiza a su autor como «homosexual», mientras que la expresividad afectivo-emocional de los hombres se ve limitada por el «tabú de la ternura» (del que ya hemos hablado) que lo estigmatiza como «afeminado». Ambas cuestiones están estrechamente relacionadas con la aludida diferencia de roles en las relaciones interpersonales (y específicamente amorosas y sexuales): el rol instrumental masculino y el rol expresivo femenino.

Otros estudios han verificado que las mujeres tienden a emplean con mayor frecuencia que los hombres la comunicación no verbal positiva hacia su pareja (Altman, 1974); a percibir con más exactitud los sentimientos de su pareja (Hendrick y otros, 1988; Carreño, 1991; aunque Bueno, 1983 no halla diferencias significativas en este aspecto.); a utilizar con mayor frecuencia el llamado «chantaje emocional» (Gryl y otros, 1991); y a mostrar mayor comprensión que los hombres hacia las relaciones homosexuales, y mayor disponibilidad a tener una experiencia homosexual (Schmidt, en Carvajal y otros, 1990; Guasch, 1991) —posiblemente todo ello relacionado con el desempeño de un rol expresivo frente al rol instrumental y el «tabú de la sensibilidad» masculinos.

También parecen existir ciertas diferencias en las expectativas sobre la relación amorosa. A tenor de los datos recogidos, las mujeres tienden a desear mayor intimidad en la relación de pareja (Sternberg, 1988); mayor romanticismo por parte de sus parejas (Carreño, 1991); mientras que los hombres tienden a desear un menor grado de compromiso con sus parejas, y algo más de independencia personal (Sternberg y Gajek, 1984; Sternberg, 1988; Carreño, 1991). A tenor de esas expectativas previas, resulta normal que a lo largo de la relación las mujeres tiendan a sentir un mayor equilibrio entre el compromiso con la pareja y la independencia deseada que los hombres, mientras que éstos manifiestan mayores problemas para alcanzar ese delicado balance (Sternberg, 1988). Relacionado con esto, las mujeres tienden a mostrar mayor intensidad en el estilo amoroso «manía» que los hombres (estilo que denota un fuerte —¿excesivo?— apego hacia la pareja) (Hatkoff y Lasswell, 1979; Bailey y otros, 1987; Hendrick y Hendrick, 1988; Walsh, 1993), cosa que concuerda con la mayor expectativa y demanda de compromiso en la pareja por parte de las mujeres, su más alta valoración de la fidelidad sexual, e incluso con su frecuentemente mayor dependencia económica de la pareja, (CIRES, 1992; A. de Miguel, 1993; S. del Campo, 1993; Yela, 1997b).

Un área clásica —y no poco polémica— en la que también se han hallado ciertas diferencias entre géneros es la concerniente a las *características más valoradas en el otro miembro de la pareja:*

Sin duda, la que cuenta con mayor respaldo empírico es la que señala que *los hombres tienden a conferir mayor importancia al atractivo físico de sus parejas que las mujeres* (Byrne, 1971; Stroebe y otros, 1971; Wilson y Nias, 1976; Sternberg y Grajek, 1984; Buss y Barnes, 1986; Buss, 1988, 1989; Feingold, 1990; Buss y Schmitt, 1993; Jiménez Burillo y otros, en preparación). Davis y Strube, (1993) obtuvieron un dato revelador: entre los hombres, el atractivo físico percibido en la pareja correlacionaba positivamente con los sentimientos de compromiso hacia ella, pero no así en mujeres (en quienes el compromiso con su pareja era independiente del atractivo físico de ésta). Carreño (1991) refrenda en nuestro país el resultado obtenido por Byrne (1971), que indica que la correlación entre el atractivo físico percibido en la pareja y el atractivo general atribuido a la misma, es significativamente mayor en hombres que en mujeres; esto es, los hombres tienden a conferir más importancia al atractivo físico a la hora de evaluar el atractivo general de sus parejas.

Por otro lado, parece que los hombres tienden a conferir mayor importancia que las mujeres al erotismo (Wilson y Nias, 1976) y a la juventud de sus parejas (Buss, 1989; Buss y Schmitt, 1993), así como mayor importancia a la feminidad de las mujeres que éstas a la masculinidad de aquéllos (Carreño, 1991). Estos datos han sido contrastados en una reciente investigación, fundamentalmente en lo que se refiere a relaciones «a corto plazo» (Jiménez Burillo y otros, 1995). Por su parte, según los datos recogidos, las mujeres tienden a conferir mayor importancia que los hombres al poder adquisitivo de sus parejas (Wilson y Nias, 1976; Buss y Barnes, 1986; Buss, 1989). Este último autor verificó este dato en 32 de las 37 sociedades analizadas en un macroestudio transcultural, aunque curiosamente nuestro país constituyó una de las cinco excepciones (Buss, 1989).

Donde existe cierta controversia empírica es respecto a la importancia atribuida a la inteligencia de la pareja: así, Carreño (1991) encuentra que es un aspecto más valorado por las mujeres en sus parejas, que por éstos en las mujeres, mientras que otros autores han constatado que las diferencias en la importancia conferida a la inteligencia no son significativas a la hora de mantener una relación amorosa, pero sí a la hora de aceptar una relación sexual esporádica: en ese caso los hombres tienden a mostrar un criterio de selección mucho más laxo, sin importarles en absoluto la inteligencia de su pareja sexual (Kenrick y Trost, 1989).

Por último, los *celos* constituyen otra dimensión del comportamiento amoroso en la que se han constatado diferencias entre uno y otro género. Así, parece que los hombres tienden a sentirse más celosos ante la infidelidad sexual de su pareja que ante una relación sentimental especial —no sexual— de ésta con otro hombre (celos sexuales), mientras que las mujeres tienden a sentirse más celosas ante una relación sentimental de su pareja con otra mujer que ante un episodio de infidelidad meramente sexual (celos emocionales) (Mathes y Severa, 1981; Fisher, 1992; Buss y Schmitt, 1993; Wiederman y Allgeier, 1993). Buss y otros, (1992) constataron que el 60 por 100 de los hombres decían «preferir» (es decir, soportar mejor) la infidelidad emocional a la sexual, mientras que apenas un 15 por 100 de las mujeres optaron por esa opción: el 85 por 100 de ellas prefería sufrir infidelidad meramente sexual a una infidelidad emocional (no sexual). Un segundo estudio, con técnicas psicofisiológicas, reveló una mayor aceleración cardiaca, conductancia dérmica y fruncimiento del ceño ante la imaginación de infidelidad sexual de sus parejas en los hombres, y ante la infidelidad emocional en las mujeres (Buss y otros, 1992).

Pero no podemos concluir esta introducción sin hacer mención de una variable que, a juicio de muchos autores (Mead, 1935; Bem, 1974; Schwartz, 1979; Nicholson, 1984; Coleman y Ganong, 1985; Bailey y otros, 1987; Kelley y Rolker-Dolinsky, 1987; Vergara y Páez, 1989; Carvajal y otros, 1990, etc.), es la verdadera variable relevante en este área: *el rol de género*. Siguiendo a Bem (1974), ya no se trata de la clásica dimensión bipolar, sino que en función de la posesión de un número mayor o menor de las características que definen las dimensiones de masculinidad (m.) y feminidad (f.), una persona puede desempeñar un rol masculino (alto en m. y bajo en f.), femenino (bajo en m. y alto en f.), andrógino (alto en ambas dimensiones), o indiferenciado (bajo en ambas). Cada individuo se adscribirá a un rol de género determinado, a través del proceso de socialización, por lo que las diferencias entre unos y otros dependerían más de factores aprendidos socialmente que de factores biológicos innatos.

Para los mencionados autores no hay una correspondencia unívoca entre sexo y rol de género: ni todos los hombres desempeñan un rol masculino, ni todas las mujeres femenino. Tampoco la hay entre rol de genero y orientación sexual, a pesar del extendido estereotipo que identifica en hombres lo masculino con heterosexual y lo femenino con homosexual (gay), y en mujeres masculino con homosexual (lesbiana) y femenino con heterosexual. Entre sexo (hombres y mujeres), rol de género (masculino, femenino, andrógino e indiferenciado) y orientación sexual (heterosexual, gay, lesbiana, bisexual) caben —y de hecho se dan— todas las combinaciones posibles (Guasch, 1991; Nardi, 1992). Según estos autores quizá resulte más fructífero y oportuno, de cara a la comprensión del fenómeno estudiado, la búsqueda de similitudes y diferencias en el comportamiento amoroso y sexual entre los cuatro tipos de roles de género, más que entre los dos tipos de género biológico (esto es defendido con especial énfasis por Nicholson, 1984; y Coleman y Ganong, 1985).

Así, se han constatado muchas de las diferencias aludidas anteriormente, entre sujetos masculinos vs. femeninos, y parece que las personas con un rol sexual rígido tradicional (masculino o femenino) tienden a tener más problemas en su relación y a estar menos satisfechos (Nicholson, 1984; Coleman y Ganong, 1985; Bailey y otros, 1987), mientras que las personas andróginas (que combinan características tradicionalmente consideradas como masculinas con otras clásicamente juzgadas como femeninas) tienden a aparecer generalmente en un punto óptimo: más flexibles, saludables (Bem, 1974), capaces de amar (Schwartz, 1979), adaptados (Nicholson, 1984), conscientes, expresivos, y tolerantes —todo ello respecto a la relación amorosa— (Coleman y Ganong, 1985).

No obstante su reconocida importancia, es un terreno donde existe aún poca evidencia firme, y con ciertos problemas metodológicos y conceptuales —que atañen incluso al propio constructo de «rol de género».

Sirvan, pues, los resultados expuestos (sobre diferencias entre hombres y mujeres) para comprender mejor el complejo fenómeno amoroso (y en el mejor de los casos poder aplicar ese conocimiento para ayudar a la gente a estar más satisfecha —o menos insatisfecha—), pero siempre teniendo en cuenta todas las advertencias formuladas al principio de este capítulo.

4.2. La edad: ¿varía el amor con la edad?

Es esta una de las áreas del fenómeno amoroso que cuenta con menor volumen de investigación (lo que no significa que sea escaso) a pesar de su incuestionable importancia. A ello contribuye, probablemente, el requerimiento de diseños longitudinales para controlar los posibles efectos de cohorte, así como el hecho de que aún con tal costoso procedimiento (en dinero, esfuerzo, y tiempo), no sea sencillo discernir entre los efectos de la edad, y los debidos a la duración de la propia relación amorosa (que transcurre paralelamente) (Pick y Andrade, 1988).

Es notorio, no obstante, que el desarrollo ontogenético de las actitudes y conductas amoroso-sexuales emerge de la interacción entre los *factores biológicos* (impulso sexual) e *interpersonales* (relaciones con el grupo de pares) (Storms, 1981), teniendo una importancia capital las *normas socioculturales* vigentes (Beach y Ford, 1951; Cook y McHenry, 1978). Las personas adquirimos a lo largo de la *socialización* las *normas tácitas* sobre cuándo, cómo, dónde, por qué y por quién debe sentirse amor romántico (Averill y Boothroyd, 1977; Simon y cols., 1992). Lo propio cabe decir respecto a las relaciones sexuales, pero en este caso las normas son especialmente distintas para uno y otro sexo —es la ya comentada «doble moral»— (Gondonneau, 1971; Bardis, 1979; Flandrin, 1981; Nicholson, 1984; Robinson y cols., 1991; Fisher, 1992; Hendrick y Hendrick, 1992).

Todo lo dicho hasta aquí (y en los capítulos que restan) se refiere al comportamiento amoroso —y sexual— adulto (es decir, al amplio espectro que cubre, digamos, desde los 20 a los 65 años). Lo que, desde luego, no significa que a lo largo de ese gran período no haya diferencias notables en el comportamiento amoroso: Hendrick y Hendrick (1986), por ejemplo, sugieren que el estilo *Eros* sería más propio de la juventud (20-35 años), mientras que el *Storge* lo sería de la madurez (35-65 años). Como acabamos de señalar, vemos que tal cambio se corresponde con el cambio que suele producirse a lo largo de la relación amorosa, con lo cual no es siempre fácil discernir los efectos de la edad de los de la propia duración de la relación. El terreno de las diferencias en comportamiento amoroso-sexual en ese gran período entre los 20 y los 65 años, *independientemente de la duración de la relación amorosa,* es un terreno aún por explorar, en su mayor parte[65].

Por otro lado, hay algunas investigaciones que se han centrado en la conducta amorosa y sexual en otras edades, como la infancia, la adolescencia, y la vejez. Trataremos de resumirlas muy brevemente:

---

[65] «Recientemente» un estudio revela ciertas diferencias en las actitudes amorosas entre las personas situadas en distintos momentos de su vida (estudiantes solteros, jóvenes casados sin hijos, adultos casados con hijos, y finalmente mayores casados y ya con los hijos fuera del hogar) (Montgomery y Sorell, 1997).

Comportamiento amoroso-sexual en la infancia

Las *relaciones interpersonales* infantiles suelen comenzar siendo ansiosas y egocéntricas, y van paulatinamente tornándose más seguras y constructivas a medida que se acerca el período de pre-adolescencia (10-13 años) (Dickens y Perlman, 1981). Como hemos señalado, el niño va poco a poco socializandose en las normas tácitas sobre el enamoramiento y el amor romántico (a través de cuentos, comentarios de sus redes interpersonales más íntimas, y un elemento de gran —y creciente— importancia en la actualidad: la televisión)[66].

Por su parte, el desarrollo de la *atracción interpersonal* dependerá estrechamente del desarrollo emocional, cognitivo (según las etapas de Piaget), y ético (según los niveles de Kohlberg) (Lickona, 1974).

Con el modelo de educación tradicional, a los cinco años parece estar ya establecida la percepción de *roles de género* diferenciados: una figura paterna —más o menos— autoritaria vs. una figura materna —más o menos— amorosa; ello podría tener importantes consecuencias de cara a la adquisición del rol de género, y la consiguiente conducta interpersonal en general, y amorosa en particular (Perron y Mathon, 1976).

La adquisición de respeto hacia los demás y de confianza (en uno mismo y en los demás) serán buenos predictores de la satisfacción amorosa adulta (Ochoa y Vázquez, 1991).

La importancia del establecimiento de un *vínculo amoroso* fuerte y confortable entre el niño y una figura de apego (generalmente la madre) de cara a un desarrollo óptimo de la persona, ha sido subrayada tanto por etólogos (p. ej. Harlow, 1958, Eibl-Eibesfeldt, 1970), como por psicodinámicos (p. ej. Bowlby, 1969), humanistas (p. ej. Montagu, 1975), y otros psicólogos de distintas corrientes.

En este sentido Hazan y Shaver (1987) —véanse también Shaver y cols. (1988) y Yarnoz (1989)— han propuesto la «Teoría del Apego sobre relaciones amorosas», en la que, basándose en los trabajos de Bowlby (sintetizados en la obra de 1969) y Ainsworth y cols. (sintetizados en la obra de 1978), establecen un paralelismo entre el tipo de relación amorosa adulta y el tipo de apego a la madre en la infancia (ansioso, seguro, o evitador; véase el apartado de las tipologías). Según dichos autores, ese vínculo niño/a-madre tenderá a reproducirse en la relación amorosa adulta futura, aunque dejan abierta la posibilidad del cambio de estilo a través del proceso de socialización posterior.

---

[66] Hatfield y cols. (1988) elaboran una escala infantil sobre «amor pasional» encontrando índices notables ya a los cuatro años. (Claro que, como es notorio, los resultados dependen tanto de los instrumentos empleados en la recogida de datos como de las definiciones que se ofrecen de los constructos evaluados.)

Los propios autores obtienen cierto apoyo empírico a sus hipótesis (Hazan y Shaver, 1987), al igual que Feeney y Noller (1990, 1992). Si bien es cierto que el apoyo parte de estudios metodológicamente débiles, en tanto que emplean autoinformes retrospectivos (con los sesgos que ello supone)[67] y no utilizan diseños longitudinales (como sería lo óptimo), también es verdad que dicha teoría constituye un loable intento de hacer contrastable un enfoque de carácter fundamentalmente psicodinámico, y posee un importante valor heurístico (además de un indudable interés).

Como señalan Wilson y Nias (1976), muchas formas de intimidad (cariño, ternura) en las relaciones amorosas adultas (como el lenguaje en tono «mimoso», con diminutivos, el cogerse de la mano, abrazarse, acunarse, acariciarse, besarse cariñosamente, etc.) son reminiscencias del contacto con los padres (especialmente con la figura de apego —fuera la madre o el padre—). Los amantes adultos se turnan en la interpretación de los roles de niño/a y padre/madre.

En otro orden de cosas, la *atracción y excitación sexual* no emergen repentinamente en un momento dado, sino que se van desarrollando paulatinamente[68], con gran variabilidad transcultural —estando, en nuestra cultura occidental, severamente reprimidas— (Martinson, 1979). Esa severa represión de la sexualidad infantil no parece tener sino efectos negativos sobre la conducta sexual adulta: de hecho, la ausencia de autoerotismo infantil (masturbación) aparece como un buen predictor de insatisfacción sexual adulta (Langfeldt, 1979)[69].

Comportamiento amoroso-sexual en la adolescencia

Al comienzo de la adolescencia ambos sexos comienzan a mostrar un creciente interés por el sexo opuesto, y poco a poco van constituyéndose grupos de amigos de carácter mixto. El adolescente continúa socializándose en las normas socioculturales del amor romántico, y pronto comenzará a sentir *atracción romántica*, al tiempo que se incrementan notablemente su *atracción sexual* hacia ciertas personas. Malo de Molina (1992) constata que los primeros contactos sexuales suelen producirse hacia los 13-14 años, y la primera relación sexual «completa» hacia los 17-18 (tomando por «completa» el siempre discutible criterio de penetración vaginal). Van cobrando una paulatina mayor importancia el

---

[67] No olvidemos que recordar no es un proceso pasivo, sino «un proceso activo de reconstrucción, en el que los fragmentos originales se interpretan y complementan de acuerdo con la experiencia previa del sujeto, para dar consistencia lógica a lo que se va recordando y para hacerlo coherente con las motivaciones, creencias y expectativas de la persona que recuerda» (M. Yela, 1990, p. 69).

[68] Martinson (1979) informa de erecciones y lubricaciones incluso durante el primer día de vida.

[69] Como señala el propio autor: «Si pretendemos tener respeto a los sentimientos y emociones de los niños, no podemos considerar sus interacciones sexuales como un crimen» (Langfeldt, 1979, p. 497).

desligamiento familiar y la intimidad —tanto con amigos como con una persona especial del sexo opuesto— (Dickens y Perlman, 1981)[70].

Hendrick y Hendrick (1986) sugieren que durante la adolescencia el tipo amoroso predominante es el estilo «manía»: dependiente, celoso, de excesiva demanda... De hecho Malo de Molina (1992) halla entre los adolescentes las máximas puntuaciones en celos, posteriormente atenuadas con la edad —al pasar a relaciones lúdicas, eróticas o *storgicas*—. (De todos modos, hay que señalar que en la relación celos-edad intervienen también muchas otras variables —además de la edad—: actitud hacia la fidelidad, permisividad sexual, deseos de promiscuidad sexual, nivel de estudios, duración de la relación, actitud hacia la Iglesia, frecuencia de relaciones sexuales con la pareja, satisfacción con la relación amorosa, satisfacción sexual, satisfacción con uno mismo, etc.)

Ese estilo «manía» —siguen Hendrick y Hendrick (1986)— iría transformándose en *ludus* (independiente, sin compromiso, ni celos, ni demanda, un tanto frívolo) a medida que el adolescente madura. Posteriormente, a medida que se abandona la adolescencia y se avanza hacia etapas tardías de la juventud (tránsito entre los 20 y los 30), los autores sugieren que cambia el estilo —ya dependiente o ya lúdico—, por el clásico estilo romántico (el *Eros*), que a su vez se transformaría paulatinamente en *Storge* (amor de intimidad, confianza, amistad y conocimiento, menos pasional) a medida que pasan los años —tanto los de uno mismo, como los de la propia relación amorosa estable— (Hendrick y Hendrick, 1986). Estas hipótesis aún no han recibido —que nosotros sepamos— confirmación empírica (entre otras cosas, requieren muestras muy heterogéneas y preferiblemente estudios longitudinales)[71].

Por su parte, como hemos dicho, aumenta notablemente el deseo y la atracción sexual; sin embargo, como también hemos apuntado, la represión de la sexualidad adolescente en nuestro país ha sido tradicionalmente muy férrea (véase, p. ej. Serrano, 1975; Valverde y Abril, 1975; Martín Gaite, 1982; Verdú, 1986... etc.). Incluso hoy en día, entre los «no jóvenes» (personas mayores de 30 o 35 años) más de un 70 por 100 se manifiesta rotundamente en contra de las relaciones sexuales entre adolescentes, y más de un 50 por 100 de ellos es contrario a toda relación sexual prematrimonial (A. de Miguel, 1992; S. del Campo, 1993). La velocidad con la que se reducen esas cifras es notablemente menor de la que predecía la famosa «revolución sexual». Todo ello a pesar de que, como señala

---

[70] Naturalmente, nos estamos refiriendo al proceso más habitual. Ese vínculo de intimidad especial, la atracción sexual y el amor romántico pueden surgir también por una persona del mismo sexo, como explica, entre otras muchas, la Teoría del Desarrollo de la Orientación Erótica (véase el próximo capítulo).

[71] El conocido humanista R. May (1953) señalaba como condiciones necesarias para amar de forma madura (es decir, no de forma dependiente), haber alcanzado la propia autonomía (criterios éticos propios y capacidad de estar solo) y la capacidad de empatía (ponerse en el lugar de los otros).

T. Langfeldt en el prestigioso volumen recopilatorio que dirigieron los profesores M. Cook y G. Wilson de la Universidad de Oxford (dos clásicos en el área de la atracción y el amor): «Las experiencias sexuales entre chicos y chicas (como masturbación mutua o sexo oral) parecen tener efectos positivos en la conducta sexual adulta posterior» (Langfeldt, 1979, p. 495)[72].

Por otro lado, tanto hombres como mujeres son especialmente severos con la sexualidad adolescente femenina: continúa claramente vigente, por tanto, la «doble moral», lo cual tenderá a repercutir en la posterior conducta sexual como adultos (Gondonneau, 1971; Bardis, 1979; Flandrin, 1981; Nicholson, 1984; Robinson y cols., 1991; Fisher, 1992; Hendrick y Hendrick, 1992; como constata en nuestro país A. de Miguel, 1992).

Comportamiento amoroso-sexual en la vejez

El área del comportamiento amoroso y sexual de la tercera edad es un área relativamente virgen:

En el análisis de Dickens y Perlman (1981), bajo el enfoque del *life-span*, la vejez aparece como un período de pérdidas en las relaciones interpersonales íntimas, tanto por la disminución progresiva de las capacidades sensoriales y motrices, como por la muerte de los amigos más íntimos (y, en el peor de los casos, de la propia pareja) debido a la edad (Forteza, 1989)[73].

Hatfield y cols. (1984) evalúan la percepción de la relación de pareja en una muestra de mujeres comprendida entre los 50 y los 82 años de edad (con una media de duración de la relación amorosa de casi 33 años, factor que casi siempre va asociado a la edad, confundiendo sus efectos). Concluyen que la cara negativa de la relación amorosa (resentimiento, hostilidad, desconsideración por «confianza»...) no se incrementa paulatinamente, sino que se estabiliza en un momento determinado (lo cual concuerda con el estudio de Braiker y Kelley citado por la mencionada autora y sus colaboradores).

Hendrick y Hendrick (1986), no muy sorprendentemente, sugieren que en esa última etapa de la vida primarían los estilos amorosos no pasionales, esto es,

---

[72] Aún más tabú resultan las relaciones amorosas y sexuales entre un adulto y un adolescente menor de edad. A diferencia de muchas otras culturas, en la nuestra están severamente castigadas —no sólo implícita, sino en ocasiones también legislativamente—. Sin embargo, las investigaciones de diversos autores (como Bernard, Ingram, o Plummer —todas ellas recogidas en el volumen de Cook y Wilson, 1979—) han puesto de manifiesto que si existe consentimiento mutuo, afecto, y respeto, dichas relaciones no tienen ningún efecto negativo sobre los adolescentes (adolescentes, no infantes) mientras que sí lo tiene la reacción contraria —frecuentemente violenta— de la sociedad ante tales relaciones.

[73] Una revisión excelente de los factores potencialmente positivos de la vejez (sin olvidar tampoco las «pérdidas») puede verse en M. Yela (1990).

Storge, *Pragma* y *Agape* (frente a *Eros*, *Ludus* y *Manía*). Por su parte, Butler y otros (1995) también recogen datos sobre un menor estilo «maníaco» entre las personas mayores.

Finalmente, Rice y Kelly (1987) insisten en el importante papel de la autoaceptación y la redefinición de los roles amoroso-sexuales, de cara al establecimiento o mantenimiento de unas relaciones amorosos satisfactorias en la vejez. No es tarea fácil asumir que uno ha entrado irremisiblemente en dicha última etapa, y redefinir nuestras expectativas amorosas y sexuales en función de las nuevas circunstancias físicas (p. ej. problemas de salud), psicológicas (p. ej. pérdida de memoria), interpersonales (p. ej. la referida pérdida paulatina de las redes interpersonales —por barreras espaciales o por la muerte de sus miembros—), e incluso sociales (p. ej. ausencia de una función de utilidad social claramente definida).

4.3. La orientación sexual: el amor homosexual[74]

> «Una relación de afecto, de amor, o una relación sexual, es positiva si ayuda a tender un puente entre las corrientes que nos separan como personas.»
>
> P. G. ZIMBARDO (1986; p. 492)

El análisis psicosocial sistemático del comportamiento amoroso entre homosexuales es prácticamente inédito en nuestro país (mayor es la bibliografía sobre comportamiento sexual entre homosexuales) (Guasch, 1991). Uno de los motivos de ello son las *dificultades metodológicas:* resulta imposible seleccionar una muestra representativa de los homosexuales ya que es una población no censada; es muy complicado conseguir muestras grandes; suelen obtenerse muestras homogéneas en el sentido de que la gran mayoría de los sujetos generalmente pertenecen a asociaciones y colectivos homosexuales (con lo que poco sabemos de los que no lo hacen, y de las posibles diferencias entre unos y otros), etc. (Bell y Weinberg, 1979; Guasch, 1991...). Otros motivos seguramente tienen más que ver con los tabúes y estereotipos vigentes en torno a la homosexualidad (de los que, por supuesto, no está libre la comunidad científica).

La *incidencia* de la homosexualidad no es tampoco fácil de determinar: por un lado continúa siendo tabú para mucha gente; por otro, el índice que obtengamos

---

[74] Aunque la orientación sexual puede ser considerada propiamente como una variable psicológica (o psicobiológica, o socio-psico-biológica), la incluimos en el apartado de los factores demográficos ya que es una de las categorías clásicas de las encuestas a la hora de dividir a la población en distintos grupos (al igual que sucede con el sexo —género— o la edad).

dependerá de qué tipo de pregunta formulemos. Los datos sobre la incidencia de la homosexualidad en estudios clásicos como los de Kinsey y cols. (1948) o Bell y Weinberg (1978) poco nos indican sobre un fenómeno en continuo cambio social. Sin embargo, contamos con datos de la actual década como los de Gonsiorek y Weinrich (1991), quienes reflejan índices que oscilan entre un 4 y un 17 por 100 de personas que se *autocalifican como no heterosexuales* —gays, lesbianas y bisexuales— (con una media de un 10 por 100). En nuestro país Malo de Molina (1992) obtuvo hace unos años índices cercanos al 6 por 100 de no heterosexuales (4 de bisexuales, 1,5 de gays, y 0,5 de lesbianas), mientras que en 1995 Jiménez Burillo y otros profesores de la UCM (en una muestra representativa de la población española) obtenemos una cifra de 1,5 por 100 de gays, un 2 por 100 de lesbianas, un 2 por 100 de bisexuales y un 2 por 100 de Ns/Nc.

Cuando la pregunta no versa sobre la adscripción a una orientación homosexual, sino sobre la experiencia de *algún contacto homosexual*, las cifras aumentan: alrededor de un 7 por 100 dicen haber tenido alguna experiencia homosexual como adultos, un 10 por 100 durante la adolescencia, y hasta un 15 por 100 durante la infancia. Y si la pregunta trata de *fantasías homosexuales*, Malo de Molina (1992) encuentra que un 20 por 100 de los hombres y un 30 por 100 de las mujeres manifiestan tener esporádicamente fantasías homosexuales, y aproximadamente dos tercios de ellos desearían llevarlas a cabo[75]. No son, desde luego, índices tan bajos como los que solemos pensar (tal y como apunta Guasch, 1991).

Algo en lo que parecen coincidir muchos de los especialistas en el área es en la importancia de abandonar un planteamiento dicotómico de la orientación sexual («o se es heterosexual o se es homosexual») para enfatizar la existencia de un *continuo gradual* desde «totalmente heterosexual» hasta «totalmente homosexual» pasando por una —más o menos amplia— variedad de grados intermedios (Kinsey y cols., 1948; Bell y Weinberg, 1978; Masters y cols., 1982; Loewenstein, 1984...). Lo que no acaba de resultar tan claro es si cabe considerar la *bisexualidad* como el punto intermedio de ese continuo, o como una categoría independiente (Wilson y Fulford, 1979). De hecho, los estudios que incorporan submuestras de bisexuales, aparte de los grupos de gays y lesbianas, son aún más infrecuentes, de modo que el conocimiento sobre el fenómeno de la bisexualidad, independientemente de la homosexualidad, es aún muy escaso (al menos hasta donde hemos podido constatar desde que empezamos a investigar sobre el tema, allá por 1991).

Otra cuestión debatida es la relación entre la orientación sexual (gay, lesbiana, bisexual, heterosexual) y el *rol de género* (masculino, femenino, andrógino e

---

[75] Serrano Vicens (1975) habla incluso de que un 66 por 100 de mujeres solteras han tenido alguna vez deseos de tener un contacto sexual con otra mujer.

indiferenciado). En contra de la creencia tradicional, los últimos estudios parecen comprobar que tienden a ser variables independientes entre sí, constatando la existencia de toda la casuística de combinaciones posible (Guasch, 1991; Nardi, 1992; Byne, 1994).

Por otro lado son muchos los estudios que han verificado la vigencia de la homosexualidad en *otras culturas y épocas históricas*: desde las obras de Platón, Anacreonte y Safo, hasta análisis clásicos sobre la conducta sexual (como el de Beach y Ford, 1951), análisis históricos (como los de Foucault, 1976; Bardis, 1979[76]; Blanco Freijeiro, 1986), y destacados trabajos actuales sobre homosexualidad (como los de Kirsch y Weinrich, 1991; y Weinrich y Williams, 1991). Igualmente, son numerosas las pruebas de homosexualidad en *otras especies animales* (como los trabajos clásicos de Beach y Ford, 1951; y los recientes de Kirsch y Weinrich, 1991; Fisher, 1992; o Sagan y Druyan, 1992).

A pesar de todo ello, continúa vigente entre la población general la existencia de múltiples *prejuicios y estereotipos* sobre los homosexuales, que la investigación psicosocial ha demostrado como *falsos:*

La homosexualidad es antinatural: ya hemos hablado más arriba de los múltiples trabajos que han demostrado la existencia de homosexualidad en otras especies animales y en otras culturas —tanto contemporáneas como actuales— (como los de Beach y Ford, 1951; Foucault, 1976; Kirsch y Weinrich, 1991; Fisher, 1992; o Sagan y Druyan, 1992). Beach y Ford (1951) constataron que la homosexualidad no es que simplemente existiera en otras especies y culturas, sino que se da *en la mayoría* de las especies de mamíferos y de las culturas humanas. Fisher (1992) señala que la homosexualidad es aún mayor en otras especies; es decir, estrictamente hablando, cabría aventurar que «lo natural» sería que las relaciones homosexuales entre los humanos fueran incluso más frecuentes de lo que son (debido plausiblemente a la coerción social). Por otro lado, la presión evolutiva no sólo favorece las conductas reproductoras: la homosexualidad pudiera tener funciones adaptativas como la de estrechar los lazos de la comunidad, y/o la de reducir la densidad demográfica en condiciones de hacinamiento. Esto último permanece aún en el terreno de las hipótesis.

La homosexualidad es una amenaza contra el orden social: Weinrich y Williams (1991) muestran cómo diferentes culturas (Antigua Grecia, Occidente actual, Tailandia, Esquimales, tribus «indias», culturas árabes...) tienen distintas concepciones (interpersonales, legales y morales) sobre la homosexualidad, des-

---

[76] Quien documenta la existencia de un papiro egipcio del año 2500 a. C. donde puede constatarse la vigencia de relaciones homosexuales (Bardis, 1979).

tacando que en ninguna de ellas supone amenaza alguna para las estructuras sociales.

La homosexualidad es una enfermedad: hasta muy recientes fechas la cultura occidental de tradición judeo-cristiana, no sólo a través de la cultura popular, sino incluso desde la propia Medicina y Psiquiatría, ha considerado la homosexualidad —tanto la masculina como la femenina— como una enfermedad mental (véase, p. ej. Szasz, 1970; Faderman, 1978, y Vázquez, 1982). Paulatinamente, las ciencias médicas han ido transformando los calificativos desde «enfermedad» y «perversión» a «desviación» y finalmente a «variación» de la conducta sexual (adjetivo que pretende conferir un matiz meramente descriptivo y aséptico). Gonsiorek (1991), entre muchos otros, aporta evidencia fiable, válida y suficiente para zanjar definitivamente la cuestión —si no quedaba ya clara—: la homosexualidad no es en modo alguno signo de enfermedad ni desajuste psicológico (o, en otras palabras, lo es tanto como la heterosexualidad). En este sentido afirma Gil Calvo (1991, último capítulo): «Las personas, masculinas o femeninas, deben ser libres de elegir voluntariamente su vía personal de acceso a la gratificación sexual: monogamia heterosexual, promiscuidad, homosexualidad, autismo masturbatorio, fetichismo, sumisión sadomasoquista o hasta la autorrepresora castidad, que es la más extravagante perversión sexual. Todo, excepto atentar contra las libertades ajenas».

La homosexualidad es un fenómeno estadísticamente marginal: ya hemos comentado que los índices de incidencia son mayores de lo pretendido (Gonsiorek y Weinrich, 1991; Guasch, 1991), y mucho más aún las fantasías homosexuales esporádicas (Serrano Vicens, 1975; Malo de Molina, 1992).

Los homosexuales no son personas normales (más allá de su orientación sexual): sin poder entrar ahora en la apasionante discusión sobre qué es la «normalidad» psicológica (recordemos, p. ej. la polémica investigación de Rosenhan, 1973), no deja de llamar la atención el que apenas algo más de la mitad de la población española (aprox. un 60 por 100) considera que los homosexuales son personas normales, pero con una determinada preferencia sexual distinta a la de la mayoría. Para la casi otra mitad son seres anormales o patológicos más allá de su mera orientación sexual (Malo de Molina, 1992). En este sentido, Guasch (1991) comienza su obra de este modo: «Los hombres que aman a hombres o las mujeres que aman a mujeres son —dicen— pocos y diferentes. ¿Pocos?: Imposible saberlo. La orientación sexual no figura en estadística oficial alguna. ¿Diferentes?: En absoluto. Gays y lesbianas suelen ser tan encantadores o estúpidos como el resto de los seres humanos».

Los homosexuales se aman menos, son menos felices, y sus relaciones son disfuncionales: Testa y cols. (1987) confirman la existencia de estos sesgos perceptivos sobre los homosexuales entre los heterosexuales, mientras que Peplau (1991) acumula evidencia que refuta la veracidad de dichos estereotipos.

Los gays son hombres femeninos y las lesbianas mujeres masculinas: esta extendida idea ha sido refutada tanto a nivel conductual (Guasch, 1991; Nardi, 1992) como a nivel biológico (Byne, 1994). Este último autor subraya que «la idea de que los hombres homosexuales están feminizados y las mujeres homosexuales están masculinizadas refleja más nuestra cultura que la biología de la respuesta erótica» (Byne, 1994, p. 13).

En toda pareja homosexual siempre hay uno que desempeña un rol masculino y el otro un rol femenino: aunque sea cierto en ocasiones, existe evidencia empírica que derriba el mito de que los roles de «marido» y «esposa» en las relaciones íntimas son sistemáticos y universales (existen parejas en que ambos desempeñan un rol masculino, femenino, o andrógino) (Peplau, 1991).

Los gays no desean ni pueden establecer relaciones duraderas: son diversos los estudios que refutan empíricamente esta extendida creencia errónea (Lee, 1976; Adler y cols., 1986; Peplau, 1991).

Como vemos, muchos de esos estereotipos no sólo son «sobre» los homosexuales, sino *contra* los homosexuales[77]. Algunos autores han señalado que ese tabú contra la homosexualidad tiene su origen en los requerimientos de las instituciones religiosas y militares (Davies, 1979). Dichos prejuicios, estereotipos y tabúes han sido y son los responsables de la fuerte *discriminación social, jurídica, psicológica e incluso física* de la que son objeto los homosexuales (Herek, 1991; Rivera, 1991). Los ejemplos de esa discriminación son múltiples y no es el momento de abundar en ellos (ni parece necesario, por otra parte). Como botón de muestra, todavía en 1977 (no hablamos, pues, de la Edad Media) más de 30 Estados de EE.UU. (el país que para la opinión pública mundial pasa por ser el paradigma de la libertad, el progreso y la tolerancia de occidente) condenaban *legalmente* —ya no «sólo» tácitamente— las relaciones homosexuales, incluso entre adultos, con mutuo consentimiento, y en privado[78].

---

[77] Martín Serrano (1991) constata que en nuestro país más de un 70 por 100 de la población se manifiesta abiertamente en contra de la homosexualidad (no sólo la rechazan para ellos mismos, sino también para todos los demás).

[78] Qué lejos queda esto de las opinión de P. G. Zimbardo, que encabeza el presente capítulo. El polémico creador de la prisión experimental de Standford sitúa el criterio ético aceptable para las relaciones sexuales, no en que participen personas de distinto sexo, ni en que sean únicamente dos, ni en que estén enamoradas, ni en que estén formalmente casadas, ni en que exista un compromiso informal entre ellas, sino «simplemente» (o mejor dicho, nada menos) en que mejoren la comunicación y el entendimiento entre las personas que llevan a cabo esas relaciones sexuales.

Por lo que respecto a las *teorías sobre el origen de la homosexualidad,* nos encontramos con la eterna *polémica «natura-nurtura»* (herencia vs. aprendizaje), si bien, como en otras áreas en las que se ha debatido tradicionalmente esta dicotomía, existe una creciente tendencia a admitir como causa fundamental de la conducta la continua interacción entre ambas fuerzas, evolutivas y ambientales (genes y ambiente social e interpersonal).

Le Vay y Hamer (1994) muestran los resultados de investigaciones que *apuntan* (obviamente no *demuestran*) la existencia de una *base biológica* de la homosexualidad, tanto mediante los clásicos *estudios con gemelos* (un 55 por 100 de los gemelos monocigóticos —GMZ— de homosexuales también lo eran, mientras que eso sucedía en un 20 por 100 de gemelos dicigóticos y de hermanos no gemelos —frente a ello, sólo un 2 por 100 de hermanos de heterosexuales era homosexual—), como mediante *estudios neuroanatómicos* (el grupo NIHA-3 del área preóptica medial —relacionada con la conducta sexual— es significativamente mayor en hombres heterosexuales que en hombres homosexuales y en mujeres), y con *estudios genéticos* (la región Xq-28 del cromosoma X es notablemente más parecida entre hermanos homosexuales que entre hermanos heterosexuales)[79].

Por contra, Byne (1994) ofrece una réplica a las investigaciones biológicas sobre la homosexualidad: por un lado olvidan con frecuencia la importancia del ambiente en el desarrollo del potencial genético (respecto a cualquier rasgo fenotípico, como la homosexualidad); por otro lado el apoyo de las hipótesis biológicas es escaso, no sistemático (con evidencia empírica contradictoria) y basado frecuentemente en muestras de enfermos de sida (lo que atenta lógicamente contra la validez interna y externa de dichos estudios); finalmente se alude a la confusión entre los efectos de genes y ambiente en los estudios de gemelos, y a las posibles explicaciones alternativas (así, p. ej. aunque el dato de que un 50 por 100 de GMZ de homosexuales también sean homosexuales ha sido utilizado como argumento favorable a las tesis genéticas —como hemos señalado recientemente—, ese mismo dato puede interpretarse a la inversa: existe nada menos que un 50 por 100 de GMZ de homosexuales —exactamente con sus mismos genes, por tanto— que son heterosexuales).

Muchos son los autores que han resaltado la influencia de la socialización y el contexto situacional en la génesis de una orientación homosexual. Así, *situaciones de segregación sexual* tales como la infancia, la preadolescencia, los inter-

---

[79] El 29 de abril de 1993 el diario *El Mundo* recoge una noticia sobre la creación, por primera vez, de moscas homosexuales mediante manipulación genética.
Por su parte, los estudios hormonales (fundamentalmente los centrados en la diferencia entre gays, lesbianas, y varones y mujeres heterosexuales en los niveles de testosterona) han arrojado con frecuencia evidencia empírica contradictoria (véase, p. ej. Kolodny y cols., 1971; Byne, 1994).

© Ediciones Pirámide

nados, las cárceles, las largas travesías navales, etc., suelen acompañarse de un notable incremento de relaciones homosexuales (Wilson y Nias, 1976). Por su parte, en un excelente artículo, Storms (1981) ofrece una Teoría sobre el Desarrollo de la Orientación Sexual en la cual propone (y posteriormente apoya con evidencias empíricas) que la orientación erótica (hetero, homo, o bisexualidad) emerge a través de la *interacción entre el desarrollo del impulso sexual* (dirigido tanto por condicionantes genéticos como por los procesos de aprendizaje —condicionamiento clásico, operante y vicario—) *y el desarrollo de las relaciones interpersonales durante la preadolescencia.*

Una vez comentadas algunas cuestiones relevantes sobre la homosexualidad en general y sobre las diversas tentativas de explicación etiológica, citaremos brevemente algunos estudios sobre colectivos homosexuales en particular, así como los (escasos) estudios que detectan algunas diferencias en la *conducta amorosa y sexual de gays y lesbianas* (entre unos y otros, y entre ambos respecto a los heterosexuales)[80].

Gays

Existe una extendida tendencia a hablar de «los gays» en general, como si de un grupo uniforme se tratara, cuando lo cierto es que hay, exactamente igual que entre los heterosexuales, una gran variabilidad entre unos gays y otros. Ya Bell y Weinberg (1978) distinguieron diversos «tipos generales» en función de su conducta amorosa y sexual: «cerrados, abiertos, funcionales, disfuncionales y asexuales». Guasch (1991) ofrece una tipología gay en cinco categorías que los propios homosexuales de nuestro país perciben, en función de su apariencia externa, actitud y el contexto en que se mueven: «El macho, el blando, la loca, el carroza y el reprimido». Cada uno de estos tipos tiende a manifestar una forma peculiar de amar y de relacionarse sexualmente. En cualquier caso, la variabilidad es mucho mayor de lo que reflejan normalmente los medios de comunicación de masas, los cuales asocian frecuentemente la homosexualidad con «la farándula», «las plumas», las vestimentas más o menos estrafalarias, y, en definitiva, la exageración, en lo que constituye otro sesgo hacia este colectivo, que fomenta una imagen frívola del mismo, lo que a buen seguro no favorece a la eliminación progresiva de la discriminación.

Sea como fuere, valgan estas clasificaciones como recordatorio de las *precauciones que hemos de tomar a la hora de generalizar los resultados de las*

---

[80] Por lo que respecta a la bisexualidad, apenas es tenida en cuenta como categoría diferenciada, y las investigaciones psico-sociales empíricas sobre la conducta amoroso-sexual de los bisexuales son bastante escasas. Podríamos destacar la investigación de Engel y Saracino (1986), quienes detectan una actitud menos favorable hacia la fidelidad sexual (o más favorable hacia la promiscuidad sexual) entre los bisexuales que en el resto de los grupos (gays, lesbianas, y heterosexuales masculinos y femeninos).

investigaciones obtenidas con pequeñas muestras de homosexuales (como las que citaremos a continuación) a toda la población homosexual.

Se ha constatado la tendencia de los gays a conceder gran importancia al aspecto físico de su pareja (Lee, 1976), lo que concuerda con la pauta seguida por los hombres heterosexuales (frente a las mujeres hetero y homosexuales); parece que los emparejados presentan un mayor ajuste psicológico y social que los no emparejados (Bell y Weinberg, 1978); que no existen diferencias significativas en satisfacción amorosa entre las parejas abiertas y las cerradas (Blasband y Peplau, 1985); que el cortejo o seducción suele circunscribirse a determinados locales públicos para gays (bares, *pubs,* discotecas, saunas...) o fiestas privadas, soliendo tener las relaciones un marcado —aunque no necesariamente exclusivo— carácter sexual (Guasch, 1991); y que generalmente la intimidad surge con el tiempo, después de mantener relaciones sexuales (Nardi, 1991; al contrario de lo que tiende a suceder entre las lesbianas, en las que las relaciones sexuales suelen ser un producto posterior tras el desarrollo de una fuerte intimidad).

Por su parte, respecto a la comparación entre gays y hombres heterosexuales en actitudes y comportamiento amoroso-sexuales, Adler y cols. (1986) no hallan diferencias significativas en ninguno de los seis estilos amorosos evaluados (según la propuesta de Lee, 1973, numerosas veces aludida ya), y tan sólo encuentran una diferencia en las cuatro actitudes sexuales analizadas (según la propuesta de Hendrick y Hendrick, 1987b): la permisividad sexual aparece como significativamente mayor en gays que en hombres heterosexuales (recordemos que en éstos era a su vez notablemente mayor que en mujeres).

Lesbianas

Aunque actualmente las investigaciones proliferan, la homosexualidad femenina ha sido tradicionalmente menos estudiada que la masculina. Hedblom (1973) centrándose en las relaciones sexuales entre mujeres, señala que las primeras fantasías homosexuales suelen aparecer entre los 10 y 15 años, las primeras experiencias lésbicas entre los 15 y los 20, y la plena conciencia de homosexualidad entre los 20 y los 25. Por su parte, Peplau y cols. (1978), centrándose en las relaciones amorosas lésbicas, comprueban la gran importancia atribuida a la intimidad (lo que concuerda con la pauta seguida por las mujeres heterosexuales), y señalan que un factor clave es el equilibrio entre compromiso e independencia (como sucedía también en las parejas heterosexuales), hallando que el nivel educativo y el feminismo eran variables que tendían a asociarse a un mayor deseo de independencia, mientras que el romanticismo, la religiosidad y la feminidad lo hacían a un mayor deseo de compromiso. Nichols (1992) incide en la tendencia entre las lesbianas a rechazar —de forma más o menos acusada— los rasgos del estereotipo dominante (masculino) de belleza femenina.

© Ediciones Pirámide

Por su parte, respecto a la comparación entre lesbianas y mujeres heterosexuales en actitudes y comportamiento amoroso-sexuales, mientras que Loewenstein (1984) afirma que era imposible distinguir entre relaciones lésbicas y heterosexuales atendiendo a las descripciones de los sentimientos y emociones amorosas de las mujeres (obviando los pronombres personales, lógicamente), hay algunos estudios que sí parecen apuntar ciertas diferencias: así, Hedblom (1973) halla una mayor frecuencia en las relaciones sexuales lésbicas frente a las de las mujeres heterosexuales (punto en el que no concuerda con Nichols, 1992), y una mayor satisfacción sexual desde los primeros contactos (cosa que no siempre sucede en las mujeres heterosexuales, como han subrayado los diversos autores clásicos en sexología, repetidamente citados). Kurdek y Schmitt (1986) hallan un mayor equilibrio de poder (en el sentido de igualdad en la toma de decisiones) entre parejas lesbianas que el que gozan las mujeres en las parejas heterosexuales. Por otro lado, Nichols (1992) informa de un mayor conocimiento y comprensión, tanto física y sexual como psicológica, entre las lesbianas, que el que alcanzan las mujeres heterosexuales hacia su pareja.

Diferencias entre gays y lesbianas

Los gays tienden arrojar cifras significativamente mayores que las lesbianas en la frecuencia y variedad de las relaciones sexuales (Wilson y Nias, 1976; Nichols, 1992)[81], y también en cuanto al porcentaje de personas que se declaran como homosexuales (Beach y Ford, 1951; Wilson y Nias, 1976; Malo de Molina, 1992), aunque no en cuanto al porcentaje que declara tener fantasías homosexuales, que es mayor en mujeres (Serrano Vicens, 1975; Cáceres, 1986; Malo de Molina, 1992).

---

[81] Nichols (1992) sugiere posibles explicaciones a esa presumible menor satisfacción sexual y mayor represión de la sexualidad en las parejas lesbianas: 1) La consideración del sexo genital conducente al orgasmo como algo íntimamente ligado al modelo sexual «patriarcal» tradicional, y en consecuencia rechazable. 2) La gran intensidad de la intimidad en las relaciones lésbicas dificulta el mantenimiento de la pasión erótica, uno de los motores principales de la excitación sexual. 3) La demanda sexual ha sido y es un comportamiento típicamente masculino, del que tratan de huir, por tanto, las mujeres lesbianas. 4) La gran vinculación entre amor y sexualidad en las mujeres en general, y en las lesbianas en particular, haría que primasen las conductas de cariño y ternura, frente a las especificamente sexuales. 5) Se rechaza también la promiscuidad sexual, como deseo típicamente masculino. 6) En ocasiones se hace especialmente difícil el surgimiento del atractivo físico (otro de los desencadenantes de la atracción sexual) debido a su descuido físico como reacción a los cánones sociales masculinos de belleza femenina («Lo que puede ser una buena política puede ser también una mala sexualidad»). 7) Existe una dificultad en el desempeño del rol sexual en las lesbianas, puesto que por un lado se rechaza el rol masculino, pero, por otro, se rechaza también el rol clásico femenino (dado que éste está definido por la sociedad masculina-machista-patriarcal en su provecho). Y 8) Hay una reacción contraria a la genitalidad dado que ésta ha sido y es utilizada por los hombres como excusa para su violencia contra las mujeres (violación, discriminación, acoso, «etiquetamiento» despectivo, doble moral...), sobre lo cual están especialmente sensibilizadas las lesbianas, quienes, en su práctica totalidad comulgan con el movimiento feminista, y en su mayor parte son activistas de él.

Las lesbianas tienden a mostrar índices significativamente mayores que los gays en: duración de la relación (Wilson y Nias, 1976); actitud y conducta de fidelidad sexual (Bell y Weinberg, 1978) —la misma diferencia que se constata entre hombres y mujeres heterosexuales—; dificultad para desligar el sexo del amor (Bell y Weinberg, 1978) —o capacidad para unirlos, según se mire; tal como sucede entre hombres y mujeres heterosexuales—; equilibrio de poder entre los miembros de la pareja (Kurdek y Schmitt, 1986); y amistad con ex amantes (Nardi, 1991)[82].

No se han encontrado diferencias significativas entre gays y lesbianas en factores tan importantes como las causas de ruptura de la relación (Kurdek, 1991), o la satisfacción general (Bell y Weinberg, 1978 y Peplau, 1991). Sobre la satisfacción amorosa existe evidencia contradictoria: Kurdek y Schmitt (1986) y Peplau (1991) no hallan diferencias significativas, mientras que Bell y Weinberg (1978) y el propio Kurdek (1989) encuentran que las lesbianas están más satisfechas en su relación amorosa que los gays. Tampoco hay evidencia uniforme en torno a las diferencias en satisfacción amorosa, sexual y general entre los homosexuales y los heterosexuales, tomados en general.

La investigación futura podrá seguir profundizando en la comprensión del fenómeno amoroso homosexual, y colaborando a desterrar los mitos y prejuicios erróneos sobre los homosexuales, frecuente origen y justificación de los diversos tipos de discriminación de los que aún son objeto.

4.4. Otros factores «sociodemográficos» que influyen en el comportamiento amoroso

Además del sexo, la orientación sexual y la edad, hay otra serie de factores demográficos que tienen cierta influencia sobre el comportamiento amoroso. Reconocer este hecho supone, desde luego, reconocer la falsedad del mito romántico de que el amor es un producto exclusivo de lo más íntimo e incluso «misterioso» de uno, y ajeno a la influencia de otros factores —evolutivos, culturales, sociológicos, interpersonales, biológicos, y socio-demográficos—, tal como venimos poniendo de relieve a lo largo del libro.

Uno de esos factores es, sin duda, el *estado civil*. ¿Depende el amor de nuestro estado civil? ¿Varía nuestro comportamiento amoroso (sentimientos, pensamientos y conductas) en función de nuestro estado civil? El mito occidental de la

---

[82] Entre las lesbianas el «mejor amigo» es una ex amante en casi el 50 por 100 de los casos, mientras que entre los gays ese índice no alcanza siquiera el 20 por 100 (Nardi, 1991).

omnipotencia del amor nos enseña desde pequeños que «el amor lo puede todo» y «está por encima de todo». Según ello nada debería cambiar en función del estado civil (en realidad, según dicho mito, nada en la relación amorosa debería cambiar en función de ninguna circunstancia, lo cual es obviamente absurdo). ¿Es eso cierto? Y, de haber cambios, ¿es realmente el estado civil la causa, o dichos cambios se deben a otros factores que varían en función del estado civil?

Ya hemos comentado anteriormente que nuestra cultura occidental actual hace normativa la unión del amor pasional, la sexualidad, y el matrimonio (a diferencia de otras culturas contemporáneas e históricas), resaltando los problemas a que esa pretensión da lugar. Los efectos de la variable «estado civil» tienden a ir paralelos a los de otra variable muy relevante para el fenómeno que nos ocupa: la *convivencia en pareja*. Son muchos los autores que, de una forma u otra, han resaltado la contradicción entre el amor pasional y la convivencia en pareja (casados —con mucho lo más habitual— o no) (Rougemont, 1938; Ortega, 1952; Aronson y Linder, 1965; Wilson y Nias, 1976; Cook y McHenry, 1978; Liebowitz, 1983; Flandrin, 1984; Cáceres, 1986; Iglesias de Ussel, 1987; Solomon, 1988; Ochoa y Vázquez, 1991; Fisher, 1992; Hendrick y Hendrick, 1992...).

La convivencia tiende, con el paso del tiempo, a *reducir la pasión* y a *aumentar el compromiso* y la *demanda de fidelidad* (como hemos mostrado anteriormente), con lo que ello supone de cara a los deseos de independencia y de relacionarse —sexualmente o no— con otras personas (deseos que todo el mundo comparte —aunque con notables diferencias en la intensidad—). Al mismo tiempo, al aumentar el tiempo que permanecen juntos aumentan las *probabilidades de discusión,* que en algunas parejas acaban convirtiéndose en un hábito.

Por su parte, dentro de las parejas que conviven juntas, el estudio de las diferencias entre las parejas casadas y las que permanecen solteras es un área poco explorada. Así, p. ej., Lewin y Trost, 1979, no hallan diferencias significativas entre unas y otras; parafraseando a Orwell señalan que «todos los humanos son convencionales, pero algunos son más convencionales que otros» (esto es, «todos» —al menos en nuestra actual cultura— acaban viviendo juntos por parejas, y algunos —la gran mayoría—, además, se casan formalmente). Este dato parece apuntar a la idea de que las diferencias en el comportamiento amoroso no dependen tanto del contrato legal que supone la formalización del matrimonio, como del hecho de vivir juntos, que da lugar a los procesos psico-sociológicos responsables de la transformación del amor pasional en amor compañero (más cercano al cariño, aunque con ciertas peculiaridades).

Finalmente, las diferencias en comportamiento amoroso entre los casados por la Iglesia y los casados por lo civil tampoco han sido abordadas de forma sistemática por la investigación psicosocial. Quizá resulte interesante indagar este punto en futuras investigaciones, aunque nuevamente el factor causal de las posibles diferencias —si las hay— no sea el hecho en sí de estar casado por la Iglesia, sino los factores personales e interpersonales, y las expectativas sobre el amor y las relaciones de pareja, que han llevado a la pareja a optar por un tipo de matrimonio u otro).

Otro área de interés, actualmente en desarrollo, se centra en el estudio de las diferencias no sólo entre casados y solteros, sino en esos grupos cada vez más numerosos de separados y divorciados.

Por su parte, en nuestro propio estudio empírico sobre una muestra representativa de la población española, hemos podido constatar cómo los casados: creían más en los *mitos románticos,* percibían como más unido el trinomio *amor-sexo-matrimonio*, manifestaban *más celos,* y presentaban *mayores índices de intimidad y compromiso,* y *menores de pasión* que los solteros. El problema es que sin metodología experimental (que en este terreno choca con imponderables éticos) es muy complicado responder a la pregunta de si sucede todo lo anterior como consecuencia del matrimonio, o si, por el contrario, resulta que precisamente las personas de esas características son las que tienden más a casarse (en definitiva, si el matrimonio —o alguna variable asociada a éste, como la convivencia— conduce a determinados comportamientos amorosos, o determinados comportamientos amorosos conducen al matrimonio). Quizá sea interesante añadir el dato de que, en nuestro estudio, ni en satisfacción amorosa ni en satisfacción sexual aparecen diferencias significativas entre ninguno de los grupos definidos por la variable «estado civil».

Por último, para no extendernos demasiado, cabe recordar que la convivencia (y consiguientemente el matrimonio) no sólo suele conducir a la progresiva reducción de la pasión (algo —en principio— negativo), sino que también, a cambio, tiende a producir el desarrollo de una *mayor intimidad* entre ambos miembros de la pareja (algo —en principio— positivo). El predominio de unos procesos u otros, e incluso el que éstos sean percibidos como más o menos positivos o negativos, va a depender del resto de los factores que venimos mencionando a lo largo del libro (desde procesos hormonales hasta normas socioculturales aprendidas en el proceso de socialización, la presión de los grupos de pertenencia —familia, trabajo, amigos… —, las expectativas personales sobre el amor y su vínculo con la sexualidad y el matrimonio, variables de personalidad, etc.).

Otro de los factores sociodemográficos clásicos es la *clase social*. Para muchas personas puede resultar escandaloso siquiera plantearse que los sentimientos amorosos puedan diferir en función de la clase social. Pero ¿qué hay de cierto en ello?

Para empezar, como sucede con otro tipo de comportamientos sociales, ciertas pautas amoroso-sexuales tienden a diferir entre unos niveles socioeconómicoculturales y otros (como muestran p. ej. Cook y McHenry, 1978). Empero, las investigaciones psico-sociales al respecto tampoco son demasiado numerosas.

Cabe destacar, en primer lugar, la relación entre estatus social y elección de pareja: actualmente la mayoría de las parejas pertenecen a una clase social similar, es decir, se han emparejado mediante lo que se conoce como una «estrategia[83] de elección homogámica», mientras que la «estrategia de emparejamiento» frecuente hasta hace no mucho tiempo, fundamentalmente entre las mujeres (dada su situación social), ha sido la «estrategia hipergámica» (elección de una pareja de estatus social o económico superior). Sin embargo, como señala Gil Calvo (1991), los cambios psicológicos y sociales que ha supuesto (o mejor, que viene suponiendo) la llamada «liberación de la mujer» han hecho más frecuente la «estrategia meritocrática» (elección de una pareja por sus características o méritos personales). Por tanto, en la actualidad lo más habitual es una estrategia meritocrática, pero una vez pasado un filtro previo relativamente homogámico (lo que se ha dado en llamar el «grupo de los seleccionables»; Kerckhoff, 1974): las personas *solemos* movernos en grupos de *similar* estatus social (lo que no significa que lo hagamos siempre, ni con personas de igual estatus), y por tanto es mucho mayor la probabilidad de emparejarse con una persona de similar estatus o clase social. En cualquier caso, aunque menos frecuente que hace unas décadas, la «estrategia hipergámica» sigue siendo más común en las mujeres que en los hombres, probablemente debido a las aún existentes diferencias en condiciones sociales y en educación amoroso-sexual.

En cualquier caso, las relaciones entre la «clase social subjetiva» (dónde uno se ubica cuando se le pregunta sobre su clase social) y los distintos comportamientos amorosos son considerablemente pequeñas (es decir, existe mucha variabilidad dentro de cada grupo definido por la clase social, lo que indica que hay otros factores notablemente más importantes). Así, p. ej., en nuestro estudio empírico, la variable que más vinculada parece estar con la clase social es la duración de la relación (en sentido inverso), siendo la magnitud de la correlación considerablemente baja ($r = -0{,}12$; aunque significativa en términos estadísticos, con un nivel de confianza del 99,99 por 100), y probablemente no significa mucho más que el hecho de que las personas de mayor clase social tienen más medios para separarse si así lo desean.

La *situación económica,* variable muy vinculada con la anterior, también ejerce cierta influencia sobre el fenómeno amoroso, aunque la socialización romántí-

---

[83] El entrecomillado del término «estrategia» significa que dicho término no implica aquí necesariamente un plan consciente —como suele implicar su uso corriente—, sino una pauta de actuación más o menos inconsciente.

ca nos conduzca a creer lo contrario. La relación entre el nivel de ingresos económicos, y las actitudes y conductas amorosas y sexuales no ha sido tampoco un punto estudiado sistemáticamente por la investigación psicosocial, pero sí la diferencia entre la situación económica de cada miembro de la pareja.

Respecto al primer aspecto, las relaciones entre el nivel de ingresos y los comportamientos amorosos, hemos podido constatar recientemente en una muestra representativa de la población española cómo los principales rasgos amorosos relacionados con el nivel de ingresos encajan más o menos con el «ideal romántico» (Averill y Bothroyd, 1977), de forma que cabe afirmar que, a grandes rasgos (es decir, como tendencia y como promedio) las personas con más posibilidades económicas caen menos dentro del estereotipo romántico occidental: sienten *atracción sexual* por más personas distintas a su pareja, han tenido *relaciones sexuales* con más personas tanto antes como durante la relación de pareja actual, creen menos en los *mitos románticos,* aceptan más el *sexo sin amor,* e incluso sienten algo menos de *pasión romántica* por su pareja (como promedio) que las personas con menor nivel de ingresos. Naturalmente, siempre hay variables que pueden covariar con la analizada, y ser las responsables de los resultados. En nuestro caso, tanto el nivel de estudios como el género covarían fuertemente con el nivel económico: las personas con más posibilidades económicas tienden a ser al mismo tiempo las de mayor nivel de estudios, y son en su mayor parte hombres. Ambos hechos pueden ayudar a explicar los resultados comentados. En cualquier caso, hay que tener en cuenta que de los resultados mencionados todos excepto la menor creencia en los mitos están más estrechamente relacionados con el nivel económico que con el nivel de estudios. La relación entre el nivel de ingresos y los comportamientos amorosos y sexuales, aunque pequeña, no deja de ser sugerente y un tanto inquietante (además de subversiva respecto al «ideal romántico occidental»), y debe ser objeto de posteriores análisis más específicos y minuciosos.

Respecto a los estudios sobre la diferencia entre la situación económica de cada miembro de la pareja, existe considerable evidencia de que si uno de los miembros de la pareja depende económicamente del otro, el miembro dependiente tenderá a desear y necesitar un mayor *compromiso* y a mostrarse *celoso;* asimismo tendrá menos posibilidades de tener *otras relaciones* —de amistad o sexuales— al margen de su pareja, menor *poder* en la relación (en cuanto a capacidad en la toma de decisiones) y se tenderá a encontrar menos *satisfecho.* Esta ha solido ser la situación de la mujer a lo largo de la cultura occidental, si bien la mencionada «liberalización de la mujer» —uno de cuyos aspectos es la independencia económica— está cambiando notablemente el panorama de las relaciones amorosas (O'Neill y O'Neill, 1972; Gondonneau, 1974; Safilios, 1976; Masters y cols., 1982; Iglesias, 1987; Sternberg, 1988; Fisher, 1992; Hendrick y Hendrick, 1992; A. de Miguel, 1992).

También el *nivel de estudios,* está relacionado con el fenómeno amoroso. Los comportamientos amorosos varían, entre otros muchos factores, en función del nivel cultural de las personas, tal como ocurre con otros tipos de conductas. Parece constatarse una relación positiva entre el *equilibrio de poder* entre los miembros de la pareja y el nivel cultural de ambos (algo que hemos podido comprobar en una muestra española, y que coincide con resultados anteriores; p. ej. Safilios, 1976). Existen algunos indicios de una mayor *satisfacción en la relación* en parejas de mayor nivel cultural (Pick y Andrade, 1988; Hendrick y Hendrick, 1992), pero los datos no son concluyentes: las propias Pick y Andrade obtienen el resultado comentado en tan sólo uno de los tres índices de satisfacción amorosa empleados, mientras que otros estudios —p. ej. el nuestro repetidamente comentado— no obtienen diferencias significativas.

Otros comportamientos relacionados con la relación amorosa en los que se ha encontrado relación con el nivel cultural son: la *fidelidad sexual* (mayor entre los niveles culturales más bajos; Gondonneau, 1974), las *actitudes y conductas sexuales* (menor permisividad y variedad sexual entre las capas con menor nivel de estudios; Vázquez, 1982), y *los celos* (más acusados entre las personas con menor nivel cultural; Van Sommers, 1989).

Por nuestra parte, hemos podido constatar cómo entre la población española, los factores de la relación de pareja más relacionados con el nivel de estudios eran los siguientes: una menor creencia en *los mitos románticos,* una menor importancia otorgada al *deseo de tener hijos o de casarse* a la hora de buscar pareja estable (y consiguientemente mayor importancia a otros aspectos como «el carácter» —es decir, las variables de personalidad— y los valores), una mayor *separación entre amor-sexo-y-matrimonio,* menores *celos sexuales,* y mayor *frecuencia y satisfacción en las relaciones sexuales.* Nuevamente, hay que referirse a las variables que varían conjuntamente con la analizada, entre las que en este caso destaca la edad (que pudiera ser responsable, pues, de alguno de los resultados comentados).

Por su parte, también el *número de hijos* tiene repercusiones en la relación amorosa. Algunos autores, desde otras perspectivas distintas a la Psicología Social, recalcan los aspectos positivos que supone tener hijos sobre la realización personal y el vínculo de pareja (p. ej. Yela, 1981, o Tinbergen, 1985). Otros, sin embargo, han subrayado los efectos negativos de los hijos sobre la relación amorosa: discrepancias en la educación, aumento de la responsabilidad y del estrés, y disminución de la independencia, el tiempo de intimidad para la pareja (a solas), y la atención dispensada al otro miembro (Argyle, 1987; Pick y Andrade, 1988; Sternberg, 1988; Hendrick y Hendrick, 1992). Por nuestra parte obtuvimos que los emparejados con hijos presentaban mayores puntuaciones en: compromiso con la pareja, amor pragmático y amor compañero, que los emparejados sin hijos; y menores puntuaciones en: deseos de iniciar otra relación (lo cual corrobora que los hijos son una de las principales «barreras» en la disolución de las relaciones amorosas), amor lúdico y pasión erótica. En cualquier caso, no hay que olvidar que el número de hijos tiende a covariar con otras variables tan relevantes o más como la edad, el estado civil, la convivencia o la duración de la relación.

Y, finalmente, otra de las variables sociodemográficas clásicas, el *hábitat* (en función del número de habitantes, o en función del ámbito rural vs. urbano) también puede hacer que ciertas pautas de la relación de pareja e incluso ciertos sentimientos amorosos difieran en alguna medida (véase p. ej. Cook y McHenry, 1978). Ello es más notorio respecto a las actitudes y conductas sexuales (ver p. ej. Del Campo, 1993). Respecto a su influencia en el comportamiento amoroso existe poca evidencia empírica sistemática. Por nuestra parte, en nuestro mencionado estudio obtuvimos correlaciones de baja magnitud con todas las variables. En todo caso, las de mayor intensidad (aunque todas ellas bajas —por debajo del 0,15 de valor absoluto—) indicaron que cuanto más pequeño era el número de habitantes: mayor era la creencia en los mitos románticos, mayores los celos sexuales, y mayor la importancia conferida a la fidelidad sexual (probablemente por la existencia de una presión social más directa).

Como vemos, pues, nuestros sentimientos amorosos no solo dependen de constricciones biológicas, histórico-culturales, sociales e interpersonales, sino que además dependen —en buena parte— de constricciones socio-demográficas, es decir, de nuestro sexo (género), edad, orientación sexual, estado civil, nivel socio-económico-cultural, número de hijos, o lugar de residencia. Veamos, finalmente, cómo dependen también de nuestras características psicológicas.

5. El amor y las características psicológicas del individuo

«Lo poco que vemos depende de lo que somos.»

SÓCRATES (s. v a. C.)

5.1. Factores psicológicos que influyen en la conducta y satisfacción amorosa

Cada individuo, además de pertenecer a una determinada cultura, sociedad, y a determinados grupos sociodemográficos (tener un género, edad, orientación sexual, estado civil, nivel educativo, etc. concretos), presenta unos determinados procesos, rasgos, y características psicológicas. Obviamente no podemos entrar aquí en el apasionante y polémico debate entorno a la misma existencia y naturaleza de la «personalidad» (consistencia vs. variabilidad trans-situacional; rasgos vs. estados; constructivistas vs. realistas; personalistas vs. situacionistas; importancia de la interacción persona-situación, etc.; véase, p. ej. las obras de Cronbach, 1957; 1975; Mischel, 1968; Avia y Martín, 1985; Huteau, 1985; Ibáñez y Pelechano, 1989; Avia y Sánchez Bernardos, 1995...). Pero sí nos detendremos a destacar aquellas características psicológicas que mayor relevancia tengan en el fenómeno amoroso.

Aunque la distinción no siempre resulta evidente, vamos a distinguir, para hacer más ordenado y legible el texto entre factores o variables psicológicas directamente relacionadas con el fenómeno amoroso, y variables de personalidad.

Factores psicológicos del individuo relacionados con el amor y la satisfacción amorosa

En primer lugar, tanto los *celos* como la actitud hacia la *fidelidad sexual* son dos procesos psicológicos (psicosociales más bien, o más propiamente biopsicosociales) tan estrechamente relacionados con el fenómeno amoroso (al menos en nuestra cultura occidental y en la actualidad) y la satisfacción amorosa que, de hecho, llevamos todo el libro hablando de ellos. Y volveremos a hacerlo nuevamente en los últimos capítulos, cuando hablemos de «la otra cara del amor». Repetir aquí todo lo dicho (y lo que comentaremos en ese próximo capítulo) haría excesivamente denso un ya de por sí extenso trabajo.

Sin embargo, una variable psicológica a la que también es necesario prestar atención es al proceso de *idealización* de la pareja (hipervaloración de sus virtudes e infraestimación de sus defectos), que parece estar relacionado con la satisfacción amorosa del idealizador (p. ej. Murstein, 1988; Solomon, 1988), lo cual es corroborado en nuestra muestra representativa de la población española (Jiménez Burillo y otros, 1995). Ello constituye un ejemplo más que muestra cómo los sesgos en el procesamiento de la información pueden resultar adaptativos (como sucede, por ejemplo, respecto a la «ilusión de control», ausente en los sujetos depresivos; Vázquez, 1985; Vázquez y Ring, 1990). No deja de ser llamativo que las personas «idealistas» salgan mejor paradas que las «realistas» en cuanto a «ajuste» (gracias a la ilusión de control) y «satisfacción amorosa» (gracias a la idealización de su pareja). Ello entronca directamente con el ubicuo dilema entre el «sabio atormentado» *vs.* el «ignorante feliz», cuestión demasiado compleja como para ser resuelta frívolamente en unas cuantas líneas (y un análisis exhaustivo nos llevaría más espacio del que aquí parece razonable emplear).

Otro aspecto importante es la percepción del *equilibrio entre el compromiso adquirido y la independencia deseada*. Percibir que uno ha establecido un equilibrio más o menos adecuado —dado que nunca será perfecto— entre ambas, de modo que no se sienta una fuerte necesidad de que la pareja nos conceda mayor libertad, ni, por contra, necesidad de que se comprometa más con uno, constituye un importante factor predictor de la satisfacción amorosa (O'Neill y O'Neill, 1972; Rubin, 1973; Peele, 1975; Hill y cols., 1976; Money, 1976; Birtchnell, 1986; Sternberg, 1988; Carreño, 1991; Hendrick y Hendrick, 1992; C. Yela, 1995 y en prensa). Por nuestra parte, hemos podido constatar empíricamente, que tanto aquellos que ceden gran parte de su independencia en la relación, como aquellos que demandan mayor implicación por parte de su pareja, presentan una menor satisfacción en la relación (Jiménez Burillo y otros, 1995).

La percepción de un *balance positivo entre los costes* que supone la relación (es decir, aquello que nos molesta de la misma, junto a aquello a lo que nos vemos forzados a renunciar por ella) *y las recompensas* que ésta produce (es decir, todos los aspectos positivos de nuestra relación) es otro factor claramente asociado con la satisfacción en la relación amorosa (p. ej. Levinger, 1979). Ya se ha señalado que, bajo una apariencia «fría y mercantilista» estos conceptos de las Teorías del Intercambio revelan aspectos muy importantes de la interacción social, y han recibido notable apoyo empírico. Todos realizamos con suma frecuencia este tipo de balances cognitivos, si quiera inconscientemente, y los resultados de estos balances son de gran importancia sobre nuestras conductas.

En una línea similar, otros autores subrayan que lo realmente decisivo no es tanto que el balance costes/recompensas nos sea favorable, como el hecho de percibir que existe *equidad* en la relación, tanto a nivel individual (que se recibe aproximadamente lo mismo que se aporta) como interpersonal (que los balances de uno y otro miembro estén equilibrados; que no hay ningún miembro de la pareja que reciba mucho sin exponer, a costa de que el otro exponga mucho sin apenas recibir). Existe cierta evidencia de que en una relación amorosa la gente tiende a preferir una situación de equidad antes que una de injusticia, aunque ésta le favorezca (Walster y cols., 1978; Hatfield y cols., 1979). También en nuestro estudio aparecen como más satisfechos los que perciben equidad entre lo aportado y lo recibido, y como menos satisfechos quienes perciben que aportan más de lo que reciben (balance negativo), quedando en un nivel intermedio (significativamente distinto de los dos extremos) quienes perciben que reciben más de lo que aportan (balance positivo). No deja de ser interesante y muy relevante el hecho de dar preferencia a la justicia (equidad) antes que a la «productividad» (consecución del máximo número de gratificaciones personales) dentro de las relaciones amorosas.

Quizá no resulte muy sorprendente el hecho de que tanto la *satisfacción sexual* (Wilson y Nias, 1976; Carreño, 1991; Fraia, 1991; Alberoni y Fraia, 1992;

Hendrick y Hendrick, 1992) como la *satisfacción general* —satisfacción vital, bienestar subjetivo, o felicidad— (Critelli, 1977; Argyle, 1987) estén estrechamente relacionadas con la satisfacción amorosa. Tanto las relaciones sexuales, como la satisfacción con la vida en general son factores centrales de la vida del hombre, y ambas repercutirán de modo importante en la satisfacción de la persona con su relación amorosa. Ambos extremos fueron corroborados en nuestras propias investigaciones (Jiménez Burillo y otros, 1995; Yela, 1995).

En general, la *intensidad de los sentimientos amorosos* hacia el amado (*siempre que exista cierta reciprocidad,* aunque sea a diferente nivel de intensidad) está también directamente relacionada con la satisfacción amorosa. Según la ya mencionada Teoría Triangular de Sternberg (1986 y ss.), las puntuaciones directas en los componentes amorosos (intimidad, pasión y compromiso) resultan buenos predictores de la satisfacción amorosa (por el orden mencionado), como comprueban el propio Sternberg (1988) y otros autores que emplean sus presupuestos e instrumentos (Carreño, 1991; Fraia, 1991; Acker y Davis, 1992; Serrano y Carreño, 1993; C. Yela, 1995, y en prensa). Efectivamente, también en nuestra investigación todos los componentes amorosos están relacionados positiva y significativamente con la satisfacción en la relación, especialmente los no pasionales (intimidad y compromiso), que son los componentes de más peso en una muestra con más de 18 años y medio de duración media de las relaciones amorosas.

Otro aspecto importante derivado del mismo enfoque, y también constatado, es la importancia que tiene para la satisfacción amorosa *el ajuste entre lo esperado y lo percibido* en una relación. En términos de la teoría triangular hablaríamos de la similaridad entre el triángulo ideal (I, P, y C que uno desearía recibir de su pareja) y el triángulo percibido (I, P, y C que uno percibe que recibe de su pareja) (Sternberg, 1988; Carreño, 1991; Serrano y Carreño, 1993). Es notable destacar el hecho de que *los sentimientos percibidos* (lo que creemos que el otro siente por nosotros) *tienen mayor importancia que los sentimientos reales* del otro (lo que de hecho el otro siente por nosotros), como han puesto de manifiesto diversos autores (Bueno, 1983; Hendrick y Hendrick, 1988; Sternberg, 1988; Sternberg y Barnes, 1988).

La *percepción de apoyo emocional* por parte de la pareja es otro aspecto fundamental de cara a la satisfacción amorosa. Entre los aspectos más relevantes de ese apoyo destacan: la tolerancia, la comprensión, el cariño, los ánimos, y la empatía de nuestra pareja con nosotros (Sternberg, 1988; Fiore y Swensen, 1990; Hendrick y Hendrick, 1992).

Otro factor asociado con una mayor satisfacción amorosa es la *percepción de escasas alternativas de pareja reales,* lo cual está relacionado con el concepto de «nivel de comparación de alternativas» (NC.alt), del modelo de Thibaut y Kelley (1959) sobre el intercambio social. Si un miembro percibe que tiene a su alcance otras relaciones factibles, ello le llevará a aceptar de peor gana los costes que le supone su relación actual, mientras que si no tiene otras alternativas mejores aceptará los costes de su relación con mayor resignación autocalificándose como más satisfecho —en lo que probablemente intervenga un proceso de reducción de la disonancia cognitiva— (Kurdek y Schmitt, 1986). Efectivamente, en nuestra investigación encontramos un relación directa entre el NC.alt y la satisfacción en la relación, aunque de baja magnitud. En cualquier caso, es necesario profundizar más sobre la relación entre estas variables, ya que tanto un alto como un bajo NC.alt podrían predecir una mayor satisfacción amorosa, ya sea mediante un proceso de disonancia aplicado a «lo único posible» (cuando no hay más alternativas —bajo NC.alt—), o aplicado a «lo elegido libremente» (cuando existen varias posibilidades —NC.alt—) (recordemos las investigaciones de Aronson y Mills, 1959, sobre la preferencia por lo que nos cuesta, y por lo que ya hemos elegido «voluntariamente»).

La *percepción de ciertas características en el otro* miembro de la pareja también tiene mucha relación con la satisfacción amorosa del perceptor. Entre ellas cabe destacar:

— El sentido del humor (Wilson y Nias, 1976).
— La afectividad o sensibilidad (Carreño, 1991): en nuestra muestra es el sexto factor más citado entre las características más valoradas en la pareja (tras algo tan poco concreto como el «carácter agradable», y aspectos más específicos como la sinceridad, inteligencia, fidelidad y semejanza de valores).
— La feminidad (Carreño, 1991) y el erotismo (Wilson y Nias, 1976) en las mujeres son valorados en mayor medida por los hombres a la hora de evaluar su satisfacción amorosa, confiriendo las mujeres menor importancia a la masculinidad y al erotismo explícito de los hombres. En nuestra investigación, la feminidad fue escogida por el 16 por 100 de los hombres entre las cinco características más valoradas en la pareja en una relación amorosa estable, mientras que la masculinidad fue escogida por tan sólo un 4 por 100 de las mujeres.
— Romanticismo y autoconfianza: por último, si el atractivo físico y la feminidad son más valorados por los hombres, nuestra investigación refleja dos características más valoradas por las mujeres en sus parejas: el romanticismo (sobre lo que existen numerosos precedentes: Dion y Dion, 1979; Houston, 1981; Carreño, 1991) y la autoconfianza (o seguridad en uno mismo).
— El atractivo físico (del otro), aspecto al que conceden sistemáticamente mayor importancia los hombres que las mujeres (Byrne, 1971; Stroebe y

otros, 1971; Wilson y Nias, 1976; Sternberg y Grajek, 1984; Buss y Barnes, 1986; Buss, 1988, 1989; Sternberg, 1988; Feingold, 1990; Carreño, 1991; Hendrick y Hendrick, 1992; Buss y Schmitt, 1993; Davis y Strube, 1993; C.Yela, 1995): nuestra investigación vuelve a corroborar este extremo, entre la población española actual. El atractivo físico de la pareja aparece como la séptima característica más citada por los hombres entre las primordiales en una relación amorosa (lo citan un 26 por 100 entre las cinco características principales), por encima de otras como el romanticismo, la generosidad o la autoconfianza, mientras que se remonta al decimosegundo lugar entre las mujeres (lo citan un 13 por 100 entre las cinco características principales), por debajo de las tres citadas anteriormente, y de otras como el nivel cultural o la salud (Sangrador y Yela, 2000).

En cualquier caso, en ambos sexos el atractivo físico del otro se relaciona con la satisfacción propia en la relación, y además aparece como uno de los principales factores predictores de la misma en las ecuaciones de regresión lineal (Yela, en prensa).

Del mismo modo, algo tan —en principio— frívolo como la *percepción del atractivo físico propio* también afecta de manera importante a nuestro comportamiento y sentimientos amorosos (Jiménez Burillo y otros, 1995; Yela, 1995; Sangrador y Yela, 2000; Yela y Sangrador, en prensa). En una muestra de estudiantes pudimos comprobar que cuanto mayor era el atractivo físico que uno creía poseer, mayores eran: su estilo amoroso lúdico (promiscuo) y pasional, la variedad de su conducta sexual, y algo tan revelador como su satisfacción general con la vida (lo cual es un índice más de la gran importancia que otorgamos al atractivo físico, al menos en nuestra cultura actual) (Yela, 1995). Walsh (1993) informó que esa mayor promiscuidad de los físicamente atractivos ocurría sólo entre los varones, mientras que en las mujeres acontecía lo contrario. En nuestra muestra representativa de la población española no hemos verificado este último extremo, pero sí hemos encontrado ciertas relaciones diferentes entre hombres y mujeres. Y así, mientras que los hombres que se autopercibían como más atractivos creían más en el mito de la perdurabilidad de la pasión (lo que coincide con el carácter más pasional del estilo amoroso comentado más arriba), las mujeres que se percibían como más atractivas conferían mayor importancia al atractivo físico de su pareja a la hora de emparejarse, y se manifestaban como ligeramente más satisfechas en la relación (quizá porque la presión social hacia el atractivo físico hace más mella aún en las mujeres que en los hombres).

Por otra parte, la *experiencia amorosa y sexual previa* (tanto la cantidad como fundamentalmente la calidad) es también un buen predictor de una posterior satisfacción amorosa (Dion y Dion, 1979; Huston y cols., 1981; Avia y cols., 1990; Carreño, 1991). El propio Ovidio señalaba ya en el libro tercero de su «Ars Amandi» que la «ausencia de mojigatería» era una de las principales características de los individuos con alta satisfacción amorosa —exponiendo un sobrecogedor *carpe diem* contra esa mojigatería—). Ya hemos apuntado más arriba cómo diversos autores recalcan el hecho de que la ignorancia, el desconocimiento, y la falta de información y experiencia en el terreno sexual han producido (y desgraciadamente producen) numerosos problemas en las relaciones sexuales entre las parejas, siendo una decisiva fuente de insatisfacción amorosa. La experiencia en relaciones amorosas previas supone una base de aprendizaje para una mejora de las relaciones posteriores y una mayor satisfacción amorosa ulterior.

Por otro lado, el *abandono de* lo que venimos denominando *mitos románticos* suele estar relacionado también con un incremento de la satisfacción amorosa (p. ej. Sellner, 1989). Tales mitos, como ha quedado dicho, señalan: que tanto la pareja como el matrimonio son instituciones naturales; que existe una «media naranja» pre-destinada para cada persona; que sólo se puede estar enamorado de una persona; que la base del matrimonio debe ser el enamoramiento; que el verdadero amor lo puede absolutamente todo; que la pasión verdadera es invulnerable al paso del tiempo; que el verdadero amor requiere fidelidad sexual; que el amor no depende decisivamente de factores biológicos ni socioculturales, sino sólo personales; y que amor y enamoramiento son una misma cosa (Barrón y otros, 1999). Ya se ha mencionado el carácter conflictivo de tales mitos, aspecto que retomaremos nuevamente más adelante.

En otro orden de cosas, la adscripción a los *roles de género tradicionales en las relaciones amorosas y sexuales* (en el caso extremo: mujer ama de casa, discreta, recatada, sin iniciativa sexual, al servicio del marido; *vs.* hombre trabajador fuera de casa, ostentoso, alardeando sexualmente ante los amigos, orientado a la tarea, con tabúes afectivos, aparentando dureza y reprimiendo en público su sensibilidad) va a influir en el tipo de actitudes y conductas amorosas manifestadas por el individuo. Así, p. ej. Peplau y cols. (1978) obtuvieron que, entre las mujeres, la socialización en el rol femenino tradicional provocaba una actitud de excesivo «apego a la pareja» mientras que una socialización más liberal favorece una actitud de «autonomía personal». Por otra parte, Critelli y cols. (1986) encontraron que las personas con roles amoroso-sexuales tradicionales puntuaban significativamente más alto en actitudes y conductas de dependencia de la pareja, mientras que las de roles amoroso-sexuales no tradicionales lo hacían en conductas de comunicación e intimidad.

También el *estilo de apego y el estilo amoroso* están estrechamente relacionado con el comportamiento amoroso. Feeney y Noller (1991) constataron diferencias significativas en la idealización de la pareja, en función del estilo de apego. Como era de esperar, los más idealizadores fueron los «amantes ansiosos». Es digno de destacar que los «amantes evitadores» fueron los que menos idealizaban a su pareja, mientras que el estilo más adaptativo, los «amantes seguros», mostraban un nivel intermedio de idealización. Ello refuerza la idea de que la idealización del amado es adaptativa, aunque hasta un cierto límite (como otras ilusiones perceptivas y sesgos en el procesamiento de la información; véase, p. ej. Vázquez, 1985, 1995).

De modo similar, en nuestra investigación obtuvimos que los «amantes posesivos» eran más idealizadores que los «amantes compañeros», siendo los menos idealizadores los «amantes lúdicos» (conceptos similares —aunque no idénticos— a los ansiosos, seguros y evitadores de Feeney y Noller, 1981, respectivamente). Con todo, el estilo más idealizador era el de los «amantes pasionales», posiblemente en tanto es un estilo más propio de las primeras etapas de la relación (Yela, 1997b). Por otro lado, se ha constatado que la fidelidad sexual presenta una elevada correlación con el estilo amoroso «maníaco» o posesivo (mayor que con el resto de los estilos amorosos) (Carreño, 1991). Respecto a la satisfacción, los «pasionales» tienden a resultar los de mayor satisfacción amorosa, mientras los «posesivos» aparecen como los de menor satisfacción, tanto amorosa como sexual (el problema es que con cierta frecuencia se ha aprendido a asociar la «posesividad del otro» —léase celos— como un rasgo pasional y como un signo de amor —volveremos sobre ello más adelante)[84].

Variables de personalidad susceptibles de influir en el comportamiento amoroso del individuo

Así como existen ciertos factores psicológicas que influyen en el comportamiento amoroso, y más concretamente en la satisfacción con la relación amorosa, también ciertas variables de personalidad han sido relacionadas (fundamentalmente mediante metodología correlacional) con determinadas actitudes y conductas amorosas. Veamos las más relevantes, recordando que una correlación nada nos dice acerca de la existencia de causalidad, ni de la dirección del posible efecto de una variable sobre otra.

Para empezar, algo tan polémico como las mismas *actitudes políticas* parecen estar de alguna forma relacionadas con las actitudes y conductas amoroso-sexuales. Cunningham y Antill (1981) obtienen una relación positiva entre romanticismo y actitudes conservadoras, bien entendido que su medida del romanticismo no se refiere a la pasión romántica del enamoramiento descrita anteriormente, sino a la

---

[84] Muy recientemente varios autores han tratado de relacionar los estilos amorosos con una taxonomía de «estilos sexuales», obteniendo cierta evidencia de una relación inversa entre el estilo amoroso lúdico y el estilo sexual de «compromiso con la pareja» (*sexual partner engagement style*) (Frey y Hojjat, 1998).

creencia en lo que nosotros venimos denominando «mitos románticos». De hecho, aparece en nuestro estudio una relación significativa (aunque moderada) entre actitud política de derechas y creencia en los mitos románticos. Por su parte, Carreño (1991) obtiene en nuestro país una relación altamente significativa entre tradicionalismo y fidelidad sexual, refrendada también en nuestra investigación (relación entre actitud de derechas y actitud favorable hacia la fidelidad). Por otro lado, Alberoni y Fraia (1992) obtienen una relación inversa entre el «tradicionalismo» con: deseos y conductas sexuales, satisfacción amorosa, y satisfacción sexual. En nuestra investigación detectamos una relación inversa, aunque débil, entre actitud de derechas y experiencia sexual (aunque no con ambos tipos de satisfacción). Por último, encontramos también una pequeña relación (es decir, una tendencia moderada) entre actitud de derechas y rechazo a las relaciones sexuales sin amor o sin estar casados. Naturalmente, todas estas tendencias no determinan de forma absoluta el curso de una relación amorosa, pero sí tienen su cierta influencia sobre ellas.

Lo propio acontece respecto a las *actitudes religiosas*. Ray (1987) obtuvo que el predictor más potente de las actitudes hacia el amor era el «conservadurismo moral». Hendrick y Hendrick (1987a) constataron que la «religiosidad» se relacionaba directamente con actitudes amorosas pragmáticas y con actitudes sexuales cerradas —baja permisividad sexual y escasa variedad en las prácticas sexuales— e inversamente con actitudes amorosas lúdicas. Al hablar de «religiosidad» los autores se refieren a la admisión de los dogmas e ideas ortodoxas de la religión pública dominante —en este caso las de la Iglesia Católica— tanto en general como las específicas respecto a las conductas amorosas y sexuales. Nada se ha investigado respecto a las creencias privadas filosófico-existenciales o metafísicas (religiosas, si se quiere) sobre el origen del universo, el sentido último de la existencia, etc. Considero importante no confundir una cosa con la otra.

De modo similar a lo que ocurría con los sujetos políticamente conservadores, las personas católicas mostraban unos índices significativamente más elevados de tradicionalismo amoroso-sexual (p. ej. respecto a la exclusividad sexual) y actitudes amorosas pragmáticas (Carreño, 1991). Del mismo modo, Alberoni y Fraia (1992) encuentran idénticos resultados en la variable «religiosidad» que los obtenidos en el factor «tradicionalismo»; es decir, correlaciones negativas de la religiosidad con los deseos, conductas y satisfacción sexuales.

Entre los españoles, la variable «asistencia a los ritos de la Iglesia Católica» aparece como una de las variables que más correlaciones muestra con el resto de las variables amorosas y sexuales (Jiménez Burillo y otros, 1995). Así, las personas con una actitud más favorable hacia la Iglesia Católica (en función de la frecuencia con que acuden a sus ritos): confieren mayor valor a la fidelidad sexual, manifiestan menos deseos de promiscuidad sexual y menos episodios de atracción sexual por otras personas distintas a su pareja, tienen notablemente menor expe-

© Ediciones Pirámide

riencia sexual, tienen menor frecuencia de relaciones sexuales con su propia pareja, creen más en los mitos románticos, rechazan fuertemente el estilo de amor lúdico, tienden a unir amor-sexo-matrimonio, especialmente en lo que concierne al rechazo del sexo sin amor, y, por último, valoran fundamentalmente en una pareja su deseo de casarse y de tener hijos. En cualquier caso, aparte de que los dogmas de la doctrina católica concuerdan perfectamente con el patrón mencionado, hay que tener en cuenta que dicha variable está estrechamente relacionada con otras variables socio-demográficas relevantes como son la edad, la propia actitud política, el número de hijos, e inversamente con el nivel de estudios, variables que pueden ayudar a explicar los resultados encontrados.

La *defensividad* es uno de los rasgos más discapacitantes para implicarse en una relación amorosa, y para tratar de conservarla. Ya Symonds (1946) puso de manifiesto que la falta de confianza en uno mismo y en los demás, y los miedos ante un posible rechazo, ante una excesiva intimidad, ante una potencial frustración de nuestras esperanzas, y el temor a aceptar algún grado de dependencia, generaban una gran discapacidad para amar y para ser amado. En investigaciones más recientes, Dion y Dion (1985, 1988) comprueban empíricamente que los sujetos altamente defensivos evitan implicarse en relaciones amorosas (debido a la vulnerabilidad de su autoimagen).

Otra variable clásica es el *lugar de control* (*locus of control;* Rotter, 1966). Dion y Dion (1973) detectaron que los sujetos «internos» (los sujetos que suelen atribuir las causas de lo que les sucede a sí mismos en lugar de a factores externos —azar, los demás, la sociedad, el destino, un dios...—) eran menos románticos (nuevamente entendiendo por romanticismo la creencia en lo que hemos denominado «mitos románticos»). De forma análoga, tanto Elkins (1978) como Munro y Adams (1978) obtuvieron correlaciones positivas entre lugar de control externo y actitudes románticas. Los propios Dion y Dion (1988) corroboran que los sujetos «externos» tienden a tener relaciones más apasionadas —en el sentido de irracionales, o a-racionales— (acordes con el estereotipo de la cultura occidental), mientras que los «internos» tienden a tener relaciones más consecuentes y racionales. Finalmente, Woll (1989) obtiene una correlación positiva significativa entre lugar de control externo y estilo amoroso *Eros* (junto al *Manía,* los dos grandes estilos románticos), resultado que apunta en la misma dirección que los anteriores. En cualquier caso, se echa en falta el análisis del «lugar de control» en función del tipo de atribución causal (éxito o fracaso), dando lugar a cuatro grandes grupos de sujetos, definidos por el lugar de control: internos siempre, externos siempre, internos ante el éxito pero externos ante el fracaso, y externos ante el éxito pero internos ante el fracaso. Quede como reto para futuras investigaciones.

Otra variable tradicional en los estudios clásicos de personalidad que también se ha relacionado con el fenómeno amoroso es el denominado *maquiavelismo,* el cual parece estar relacionado inversamente con la atracción romántica (Novgorodoff, 1974). Por su parte, la *necesidad de poder* se ha relacionado negativamente con la satisfacción en la relación. Las personas que se mueven más por la necesidad de poder (control y mando sobre los demás) que por la necesidad de logro (autosuperación) o de afiliación (relaciones afectivas) suelen tener más dificultades en formar una relación amorosa satisfactoria (Stewart y Rubin, en Huston y Levinger, 1978).

El constructo *búsqueda de sensaciones* (Zuckerman, 1974) también ha sido puesto en relación con el fenómeno amoroso, obteniéndose correlaciones significativas directas con los estilos amorosos *Eros* y *Ludus,* y negativas con *Pragma* y *Storge* (Woll, 1989), corroborando, de ese modo, las hipótesis derivadas tanto del análisis del propio constructo de personalidad, como de los estilos amorosos. Por otro lado, Walsh (1991) ha constatado la existencia de una relación directa entre la necesidad de búsqueda de sensaciones y el número de parejas sexuales.

Pero posiblemente el rasgo de personalidad más estudiado, en lo que a su vinculación con el comportamiento amoroso se refiere, es el de la *autoestima*. Dion y Dion (1975, 1988) obtuvieron que las personas con alta autoestima presentaban una mayor frecuencia media de relaciones amorosas y una mayor congruencia entre su pareja ideal y su pareja real, frente a las personas con baja autoestima, pero manifestaban una menor intensidad en los sentimientos amorosos (posiblemente debido —entre otras cosas— a que presentan mayores habilidades sociales para entablar relaciones y conseguir la pareja deseada, y no son tan dependientes —como las personas con baja autoestima— de la intensidad de sus lazos emocionales).

Lester y cols. (1984) hallaron que una alta autoestima estaba asociada con lo que los propios autores definen como «una actitud amorosa saludable». En ese mismo sentido, Helm y Zenthoefer (1985) han obtenido una relación positiva entre autoestima y satisfacción amorosa.

Varios autores estudian la relación entre autoestima y estilos amorosos, obteniendo correlaciones positivas tanto con *Eros* (Mallanain y Davies, 1994) como con *Ludus* (Hendrick y Hendrick, 1986), y una correlación negativa con el estilo maníaco (Hendrick y otros, 1988; Mallanain y Davies, 1994): los sujetos con alta autoestima pueden permitirse el lujo de tantear distintas relaciones con distintas parejas (*Ludus*), mientras que las personas con baja autoestima tratan de aferrarse a una relación a toda costa (*Manía*); la relación positiva entre autoestima y *Eros* quizá no se deba tanto a que las personas con alta autoestima tiendan a enamorarse con mayor intensidad (*Eros*) como al hecho de que el estado de enamoramiento intenso (*Eros*) provoca un aumento de la propia autoestima (como comprueban posteriormente los propios autores; Hendrick y Hendrick, 1988).

Otra relación de la autoestima con el fenómeno amoroso es la señalada por Buunk y Bringle (1987), quienes recalcan que una baja autoestima está detrás de buena parte de los sentimientos de celos. Finalmente, la autoestima también correlaciona positivamente con el número de parejas sexuales en un momento dado (Walsh, 1991).

Por otra parte, la *auto-confianza* (estrechamente relacionada con la anterior) es otra variable relevante para el fenómeno amoroso, correlacionando significativa e inversamente con los celos: cuanto más confianza y seguridad en uno mismo menores son los celos experimentados (Moja, 1986; Buunk y Bringle, 1987). Un factor inversamente relacionado con el anterior, el *autorechazo,* conduce a relaciones menos seguras e íntimas con los demás, y, entre los emparejados, a mayores sentimientos de dependencia de la pareja, de ansiedad ante una posible ruptura, y de celos (Williams y Schill, 1994).

La *auto-observación (self-monitoring,* Snyder, 1987), que —dicho rápidamente— alude al grado en que uno se contempla a sí mismo actuando frente a los demás (y por tanto acoplando su comportamiento en función de lo que cree que se espera de él en cada situación), es una de las variables de la personalidad que más investigación genera en la actualidad. Snyder y Simpson (1987) obtuvieron que los sujetos altos en autoobservación tendían a manifestar (respecto a los sujetos bajos en autoobservación): un menor compromiso con sus parejas, un mayor deseo de promiscuidad sexual, un estilo amoroso más lúdico, una menor duración media de sus relaciones amorosas, un crecimiento más lento de la intimidad de pareja, una mayor permisividad sexual, una percepción de mayores alternativas a su relación amorosa; y tendían a conceder mayor importancia al atractivo físico y menor importancia a las rupturas amorosas. Sternberg (1988) también resalta el hecho de que los altos en autoobservación confieren mucha mayor importancia al atractivo físico (el propio, y fundamentalmente el de sus parejas) que los bajos en autoobservación. En nuestro país, Avia y cols. (1990) corroboran que los altos en autoobservación manifiestan actitudes y conductas sexuales más abiertas y permisivas que los bajos en autoobservación.

Por su parte, la *autorealización* (dicho rápidamente: el grado en que uno es quien quisiera ser, tanto personal como profesionalmente) parece ser otra de las variables psicológicas de cierta relevancia para el fenómeno amoroso. Una vez más son Dion y Dion (1988) quienes investigan sus correlatos conductuales, detectando que los individuos más autorrealizados tienden a presentar una mayor satisfacción amorosa, siendo sus relaciones menos idealistas y más pragmáticas que las de los sujetos menos realizados.

Otra de las dimensiones principales de la personalidad, bastante más popular que las anteriores, es la *extroversión.* Como era presumible, se han detectado repetidamente correlaciones directas de dicha variable con el estilo amoroso pasional y fundamentalmente con el lúdico (Lester y Philbrick, 1988; Woll, 1989; Davies, 1996).

Por otro lado, la dimensión de *neuroticismo* (evaluada mediante el EPQ de Eysenck) se ha relacionado con conductas de celos (Mathes, 1986), y con el estilo amoroso maníaco (Lester y Philbrick, 1988; Woll, 1989; Davies, 1996), y la dimensión de *psicoticismo* (que completa las tres dimensiones clásicas de la personalidad postuladas por Eysenck) directamente con el estilo lúdico e inversamente con los estilos *Ágape* (altruista) y *Storge* (compañero) (Davies, 1996). Sin embargo, hay que tener en cuenta que ninguna de las dimensiones de Eysenck se refiere a cuadros psico-patológicos de alteraciones de la personalidad. De hecho, hay algún indicio sobre ausencia de relación entre patrones y síndromes clínicos de la personalidad (esquizoide, sádica, histriónica, narcisista y bipolar) y los estilos amorosos (Arnold y Thompson, 1996), lo que no impide que tanto esos como otros *cuadros clínicos* (entre ellos los más frecuentes: depresiones, ansiedad, toxicomanías, anorexia...) tiendan a afectar negativamente a las relaciones amorosas.

Por su parte, tanto la *emocionalidad* como la *impulsividad* parecen estar fundamentalmente presentes en los amantes lúdicos y maníacos (o posesivos) (Mallandain y Davies, 1994). También la *soledad* (aunque en este caso no se trata tanto de un rasgo de personalidad como de un estado) está más estrechamente relacionada con los estilos lúdico (especialmente en varones) y posesivo (lo que, como en todo análisis correlacional, no está claro, es si es la soledad la que conduce a dichos estilos, o viceversa —o ambas cosas—) (Rotenberg y Korol, 1995).

Finalmente, también se ha subrayado la importancia de las denominadas *actitudes de apertura* (Yela, 1981, 1987, 1990) en el fenómeno amoroso. Los sentimientos de «eupatía» (sentir que uno vale), «simpatía» (sentir que los otros valen), «autonomía» (sentir que uno es en parte libre y a la vez responsable ante los demás), y «anástasis» (sentir que vale la pena el esfuerzo de vivir), parecen ser fundamentales para el establecimiento de una relación amorosa madura y satisfactoria (Yela, 1992).

6. Las dos caras del amor

6.1. La cara positiva del amor

> «El amor no es necesario para vivir..., pero sí para que merezca la pena vivir.»
>
> M. Yela (1992)

En todo Occidente crece continuamente la tasa de divorcios y separaciones, pero simultáneamente crece el valor del amor y de la pareja, los divorciados vuelven a emparejarse (en ocasiones una y otra vez), y se extienden los mitos románticos del tipo «lo que necesitas es amor» y «el amor todo lo puede» (Barrón y otros, 1999). A lo largo de la Historia, filósofos, literatos y artistas han loado las virtudes del amor (aunque otros —a veces los mismos— han señalado sus «miserias»). ¿Por qué es uno de los sentimientos más anhelados, y más vinculados con la felicidad (y su ausencia con la desdicha)? ¿Qué hay de positivo en el amor y las relaciones amorosas? ¿Qué beneficios reporta (puede reportar) al individuo, qué funciones cumple para éste, y cómo influye en su satisfacción general?

Las funciones psicológicas y psicosociales del amor

Al hablar de funciones psicológicas y psicosociales del comportamiento amoroso nos referimos —empleando una vez más un «bisturí analítico» sobre la realidad compleja y unitaria— al papel que desempeña (o que puede y suele desempeñar) el amor para el individuo, tanto como unidad psíquica (psico-orgánica, por supuesto), como en su interacción cotidiana.

Podemos subsumir las funciones psicológicas y psicosociales del fenómeno amoroso en una función general, a saber: el *bienestar psíquico* del individuo y su *adaptación al medio en la interacción cotidiana*. Ello considerando que el individuo tenga una relación amorosa satisfactoria, y dejando claro que no es ninguna condición necesaria (ni suficiente) para el bienestar ni para la adaptación.

Además, es importante tener en cuenta que el amor no sólo cumple —o puede cumplir— funciones psicológicas para el individuo, sino que también tiene una serie de funciones (ya comentadas) socio-culturales (transmisión y mantenimiento de las ciertas pautas y normas sociales, y del orden social mediante la estructura social básica: la familia) e incluso evolutivas (fortalecimiento del vínculo entre los progenitores en la especie cuyas crías son más indefensas y necesitan mayor cuidado y durante más tiempo para la supervivencia).

Por otro lado, hay que señalar también que las relaciones amorosas no sólo cumplen unas funciones, sino suponen también ciertas «disfunciones» o problemas para las personas, tanto por lo que se renuncia en su nombre, como por los problemas propios de las relaciones amorosas. Dedicaremos este apartado al análisis de sus funciones (y posteriormente a su relación con la satisfacción general y la salud), y el próximo capítulo a esa «cara oscura» del amor.

Para empezar, cabe decir que el amor es responsable de la *satisfacción de muchas de las necesidades psicológicas básicas:*

La necesidad de *compartir* (conductas, emociones, momentos, sensaciones, ideas, valores, cosas materiales, bienes, etc.: la vida, en definitiva) (Branden, 1988). Entre los españoles, en nuestro estudio, «la necesidad de compartir mi vida con otra persona» *fue el aspecto más citado como motivo principal para el establecimiento de la relación amorosa* (elegida por casi un 60 por 100 de la muestra, sin diferencias significativas entre ninguna de las variables sociodemográficas: sexo, edad, hábitat, nivel de estudios, etc.).

La necesidad de *afiliación:* los etólogos (p. ej. Harlow, 1958, 1971) han puesto de relevancia cómo el comportamiento amoroso satisface la necesidad básica de *afiliación,* punto de partida, como vimos, de todas las relaciones interpersonales íntimas. De hecho, siendo la familia la unidad más básica de afiliación estable en nuestra cultura (aunque no la única), el segundo aspecto más citado como motivo para establecer una relación amorosa fue justamente el deseo de formar una familia (muy por encima de otros motivos en principio presumibles, como la atracción por la persona amada), si bien existen grandes diferencias en función del nivel cultural: desde un 70 por 100 entre los que no tienen estudios, hasta un 30 por 100 entre los universitarios (aunque incluso en éstos es el tercer motivo más citado para iniciar una relación).

La necesidad de *protección, estabilidad y seguridad* (tanto material como psicológica): aunque quizá no muy «populares», se cuentan entre las principales necesidades que suelen satisfacer las relaciones amorosas estables (p. ej. Heimer y Stinchcombe, 1980). De hecho, aunque en el cuestionario de nuestra investigación figuraban por separado, entre todas conforman el tercer motivo más citado para implicarse en una relación amorosa. Quizá sea interesante mencionar que respecto al «deseo de sentirse protegido/a» el porcentaje de mujeres que lo mencionan triplica al de hombres, lo cual nuevamente es explicable tanto desde el rol aprendido en nuestra cultura de «varón protector-mujer débil» (o rol instrumental masculino *vs.* rol expresivo femenino, para usar la terminología más al uso), como desde los papeles evolutivos de los machos y hembras de nuestra especie, dadas sus características biológicas (tal como sucede en otras muchas especies —aunque ni mucho menos en todas).

Por su parte, los psicólogos humanistas y existencialistas insistieron en que el amor es la única vía (o la principal —según los autores—) que satisface las más íntimas y esenciales necesidades del hombre: la necesidad de encontrar un *sentido o significado a su vida* (Fromm, 1956), lograr la *autorrealización* (Maslow, 1954), reducir su «angustia vital» (Frankl, 1963), y su «vacío existencial» (Reik, 1944), y *trascender,* es decir, superar el aislamiento radical del «yo» frente al resto del mundo, prolongando el «yo» en el objeto (la persona) amado (Fromm, 1954; Montagu, 1975). Desde luego es un lenguaje más propio de una Psicología Filosófica que de la Psicología Social al uso, pero creo que no debemos obviarlo en un análisis psicológico mínimamente profundo (y relativamente completo o abarcador) de la cuestión. No en vano, entre la población española «buscar un sentido a mi vida» es el tercer motivo más citado (o el cuarto si juntamos los porcentajes de protección-estabilidad-seguridad, tal y como hicimos antes), figurando para un 25 por 100 de la población entre los tres motivos principales para iniciar una relación amorosa (de una larga lista de opciones).

La necesidad de *intimidad* interpersonal (conocer y darse a conocer íntimamente a alguien): muy relacionada con las necesidades anteriores de afiliación y de compartir.

La necesidad de *apoyo emocional* (tanto recibirlo como ofrecerlo).

La necesidad de *entrega:* necesidad que hace referencia a la dimensión agápica del continuo *Eros-Ágape,* al que nos referíamos anteriormente con detalle (capítulo de los tipos de amor): de esta forma, el amor satisfacería tanto las necesidades relativas del *Eros* (buscar en el amado aquello de lo que uno carece, material y personalmente) como del *Ágape* (entregar al amado aquello que uno posee, material y personalmente).

La necesidad de *compañía:* muy relacionada con la necesidad de afiliación (de la que ya hemos hablado), y con el temor a la soledad (del que hablaremos un poco más abajo), es otra de las cuestiones que parecen incluirse entre las necesidades psicológicas del ser humano (sobre las cuales hay decenas de taxonomías, pero ninguna definitiva) y que también se ve satisfecha por el establecimiento de una relación amorosa.

Otros autores han puesto de manifiesto que la función psicológica primordial del amor sería la de proporcionar al individuo una *visión optimista del mundo,* y ánimos para tratar de hacerla real (Brehm, 1988, y Hendrick y Hendrick, 1988). Quizá no sea una sugerencia baladí, en un mundo en el que, no ya desde una visión apasionada, sino incluso desde un análisis estrictamente racional (si ello fuera posible), aparecen motivos más que sobrados tanto para la depresión y el suicidio (¿hace falta mencionarlos?), como para el optimismo y la esperanza (esto último siempre que el individuo tenga cubiertas sus necesidades fisiológicas más básicas, claro está). Quizá la pertenencia a una relación amorosa satisfactoria contribuya —junto a otras cuestiones, desde luego— a inclinar el fiel de la balanza.

Por otro lado, además de las anteriores, el amor y las relaciones amorosas parecen cumplir también una serie de funciones que se nos antojan menos populares, y que, por tanto, la gente en general parece menos dispuesta a admitir:

Facilita la obtención de ciertos *refuerzos básicos,* entre los que destacan la *atención* (recibir atención es para el individuo una de las recompensas más deseadas y universales, como todo psicólogo sabe) y el *placer sexual* (Costa y Serrat, 1982). Entendiendo el placer sexual (además de como un refuerzo *per se,* y de su componente más «espiritual», si se me permite la dualista y poco académica expresión), como la *satisfacción final del impulso de atracción sexual,* cabe señalar que dicha *atracción sexual* aparece entre la población española como el quinto motivo más citado entre las causas fundamentales para establecer una relación amorosa (a pesar de no ser muy confesable —hoy diríamos «políticamente correcto»— reconocer que uno ha iniciado su relación amorosa por el deseo sexual). Destaca también que, en dicha muestra (Jiménez Burillo y otros, 1995 y Yela, 1997b), entre los universitarios aparece directamente como el segundo motivo más citado para iniciar una relación amorosa, lo que subraya el importante papel de dichos refuerzos.

Confiere *prestigio y reconocimiento social* (Lee, 1973): seguramente no nos es desconocida, aunque la ocultemos con cierto rubor, la sensación ufana de presentarnos en sociedad (ya sea en el trabajo, con los amigos, con la familia...) con una pareja que causa admiración y respeto entre los demás (por los motivos que fuere, personales, físicos y/o profesionales). Por otro lado, el calificativo de «solterón» o «solterona», relativo a las personas que «no han conseguido» emparejarse, tiene aún una inequívoca connotación peyorativa para algunos (por otra parte, la propia expresión común «no conseguir pareja» es un tanto reveladora). No es desde luego la técnica del autoinforme la más indicada para detectar un motivo tan poco «confesable» (o «socialmente deseable» en términos psicológicos; o «políticamente correcto» en términos coloquiales actuales) para mantener una relación amorosa. De hecho es una de las razones menos citadas (tan sólo un 0,7 por 100 de las mujeres y un 1,1 por 100 de los hombres la reconocen explícitamente como uno de los motivos principales). Quizá no sea un motivo principal, sino secundario, pero no por ello deja de ser una función que satisface la relación de pareja, al menos potencialmente (es decir, no en todos los casos, claro está).

Aumenta la *autoestima:* sentirse amado implica sentirse valorado como persona, mientras que la inversa también suele ser cierta: no sentirse amado tiende a reducir la autoestima. En un próximo apartado veremos que sentirse amado (si la relación marcha bien) también aumenta la satisfacción general con la vida.

Por otro lado, entre las funciones de las relaciones amorosas para el individuo cabe destacar que éstas suelen suponer la *reducción de ciertas inquietudes psicológicas:*

- Reducción *de la propia soledad actual:* siendo la soledad, como es actualmente, uno de los principales problemas psicológicos en nuestra sociedad

(como puede apreciarse en la excelente obra de Medina y Cembranos, 1996)[85].
- Reducción *de la ansiedad* ante los problemas que presenta la vida cotidiana[86]: la relación amorosa aparece entonces como el último refugio y referente, frente a un mundo externo hostil y competitivo (y tanto más cuando supuestamente ha disminuido la vigencia de otros referentes como la religión, la ideología o la conciencia de clases...).
- Reducción *del temor a estar solo en la madurez y en la vejez:* un factor de mayor importancia de la que habitualmente se le suele conceder (Peplau, 1991). De hecho, el temor a la soledad futura es el sexto motivo más citado, aunque a mucha distancia de los anteriores. Algo menos de un 10 por 100 de la población española lo señala explícitamente, pero no debemos olvidar dos cuestiones: por un lado, probablemente tampoco resulta un motivo muy confesable como causa principal para establecer una relación amorosa en nuestra cultura; y, por otro, nuestra muestra no contaba con personas mayores de 65 años. No sorprendentemente, a partir de los 55 años el porcentaje de personas que lo incluyen entre sus motivos principales aumenta notablemente (doblándose prácticamente del intervalo entre 44-55 años al intervalo entre 55-65).

Por otro lado, la implicación del individuo en una relación amorosa permite a éste *no sentirse diferente a la mayoría* respecto a una conducta socialmente prescrita (como es el emparejamiento), cuestión esencial para el bienestar psíquico y la adaptación social de la persona, como han puesto de relieve distintos estudiosos del tema, desde Rosenblatt (1967, 1974), hasta Hendrick y Hendrick (1992). Valgan aquí las palabras de la poetisa estadounidense del pasado siglo, Emily Dickinson: «En esto, como en todo, es la mayoría la que prevalece. Si consiente, está usted perfectamente sano; si disiente, se vuelve un ser extremadamente peligroso y lo tratan con cadenas» (en Zimbardo, 1986; p. 409). En el caso de seguir roles proscritos (como, por ejemplo, el llamado «amor libre», el intercambio de parejas, la homosexualidad, o incluso una pareja de grandes diferencias sociales o de edad), ese rechazo social trata de ser compensado con el apoyo social proveniente de los grupos cerrados que sus actores generan frente a una sociedad hostil a su comportamiento. Sin embargo, nuevamente nos encontramos con un

---

[85] Bien es verdad que, como reza la incisiva glosa de Ramón de Campoamor (siglo XIX), «Sin el amor que encanta, la soledad de un ermitaño espanta. ¡Pero es más espantosa todavía la soledad de dos en compañía!». Esto último suele acontecer en las relaciones amorosas en declive; pero cuando esto sucede también se reducen o desaparecen muchas otras de las funciones psicológicas del fenómeno amoroso (como veremos más adelante).

[86] Recordemos, en lo que tiene de extrapolable, la clásica investigación de Schachter y Singer (1962), en la que las personas en estado de ansiedad preferían esperar en compañía antes que hacerlo solos.

motivo poco «popular»: no resulta sencillo confesarle a un entrevistador —¡y menos aún a uno mismo!— que uno de los motivos fundamentales para embarcarse en su relación amorosa fue, en realidad, no sentirse diferente al resto de los miembros de, pongamos, su grupo de amigos. De hecho, entre la población española aparece como uno de los motivos menos citados (o menos confesados, según se mire).

Por último, en un nivel algo más «macro», otros autores conciben el proceso de implicación en una relación amorosa de pareja, como una conducta (generalmente acompañada —antes o después— de un ritual social, ya sea la boda, o simplemente la etiqueta de «salen juntos») cuya función primordial es la de *transición social del individuo:* el paso normativamente reglado de un estatus psicosocial a otro, con el consiguiente cambio de roles (expectativas de conducta), deberes y derechos (Surra y Huston, 1987). Así, podemos afirmar que —en nuestra cultura— el fenómeno amoroso está presente en cada una de esas etapas de transición de rol: el paso de la infancia a la adolescencia está marcado (entre otras cosas) por las primeras atracciones físicas y los primeros enamoramientos; el de la adolescencia a la juventud por las primeras relaciones amorosas «serias» (con un alto grado de intimidad y frecuentemente relaciones sexuales); y el de la juventud a la etapa adulta por una unión amorosa estable[87].

Influencia del amor en la satisfacción general y la salud

Aunque está lejos de resultar claro qué es, y cómo alcanzarla (véase, p. ej. Michalos, 1985; Argyle, 1987; Diener, 1984 o Veenhoven, 1994), pocos discreparían de la idea de que lo más importante en la vida es la felicidad (la propia y la de los demás —sobre todo, precisamente, la de las personas que más queremos—). Hemos visto cómo influyen determinadas características interpersonales e individuales sobre la satisfacción amorosa. Veamos ahora cómo influye la propia relación amorosa sobre la felicidad, la satisfacción, y la salud en general.

Con el objetivo único de ordenar la exposición de este capítulo, haciendo más fácil su comprensión, vamos a referirnos primero a los efectos del amor —o su ausencia— sobre el amplio elenco de indicadores de lo que suele denomi-

---

[87] Finalmente, desde una perspectiva sociológica crítica, y a modo de hipótesis o conjetura, cabría aventurar que quizá otra función importante del fenómeno amoroso sea la de «distraer, entretener, y mantener ocupada a la persona», lo cual serviría a nivel individual como reductor del aburrimiento (sin duda un grave problema psicológico) y a nivel sociocultural como estrategia para reducir la amenaza de ruptura de las normas sociales —algo así como otro «opio del pueblo», junto a los concursos televisivos, las religiones organizadas... y tantos otros— (lo cual no quiere decir, ni mucho menos, que tales «opios» sean intrínsecamente negativos; eso ya es un juicio de valor y probablemente dependerá de cada persona y de cada caso particular).

narse como *salud psíquica, psicológica o mental* (felicidad, satisfacción general, satisfacción vital, bienestar subjetivo, calidad de vida, realización...), para referirnos después a los efectos de las relaciones amorosas —o su ausencia— sobre la *salud física* (sistema inmunológico, hipertensión, infartos, cáncer, esclerosis múltiple...), y sobre *conductas concretas* contra la salud —propia o ajena— (suicidio, violencia, delincuencia, alcoholismo, autolesiones, homicidio...)[88].

Como ha quedado dicho, en el capítulo siguiente nos referiremos a los efectos negativos de las propias relaciones amorosas sobre la satisfacción general y la salud.

Efectos del amor (o su ausencia) sobre la salud psicológica

Hablaremos primero sobre las reflexiones teóricas, para comentar después algunas de las más relevantes investigaciones empíricas realizadas sobre el tema. Del mismo modo, comentaremos primero los efectos positivos de la presencia del amor sobre la salud psíquica del individuo, para resaltar después los efectos negativos de su ausencia.

En cuanto a las *reflexiones teóricas,* hay que empezar señalando que los literatos y filósofos han cantado sus loas al amor a lo largo de toda la Historia —aunque también han subrayado su aspecto trágico, y los problemas del amor no correspondido—. Ya desde la Psicología, se ha subrayado la decisiva importancia del amor sobre la *autorrealización* (desde perspectivas humanistas y psicodinámicas, como Maslow, 1954; Simon, 1975; o Welwood, 1990); el hecho de proporcionar un *sentido a la vida* (Fromm, 1956; M. Yela, 1992)[89]; el desarrollo de una alta *calidad de vida* (p. ej. Diener, 1984); la *salud mental* global (Welwood, 1985); la *felicidad* (Argyle, 1987); la *salud en general* (Kingles —cfr. Perlman y Fehr, 1987—); el *bienestar subjetivo* del individuo (Berscheid, 1988); y el desa-

---

[88] Permítasenos este «dualismo fenomenológico», bien entendido que defendemos la concepción de un «monismo ontológico»: esto es, la existencia de una realidad psicofísica indisoluble, aunque sea compartimentalizada en aras de su análisis y comprensión. Adviértase en el hecho innegable —y sorprendente— de que no es más sencillo definir la materia que la mente, teniendo en cuenta que el 90 por 100 del átomo es vacío, que los electrones no son sino orbitales de probabilidad de energía y carga eléctrica, que el Principio de Incertidumbre de Heisenberg constriñe nuestras posibilidades de medida, etc. (p. ej. Hawking, 1988). Por otro lado, cabe concebir la mente y la conciencia como la propiedad de la materia más altamente organizada (el cerebro), fruto de una larga y compleja evolución cósmica —primero—, filogenética —después—, cultural —más tarde—, y ontogenética —finalmente—. Véase, p. ej. las obras de Ryle (1949), Ayer (1954), M. Yela (1974, 1981, 1987, 1994d), Sagan (1977, 1980, 1992), Bunge (1980, 1987), Griffin (1984) o Minsky (1986, 1994). (Por otro lado, una excelente crítica a la dicotomía «salud mental *vs.* salud física» puede verse en Costa y López, 1986, Cap. 2.)

[89] En este sentido, recordemos la cita que encabeza nuestro capítulo, o la reciente confesión de otro de nuestros más insignes científicos: «Me he dedicado a investigar la vida y no sé por qué ni para qué existe [...]; lo mejor de la existencia es el amor. He vivido plenamente porque estuve muy enamorado» (Severo Ochoa).

rrollo de la *autoestima* (Pidduck, 1988). Desgraciadamente, y por motivos de espacio obvios, no podemos analizar detenidamente cada uno de estos estudios. Sin embargo, considero este aspecto de la máxima importancia, y bien merecería que se le prestara atención en un futuro próximo.

Por su parte, la *falta o ausencia de amor,* también puede tener consecuencias negativas sobre la adaptación y el nivel de satisfacción general de las personas. Por un lado, supondría la insatisfacción de aquellas necesidades psicológicas y el incumplimiento de las funciones psicológicas comentadas más atrás, a no ser que el individuo sea capaz de satisfacerlas por otros medios. Por otro lado, así como la ausencia de amor maternal, especialmente durante la infancia, ha sido asociada con diferentes *problemas psicopatológicos* en la etapa adulta, como *histeria, autismo,* inseguridad, temor al rechazo, e intensa necesidad de aprobación (Spitz, 1945; Bowlby, 1969; Tinbergen, 1985), también la falta de amor durante la etapa adulta puede provocar déficits psicológicos, traducidos en una actitud de *hostilidad* ante el mundo y ante los demás (Symonds, 1946). De hecho, hay incluso quien, desde una perspectiva psicoanalítica, manifiesta ver en la falta de verdadero amor el origen concreto de todo problema psicológico (Fine, 1985).

En cuanto a las *investigaciones empíricas* sobre la influencia del amor en lo que globalmente venimos denominando «salud psíquica», Critelli (1977) obtuvo correlaciones significativas positivas entre amor y *felicidad*. Posteriormente, Michael Argyle, uno de los principales instigadores del estudio empírico de la cuestión, constata en su interesante obra monográfica la importancia de las relaciones amorosas de pareja sobre la felicidad (Argyle, 1987)[90]. Del mismo modo, se ha verificado empíricamente la importancia de las relaciones amorosas adultas sobre: la *autorrealización* (p. ej. Dietch, 1978), el *ajuste psicosocial* (p. ej. McAdams y Vaillant, 1982), la *autoestima* y *satisfacción general* (p. ej. Hendrick y Hendrick, 1988), y el *bienestar subjetivo* y la *salud general* (p. ej. Smith y Hokland, 1988). Nosotros mismos pudimos constatar ciertos vínculos entre diversos aspectos de las relaciones amorosas y la satisfacción con la vida en general: tanto la satisfacción amorosa como la satisfacción sexual tienden a aumentar la satisfacción general, especialmente en el caso de relaciones donde existe comu-

---

[90] Los grandes factores que influían de forma más destacada sobre la felicidad fueron, *de menor a mayor importancia*: *factores socio-demográficos* (sexo, edad, clase social, nivel cultural, nivel de ingresos); *variables de personalidad* (positivamente: optimismo, extraversión, control interno, autoestima, habilidades sociales, inteligencia y atractivo físico; y negativamente: neuroticismo, soledad, conflictos internos, atribución interna de los fracasos, y —lógicamente— las contrarias a las anteriores); *ocio* (tiempo dedicado a las actividades placenteras preferidas), *trabajo* (estatus laboral, ausencia de estrés laboral, reconocimiento de la tarea, relaciones laborales, y satisfacción laboral), *salud* (tanto psicológica como «meramente» física, destacando los muy negativos efectos del estrés), y fundamentalmente las *relaciones sociales* (con los amigos, con la familia, y muy especialmente las *relaciones amorosas*) (Argyle, 1987). Creo que son datos muy significativos para el tema que nos ocupa.

nicación abierta (franca) y equilibrio entre el compromiso y la independencia deseados (equilibrio que, una vez más, aparece como un factor clave); por su parte, la presencia de celos emocionales (definidos más atrás) tiende a disminuir la satisfacción general del individuo que los siente —y a buen seguro de su pareja— (Yela, 1995).

Respecto a los posibles problemas y desajustes provocados por la *falta de amor*, Lobel (1982) refleja el desarrollo de conductas de *inseguridad, necesidad de aprobación* y *temor al rechazo*. Por su parte, diversos autores (p. ej. Smith y Hokland, 1988) constatan que entre los efectos del *amor no correspondido* se encuentran distintos patologías como la *depresión* o un estado continuo de *nerviosismo*. Finalmente, por mencionar tan solo algunos ejemplos más, se ha constatado la vinculación entre la *ruptura de la relación* amorosa y determinados problemas psicológicos como la propia depresión, los *sentimientos de fracaso, vergüenza, soledad, estrés* (Bloom y otros, 1978), *resentimiento, pérdida de autoconfianza y de autoestima* (Cáceres, 1986).

Efectos del amor (o su ausencia) sobre la salud física y conductas contrarias a la salud

Este interrogante es aún más controvertido: ¿influye el amor en lo que solemos denominar «salud física»? ¿de qué forma? Aunque aún sabemos poco sobre ello, hay ciertos datos que resultan sumamente interesantes:

Respecto a las *reflexiones teóricas* sobre el tema, Warga (1984) resalta la importancia del amor (y también, dicho sea de paso, de la risa) sobre la *salud en general,* basándose en experiencias clínicas de primera mano de médicos, psicólogos y otros especialistas en el área de la salud. Por su parte, Siegel (1986) ha subrayado el importante papel del amor como estimulador del *sistema inmunológico*.

En lo que concierne a los efectos de la *ausencia de amor,* diversos autores han insistido en sus repercusiones negativas sobre la *salud física en general* (p. ej. Zimbardo, 1986). Forman (1987) sugiere que la *necesidad de amor* está vinculada con el *abuso de drogas* (específicamente con el alcoholismo) —lo cual es interesante, y merece atención empírica, siempre y cuando no se caiga en el reduccionismo ingenuo y pueril de creer que ese es el único motivo—. También se ha señalado el posible vínculo existente entre la *falta del vínculo especial de intimidad* de pareja y diversos *síntomas de enfermedades* (Clark y Reis, 1988)[91].

---

[91] En este sentido, el doctor Pozuelo Escudero, en su discurso de ingreso en la Real Academia de Doctores (1993), señaló que: «el verdadero amor crea unas condiciones de felicidad que favorecen el equilibrio del organismo y normalizan sus funciones [...]; el desamor, junto con el estrés, es el principal factor de riesgo de toda patología».

En lo que a las *investigaciones empíricas* se refiere, los efectos positivos de las relaciones amorosas sobre la salud son puestos de manifiesto en diversos estudios, en los que se detectó una *relación inversa* del número de respuestas amorosas recibidas *con* el grado de *hipertensión sanguínea*, especialmente entre el grupo de mayor edad —ya que su muestra contaba con sujetos desde los 17 hasta los 77 años— (Sisca y otros, 1985). Por otra parte, otros resultados apoyan fuertemente la proposición de que el amor es un elemento central en las *estrategias de afrontamiento de las enfermedades crónicas* (en concreto de la esclerosis múltiple) (Walsh y Walsh, 1989).

Por lo que atañe a los *efectos negativos de la falta de amor sobre la salud*, se ha puesto de manifiesto la influencia de la *falta de amor maternal* sobre el *deterioro físico*, llegando incluso hasta la muerte, en casos extremos (como muestran, p. ej. los estudios clásicos de Gardner, 1972). Se hipotetizó que ello se debería presumiblemente a la acción del hipotálamo sobre la hipófisis, y de ésta sobre la secreción de la hormona del crecimiento (somatotropa); tal hipótesis fue comprobada en ratas años más tarde (Kuhn y otros, 1978).

Por su parte, la *falta de amor en la adolescencia y juventud* se ha relacionado estrechamente con índices de *violencia* y *delincuencia* (Walsh y otros, 1987).

Y por otro lado, hay ciertos indicios de que la *falta de amor de pareja en adultos* se relaciona con la tasa de *infartos* y de *cáncer*, ya que existen diferencias significativas que revelan una mayor incidencia de dichos índices entre las personas sin pareja (separados, divorciados, viudos y solteros no emparejados) frente a las que sí la tienen (casados) (Lynch, 1977). En el mismo sentido, la tasa de *suicidios* es significativamente mayor en viudos, separados, divorciados que en solteros, y la de éstos es, a su vez, mayor que la de los casados (Cáceres, 1986).

Finalmente, otros autores han subrayado la existencia de relaciones entre la *ruptura de la relación* amorosa y determinadas conductas que atentan contra la salud propia y ajena, como el *alcoholismo* y las *autolesiones*. En ocasiones la ruptura de una relación amorosa supone tal desajuste psicológico en el individuo que puede conducirle incluso al *suicidio* o al *homicidio* (Bloom y otros, 1978).

Parece, pues, que la presencia de relaciones amorosas más o menos positivas cumple una serie de funciones importantes para el individuo e influye satisfactoriamente sobre el mismo (psicológica e incluso físicamente), y que su ausencia tiende a acarrear problemas (tanto psicológicos como físicos e incluso sociales). Sin embargo, como ya se ha sugerido previamente, y en contra del estereotipo romántico clásico, no todo es positivo en este intrincado fenómeno que llamamos amor. El amor y las relaciones amorosas también tienen su lado oscuro. Hablemos, pues, de él.

6.2. La otra cara del amor

> «Cuando dos personas están bajo la influencia de la más violenta, más delirante, y más transitoria de las pasiones, se les requiere que juren que permanecerán en esa condición excitada, anormal y exhaustiva continuamente hasta que la muerte los separe.»
>
> G. B. Shaw

Hemos visto que un relación amorosa puede satisfacer una larga serie de necesidades básicas y cumplir un conjunto de funciones para el individuo y su adaptación al entorno: es «la cara» del amor. Pero, como ya hemos dicho, el amor, tal y como resulta normativo en nuestra cultura y sociedad actual, también tiene su «cruz»:

Renuncias, disfunciones, efectos negativos y problemas

Uno de los aspectos negativos más obvios —y al tiempo intrigantes y en cierto modo desasosegadores— que suponen las relaciones amorosas, tal como se entienden y desarrollan en nuestra cultura, es la obligada *renuncia al desarrollo de otras relaciones* amorosas (potenciales o alternativas). Como hemos podido comprobar recientemente entre la población española, las características atribuidas al amor varían entre unas personas y otras, y entre unos grupos sociales y otros, pero hay una que aparece en más del 99 por 100 de nuestra muestra: *la pareja, como concepto básico de la misma definición del amor* (cuando desde un punto de vista meramente lógico o aséptico no tendría por qué ser así, y desde un punto de vista transcultural de hecho no es así).

Dicha renuncia se extiende no sólo a otras relaciones amorosas, sino a la notable presión social contra el fomento de cualquier relación íntima con otra persona, lo cual acaba por constituir lo que D. H. Lawrence llamó el «egoísmo a dúo»: la sociedad como un enorme conjunto de parejas cerradas en sí mismas, con enormes limitaciones en sus relaciones con los demás —afectivas y sexuales—; limitaciones autoimpuestas o sumisa e inconscientemente aceptadas.

Del mismo modo, las relaciones amorosas suponen también una cierta (y variable) *pérdida de autonomía, independencia y libertad personal* (p. ej. Rubin, 1973). En nuestro país, más de la mitad de la población (55 por 100) confiesa haber perdido (en mayor o menor grado) contacto con sus «amigos de siempre» como consecuencia de su relación de pareja. Por otro lado, un porcentaje similar de españoles confiesa que cede mucha o bastante de su independencia personal a su pareja y que espera que ella haga lo mismo. (Cabe pensar razonablemente que también sucederá entre algunos de los que no lo confiesan.)

Desde los cánones socio-culturales vigentes de exclusividad sexual, las relaciones amorosas suponen también la *renuncia a la satisfacción de los deseos de promiscuidad y variedad* sexual (o, cuando menos, ocasionan una problemática satisfacción de los mismos) (p. ej. Gondonneau, 1974; Wilson y Nias, 1976). Entre la población española tan sólo aproximadamente un 45 por 100 de los hombres y un 15 por 100 de las mujeres (diferencia de magnitud ciertamente notable) confiesan haberse sentido sexualmente atraídos/as por otras personas a lo largo de su relación de pareja, mientras que tan sólo un 15 por 100 de los varones y un 3,5 por 100 de las mujeres confiesan haber consumado dichos deseos (también existen diferencias en función del nivel cultural: entre universitarios y personas sin estudios). Tales resultados sugieren que la renuncia no se limita a la satisfacción de los deseos de variedad sexual, sino que se llega a renunciar incluso, en cierta medida, a los propios deseos. En todo caso, está claro que un cuestionario cara a cara no es la forma más idónea para recoger información sobre un tema que aún sigue siendo claramente tabú en nuestra sociedad.

Otra consecuencia directa del amor correspondido, en nuestra cultura, es la asociación *amor → convivencia → discusiones* (Carrasco y otros, 1984; Sternberg, 1988; Hendrick y Hendrick, 1992...). Es esta una secuencia ciertamente difícil de romper. En nuestra investigación comprobamos que el 97 por 100 de los mayores de 35 años emparejados vive con su pareja (es decir, prácticamente todos los que pueden materialmente hacerlo), así como la existencia de una diferencia significativa y sistemática en la frecuencia de discusiones entre las parejas que viven juntas y las que no lo hacen, discutiendo más aquellas que viven juntas.

En otro orden de cosas, *cuando no existe una cierta equidad y reciprocidad* (ya que la equidad y reciprocidad absoluta es imposible), aparecen también severos efectos negativos para ambos miembros (especialmente para el más dependiente; p. ej. Money, 1976). Entre nosotros, hasta un 66 por 100 siente en alguna medida que su pareja no se implica tanto en la relación como desearía (un 22 por 100 lo siente así con mucha o bastante intensidad). Por otro lado, apenas la mitad de las poblaciones (54 por 100) percibe reciprocidad en el intercambio de cariño y afecto en la relación: es decir, casi la mitad de las personas creen recibir sensiblemente menos (o en ocasiones más) de lo que ofrecen, lo cual ya vimos que resultaba notablemente problemático (véase el capítulo del desamor).

Finalmente, sin duda una de las peores consecuencias del amor, tal y como es entendido en nuestra cultura actual, son los *celos*. Mientras que los más diversos especialistas se refieren a ellos sin ambages como una respuesta patológica (Buunk y Bringle, 1987; Van Sommers, 1988; Ochoa y Vázquez, 1991...), la cultura popular los contempla incluso como una prueba de «verdadero» amor[92] (aunque al mismo tiempo resulta «políticamente correcto» decir públicamente que uno no es celoso). Las consecuencias de los celos van desde el recelo, la inseguridad y la reducción de la autoestima del celoso y la más o menos agobiante sensación de falta de libertad de su pareja, hasta discusiones y peleas, y finalmente malos tratos, suicidios, violaciones y asesinatos (las referencias proliferan por doquier: a lo largo de toda la Literatura universal de todas las culturas, en las investigaciones científico-sociales, en la prensa diaria...). A este respecto, un 70 por 100 de los españoles se confiesan bastante o muy celosos (parece razonable suponer que algunos de los que no lo confiesan también lo sean). La intensidad de los celos tiende a ser mayor entre las personas más católicas, y menor entre las personas con un nivel de estudios superior; también suele ser mayor en pequeñas poblaciones respecto a las grandes ciudades. Otro dato muy destacable es que la intensidad de los celos tiende a ser mayor cuanto menor es la capacidad económica de la persona, y ello tanto entre los hombres como entre las mujeres. Quizá tras los celos, además de otros temores, haya un oculto (y a veces no tan oculto) temor a perder el nivel de vida actual, fundamental/ entre las personas que dependen económica/ de su pareja.

Y estrechamente relacionada con los celos aparece otra de las «miserias del amor» (para emplear el término de Hendrick y Hendrick, 1992): la *dependencia*. Características comunes en las relaciones amorosas (no tan infrecuentes tras una detallada reflexión —o encuesta—, como una primera impresión pudiera hacernos pensar), son la posesividad, la preocupación excesiva, y la desconfianza (Lee, 1973) Por su parte, Curtis (1983) ha descrito también los componentes de lo que denomina «amor insano»: deseo de posesión, de poder, de protección, y amor basado en la pena. En similares términos Reik se refería ya en 1944 a lo que denominó «amor vacío».

De modo análogo, diversos autores han destacado el hecho de que el amor puede equipararse a una auténtica *adicción* (Peele, 1975; Simon, 1975; Tennov, 1979...), cuando existe dependencia, búsqueda intensa de seguridad, celos, exclusividad afectiva y sexual, rutina, y adscripción irreflexiva a los mitos románticos de la sociedad (características habituales en las relaciones amorosas en nuestra cultura, como denuncian el propio Peele, 1975; o Schaef, 1989)[93]. En la población

---

[92] Resulta interesante comprobar que esto lleva sucediendo mucho tiempo. Valga de ejemplo una estrofa de Diego Hurtado de Mendoza (siglo XVI) sobre los celos:

> Dice un devoto señor,
> a quien esta plaga alcanza,
> que celos nacen de amor;
> y respóndele un doctor:
> «no hay amor sin confianza».

[93] Así, no es extraño que diversos autores hayan resaltado las analogías entre esa forma de amor y los desórdenes afectivos (Brown y Lloyd, 1986), e incluso las enfermedades mentales y las neurosis (Burt, y Askew, respectivamente —en Sternberg y Grajek, 1984).

española obtenemos datos de dependencia económica (un gran porcentaje de mujeres), búsqueda ante todo de seguridad-estabilidad-protección (30 por 100), dependencia emocional (55 por 100 mucha o bastante), adscripción a los mitos románticos (desde un 45 a un 95 por 100 según cada mito, con un porcentaje medio del 70 por 100), celos (70 por 100), exclusividad afectiva (85 por 100), y exclusividad sexual (90 por 100). No parece, pues, que el comportamiento amoroso de los españoles esté precisamente en las antípodas de ese amor «adictivo».

Hemos hablado, pues, de ciertas renuncias a las que conduce el amor (normativo) en nuestra cultura, y de ciertas características y consecuencias negativas de las relaciones amorosas, difícilmente eludibles. A ello habría que añadir la (larga) lista de circunstancias potencialmente problemáticas dentro de las relaciones amorosas, de las que hablamos en el capítulo del desamor. Es decir, «la otra cara del amor» también tiende a aparecer cuando existe: desconocimiento real de la pareja, inmadurez afectiva, expectativas estereotipadas sobre el amor, confusión entre enamoramiento y amor, diferencias notables entre los miembros de la pareja (de intereses, actitudes, valores, de percepción de problemas, de estilo amoroso, de intensidad de los sentimientos amorosos, de grado de compromiso e independencia deseado...), problemas de roles y funciones, falta de habilidades para solucionar problemas, falta de reciprocidad de autorrevelaciones, falta de apoyo (personal, profesional, doméstico...), percepción distorsionada por el error fundamental de atribución, percepción de falta de equidad, cambios vitales drásticos, cambio en las necesidades de un miembro (o ambos), mal interpretación de la reducción de la pasión, atracción por otros, celos, infidelidad, disminución de la frecuencia de relaciones sexuales, ansiedad sexual, problemas de comunicación, problemas relacionados con los hijos, estrés... (llegados a este punto cabe cabalmente preguntarse cómo es posible que tan siquiera alguna vez pese más «la cara» que la «cruz»).

Pero además de las renuncias que supone el amor en nuestra cultura, y los problemas habituales que conllevan, o pueden conllevar, las relaciones amorosas, el amor, tal y como es concebido en la cultura occidental actual, lleva intrínsecas una serie de *paradojas* no menos problemáticas.

Paradojas, contradicciones y mitos románticos

Paradojas del amor

Uno de los factores más característicos del amor es la presencia de múltiples *paradojas, contradicciones, ambivalencias, dicotomías, o tensiones* (destacadas por los más insignes literatos[94] y filósofos de todos los tiempos, y por historiadores —como Rougemont, 1938— y científicos sociales de diversa índole —hasta nuestros días, como Fisher, 1992, Hendrick y Hendrick, 1992; o Yela, 1997c):

1. La primera de ellas hace referencia a la contradicción interna entre *deseo vs. posesión*. Todo deseo, al satisfacerse, desaparece como tal (y, por supuesto, no estamos hablando solo del deseo sexual). O. Wilde solía decir que «hay dos tragedias en la vida: perder a quien se ama, y conseguir a quien se ama». Por su parte, Rougemont (1938) afirmaba que: «Acabamos por desear (secretamente) que el amado sea infiel para que podamos perseguirlo de nuevo y experimentar el amor en sí»; mientras que Girard (1961) sostenía que: «El sujeto deseante acaba siempre por abrazar el vacío cuando se apodera del objeto deseado». Lo poseído, en el mejor de los casos se disfruta, pero no se desea, y así, con la consecución del fin, desaparece el deseo, uno de los motores del enamoramiento. Pensadores tan dispares como Unamuno o Freud han recalcado también este hecho[95]; este último señaló que los «impulsos orientados hacia el fin» (como el deseo pasional) decrecen con su satisfacción (mientras que los «impulsos coartados en sus fines» —cariño, intimidad...— no lo harían) (Freud, 1921).

Ello implica un hecho destacado por múltiples autores: que la ausencia de obstáculos para la consumación del deseo romántico tiende a disminuir la pasión, y su presencia tiende a aumentarla (hecho ya remarcado por Rougemont, 1938; que Driscoll y cols., 1972, bautizaron con el inequívoco nombre de «efecto Romeo y Julieta» —en referencia a la lucha contra la oposición familiar entre el Montesco y la Capuleta—, y que ha sido destacado por otros autores como Solomon, 1988; Carreño, 1991; Fisher, 1992, etc.). Distintas teorías colaboran a explicar este fenómeno: la Teoría de la Disonancia Cognitiva: desear y valorar más (a posteriori) lo que más cuesta, y viceversa (Festinger, 1957; Aronson y Mills, 1959); la Teoría de la Reactancia: desear con más fuerza aquello que nos prohíben o dificultan (Brehm, 1966); la Teoría del Reforzamiento Negativo: asociación del disfrute en presencia del amado con el cese de las dificultades que pro-

---

[94] No puedo dejar de recordar la conocida estrofa de Machado:
> Ni contigo ni sin ti
> tienen mis penas remedio.
> Contigo porque me matas,
> y sin ti porque me muero.

Del mismo modo, el Quijote llamó a Dulcinea «amada enemiga mía», y los literatos se han referido al amor como el «dulce tormento». No en vano, en la propia definición del amor ofrecida por Sócrates hay una paradoja, ya que es a la vez hijo de *Poros* (la abundancia, el deseo de dar) y de *Penía* (la miseria, la necesidad de recibir).

[95] Y mucho antes, en 1535, el propio León Hebreo (tan loado por Cervantes en el prólogo del Quijote) se refiere a dicha paradoja en el comienzo del Diálogo Primero de sus «Diálogos de amor».

vocan los obstáculos (Hendrick y Cialdini, 1977); la Teoría Bifactorial: los obstáculos suponen una activación fisiológica que se interpreta cognitivamente como pasión por el amado (Berscheid y Walster, 1978); y Teoría de la Incertidumbre: los obstáculos perpetúan la incertidumbre de la relación, motor de la pasión (y su ausencia la elimina) (Livingston, 1980).

2. Otra de las grandes contradicciones amorosas es la disparidad entre el demandado *altruismo con la pareja* y el «egoísmo» *biológico*. Las normas sociales sobre el amor nos enseñan la obligación de comportarnos de forma altruista con la pareja (entrega total, abnegación, sacrificio por el otro...), comportamientos que chocan frontalmente con los mecanismos evolutivos hedónicos centrados en la búsqueda del placer y la maximización de las probabilidades de transmisión genética. Esta tensión nos retrotrae al eterno problema de la lucha entre los instintos y la cultura, y su difícil pero necesaria convivencia, sobre el que tanto se ha escrito, desde los clásicos griegos a los filósofos modernos y contemporáneos (p. ej. Hobbes y Rousseau), y los psicólogos (p. ej. Freud, 1930), antropólogos (p. ej. Linton, 1936), y sociólogos «actuales» (p. ej. Parsons, 1951).

3. Otro gran contraste es el que se produce entre *idealización* vs. *realidad*. Ya vimos que una de las características fundamentales, y al tiempo uno de los pilares básicos del enamoramiento era la idealización del amado (algo que ha sido destacado por literatos, filósofos, y en lo que coinciden psicoanalistas, cognitivistas, humanistas, psicólogos conductuales, etc.). Pero esa idealización, fuente de expectativas románticas, de deseo de intimidad, y de activación fisiológica, desaparecerá paulatinamente al consumarse la relación, intimar con el amado, disminuir la incertidumbre y conocer su realidad (Livingston, 1980; Solomon, 1988; Sternberg, 1988). Una vez más, vemos cómo uno de los ideales románticos (la idealización del amado) se derrumba con la formación de una relación amorosa estable (tal como sucedía con el deseo y la pasión).

4. Una de las más conflictivas, entre las mencionadas contradicciones amorosas, es la tensión que existe entre *pasión* vs. *convivencia*. La disminución progresiva de la pasión es un ineludible proceso psicofisiológico suficientemente comprobado y documentado (expuesto con detalle en el capítulo sobre el curso de las relaciones amorosas), debido a procesos como la «habituación» (Skinner, 1953), el valor relativo de los refuerzos (Aronson y Linder, 1965) y de las emociones (Frijda, 1988), el «proceso oponente» (Solomon, 1980), la reducción de incertidumbre (Livingston, 1980), el «efecto Coolidge» (Wilson, 1981), el proceso de «tolerancia» (Liebowitz, 1983), etc. Después de unos meses o años de convivir con una misma persona, el ser humano ya no siente un estado emocional tan

intenso ni una activación fisiológica tan fuerte ante la presencia del otro (excitación, nerviosismo, sudoración de manos, aceleración cardiaca, euforia...), ni pensamientos intrusivos que suponen una pérdida de concentración e interfieren en sus actividades cotidianas, ni esa cierta timidez ante el otro característica del enamoramiento, ni idealiza a su pareja de la forma en que lo hacía al principio (sino que es capaz de percibir defectos en ella, que ya estaban allí antes pero pasaron desapercibidos), ni manifiesta una atención selectiva absolutamente centrada en el otro, etc. (permítasenos repetir aquí la ya comentada sentencia de nuestro inmortal hidalgo manchego: «más fuerza tiene el tiempo para deshacer y mudar las cosas que las humanas voluntades»).

Como era de esperar, los resultados obtenidos entre la población española certifican que tanto lo que hemos denominado «pasión erótica», como la llamada «pasión romántica» tienden a disminuir con la convivencia.

Así, por tanto, la convivencia disminuye la pasión. Y si embargo, como ya se ha señalado anteriormente[96], las normas socio-culturales de nuestra época nos impelen a formar una pareja estable precisamente cuando sintamos pasión por alguien, así como demandan sentir pasión por alguien con quien llevamos conviviendo ya largos años. Múltiples son los problemas que en las relaciones amorosas genera tal contrasentido (Ortega, 1917; Rougemont, 1938; Wilson y Nias, 1976; Liebowitz, 1983; Iglesias de Ussel, 1987; Sellner, 1989...).

5. Uno de los conflictos más universalmente comentados es el que se produce entre *compromiso vs. independencia,* que ha sido también expuesto en otros muchos términos: exclusividad-libertad, implicación-independencia, y que está en gran medida relacionado con dicotomías tan básicas (filogenéticamente compartidas) como las de seguridad-exploración y aproximación-evitación (O'Neill y O'Neill, 1972; Peele, 1975; Hart, 1976; Money, 1976; Peplau y cols., 1978; Mathes y Severa, 1981; Birtchnell, 1986; Solomon, 1988; Sternberg, 1988; Hendrick y Hendrick, 1992). Para algunos autores, incluso, dicho conflicto es universal, vitalicio, y de influencia decisiva en todas las áreas fundamentales del comportamiento humano (entre ellas, explícitamente, la conducta amorosa) (Rubin, 1973). El ser humano busca afiliación, seguridad, una implicación especial, sentirse exclusivo, un compromiso de unidad y apoyo..., pero al mismo tiempo desea mantener su independencia, sentirse autónomo y libre de ataduras, y tiende a evitar una implicación férrea. Compaginar ambos extremos es una ardua tarea, casi nunca resuelta satisfactoriamente para ambos miembros de la pareja, y de una importancia capital para la satisfacción (o insatisfacción) en la relación amorosa.

---

[96] Y como indica la incisiva pluma de Shaw, que encabeza el capítulo.

En nuestro estudio empírico sobre la población española (al que venimos refiriéndonos a lo largo del texto, dirigido por Jiménez Burillo), constatamos cómo la percepción de desequilibrio entre la implicación de ambos miembros de la pareja (lo que no es sino un aspecto del desequilibrio entre el compromiso adquirido y la autonomía deseada) se relaciona fuerte y significativamente con la insatisfacción en la relación. Del mismo modo, la pérdida de contacto con el grupo de pares (amigos) originada por la relación en pareja atenta también contra la satisfacción en la relación (tanto satisfacción amorosa como sexual).

Existe cierta polémica en torno a qué produce mayor insatisfacción, si desear más libertad de la que uno siente, o desear un mayor compromiso (es decir, que la pareja se implique más en la relación). Así, para algunos (p. ej. Carreño, 1991) sufriría más el primero, mientras que para otros (Kelvin, 1977) sufriría más el último. No parece haber, por el momento, evidencia empírica concluyente. Lo que sí parece claro es que son dos tipos de sufrimiento distintos: uno se sentirá agobiado y presionado, mientras que el otro se encontrará débil y vulnerable. En cualquier caso, ambos estados son experimentados con gran aversión. Y a tenor de los procesos bio-psicosociales que acontecen en las relaciones amorosas en nuestra sociedad actual, de las normas socioculturales vigentes, de los informes sobre las terapias de pareja, y de los índices de fidelidad-infidelidad (comentados en capítulos anteriores) cabe afirmar que la mayoría de la gente goza de menos libertad en su relación de la que en el fondo desea. Esto entronca directamente con la última de las contradicciones amorosas en que vamos a detenernos.

6. La controversia entre *fidelidad* vs. *deseo de novedad*. El ser humano anhela lo novedoso, lo que sale de la rutina, incluso lo prohibido tácitamente, y al mismo tiempo hemos señalado que una consecuencia lógica (tanto biológica como psicológica) del paso del tiempo era el aumento de la atracción por otras personas, de seducir y ser seducido por ellas, y de tener relaciones sexuales con otras personas distintas a la propia pareja. Pero todos esos impulsos se ven coartados por la norma social de fidelidad o exclusividad sexual. Tal norma implica que el hecho de sentir amor hacia una persona obliga a no tener jamás relaciones sexuales (ni siquiera superficiales, como pueden ser besos o caricias de carácter íntimo —ya sea con ánimo sexual o afectivo, al margen de los ritos sociales de saludo—) con ninguna otra persona del sexo opuesto (o del mismo sexo, en parejas homosexuales) para el resto de la vida (al menos hasta que la relación finalice formalmente).

Esta norma puede considerarse no como algo natural, sino como una excepción filogenética y culturalmente hablando, ya que no sucede así en el resto de especies animales, ni en todas las culturas humanas actuales, ni ha sucedido así en todas las culturas a lo largo de la Historia (Wilson y Nias, 1976), como expusimos detenidamente en el capítulo dedicado al análisis histórico y transcultural del comportamiento amoroso. En ese mismo capítulo resaltamos que el adulterio es universal (Beach y Ford, 1951; Fisher, 1992), tanto a lo largo de las culturas como de las épocas históricas, y presente también en otras especies animales (incluidas las aves monógamas, prototipo común de fidelidad), mientras que la monogamia no sólo no es universal (Rosenblatt, 1974) sino que ni siquiera constituye la regla: existe un número mucho mayor de culturas poligínicas (Beach y Ford, 1951; Fisher, 1992), y cuando existe no implica necesariamente fidelidad sexual (la propia definición de qué es «fidelidad sexual» varía entre unas culturas y otras).

Como se sugirió más atrás, existen distintas «soluciones» posibles ante ese conflicto: represión de los deseos de variedad sexual, acceso a la prostitución, ruptura de la relación, infidelidad oculta, variedad sexual por sustitución vicaria (mediante la pornografía), e «infidelidad» abierta (consentimiento mutuo). Las cuatro primeras son tan comunes como generadoras de problemas, al tiempo que no totalmente satisfactorias (generalmente). La quinta, también frecuente, consiste en aplacar el deseo de novedad sexual mediante la sustitución de otras personas (que es lo que choca contra la «fidelidad») por estímulos vicarios (pornografía); como las anteriores, también suele ser frecuente aunque igualmente problemática: por la sanción social (una vez más hablamos de un comportamiento «políticamente incorrecto») y por que en última instancia faltan los refuerzos provenientes de la interacción humana (aparte de la posible relación entre pornografía y explotación de la mujer —tema harto complejo a la par que polémico y en el que es imposible entrar ahora con detenimiento). La última opción, la «infidelidad abierta», es tan infrecuente como socialmente penalizada, y no exenta tampoco de los ubicuos problemas de ir «contra corriente», aunque para algunos autores podría constituirse en la solución a tan problemática paradoja (p. ej. Constantine y Constantine, 1971; O'Neill y O'Neill, 1972; Peele, 1975, y Wilson y Nias, 1976). Es, por tanto, como el resto de las paradojas, fuente de insidiosas preocupaciones y problema de difícil solución.

Mitos románticos

Por último, cabe incluir también dentro de la «cara oscura» o «la cruz» del fenómeno amoroso, lo que hemos venido denominando como «mitos románticos», en la medida en que son origen potencial, y muchas veces real, de sufrimiento. En el epígrafe dedicado al amor en Occidente, dentro del bloque sobre «el amor y la cultura», ofrecíamos una lista de nueve de dichos mitos. Quizá merezca la pena resumirla brevemente:

© Ediciones Pirámide

- Mito de la *media naranja:* creencia de que hemos elegido la pareja que teníamos predestinada de alguna forma, y que ha sido la única o la mejor elección posible.
- Mito de la *exclusividad:* creencia de que el amor romántico sólo puede sentirse por una única persona (al mismo tiempo).
- Mito del *matrimonio o convivencia:* creer que el amor romántico-pasional debe conducir a la unión estable de la pareja, y constituirse en la (única) base del matrimonio (o de la convivencia en pareja).
- Mito de la *omnipotencia:* creencia de que «el amor lo puede todo», y, por tanto, si hay verdadero amor no deben influir decisivamente los obstáculos externos o internos sobre la pareja.
- Mito de la *perdurabilidad* (o de la pasión eterna): creencia de que el amor romántico y pasional de los primeros meses puede y debe perdurar tras miles de días (y noches) de convivencia.
- Mito de la *fidelidad:* creencia de que todos los deseos pasionales, románticos y eróticos, deben satisfacerse exclusivamente con una única persona: la propia pareja.
- Mito del *libre albedrío:* creer que nuestros sentimientos amorosos son absolutamente íntimos y no están influidos por factores sociobiológico-culturales ajenos a nuestra voluntad y conciencia.
- Mito de la *equivalencia:* creencia de «amor» y «enamoramiento» son equivalentes, y por tanto, que si uno deja de estar apasionadamente enamorado es que ya no ama a su pareja.
- Mito del *emparejamiento:* creencia de que la pareja (*un* hombre y *una* mujer) es algo natural y universal, por lo que en todas las épocas y culturas el ser humano ha tendido por naturaleza a emparejarse.
- Mito de los *celos:* creencia de que los celos son un signo de amor e incluso requisito indispensable del «verdadero amor».

Como se señaló más atrás, esta mitología romántica, perteneciente al legado cultural de (al menos) las sociedades occidentales actuales, contiene algunas creencias de carácter *absurdo* (como la de la «media naranja»), otras sencillamente *falsas* (como las de exclusividad, omnipotencia, libre albedrío, equivalencia, celos y emparejamiento), otras *imposibles* —por imperativos biológicos, psicológicos, y sociales— (como la de la perdurabilidad), y todas ellas *problemáticas* —en mayor o menor medida— (fundamentalmente las de exclusividad, matrimonio o convivencia, perdurabilidad y fidelidad). Por tanto, es también, junto a las renuncias, los problemas y las paradojas, componente de lo que hemos venido llamando «la otra cara del amor».

Hemos visto, pues, que el amor correspondido suele ser uno de los factores fundamentales en la felicidad y salud del individuo. Del mismo modo, la falta de amor, el amor no correspondido, y las rupturas amorosas, pueden suponer consecuencias muy negativas tanto para la felicidad como para la salud.

Por otra parte, las relaciones amorosas de pareja producen (cuando menos según las normas vigentes en nuestra cultura) una serie de desventajas, limitaciones y efectos negativos. Además, ciertas características presentes en muchas relaciones amorosas (aunque desde luego no en todas) en nuestra cultura, suponen también diversos problemas y desajustes para sus miembros: desde un «mero» malestar y discusiones más o menos frecuentes, hasta extremos muy dramáticos, como los cuadros psicopatológicos, el suicidio o la muerte.

Así las cosas, quizá deberíamos dedicar más tiempo, esfuerzo, y dinero en investigaciones científicas sobre el fenómeno amoroso.

Conclusiones: 5
la aplicabilidad del estudio científico-social del amor, o ¿para qué sirve todo esto?

> «La Ciencia no debería constituir un placer egoísta. Aquellos que gozan de la oportunidad de poder abandonarse al trabajo científico deberían ser los primeros en poner su saber al servicio de la humanidad.»
>
> K. MARX

Una vez analizados los factores y los procesos básicos de los que depende esa intrincado conjunto de sentimientos, sensaciones, creencias, expectativas, pensamientos y comportamientos al que llamamos amor, hemos de afrontar el reto de responder honestamente si este tipo de análisis merece la pena y por qué. Reconozco que al autor del trabajo se le hace poco menos que imposible pensar (tanto más decir) que su esfuerzo ha sido inútil, y su obra también. Y sin embargo, creo que este tipo de análisis son (o pueden ser) realmente muy útiles; reconozco que quiero pensarlo así, pero es que además lo pienso. Pero útil ¿en qué sentido?

En primer lugar, y en un nivel general, el hombre siempre se ha preguntado por los motivos de sus acciones, y, el análisis científico-social del amor nos permite ahondar con rigor en las *causas* y en los *factores relacionados* con uno de los procesos más relevantes para el ser humano.

Además de sus consecuencias respecto a la comprensión y explicación teórica del fenómeno amoroso, la presente investigación (y, por extensión, las investigaciones empíricas sobre el comportamiento amoroso) tiene potenciales aplicaciones prácticas, tanto en el amplio campo de las *terapias de pareja*, como mediante una *función divulgativa* del conocimiento adquirido y sus repercusiones sobre la satisfacción (amorosa, sexual, y general): lo que un colega llamó «suministrar lucidez a la gente» (aunque la expresión pueda sonar un tanto elitista). Si buena parte de los problemas en las relaciones amorosas y sexuales tienen su primer origen en la ignorancia y en falsas creencias, seguramente el conocimiento de qué es lo que suele acontecer en esas relaciones amorosas, y por qué, tenderá a provocar un cuestionamiento de esas viejas creencias erróneas, y conducirá, previsiblemente, a un aumento en la calidad de las relaciones interpersonales y de la satisfacción en las mismas.

En este sentido, una de las consecuencias más importantes del presente estudio es promover en la gente la conciencia de que incluso nuestros más íntimos *sentimientos amorosos* están *influidos por múltiples factores* de diversa índole, ajenos a nuestra voluntad y nuestra conciencia: factores evolutivos, bioquímicos, históricos, culturales, sociales, interpersonales, sociodemográficos, y psicológicos. Ello nos puede ayudar a relativizar nuestro punto de vista (huyendo de endocentrismos, que con frecuencia acaban en conflictos) y a comprender la carga biológica y social de ciertos comportamientos (ayudando a evitar decepciones, y a poder ir reconstruyendo paulatinamente las normas sociales sobre lo prescrito y lo proscrito, en función de criterios más sólidos).

En lugar de basarnos en el con frecuencia engañoso sentido común, o en las con frecuencia dolorosas experiencias personales erradas, el conocimiento recogido mediante la investigación empírica puede revelarnos las *relaciones de ciertas variables* (como la importancia del atractivo físico, la fidelidad sexual, los celos...) *en el comportamiento amoroso,* y ayudarnos a actuar en consecuencia (p. ej. una persona poco atractiva físicamente no debería atribuir su hipotética menor fortuna en las «aventuras amorosas» a sus características psicológicas —simpatía, amabilidad, etc.— si conoce la gran importancia atribuida en nuestra sociedad al atractivo físico en las relaciones amorosas —especialmente en el primer momento—; los ejemplos sobre otras relaciones entre variables serían innumerables). O, por poner tan sólo otro ejemplo, resulta importante tener en cuenta las diferencias generales en la forma de sentir y comportarse en las relaciones amorosas y sexuales en función de cuestiones tan objetivas como el nivel de estudios, la edad, el tener hijos, el estar o no casado, el vivir o no con su pareja, el ser económicamente independiente o depender de la pareja, de forma que los problemas que acarreen dichas circunstancias no nos resulten sorprendentes y sepamos enfrentarnos satisfactoriamente a ellos.

El presente análisis (y otros futuros de la misma índole) nos permite también adquirir conciencia del *curso natural* (aquí «natural» no tiene un sentido biológico, sino meramente estadístico) *de las relaciones amorosas:* la fluctuación de sus componentes principales y las fases o etapas principales de la relación, evitando así los frecuentes desengaños que acontecen, por ejemplo, con la disminución progresiva de la pasión.

Si la gente (en general; o la pareja que acude a terapia) reconoce que en una relación amorosa existen distintos tipos de factores, unos pasionales y otros no, y que en función de muchas variables (tanto internas a la relación como externas a ella) éstos variarán en intensidad, quizá esté en mejores condiciones para afrontar esos cambios

Si la gente aprende que la intensidad de los distintos componentes amorosos tiende a fluctuar de una determinada manera a lo largo de la relación amorosa, dando lugar a tres fases principales (una fase de amor romántico precedida por una breve fase de enamoramiento pasional, y seguida por una larga fase de amor compañero no pasional —pero de máxima intimidad y compromiso—), quizá no se produzcan tantas expectativas incumplidas, ni se viva con gran pesar y decepción lo que son procesos absolutamente normales (como, p. ej. el deterioro progresivo de la pasión sentida los primeros meses —o el primer año).

Si la gente aprende a reconocer que la reducción de la pasión es algo natural e inevitable, y que posteriormente la relación amorosa entra en otra fase en que esa pasión (aunque quizá no desaparece totalmente) es sustituida por otra serie de factores positivos que no existían antes o existían con menor intensidad (sentimiento de unidad y vínculo estable, confianza en la disponibilidad del otro, comprensión mutua, compromiso de apoyo incondicional, entrega total, compenetración máxima, conocimiento profundo, apertura total, muchas experiencias compartidas...), entonces no debería atormentarse —como suele acontecer— al comprobar que después de «x» años (1, 5 o 28) ya no siente la pasión desenfrenada del primer día, ni deducir de ello —como también es habitual— que ya no «se quiere» a la pareja, y que se debe terminar la relación, puesto que no hay «verdadero amor».

Por idénticos motivos, si se es consciente de la fugacidad del enamoramiento y de la pasión (que no del amor), es de suponer que no se debería establecer una unión estable (el matrimonio, en la enorme mayoría de los casos —en nuestra sociedad—) sobre ese enamoramiento pasional (pasajero por naturaleza), sino esperar a que la relación amorosa haya entrado en una fase más sólida y estable, para evitar los tan frecuentes desengaños que se producen una vez remitida la pasión inicial. Somos conscientes de que tal consecuencia atenta contra las creencias tradicionales de la inmensa mayoría de la población, en torno al amor romántico-pasional como base del matrimonio, pero también lo somos de los enormes sufrimientos que muchas de esas creencias producen (como la creencia comentada, de fundamentar el matrimonio —o la unión *estable*— en el enamoramiento pasional —inevitablemente *fugaz*).

Por otro lado, el conocimiento sobre los principales factores involucrados en el enamoramiento, la evolución y el deterioro de las relaciones amorosas, puede facilitar la *adquisición de habilidades de seducción*[1], y el aprendizaje de estrate-

---

[1] Tómese la locución «seducir» como sinónimo de la desfasada «cortejar», o la más coloquial «ligar», desprovista de todo matiz peyorativo (como embaucar o engañar).

gias para el mantenimiento satisfactorio de la relación y la resolución positiva de los problemas que surgirán a lo largo de la misma.

Por otra parte, el análisis empírico de cuáles son los aspectos más vinculados con la satisfacción amorosa (y sexual) nos va a permitir incrementar ésta tratando de enfatizar dichos factores (y de disminuir los factores relacionados con la insatisfacción); es decir, nos va a permitir *aumentar la satisfacción* basándonos en datos sistemáticos y rigurosos (que habrá que comprobar previamente en cada persona o pareja concreta), en lugar de basarse, como es habitual, en el sentido común (que, como alguien dijo, suele ser el menos común de los sentidos), o en los propios valores (que en ocasiones pueden ser justamente los causantes directos o indirectos de determinados problemas e insatisfacción), o en la intuición (frecuente mala consejera), la imitación (de los que nos rodean), las normas sociales (explícitas o implícitas), o los consejos de un amigo (que pueden resultar tan oportunos en ocasiones como contraproducentes en otras).

Por otro lado, y dado que la mayor parte de las parejas son heterosexuales[2], conocer y tener en cuenta las verdaderas diferencias (y similitudes) entre hombres y mujeres (siempre hablando en promedio, y reconociendo las amplias diferencias dentro de cada género), así como sus explicaciones más razonables (como producto de estrategias adaptativas en la evolución de la especie humana, preservadas en nuestros genes, y/o como comportamientos aprendidos durante la socialización diferencial sexista), debería contribuir a una *mejor comprensión de las tendencias y los deseos del otro miembro de la pareja,* y a una mejora de la interacción entre ambos sexos.

Y, finalmente, pero no menos importante que todo lo anterior, el análisis psicosocial (de forma sistemática y rigurosa) del comportamiento amoroso nos conduce al *reconocimiento de que existe una cara negativa del amor* y de las relaciones amorosas. Reconocerlo puede evitar múltiples (y amargas) decepciones.

Reconocer cuáles son las consecuencias negativas habituales de las relaciones amorosas puede ayudarnos a relativizar nuestro problema (¿debo decepcionarme si pongo la mano en el fuego y me quemo?). Del mismo modo, reconocer las renuncias del otro por estar con nosotros puede ayudarnos a *valorar mejor* (y quizá más justamente) su compromiso con nosotros.

Por otro lado, conocer cuáles son las fuentes potenciales de conflicto (esa larga lista de factores que comentamos en el capítulo del desamor, y resumimos en el último capítulo) nos permiten *adoptar soluciones efectivas* (en lugar de no saber cuáles son las causas o cuáles son las soluciones, o tratar de averiguarlo intuitivamente). En este sentido, las técnicas derivadas tanto de la Psicología Clínica como

---

[2] En el caso de las parejas homosexuales, lógicamente, por definición, no existen diferencias de género entre sus miembros, aunque, por supuesto, puedan existir otras de muy diversa índole.

© Ediciones Pirámide

de la Psicología Social (entrenamiento en habilidades sociales...) son una importante herramienta para la solución de muchos de los problemas de pareja.

Asimismo, conocer lo que hemos descrito como «las paradojas del amor» nos puede ayudar a *comprender mejor muchos de los sentimientos opuestos y contradictorios* en los que nos vemos envueltos en ocasiones en las relaciones amorosas, y por tanto a evitar (o reducir) las decepciones y, en definitiva, el sufrimiento.

Por último, conocer la existencia y el origen sociocultural de los *mitos románticos* puede conducir a un *cuestionamiento* de los mismos, especialmente de aquellos que estén influyendo negativamente en el individuo o en la relación. En este sentido, es importante que cada uno se replantee las viejas creencias sobre las relaciones amorosas y sexuales, que hemos asumido automáticamente, sin apenas darnos cuenta. No se trata de rechazarlas «a priori», como antes habían sido aceptadas «a priori», sino de confrontarlas con los hechos, y ver hasta qué punto son válidas o absurdas, verdaderas o falsas, posibles o inviables, fructíferas o problemáticas, y tratar de actuar en consecuencia (o si nuestros valores, compromisos, o temores, no nos permiten actuar de otro modo, por lo menos no atormentarnos por la culpa de algo que quizá es —al menos en términos estadísticos— absolutamente normal).

Así, por ejemplo, lo que hemos denominado el «mito de la perdurabilidad» (creencia de que la pasión propia del enamoramiento debe perdurar tras miles de días —y noches— de convivencia), con seguridad afecta negativamente a muchas parejas. Es el típico caso de la persona que tras 10 años de matrimonio (o de convivencia), se separa de su pareja totalmente contrariado/a y apesadumbrado/a, puesto que ya no siente lo mismo que el primer día (a pesar de que todas las características que conforman lo que hemos denominado «intimidad», sean óptimas o al menos positivas). Difícilmente veremos satisfechas nuestras expectativas para una relación a largo plazo, si éstas se basan exclusivamente en «ideales románticos» (historias literarias, cinematográficas —o más frecuentemente televisivas— cuyo final feliz se produce siempre en la cima de la breve fase del enamoramiento, pero sobre cuyo desenlace pasados 10, 20 o 30 años nunca se nos da cuenta).

Lo propio cabe decir de lo que denominamos «mito del matrimonio» (creencia de que el enamoramiento y el amor romántico-pasional deben conducir a la unión estable de la pareja, y son la base óptima para el matrimonio —o la convivencia—). Los datos acumulados revelan el gran problema que supone la asunción de tal creencia. Durante el proceso de socialización aprendemos a basar algo de lo que se espera estabilidad en algo esencialmente pasajero, y una vez atenuada la pasión inicial, además de la consiguiente decepción (si se confiaba también en el mito de la perdurabilidad) es posible que ya no haya mucho que una a la pareja, surgiendo los interminables problemas. Quizá sería menos problemático y más satisfactorio para todos, vivir el fugaz y placentero enamoramiento sin el peso de la convivencia y el compromiso (que colaboran a hacerla aún más breve), y, sin embargo, basar nuestras relaciones a largo plazo (definitivas, al menos en principio) en algo más firme, como un verdadero deseo de compromiso, y los sentimientos de intimidad (apoyo afectivo, confianza, vínculo especial, disponibilidad, entendimiento, seguridad, valoración personal, entrega, ayuda, similaridad de valores, comunicación íntima, conocimiento, respeto, compenetración, autorevelaciones, comprensión, etc.).

Del mismo modo, la evidencia muestra que el resto de los llamados «mitos románticos», no son ciertos (o no tienen por qué serlo siempre) y que su asunción irreflexiva suele acarrear distintos problemas: no es cierto que haya nadie especialmente destinado para nosotros, ni es cierto que sólo se pueda estar enamorado o sentirse amor romántico por una única persona (al mismo tiempo), ni que el amor lo pueda todo por sí solo, ni que deba implicar necesariamente la fidelidad sexual[3], ni que esté libre de condicionantes ajenos a nuestra voluntad (psico-socioculturales-evolutivos), ni que enamoramiento y amor sean conceptos equivalentes, ni que el emparejamiento (unión entre *dos* personas) sea algo natural y universal. A buen seguro todos conocemos alguna pareja (cuando no nos suceda a nosotros mismos) que ha asumido como naturales alguna de estas creencias, y que ha sufrido o sufre a consecuencia de ello. En las manos de cada uno está el tratar de evitarlo.

En este sentido, los ideales y las normas románticas no están escritas en ningún libro sagrado. El conocimiento acumulado mediante la investigación científica (frente al doloroso conocimiento adquirido mediante la experiencia personal, por ensayo-error, y el incierto y poco fiable conocimiento del «sentido común») puede contribuir a que cada uno se apropie, en cierta medida de esas normas (y digo «en cierta medida» ya que siempre hay constricciones fuera de nuestro alcance, como hemos ido viendo), y las personalice según considere más razonable y apropiado, de modo que conformen una relación amorosa más enriquecedora y satisfactoria para ambas partes.

Esperamos haber contribuido en alguna medida a ello.

---

[3] Otra cosa distinta es que la pareja asuma esa regla reflexivamente, tras una conversación explícita, y consciente de que no es una consecuencia natural o necesaria del enamoramiento o del amor, sino una convención basada en los motivos que fuere (temor a la pérdida del otro, a las enfermedades sexuales, a «ir contra corriente», aseguración de la paternidad, seguimiento de un dogma religioso, o cualquier otro motivo).

Referencias bibliográficas

Acker, M. y Davis, M. H. (1992): «Intimacy, Passion and Commitment in adult romantic relationships: a test of the Triangular Theory of Love». *Journal of Social and Personal Relationships,* 9, pp. 21-50.

Adams, G. R. y Shea, J. A. (1981): «Talking and loving: a cross-lagged panel investigation». *Basic and Applied Social Psychology,* 2, 2, pp. 81-88.

Adams, J. S. (1970): «Inequity in Social Exchange». En L. Berkowitz (Ed.): *Advances in Experimental Social Psychology.* Vol. 2, 4.ª ed. (pp. 267-299). Academic Press: Nueva York.

Adler, M. J. y Gorman, W. (Eds.) (1952): «The Great Ideas». En *The Great Books* (54 vols.), vol. II, cap. 50: «Love» (pp. 1051-1082). *Encyclopedia Britannica:* Universidad de Chicago.

Adler, N. L.; Hendrick, S. y Hendrick, C. (1986): «Male sexual preference and attitudes toward love and sexuality». *Journal of Sex Education and Therapy,* 12, 2, pp. 27-30.

Ahrons, C. R. y Wallisch, L. S. (1987): «The relationship between former spouses». En D. Perlman y S. Duck (Eds.): *Intimate Relationships.* Sage Pub. Inc.: Beverly Hills. California.

Ainsworth, M. D.; Blehar, M. C.; Waters, E. y Wall, S. (1978): *Patterns of attachment.* Lawrence Erlbaum Assoc.: Hillsdale. Nueva Jersey.

Ajzen, I. (1977): «Information processing approaches to interpersonal attraction». En S. Duck (Ed.): *Theory and practice in interpersonal attraction.* Academic Press: Londres.

Ajzen, I. (1977): «Effects of information on interpersonal attraction: similarity *vs.* affective value». En S. Duck (Ed.): *Theory and practice in interpersonal attraction.* Academic Press: Londres.

Alberdi, I. (1993): «Modelos matrimoniales». En S. del Campo (Ed.): *Tendencias sociales en España (1960-1990),* vol. I, pp. 275-284.

Alberoni, F. (1982): «El estado naciente del amor». *Revista de Occidente,* vol. 15-16, pp. 7-16.

Alberoni, F. (1990): *Enamoramiento y amor.* Gedisa: Barcelona.

Alberoni, F. y Fraia, G. Di (1992): «Erotismo e Valori». Wyeth. *Linea Ginecologia.* Aprilia: Italia.

Altavilla, E. (1975): *El mundo del sexo*. Plaza & Janes: Barcelona. 1977.
Altman, I. (1974): «The communication on interpersonal attraction: an ecological approach». En T. L. Huston (Ed.): *Foundations on Interpersonal Attraction*. Academic Press: Nueva York.
Altman, I. y Taylor, D. A. (1973): *Social Penetration: the development of interpersonal relationships*. Brooks-Cole: Monterrey. California.
Alvar, C. (1982): «El amor en la poesía española tradicional y el Romancero». *Revista de Occidente*, vol. 15-16, pp. 133-146.
Alvira, F.; Avia, M. D.; Calvo, R. y Morales, J. F. (1979): *Los dos métodos de las Ciencias Sociales*. Centro de Investigaciones Sociológicas: Madrid.
Amnistía Internacional (1995): *Revista bimestral de A. I. para los países de habla hispana*, núm. 11, febrero-marzo.
Amorós, A. (1986): «Amor y erotismo en la literatura española del siglo XIX». *Cuadernos de Historia 16*, 124, pp. 69-72.
Andrews, F. W. y Whitey, S. B. (1976): *Social indicators of well-being*. Plenum Press: Nueva York.
Archer, R. L. y Berg, J. H. (1978): «Disclosure reciprocity and its limits: a reactance analysis». *Journal of Experimenal and Social Psychology*, 14, pp. 527-540.
Argyle, M. (1987): *The Psychology of Happiness*. Methuen & Co.: Nueva York.
Argyle, M. y Dean, J. (1965): «Eye contact, distance and affiliation». *Sociometry*, 28, pp. 289-304.
Arnold, M. E. y Thompson, B. (1996): «Love style perceptions in relation to personality function». *Journal of Social Behavior and Personality*, 11, 3, pp. 425-438.
Aron, A.; Dutton, D. G.; Aron, E. N. y Iverson, A. (1989): «Experiences of falling in love». *Journal of Social and Personal Relationships*, 6, pp. 243-257.
Aronson, E. y Linder, D. (1965): «Gain and loss of esteem as determinants of interpersonal attractiveness». *Journal of Experimental Social Psychology*, 1, pp. 156-171.
Aronson, E. y Mills, J. (1959): «The effect of severity of initiation on liking for a group». *Journal of Abnormal and Social Psychology*, 59, pp. 177-181.
Aronson, E. y Worchel, P. (1966): «Similarity vs. liking as determinants of interpersonal attractiveness». *Psychonomic Science*, 5, pp. 157-158.
Asch, S. E. (1956): «Fuerzas de grupo en la modificación y distorsión de los juicios». En J. R. Torregrosa (Ed.): *Teoría e Investigación en la Psicología Social actual* (pp. 475-488). Instituto de la Opinión Pública: Madrid. 1974.
Asimov, I. (1987): *Orígenes*. Plaza & Janes: Barcelona. 1989.
Attenborough, D. (1990): *La vida a prueba*. Plaza & Janes: Barcelona. 1990.
Aubert, V. (1976): «A note on love». En J. P. Wiseman (Ed.): *The Social Psychology of Sex*. Harper & Row: Nueva York.
Averill, J. R. (1985): «The social construction of emotion: with special reference to love». En K. J. Gergen y K. E. Davis (Eds.): *The Social Construction of the Person*. Springer Verlag: Nueva York.
Averill, J. R. y Boothroyd, P. (1977): «On falling in love in conformance with the romantic ideal». *Motivation and Emotion*, 1, 3, pp. 235-247.
Avia, M. D. y Martín, J. (1985): «Cambio y continuidad en la personalidad». En M. Carretero, J. Palacios y A. Marchesi (Eds.): *Psicología Evolutiva III: edad adulta, madurez y senectud* (pp. 177-200). Alianza: Madrid.

Avia, M. D.; Carrillo, J. M. y Rojo, N. (1990): «Personalidad y diferencias sexuales: el papel del sexo, la edad y la experiencia». *Revista de Psicología Social,* 5, 1, pp. 7-22.
Ayer, A. J. (1954): *Ensayos filosóficos.* Ariel: Barcelona. 1979.
Bailey, W. C.; Hendrick, C. y Hendrick, S. (1987): «Relation of sex and gender role to love, sexual attitudes and self-esteem». *Sex Roles,* 16, 11-12, pp. 637-648.
Ballesteros Gaibrois, M. (1986): «Erotismo hispano en las Indias». *Cuadernos de Historia 16,* 124, pp. 59-64.
Ballús, C. (1983): «Razones y problemas de un enfoque psicobiológico del comportamiento». En C. Ballús (Ed.): *Psicobiología* (pp. 13-21). Herder: Barcelona.
Bandura, A. y Walters, R. H. (1963): *Aprendizaje social y desarrollo de la personalidad.* Alianza Universidad: Madrid. 1985.
Bardis, P. D. (1979): «The Kinetic-Potential Theory of love». En M. Cook y G. Wilson (Eds.): *Love & Attraction.* Pergamon Press: Oxford.
Bardis, P. D. (1979): «Homeric love». En M. Cook y G. Wilson (Eds.): *Love & Attraction.* Pergamon Press: Oxford.
Baron, R. A. y Byrne, D. (1997): *Psicología Social.* Prentice-Hall: Madrid. 1998.
Barrón, A. (1990): «Estrés vital, apoyo social y creencias de salud». En S. Barriga y otros (Eds.): *Psicología de la Salud* (pp. 197-219). SEDAL: Sevilla.
Barrón, A.; Martínez-Íñigo, D.; De Paúl, P. y Yela, C. (1999): «Beliefs and romantic myths in Spain». *The Spanish Journal of Psychology,* 2, 1, pp. 64-73.
Baucom, D. M. (1987): «Attributions in destressed relations». En D. Perlman y S. Duck (Eds.): *Intimate Relationships.* Sage Pub. Inc.: Beverly Hills. California.
Beach, F. A. y Ford, C. S. (1951): *Conducta sexual.* Fontanella: Barcelona. 1969.
Beach, S. R. y Tesser, A. (1988): «Love in marriage». En R. J. Sternberg y M. L. Barnes (Eds.): *The Psychology of Love.* Yale University Press: New Haven.
Beigel, H. G. (1951): «Romantic love». *American Sociological Review,* 16, pp. 326-334.
Bell, A. P. y Weinberg, M. S. (1978): *Informe Kinsey: Homosexualidades.* Debate: Madrid. 1979.
Bell, R. A.; Buerkel-Rothfuss, N. L. y Gore, K. E. (1987): «Did you bring the yarmulke for the cabbage patch kid?: The idiomatic communication of young lovers». *Human Communication Research,* 14, 1, pp. 47-67.
Bem, D. J. (1972): «Self-perception Theory». En L. Berkowitz (Ed.): *Advances in Experimental Social Psychology,* vol. 4. Academic Press: Nueva York.
Bem, S. L. (1974): «The measurement of psychological androgyny». *Journal of Consulting and Clinical Psychology,* 42, pp. 155-162.
Bentler, P. M. y Newcomb, M. D. (1979): «Longitudinal study of marital success and failure». *Journal of Consulting and Clinical Psychology,* 46, pp. 1053-1070.
Berenson, F. (1991): «What is this thing called "love"?» *Philosophy,* 66, pp. 65-79.
Berger, P.; Berger, B. y Kellner, H. (1970): *Un mundo sin hogar.* Salterrae: Santander.
Berger, P. y Luckmann, T. (1968): *La construcción social de la realidad.* Amorrortu: Buenos Aires. 1984.
Bernard, F. (1979): «Pedophilia: the consequences for the child». En M. Cook y G. Wilson (Eds.): *Love & Attraction.* Pergamon Press: Oxford.
Berscheid, E. (1983): «Emotion». En H. H. Kelley (Ed.): *Close Relationships* (pp. 110-168). Freeman: Nueva York.

Berscheid, E. (1988): «Some comments on love's anatomy». En R. J. Sternberg y M. L. Barnes (Eds.): *The Psychology of Love*. Yale University Press: New Haven.

Berscheid, E.; Snyder, M. y Omoto, A. M. (1989): «Issues in studying close relationships: conceptualizing and measuring closeness». En C. Hendrick (Ed.): *Close Relationships*. Sage: Newbury Park. California.

Berscheid, E. y Walster, E. (1974): «A little bit about love». En T. L. Huston (Ed.): *Foundations on Interpersonal Attraction*. Academic Press: Nueva York.

Berscheid, E. y Walster, E. (1978): «Interpersonal Attraction». *Reading*. Addison-Wesley: Massachussets (1.ª ed. de 1969).

Birren, J. E. y Schaie, K. W. (Eds.) (1977): *Handbook of the Psychology of Aging*. Van Nostrand: Nueva York.

Birtchnell, J. (1986): «The imperfect attainment of intimacy: a key concept in marital therapy». *Journal of Family Therapy*, 8, 2, pp. 153-172.

Black, H. y Angelis, V. B. (1975): «Sex role differences in the patterning of love among college students». *Psychology*, 12, 3, pp. 50-53.

Blanco Abarca, A. (1985): «La calidad de vida: supuestos psicosociales». En J. F. Morales y otros (Eds.): *Psicología Social aplicada*. Desclee De Brouwer: Bilbao.

Blanco Abarca, A. (1986): «Estrés ambiental». En F. Jiménez Burillo y J. I. Aragonés (Eds.): *Introducción a la Psicología Ambiental*. Alianza Editorial: Madrid. 1988.

Blanco Abarca, A. y Chacón, F. (1985): «La evaluación de la calidad de vida». En J. F. Morales y otros (Eds.): *Psicología Social aplicada*. Desclee De Brouwer: Bilbao.

Blanco Freijeiro, A. (1986): «Eros y Psique: el amor de los clásicos». *Cuadernos de Historia 16*, 124, pp. 21-28.

Blasband, D. y Peplau, L. A. (1985): «Sexual exclusivity *vs.* openness in gay male couples». *Archives of Sexual Behavior*, 14, 5, pp. 395-412.

Bloom, M. (1967): «Toward a developmental concept of love». *Journal of Human Relations*, 15, pp. 246-263.

Bloom, B. L.; Asher, S. J. y White, S. W. (1978): «Marital disruption as a stressor: a review analysis». *Psychological Bulletin*, 85, pp. 867-894.

Borcherdt, B. (1996): «Head over heart in love: 25 guides to rational passion». *Professional Resource Exchange*. Inc. Sarasota, FL.

Borrello, G. H. y Thompson, B. (1990): «A hierarchical analysis of the Hendrick-Hendrick measure of Lee's typology of love». *Journal of Social Behavior and Personality*, 5, 5, pp. 327-342.

Bowlby, J. (1969): *El vínculo afectivo*. Paidós: Buenos Aires. 1976.

Branden, N. (1988): «A vision of romantic love». En R. J. Sternberg y M. L. Barnes (Eds.): *The Psychology of Love*. Yale University Press: New Haven.

Brehm, J. W. (1966): *A Theory of Psychological Reactance*. Academic Press: Nueva York.

Brehm, S. S. (1985): *Intimate Relationships*. McGraw-Hill: Nueva York (2.ª ed. en 1992).

Brehm, S. S. (1988): «Passionate love». En R. J. Sternberg y M. L. Barnes (Eds.): *The Psychology of Love*. Yale University Press: New Haven.

Bringle, R. G. y Evenbeck, S. (1979): «The study of jealousy as a dispositional characteristic». En M. Cook y G. Wilson (Eds.): *Love & Attraction*. Pergamon Press: Oxford.

Brown, P. T. y Lloyd, P. M. (1986): «A disorder of falling in love». *Sexual and Marital Therapy*, 1, 1, pp. 19-22.

Bruckner, P. y Finkielkraut, A. (1977): *El nuevo desorden amoroso*. Anagrama: Barcelona. 1989.
Bueno, M. (1983): «Relaciones de pareja: satisfacción y ajuste en las percepciones recíprocas». *Revista de Psicología General y Aplicada*, 37, 6, pp. 1157-1176.
Bunge, M. (1980): *El problema mente-cerebro*. Tecnos: Madrid. 1985.
Bunge, M. (1987): «La Psicología: ¿disciplina humanística, autónoma, natural o social?». *Arbor*, 126, pp. 9-30.
Burgaleta, R. (1989): «El estudio científico de la variabilidad humana». En R. Burgaleta y otros (Eds.): *Lecturas de Psicología Diferencial* (pp. 407-416). Facultad de Psicología. UCM: Madrid.
Burgaleta, R. y Fernández Garrido, J. (1989): *Metodología de la Psicología Diferencial*. Tomo I. Facultad de Psicología. U.C.M.: Madrid.
Burgess, E. W. (1927): «The romantic impulse and family disorganization». *Survey*, 57, pp. 290-294.
Burgess, E. W. y Cottrell, L. S. (1939): *Predicting success or failure in marriage*. Prentice-Hall: Nueva York.
Burgess, E. W. y Wallin, P. (1953): *Engagemente and Marriage*. Lippincott: Chicago.
Buss, D. M. (1988): «Love acts: the evolutionary biology of love». En R. J. Sternberg y M. L. Barnes (Eds.): *The Psychology of Love*. Yale University Press: New Haven.
Buss, D. M. (1989): «Sex differences in human mate preferences: evolutionary hypothesis tested in 37 cultures». *Behavioral and Brain Sciences*, 12, pp. 1-49.
Buss, D. M. (1994): *The Evolution of Desire: strategies of human mating*. Basic Books: Nueva York. (Versión castellana en Alianza, 1996.)
Buss, D. M. (1998): «The ψ of human mate selection». In C. B. Crawford *et al.* (Eds.): *Handbook of Evolutionary Psychology: ideas, issues and applications* (pp. 405-429). Mahwach. L.E.A.: Nueva Jersey.
Buss, D. M. y Barnes, M. (1986): «Preferences in human mate selection». *Journal of Personality and Social Psychology*, 50, 3, pp. 559-570.
Buss, D. M. y Larsen, R. J.; Westen, D. y Semmelroth, J. (1992): «Sex differences in jealousy: evolution, physiology and psychology». *Psychological Science*, 3, pp. 251-255.
Buss, D. M. y Schmitt, D. P. (1993): «Sexual strategies theory: an evolutionary perspective on human mating». *Psychological Review*, 100, 2, pp. 204-232.
Butler, R. y Walker, W. R. (1995): «Age and responses to the love attitudes scale». *International Journal of Aging and Human Development*.
Buunk, B. y Bringle, R. G. (1987): «Jealousy in love relationships». En D. Perlman y S. Duck (Eds.): *Intimate Relationships*. Sage Pub. Inc.: Beverly Hills. California.
Byne, W. (1994): «Orientación sexual: ¿una determinación biológica?». *Investigación y Ciencia*, julio, 214, pp. 13-19.
Byrne, D. (1971): *The Attraction Paradigm*. Academic Press: Nueva York.
Byrne, D.; Ervin, C. R. y Lamberth, J. (1970): «Continuity between the experimental studies of attraction and real-life computer dating». *Journal of Personality and Social Psychology*, 16, pp. 157-165.
Byrne, D. y Murnen, S. K. (1988): «Maintaining loving relationships». En R. J. Sternberg y M. L. Barnes (Eds.): *The Psychology of Love*. Yale University Press: New Haven.
Cáceres Carrasco, J. (1986): *Reaprender a vivir en pareja*. Plaza & Janes: Barcelona.

Campbell, A.; Converse, P. y Rodgers, W. (1976): *The Quality of American Life.* Russel Sage Foundation: Nueva York.
Campo, Salustiano del (1993): *Tendencias sociales en España (1960-1990).* 3 vols. Fundación BBV: Madrid.
Campo, Salustiano del (1993): *Fecundidad y familia.* En S. del Campo (Ed.): *op. cit.,* vol. I, pp. 249-274.
Campo, Salustiano del, y Camacho, J. M. (1993): *Grado de satisfacción.* En S. del Campo (Ed.): *op. cit.,* vol. III, pp. 453-468.
Cancian, F. (1987): *Love in America: gender and self-development.* Cambridge University Press.
Carandell, J. M. (1972): *Las comunas: alternativa a la familia.* Tusquets: Barcelona. 1972.
Carrasco, M. J.; Llavona, L. y Carrasco, I. (1984): «Disfunción sexual y otros trastornos de la pareja». En J. Mayor y F. J. Labrador (Eds.): *Manual de modificación de conducta* (pp. 499-522). Alhambra: Madrid. 1990.
Carreño, M. (1991): *Aspectos psico-sociales de las relaciones amorosas.* Tesis Doctoral sin publicar. Facultad de Psicología. Universidad de Santiago de Compostela.
Carrol, J. B. (1993): *Human Cognitive Abilities.* Cambridge University Press.
Carter, C. S. y Getz, L. L. (1993): «Monogamia en la ratilla de la pradera». *Investigación y Ciencia,* agosto, pp. 50-57.
Carvajal, F.; Sebastián, J.; Cornide, E.; Delgado, A.; Castellote, I. y Blanco, C. (1990): «Implicaciones del modelo de la androginia en el comportamiento sexual: arousal subjetivo y fantasías sexuales». *Revista de Psicología Social,* 5, 1, pp. 23-42.
Caspi, A.; Herbener, E. S. y Ozer, D. J. (1992): «Shared experiences and the similarity of personalities». *Journal of Personality and Social Psychology,* 62, pp. 62-87.
Castro, R. de.; Aragonés, J. I. y Corraliza, J. A. (Eds.) (1990): *La conservacón del entorno.* Agencia de Medio Ambiente. Junta de Andalucía: Sevilla.
Cattell, R. B. (1966): «The scree test for the number of factors». *Multivariate Behavioral Research,* 1, pp. 245-276.
Centers, R. (1975): *Sexual Attraction and Love: an Instrumental Theory.* Charles C. Thomas: Springfield. Illinois.
Cervantes, M. de (1604): *El Ingenioso Hidalgo Don Quijote de la Mancha.* Castilla: Madrid. 1947.
Chacel, R. (1982): «Amor». *Revista de Occidente,* vol. 15-16, pp. 37-43.
Chacón, F.; Barrón, A. y Lozano, P. (1989): «Utilidad de los indicadores sociales en los programas de intervención psicosocial». *Cuadernos de Acción Social,* 19, pp. 84-97.
Chelune, G. J. (1979): *Self-disclosure.* Jossey-Bass: San Francisco. California.
Chojnacki, J. T. y Walsh, W. B. (1990): «Reliability and concurrent validity of the Sternberg Triangular Love Scale». *Psychological Reports,* 67, 1, pp. 219-224.
Christensen, H. T. y Gregg, C. F. (1970): «Changing sex norms in America and Scandinavia». *Journal of Marriage and the Family,* 32, pp. 616-627.
CIRES (Centro de Investigaciones de la Realidad Social) (1992): *La realidad social en España.* Ellacuria: Erandio (Vizcaya).
Clanton, G. y Smith, L. G. (1977): *Anatomía de los celos.* Grijalbo: Barcelona. 1981.
Clark, M. S. y Reis, H. T. (1988): «Interpersonal processes in close relationships». *American Review of Psychology,* 39, pp. 609-672.

© Ediciones Pirámide

Clark, R. D. y Hatfield, E. (1989): «Gender differences in receptivity to sexual offers». *Journal of Psychology and Human Sexuality,* 2, pp. 39-55.
Clarke, A. C. (1952): «An examination of the operation of residual propinquity as a factor in mate selection». *American Sociological Review,* 27, pp. 17-22.
Clore, G. L. (1977): «Reinforcement and affect in attraction». En S. Duck (Ed.): *Theory and practice in interpersonal attraction.* Academic Press: Londres.
Clore, G. L. y Byrne, D. (1974): «A reinforcement model of attraction». En T. L. Huston (Ed.): *Foundations on Interpersonal Attraction.* Academic Press: Nueva York.
Clore, G. L. y Gormly, J. B. (1977): «Knowing, feeling and liking: a psychophysiological study of attraction». En S. Duck (Ed.): *Theory and practice in interpersonal attraction.* Academic Press: Londres.
Coleman, M. y Ganong, L. H. (1985): «Love and sex role stereotypes: do macho men and femine women make better lovers?». *Journal of Personality and Social Psychology,* 49, 1, pp. 170-176.
Comfort, A. (1966): *La sexualidad en la sociedad actual.* Hormé: Buenos Aires.
Constantine, L. L. y Constantine, J. M. (1971): «Sexual aspects of multilateral relations». *The Journal of Sex Research,* 7, 3, pp. 204-225.
Cook, M. (1977): «The Social Skill Model and interpersonal attraction». En S. Duck (Ed.): *Theory and practice in interpersonal attraction.* Academic Press: Londres.
Cook, M. y McHenry, R. (1978): *Sexual Attraction.* Pergamon Press: Oxford.
Cook, M. y Wilson, G. (Eds.) (1979): *Love & Attraction.* Pergamon Press: Oxford.
Coppinger, R. y Rosenblatt, P. (1968): «Romantic love and subsistance dependence of spouses». *Southwestern Journal of Anthropology,* 24, pp. 310-319.
Corominas, J. (1961): *Diccionario Etimológico de la Lengua Castellana.* Gredos: Madrid.
Costa, M. y López, E. (1986): *Salud comunitaria.* Martínez Roca: Barcelona.
Costa, M. y Serrat, C. (1982): *Terapia de pareja.* Alianza: Madrid. 1987.
Critelli, J. W. (1977): «Romantic attraction and happiness». *Psychological Reports,* 41, pp. 721-722.
Critelli, J. W. y Dupre, K. M. (1978): «Self-disclosure and romantic attraction». *Journal of Social Psychology,* 106, 1, pp. 127-128.
Critelli, J. W. (1979): «The measurement of attitudes toward sex role differences (J.S.A.S.)». *Catalogue of Selected Documents in Psychology,* 9, 31.
Critelli, J. W. Myers, E. J. y Loos, V. E. (1986): «The components of love: romantic attraction and sex role orientation». *Journal of Personality,* 54, 2, pp. 354-370.
Critelli, J. W. y Waid, L. R. (1980): «Physical attractiveness, romantic love, and equity restoration in dating relationships». *Journal of the Personality Assessment,* 44, 6, pp. 624-636.
Cronbach, L. J. (1957): «The Two Disciplines of Scientific Psychology». *American Psychologist,* 12, pp. 671-684.
Cronbach, L. J. (1975): «Beyond The Two Disciplines of Scientific Psychology». *American Psychologist,* 30, pp. 116-127.
Cuatrecasas, A. (1993): *Eros en Roma.* Temas de Hoy: Madrid.
Cunningham, J. D. y Antill, J. K. (1981): «Loving in developing romantic relationships». En S. Duck y R. Gilmour (Eds.): *Personal Relationships* (5 vols.), vol. 2: «Developing Personal Relationships». Academic Press: Londres.

Cunningham, M. R. (1986): «Measuring the physical attractiveness: sociobiology of female facial beauty». *Journal of Personality and Social Psychology,* 50, 5, pp. 925-935.

Curtis, J. M. (1983): «Elements of pathological love relationships». *Psychological Reports,* 53, 1, pp. 83-92.

Daly, M.; Wilson, M. y Weghorst, S. J. (1982): «Male sexual jealousy». *Ethology and Sociobiology,* 3, 1, pp. 11-27.

Darwin, C. (1859): «The Origin of Species». En M. J. Adler y W. Gorman (Eds.): *The Great Books* (54 vols.), vol. 49: «Darwin» (pp. 1-252). *Encyclopedia Britannica.* Universidad de Chicago. 1952

Darwin, C. (1871): «The Descent of Man and Selection in Relation to Sex». En M. J. Adler y W. Gorman (Eds.): *The Great Books* (54 vols.), vol. 49: «Darwin» (pp. 253-600). *Encyclopedia Britannica.* Universidad de Chicago. 1952

Davies, C. (1979): «The social origins of some sexual taboos». En M. Cook y G. Wilson (Eds.): *Love & Attraction.* Pergamon Press: Oxford.

Davies, M. F. (1996): «EPQ correlates of love styles». *Personality and Individual Differences,* 20, 2, pp. 257-259.

Davis, K. E. (1985): «Near and dear: friendship and love compared». *Psychology Today,* 19, pp. 22-30.

Davis, K. E. y Todd, M. J. (1982): «Friendship and love relationships». En K. E. Davis y T. O. Mitchell (Eds.): *Advances in Descriptive Psychology,* vol. 2, pp. 79-122. JAI Press: Greenwich. Connecticut.

Davis, L. E. y Strube, M. J. (1993): «An assessment of romantic commitment among black and white dating couples». *Journal of Applied Social Psychology,* 23, 3, pp. 212-225.

Dawkins, R. (1976): *El gen egoísta.* Labor: Barcelona. 1979.

Deenen, A. A. (1988): «Research on gay couples: sexuality, love and friendship». *Nordisk Sexologi,* 6, 4, pp. 235-240.

Derlega, V. J. (1984): «Self-disclosure intimate relationships». En V. J. Derlega (Ed.): *Communication, Intimacy, and Close Relationships.* Academic Press: Nueva York.

Derlega, V. J. y Winstead, B. A. (1986) (Eds.): *Friendship and Social Interaction.* Springer-Verlag: Nueva York.

Dermer, M. y Pyszczynski, T. A. (1978): «Effects of erotica upon men's loving and liking responses for women they love». *Journal of Personality and Social Psychology,* 36, 11, pp. 1302-1309.

Deutsch, M. y Solomon, L. (1959): «Reactions to evaluations by others as influenced by self-evaluations». *Sociometry,* 22, pp. 93-112.

Dewsbury, D. A. (1981): «Effects of novelty on copulatory behavior: the Coolidge effect and related phenomena». *Psychological Bulletin,* 89, 3, pp. 464-482.

D'Hondt, W. y Vandewiele, M. (1983): «Attitudes of West African students toward love and marriage». *Psychological Reports,* 53, 2, pp. 615-621.

Diccionario de la Lengua Española (1984): *Real Academia Española.* 2 vols. Espasa-Calpe: Madrid. 20.ª ed.

Diccionario de las Ciencias de la Educación (1983): 2 vols. (168 autores). Santillana: Madrid.

Dickens, W. J. y Perlman, D. (1981): «Friendship over the life-cycle». En S. Duck y R. Gilmour (Eds.): *Personal Relationships* (5 vols.), vol. 2: «Developing Personal Relationships». Academic Press: Londres.

Diener, E. (1994): «El bienestar subjetivo». *Intervención psicosocial,* 3, 8, pp. 67-113.
Dietch, J. (1978): «Love, sex roles, and psychological health». *Journal of Personality Assessment,* 42, 6, pp. 626-634.
Dion, K. K. (1979): «Physical attractiveness and interpersonal attraction». En M. Cook y G. Wilson (Eds.): *Love & Attraction.* Pergamon Press: Oxford.
Dion, K. K. y Dion, K. L. (1975): «Self-esteem and romantic love». *Journal of Personality,* 43, 1, pp. 39-57.
Dion, K. K. y Dion, K. L. (1985): «Personality, gender, and the phenomenology of romantic love». En P. Shaver (Ed.): *Review of Personality and Social Psychology,* vol. 6. Sage Pub. Inc.: Beverly Hills. California.
Dion, K. K.; Pak, A. y Dion, K. L. (1990): «Stereotyping physical attractiveness: a sociocultural perspective». *Journal of Cross-Cultural Psychology,* 21, 2, pp. 158-179.
Dion, K. L.; Berscheid, E. y Walster, E. (1972): «What is beautiful is good». *Journal of Personality and Social Psychology,* 24, 3, pp. 285-290.
Dion, K. L. y Dion, K. K. (1973): «Correlates of romantic love». *Journal of Consulting and Clinical Psychology,* 41, 1, pp. 51-56.
Dion, K. L. y Dion, K. K. (1979): «Personality and behavioral correlates of romantic love». En M. Cook y G. Wilson (Eds.): *Love & Attraction.* Pergamon Press: Oxford.
Dion, K. L. y Dion, K. K. (1988): «Romantic love». En R. J. Sternberg y M. L. Barnes (Eds.): *The Psychology of Love.* Yale University Press: New Haven.
Dion, K. L. y Dion, K. K. (1993): «Gender and ethnocultural comparisons in styles of love». *Psychology of Women Quarterly,* 17, 4, pp. 463-473.
Dodson, B. (1974): *Sexo para uno: el placer del autoerotismo.* Temas de Hoy: Madrid. 1989.
Donovan, D. M. (1973): «Jimmy: the birth of the self in a schizophrenic child». *British Journal of Social Psychiatry and Community Health,* 6, 3, pp. 198-211.
Driscoll, R.; Davies, K. E. y Lipetz, M. E. (1972): «Parental interference and romantic love: the Romeo and Juliet effect». *Journal of Personality and Social Psychology,* 24, 1, pp. 1-10.
DSM-III-R (1987): *Manual diagnóstico y estadístico de los trastornos mentales.* American Psychiatric Association. Masson: Barcelona. 1988.
Duca, Lo (1970): *Historia del erotismo.* Siglo XX: Buenos Aires.
Duck, S. (Ed.) (1977): *Theory and Practice in Interpersonal Attraction.* Academic Press: Londres.
Duck, S. y Gilmour, R. (Eds.) (1981): *Personal Relationships* (5 vols.). Academic Press: Londres.
Dutton, D. y Aron. A. (1974): «Some evidence for hightened sexual attraction under conditions of high anxiety». *Journal of Personality and Social Psychology,* 30, 4, pp. 510-517.
Echebarría, A. y Páez, D. (Eds.) (1989): *Emociones: perspectivas psicosociales.* Fundamentos: Madrid.
Eibl-Eibesfeldt, I. (1970): *Amor y odio.* Siglo XXI: México D.F. 1972.
Eibl-Eibesfeldt, I. (1973): *El hombre preprogramado.* Alianza: Madrid. 1977.
Elías, J. y Elías, V. (1979): «Dimensions of masculinity, and female reactions to male nudity». En M. Cook y G. Wilson (Eds.): *Love & Attraction.* Pergamon Press: Oxford.
Elkins, G. R. (1978): «Attitudes toward love, irrationality and locus of control». *Psychological Reports,* 43, 246.

© Ediciones Pirámide

Encyclopedia Britannica (1985): 29 vols. 12.ª reimpresión de la 15.ª edición. Universidad de Chicago (1.ª ed. en 1768).
Engel, J. W. y Saracino, M. (1986): «Love preferences and ideals: a comparision of homosexual, bisexual and heterosexual groups». *Contemporary Family Therapy,* 8, 3, pp. 241-250.
Eslava, J. (1996): *La vida amorosa en Roma.* Temas de Hoy: Madrid.
Etxebarría, I. (1989): «Diferencias sexuales en sentimientos de culpa». En A. Echebarría y D. Páez (Eds.): *Emociones: perspectivas psicosociales.* Fundamentos: Madrid.
Eysenck, H. J. (1970): «Personality and attitudes to sex: a factorial study». *Personality,* 1, pp. 355-376.
Eysenck, H. J. y Wilson, G. (1979): *Psicología del sexo.* Herder: Barcelona. 1981.
Faderman, L. (1978): «The morbidification of love between women by 19th century sexologists». *Journal of Homosexuality,* 4, 1, pp. 73-90.
Fazio, V. J. y Pascucci, N. J. (1984): «A perspective on marriage and love in post-traumatic stress disorder». *Journal of Contemporary Psychotherapy,* 14, 1, pp. 76-89.
Feeney, J. A. y Noller, P. (1990): «Attachment style as a predictor of adult romantic relationships». *Journal of Personality and Social Psychology,* 58, 2, pp. 281-291.
Feeney, J. A. y Noller, P. (1991): «Attachment style and verbal descriptors of romantic partners». *Journal of Social and Personal Relationships,* 8, 2, pp. 187-215.
Feeney, J. A. y Noller, P. (1992): «Attachment style and romantic love: relationship dissolution». *Australian Journal of Psychology,* 44, 2, pp. 69-74.
Fehr, B. y Russell, J. A. (1991): «The concept of love review from a prototype perspective». *Journal of Personality and Social Psychology,* 60, 3, pp. 425-438.
Feingold, A. (1990): «Gender differences in effects of physical attractiveness on romantic attraction». *Journal of Personality and Social Psychology,* 59, 5, pp. 981-993.
Fengler, A. P. (1974): «Romantic love in courtship: divergent paths of male and female students». *Journal of Comparative Family Studies,* 5, 1, pp. 134-139.
Fernández Ballesteros, R. (1994): *Evaluación conductual hoy.* Pirámide: Madrid.
Fernández Dols, J. M. (1989): «La norma social en el grupo humano». En C. Huici (Ed.): *Estructura y Procesos de Grupo* (pp. 487-522). UNED: Madrid.
Fernández Galiano, M. (1982): «Amor y deseo en el mundo clásico». *Revista de Occidente,* vol. 15-16, pp. 77-100.
Fernández de Quero, J. (1989): «El consultorio telefónico *sex-inform* como modelo de intervención social». En *II Jornadas de Psicología de la Intervención Social.* Tomo II (pp. 169-179). INSERSO: Madrid.
Ferrater Mora, J. (1965): *Diccionario de Filosofía.* Editorial Sudamericana: Buenos Aires.
Festinger, L. (1954): «A Theory of Social Comparison Process». *Human Relations,* 7, pp. 117-140.
Festinger, L. (1957): «A Theory of Cognitive Dissonance». Standfor University Press: California.
Festinger, L.; Schachter, S. y Back, K. (1950): *Social pressures in informal groups: A study of human factors in housing.* Harper & Row: Nueva York.
Fine, R. (1985): «The Academy of Love». *Current Issues in Psychoanalytic Practice,* 2, 1, pp. 25-40.
Fiore, A. y Swensen, C. H. (1977): «Analysis of love relationships in functional and dysfunctional marriages». *Psychological Reports,* 40, 3, 1, pp. 707-714.

Fisher, H. (1992): *The Anatomy of Love*. W. W. Norton: Nueva York.
Fisher, W. A. y Byrne, D. (1978): «Sex differences in response to erotica? Love *vs.* lust». *Journal of Personality and Social Psychology*, 36, 2, pp. 117-125.
Flandrin, J. L. (1981): *La moral sexual en Occidente*. J. Gránica: Barcelona. 1984.
Foa, E. B. y Foa, V. G. (1980): «Resource theory: interpersonal behavior as exchange». En K. J. Gergen y otros (Eds.): *Social exchange: advances in theory and research*. Plenum Press: Nueva York.
Foa, V. G.; Anderson, B.; Converse Jr. J.; Urbansky, W. A.; Cawley, M. J.; Muhlhausen, S. M. y Tornblom, K. Y. (1987): «Gender-related sexual attitudes: some cross-cultural similarities and differences». *Sex Roles*, 16, 9-10, pp. 511-519.
Forgas, J. P. y Dobosz, B. (1980): «Dimensions of romantic involvement: toward a taxonomy of heterosexual relationships». *Social Psychology Quarterly*, 43, 3, pp. 290-300.
Forman, R. F. (1987): «Lovesickness: a way of thinking about substance abuse and substance dependence». *Alcoholism Treatment Quarterly*, 4, 1, pp. 1-13.
Forteza, J. A. (1989): «La intervención en los procesos de envejecimiento». En *II Jornadas de Psicología de la Intervención Social*. Tomo II (pp. 317-337). INSERSO: Madrid.
Foucault, M. (1976): *Historia de la sexualidad*. Siglo XXI: Madrid. 1987.
Fraia, G. Di (1991): *La passione amorosa*. Harlequin Mondadori: Treviglio.
Frankl, V. E. (1963): *Man's search for meaning*. Beacon Press: Boston.
Freud, S. (1921): «Psicología de las masas y análisis del Yo». En *Obras Completas*, vol. IX, pp. 5-105. Biblioteca Nueva: Madrid. 1934.
Freud, S. (1927): «El porvenir de una ilusión». En *Obras Completas,* vol. XIV, pp. 7-66. Biblioteca Nueva: Madrid. 1934.
Freud, S. (1930): *El malestar de la cultura*. Alianza: Madrid. 1973.
Frey, K. y Hojjat, M. (1998): «Are love styles related to sexual styles?». *Journal of Sex Research*, 35, 3, pp. 265-271.
Frijda, N. H. (1988): «The laws of emotion». *American Psychologist*, 43, 5, pp. 349-358.
Fromm, E. (1955): *Psicoanálisis de la sociedad contemporánea*. Fondo de Cultura Económica: México D.F. 1967.
Fromm, E. (1956): *El arte de amar*. Paidós: Barcelona. 1989.
Gabbard, G. O. (1996): *Love and Hate in the analytic setting*. Jason Aronson Inc.: Northvale. Nueva Jersey.
Garaizabal, C. (1992): «Sexualidad: una asignatura pendiente». *Nosotras*, 8, pp. 51-58.
García Gual, C. (1982): «Amores de Lanzarote y de la reina Ginebra». *Revista de Occidente,* vol. 15-16, pp. 115-132.
García Jiménez, M. V. (1986): «El método experimental en la investigación psicológica». *Promociones y Publicaciones Universitarias*. Colección letras, ciencias y técnica: Barcelona. 1992.
Gardner, L. (1972): «Deprivation dwarfism». *Scientific American*, 227, pp. 76-82.
Gellner, E. (1988): «Origins of society». En A. C. Fabian (Ed.): *Origins*. Cambridge University Press.
Giesen, C. B. (1989): «Aging and attractiveness: marriage makes a difference». *International Journal of Aging and Human Development*, 29, 2, pp. 83-94.
Gil Calvo, E. (1991): *La mujer cuarteada*. Anagrama: Barcelona.

© Ediciones Pirámide

Gil Calvo, E. (1993): «Formas de expresión erótica». En S. del Campo (Ed.): *Tendencias sociales en España (1960-1990)*, vol. III, pp. 181-192.
Gil Rodríguez, F. (1984): «Entrenamientos en habilidades sociales». En J. Mayor y F. Labrador (Eds.): *Manual de modificación de conducta* (pp. 399-429). Alhambra: Madrid. 1990.
Gillan, P. (1979): «Group therapy for increasing the sexual interest of female patients and their partners». En M. Cook y G. Wilson (Eds.): *Love & Attraction*. Pergamon Press: Oxford.
Gillan, P. y Frith, C. (1979): «Male-female differences in response to erotica». En M. Cook y G. Wilson (Eds.): *Love & Attraction*. Pergamon Press: Oxford.
Gilmartín, B. G. (1985): «Some family antecedents of severe love-shyness». *Journal of Applied Family and Child Studies*, 34, 3, pp. 429-438.
Gilmartín, B. G. (1987): «Peer group antecedents of severe love-shyness». *Journal of Personality*, 55, 3, pp. 467-489.
Girard, R. (1961): *Mentira romántica y verdad novelesca*. Anagrama: Barcelona. 1985.
Givens, D. (1978): «The nonverbal basis of attraction: flirtation, courtship and seduction». *Psychiatry*, 41, 4, pp. 346-359.
Glass, S. P. y Wright, T. L. (1977): «The relationship of extramarital sex, length of marriage and sex differences on marital satisfaction and romanticism». *Journal of Marriage and the Family*, noviembre, pp. 691-703.
Gleick, J. (1987): *Caos: el nacimiento de una nueva Ciencia*. Seix Barral: Barcelona. 1988.
Goldstein, M. A.; Kilroy, M. C. y Van de Voort, D. (1976): «Gaze as a function of conversation and degree of love». *Journal of Psychology*, 92, 2, pp. 227-234.
Gómez Jacinto, L. y Canto, L. (1995): *Psicología Social*. Eudema: Madrid.
Gómez Tabanera, J. M. (1986): «La invención del sexo en la prehistoria». *Cuadernos de Historia 16*, 124, pp. 12-20.
Gondonneau, J. (1973): *La fidelidad y la infidelidad*. Kairós: Barcelona. 1974.
Gonsiorek, J. C. (1991): «The empirical basis for the demise of the illness model of homosexuality». En J. C. Gonsiorek y J. D. Weinrich (Eds.): *Homosexuality*. Sage Pub.: Newbury Park. California.
Gonsiorek, J. C. y Weinrich, J. D. (1991): *Homosexuality*. Sage Pub.: Newbury Park. California.
Good, L. R. (1976): «Belief in romantic love». *Psychology*, 13, 1, pp. 6-7.
Goode, W. J. (1959): «The theoretical importance of love». *American Sociological Review*, 24, pp. 38-47.
Gould, S. J. (1981): *La falsa medida del hombre*. Antoni Bosch: Barcelona. 1984.
Gould, S. J. (1989): *Wonderful life: the Burgess Shale and the Nature of History*. Penguin Books: Londres.
Gould, S. J. (1994): «La evolución de la vida en la Tierra». *Investigación y Ciencia*, 219, diciembre, pp. 55-61.
Gould, S. J. y Lewontin, R. C. (1979): «Spandrels of San Marco and the Panglossian paradigm: a critique of the adaptationist programme». *Proceedings of the Royal Society of London - B*, 205, pp. 581-598.
Greenfield, S. M. (1965): «Love and marriage in modern America: a functional analysis». *Sociological Quarterly*, 6, pp. 361-377.

Griffin, D. R. (1984): *El pensamiento de los animales.* Ariel: Barcelona. 1986.
Griffitt, W. (1974): «Attitude similarity and attraction». En T. L. Huston (Ed.): *Foundations on Interpersonal Attraction.* Academic Press: Nueva York.
Griffitt, W. (1979): «Sexual stimulation and sociosexual behaviors». En M. Cook y G. Wilson (Eds.): *Love & Attraction.* Pergamon Press: Oxford.
Gross, L. (1944): «A belief pattern scale for measuring attitudes toward romanticism». *American Sociological Review,* 9, pp. 463-472.
Grünbaum, A. (1952): «Causality and the science of human behavior». *American Scientist,* 40, pp. 665-676.
Gryl, F. E.; Stith, S. M. y Bird, G. W. (1991): «Close dating relationships among college students: differences by use of violence and by gender». *Journal of Social and Personal Relationships,* 8, 2, pp. 243-264.
Guasch, O. (1991): *La sociedad rosa.* Anagrama: Barcelona.
Gupta, G. R. (1976): «Love, arranged marriage, and the Indian social structure». *Journal of Comparative Family Studies,* 7, 1, pp. 75-85.
Guttman, L. (1956): «"Best possible" systematic estimates of communalities». *Psychometrika,* 21, pp. 273-285.
Hall, E. T. (1966): *La dimensión oculta.* Siglo XXI: Madrid.
Hall, K. S.; Binik, Y. y Tomaso, E. Di (1985): «Concordance between physiological and subjective measures of sexual arousal». *Behavior Research Therapy,* 23, 3, pp. 297-303.
Hamilton, G. V. (1929): *A Research on Marriage.* A. & Ch. Boni: Nueva York.
Harlow, H. F. (1958): «The nature of love». *American Psychologist,* 13, 12, pp. 673-685.
Harlow, H. F. (1971): *Learning to love.* Albion Pub. Co.: San Francisco. California.
Harré, R. (1977): «Friendship as an accomplishment». En S. Duck (Ed.): *Theory and practice in interpersonal attraction.* Academic Press: Londres.
Harré, R. (Ed.) (1986): *The Social Constructions of Emotions.* Basil Blackwell: Oxford.
Harris, M. (1971): *Introducción a la Antropología General.* Alianza Universidad: Madrid. 1986.
Harris, M. B. (1990): «Is love seen different for the obese?». *Journal of Applied Social Psychology,* 20, 15, pp. 1209-1224.
Hart, N. (1976): *When marriage ends.* Tavistock Pub.: Londres.
Hartnett, J. y Elder, D. (1973): «The princess and the nice frog: a study in person perception». *Perceptual and Motor Skills,* 37, pp. 863-866.
Hartnett, J. Mahoney, J. y Bernstein, A. (1977): «The errant spouse: a study in person perception». *Perceptual and Motor Skills,* 45, 3, pp. 747-750.
Hatfield, E. (1988): «Passionate and companionate love». En R. J. Sternberg y M. L. Barnes (Eds.): *The Psychology of Love.* Yale University Press: New Haven.
Hatfield, E. y Rapson, R. L. (1987): «Gender differences in love and intimacy: fantasy *vs.* reality». *Journal of Social Work and Human Sexuality,* 5, 2, pp. 15-26.
Hatfield, E. y Rapson, R. L. (1996): *Love and Sex: cross-cultural perspectives.* Allyn & Bacon: Boston. MA.
Hatfield, E.; Schmitz, E.; Cornelius, J. y Rapson, R. L. (1988): «Passionate love: how early does it begin?». *Journal of Psychology and Human Sexuality,* 1, 1, pp. 35-51.
Hatfield, E. y Sprecher, S. (1985): «Measuring passionate love in intimate relations». *Journal of Adolescence,* 9, 4, pp. 383-411.

© Ediciones Pirámide

Hatfield, E.; Sprecher, S.; Pillemer, J. T. y Greenberger, D. (1988): «Gender differences in what is desired in the sexual relationship». *Journal of Psychology and Human Sexuality,* 1, 2, pp. 39-52.

Hatfield, E.; Traupmann, J. y Sprecher, S. (1984): «Older women's perceptions of their intimate relationships». *Journal of Social and Clinical Psychology,* 2, 2, pp. 108-124.

Hatfield, E.; Utne, M. K. y Traupmann, J. (1979): «Equity Theory and intimate relationships». En R. L. Burgess y T. L. Huston (Eds.): *Social Exchange in developing relationships.* Academic Press: Nueva York.

Hatkoff, T. S. y Lasswell, T. E. (1979): «Male-female similarities and differences in conceptualizing love». En M. Cook y G. Wilson (Eds.): *Love & Attraction.* Pergamon Press: Oxford.

Hawking, S. W. (1988): *Historia del Tiempo.* Crítica: Barcelona. 1988.

Hazan, C. y Shaver, P. (1987): «Romantic love conceptualized as an attachment process». *Journal of Personality and Social Psychology,* 52, 3, pp. 511-524.

Hedblom, J. (1973): «Dimensions of lesbian sexual activity». *Archives of Sexual Behavior,* 2, 4, pp. 329-341.

Heider, F. (1958): *The Psychology of Interpersonal Relations.* Wiley: Nueva York.

Heimer, C. A. y Stinchcombe, A. L. (1980): «Love and irrationality». *Social Science Information,* 19, n.° 4-5, pp. 697-754.

Helm, D. J. y Zenthoefer, K. A. (1985): «Creating a loving relationship without walls». *Education,* 106, 1, pp. 60-61.

Hendrick, C. (Ed.) (1989): *Close Relationships.* Sage Pub.: Newbury Park. California.

Hendrick, C. y Hendrick, S. (1986): «A Theory and Method of love». *Journal of Personality and Social Psychology,* 50, 2, pp. 392-402.

Hendrick, C. y Hendrick, S. (1988): «Lovers wear rose colored glasses». *Journal of Social and Personal Relationships,* 5, pp. 161-183.

Hendrick, C. y Hendrick, S. (1989): «Research on love: does it measure up?». *Journal of Personality and Social Psychology,* 556, 5, pp. 784-794.

Hendrick, S. (1988): «The Relationship Assesment Scale: a generic measure of relationship satisfaction». *Journal of Marriage and the Family,* 50, pp. 93-98.

Hendrick, S. y Hendrick, C. (1987): «Love and sex attitudes and religious beliefs». *Journal of Social and Clinical Psychology,* 5, 3, pp. 391-398.

Hendrick, S. y Hendrick, C. (1987): «Multidimensionality of sexual attitudes». *Journal of Sex Research,* 23, 4, pp. 502-526.

Hendrick, S. y Hendrick, C. (1992): *Liking, loving and relating.* Brooks Cole Pub. Co.: Pacific Grove. California. (2.ª ed.).

Hendrick, S.; Hendrick, C. y Adler, N. L. (1988): «Romantic relationships: love, satisfaction and staying together». *Journal of Personality and Social Psychology,* 54, 6, pp. 980-988.

Herek, G. M. (1991): «Stigma, prejudice, and violence against lesbians and gay men». En J. C. Gonsiorek y J. D. Weinrich (Eds.): *Homosexuality.* Sage Pub.: Newbury Park. California.

Hill, C. T.; Rubin, Z. y Peplau, L. A. (1976): «Breakups before marriage: the end of 103 affairs». *Journal of Social Issues,* 32, 1, pp. 147-168.

Hite, S. (1974): *Sinceridad sexual.* Martínez Roca: Barcelona. 1977.

Hobart, C. W. (1958): «The incidence of romanticism during courtship». *Social Forces,* 36, pp. 362-367.

Hobart, C. W. (1979): «Changes in courtship and cohabitation in Canada (1968-1977)». En M. Cook y G. Wilson (Eds.): *Love & Attraction.* Pergamon Press: Oxford.
Holmes, J. G. y Rempel, J. K. (1989): «Trust in close relationships». En C. Hendrick (Ed.): *Close Relationships.* Sage Pub.: Newbory Park. California.
Homans, G. C. (1950): *The Human Group.* Hartcourt Brace Jovanovich: Nueva York.
Hong, S. M. (1986): «Romantic love, idealistic or pragmatic: sex differences among Australian young adults». *Psychological Reports,* 58, 3, p. 922.
Hong, S. M. (1986): «Relationship between romantic love and length of time in love among Korean young adults». *Psychological Reports,* 59, 2, p. 494.
Houston, L. N. (1981): «Romanticism and eroticism among Black and White college students». *Adolescence,* 16, 62, pp. 263-272.
Hunt, M. M. (1959): *The Natural History of Love.* A. A. Knopf: Nueva York.
Hurtado, J. y González Palencia, A. (1940): *Historia de la Literatura Española.* Saeta tradicionalista: Madrid.
Huston, T. L. (Ed.) (1974): *Foundations on Interpersonal Attraction.* Academic Press: Nueva York.
Huston, T. L. y Cate, R. M. (1979): «Social exchange in intimate relationships». En M. Cook y G. Wilson (Eds.): *Love & Attraction.* Pergamon Press: Oxford.
Huston, T. L. y Levinger, G. (1978): «Interpersonal attraction and relationships». *Annual Review of Psychology,* 29, pp. 115-156.
Huston, T. L.; Surra, C. A.; Fitzgerald, N. M. y Cate, R. M. (1981): «From courtship to marriage: mate selection as an interpersonal process». En S. Duck y R. Gilmour (Eds.): *Personal Relationships* (5 vols.), vol. 2: «Developing Personal Relationships». Academic Press: Londres.
Huteau, M. (1985): *Concepciones Cognitivas de la Personalidad.* Fundamentos: Madrid. 1989.
Hyde, J. S. (1981): «How large are cognitive gender differences: a meta-analysis using w^2 and d stadistics». *American Psychologist,* 36, 8, pp. 892-901.
Ibáñez, E. y Pelechano, V. (Eds.) (1989): «Personalidad». En J. Mayor y J. L. Pinillos (Eds.): *Tratado de Psicología General,* vol. 9. Alhambra: Madrid.
Iglesias de Ussel, J. (1987): *Sociología del noviazgo en España.* Caja General de Ahorros y Monte de Piedad de Granada.
Ineichen, B. (1979): «The social geography of marriage». En M. Cook y G. Wilson (Eds.): *Love & Attraction.* Pergamon Press: Oxford.
Ingram, M. (1979): «The participating victim: a study of sexual offences against prepubertal boys». En M. Cook y G. Wilson (Eds.): *Love & Attraction.* Pergamon Press: Oxford.
International Encyclopedia of the Social Sciences (1968): 16 vols. Macmillan Co. & Free Press.
Jacquard, A. (1987): *Elogio de la diferencia: la genética y los hombres.* Gránica: Buenos Aires.
James, W. (1884): «What is an emotion?». *Mind,* 9, pp. 188-204.
Jankowiak, W. R. y Fischer, E. F. (1992): «A cross-cultural perspective on romantic love». *Ethnology,* 31, 2, pp. 149-155.
Jerison, H. J. (1982): «The evolution of biological intelligence». En R. J. Sternberg (Ed.): *Handbook of Human Intelligence* (pp. 723-791). Cambridge University Press.

Jiménez Burillo, F. (1981): «Atracción social y Amor romántico». En *Psicología Social* (pp. 305-331). UNED: Madrid.
Jiménez Burillo, F. (1984): «El amor y la sociopsicobiología». *El País,* 12 de febrero, pp. 16-17.
Jiménez Burillo, F. (1986): «Problemas psicosociales del medio urbano». En F. Jiménez Burillo y J. I. Aragonés (Eds.): *Introducción a la Psicología Ambiental* (pp. 193-209). Alianza Editorial: Madrid. 1988.
Jiménez Burillo, F. (1989): *Bases bio-psico-sociológicas del amor.* (Manuscrito sin publicar.)
Jiménez Burillo, F. (1991): «Psicología y utopía». *Interacción social,* 1, pp. 13-32.
Jiménez Burillo, F.; Sangrador, J. L.; Barrón, A. y De Paúl, P. (1992): «Análisis interminable: sobre la identidad de la Psicología Social». *Interacción social,* 2, pp. 11-44.
Jiménez Burillo, F.; Sangrador, J. L. y Yela, C. (1993): «Simposium sobre "Amor romántico y conducta amorosa"». En el *IV Congreso Nacional de Psicología Social:* Sevilla. (Sin publicar.)
Jiménez Burillo, F.; Sangrador, J. L. y Yela, C. (1995a): «Simposium sobre "Interpretación de los datos sobre el comportamiento amoroso de una muestra representativa española"». En el *V Congreso Nacional de Psicología Social:* Salamanca. (Sin publicar.)
Jiménez Burillo, F.; Sangrador, J. L.; Barrón, A.; De Paúl, P.; Yela, C. y Martínez Íñigo (1995b): «Análisis psico-social sobre el comportamiento amoroso de los españoles». *Proyecto de investigación financiado por la C.I.C.Y.T.* (PB 91-0360). Resultados publicados por el CIS (Centro de Investigaciones Sociológicas). Estudio núm. 2.157.
Johnston, T. L. y Jaremko, M. E. (1979): «Correlational analysis of suggestibility, self-preocupation, styles of loving, and senstation seeking». *Psychological Reports,* 45, pp. 23-26.
Jones, E. (1964): *Ingratiation.* Appleton: Nueva York.
Jourard, S. M. (1971): *Self-disclosure: an experimental analysis of the transparent self.* John Wiley: Nueva York.
Journal of Social Issues (1993): *Special number: Gender and close relationships,* vol. 49, núm. 3 (218 pp.).
Kaiser, H. F. (1958): «The varimax criterion of analytic rotation in factor analysis». *Psychometrika,* 2, pp. 187-200.
Kallmann, F. J. (1952): «Comparative twin study on the genetic aspects of male homosexuality». *Journal of Nervous and Mental Diseases,* 115, pp. 283-298.
Kamin, L. J. (1974): *Ciencia y política del cociente intelectual.* Siglo XXI: Madrid. 1983.
Kanin, E. J.; Davidson, K. R. y Scheck, S. R. (1976): «A research note on male-female differences in the experience of heterosexual love». En J. P. Wiseman (Ed.): *The Social Psychology of Sex.* Harper & Row: Nueva York.
Kaplan, H. S. (1979): *Disorders of sexual desire.* Simon & Schuster: Nueva York.
Kellerman, J.; Lewis, J. y Laird, J. D. (1989): «Looking and loving: the effects of mutual gaze on feelings of romantic love». *Journal of Research in Personality,* 23, pp. 145-161.
Kelley, H. H. (1977): «An application of Attribution Theory to research methodology for close relationships». En G. Levinger y H. L. Rausch (Eds.): *Close Relationships.* Universidad de Massachussetts Press: Amherst. Massachussetts.
Kelley, H. H. (1983): «Love and Commitment». En H. H. Kelley (Ed.): *Close Relationships.* Freeman: Nueva York.

Kelley, K. y Rolker-Dolinsky, B. (1987): «The psychosexology of female initiation and dominance». En D. Perlman y S. Duck (Eds.): *Intimate Relationships*. Sage Pub. Inc.: Beverly Hills. California.

Kelvin, P. (1977): «Predictability, power and vulnerability in interpersonal attraction». En S. Duck (Ed.): *Theory and practice in interpersonal attraction*. Academic Press: Londres.

Kenrick, D. T. y Cialdini, R. B. (1977): «Romantic attraction: missatribution *vs.* reinforcemente explanations». *Journal of Personality and Social Psychology*, 35, 6, pp. 381-391.

Kenrick, D. T.; Cialdini, R. B. y Linder, D. E. (1979): «Heterosexual attraction and attributional processes in fear-producing situations». En M. Cook y G. Wilson (Eds.): *Love & Attraction*. Pergamon Press: Oxford.

Kenrick, D. T. y Trost, M. R. (1989): «A reproductive exchange model of heterosexual relationships». En C. Hendrick (Ed.): *Close Relationships*. Sage Pub.: Newbury Park. California.

Kephart, W. M. (1967): «Some correlates of romantic love». *Journal of Marriage and The Family*, 29, pp. 470-474.

Kerckhoff, A. C. (1974): «The social context of interpersonal attraction». En T. L. Huston (Ed.): *Foundations on Interpersonal Attraction*. Academic Press: Nueva York.

Kerckhoff, A. C. y Davis, K. E. (1962): «Value consensus and need complementarity in mate selection». *American Sociological Review*, 27, 3, pp. 295-303.

Kinget, G. M. (1979): «The "many splendoured thing" in transition, or "the agony and the ecstasy" revisited». En M. Cook y G. Wilson (Eds.): *Love & Attraction*. Pergamon Press: Oxford.

Kinkade, K. (1973): «Un experimento "Walden Dos"». Kairós: Barcelona. 1980.

Kinsey, A. C.; Pomeroy, W. B. y Martín, C. E. (1948): *Sexual behavior in the human male*. W. B. Saunders: Filadelfia.

Kinsey, A. C.; Pomeroy, W. B.; Martin, C. E. y Gebhard, D. H. (1953): *Sexual behavior in the human female*. W. B. Saunders: Filadelfia.

Kirsch, J. A. y Weinrich, J. D. (1991): «Homosexuality, Nature and Biology: Is homosexuality natural? Does it matter?». En J. C. Gonsiorek y J. D. Weinrich (Eds.): *Homosexuality*. Sage Pub.: Newbury Park. California.

Knox, D. H. y Sporakowski, M. J. (1968): «College students attitudes toward love». *Journal of Marriage and the Family*, 30, pp. 638-642.

Kolodny, R. C.; Masters, W. H.; Hendryx, J. y Toro, G. (1971): «Plasma testosterone and semen analysis in male homosexuals». *New England Journal of Medicine*, 285, pp. 1170-1174.

Kövecses, Z. (1991): «A linguist's quest for love». *Journal of Social and Personal Relationships*, 8, pp. 77-97.

Kuhn, C. M.; Butler, S. R. y Schanberg, S. M. (1978): «Selective depression of serum growth hormone during maternal deprivation in rat pups». *Science*, 201, pp. 1034-1036.

Kuhn, T. S. (1962): *The structure of scientific revolutions*. University of Chicago Press. 1970.

Kurdek, L. A. (1989): «Relationship quality in gay and lesbian cohabiting couple: a one year follow up study». *Journal of Social and Personal Relationships*, 6, 1, pp. 39-59.

Kurdek, L. A. (1991): «The dissolution of gay and lesbian couples». *Journal of Social and Personal Relationships,* 8, pp. 265-278.
Kurdek, L. A. y Schmitt, J. P. (1986): «Relationship quality of partners in heterosexual married, heterosexual cohabiting, and gay and lesbian relationships». *Journal of Social and Personal Relationships,* 51, 4, pp. 711-720.
La Gaipa, J. J. (1977): «Interpersonal attraction and social exchange». En S. Duck (Ed.): *Theory and practice in interpersonal attraction.* Academic Press: Londres.
La Gaipa, J. J. (1977): «Testing a multidimensional approach to friendship». En S. Duck (Ed.): *Theory and practice in interpersonal attraction.* Academic Press: Londres.
Laín Entralgo, P. (1993): *Creer, esperar, amar.* Círculo de Lectores. Galaxia Gutenberg: Barcelona.
Lampert, A. (1997): *The evolution of love.* Praeger Pub. / Greenwood Pub.: Westport. CT.
Langfeldt, T. (1979): «Processes in sexual development». En M. Cook y G. Wilson (Eds.): *Love & Attraction.* Pergamon Press: Oxford.
Lara, A. (1982): «El amor y el cine». *Revista de Occidente,* vol. 15-16, pp. 175-186.
Lasswell, T. E. y Lasswell, M. (1976): «I love you but I'm not in love with you». *Journal of Marriage and Family Counseling,* 38, pp. 211-224.
Lasswell, M. y Lobsenz, N. M. (1980): *Styles of loving.* Doubleday: Nueva York.
Lawrence, D. H. (1920): *Mujeres enamoradas.* Alianza: Madrid. 1985.
Le Vay, S. y Hamer, D. H. (1994): «Bases biológicas de la homosexualidad masculina». *Investigación y Ciencia,* julio, 214, pp. 6-12.
Lee, G. R. y Stone, L. H. (1980): «Mate selection systems and criteria: variation according to family structure». *Journal of Marriage and the Family,* mayo, pp. 319-326.
Lee, J. A. (1973): *The colours of love.* New Press: Ontario.
Lee, J. A. (1976): *Lovestyles.* J. M. Dent & Sons Ltd.: Londres.
Lee, J. A. (1976): «Forbidden colors of love: patterns of gay love and gay liberation». *Journal of Homosexuality,* 1, 4, pp. 401-418.
Lee, J. A. (1988): «Love styles». En R. J. Sternberg y M. L. Barnes (Eds.): *The Psychology of Love.* Yale University Press: New Haven.
Leiblum, S. R. y Rosen, R. C. (1979): «The sexual-enhancement week-end workshop: assets and limitations». En M. Cook y G. Wilson (Eds.): *Love & Attraction.* Pergamon Press: Oxford.
León, J. J.; Philbrick, J. L.; Parra, F. y Escobedo, E. (1994): «Love styles among university students in Mexico». *Psychological Reports,* 74, 1, pp. 307-310.
León, J. M. y otros (1998): *Psicología Social.* McGraw-Hill: Madrid.
Lerner, M. (1974): «Social Psychology of justice and interpersonal attraction». En T. L. Huston (Ed.): *Foundations on Interpersonal Attraction.* Academic Press: Nueva York.
Lester, D.; Deluca, G.; Hellinghausen, W. y Scribner, D. (1985): «Jealousy and irrationality in love». *Psychological Reports,* 56, p. 210.
Lester, D.; Doscher, K.; Harris, D. y Smith, D. (1984): «Correlates of a healthy attitude toward love». *Psychological Reports,* 54, 3, p. 790.
Lester, D. y Philbrick, J. (1988): «Correlates of styles of love». *Personality and Individual Differences,* 9, 3, pp. 689-690.
Levinger, G. (1974): «A three level approach to attraction». En T. L. Huston (Ed.): *Foundations on Interpersonal Attraction.* Academic Press: Nueva York.

© Ediciones Pirámide

Levinger, G. (1979): «A Social Exchange view on the dissolution of pair relationships». En R. L. Burgess y T. L. Huston (Eds.): *Social Exchange in developing relationships*. Academic Press: Nueva York.
Levinger, G. (1988): «Can we picture love?». En R. J. Sternberg y M. L. Barnes (Eds.): *The Psychology of Love*. Yale University Press: New Haven.
Levinger, G. y Snoek, J. D. (1972): «Un nuevo enfoque en la atracción interpersonal». En J. R. Torregrosa (Ed.): *Teoría e investigación en la Psicología Social actual* (pp. 435-471). Instituto de la Opinión Pública: Madrid. 1974.
Levy, M. B. y Davis, K. E. (1988): «Lovestyles and attachment styles compared». *Journal of Social and Personal Relationships*, 5, pp. 439-471.
Lewin, B. y Trost, J. (1979): «Unmarried cohabitation in Sweden». En M. Cook y G. Wilson (Eds.): *Love & Attraction*. Pergamon Press: Oxford.
Lewis, R. A. (1972): «A developmental framework for the analysis of premarital dyadic formation». *Family Process*, 11, pp. 17-48.
Lewontin, R. (1982): *La diversidad humana*. Labor: Barcelona. 1984.
Lickona, T. (1974): «A Cognitive-Developmental approach to interpersonal attraction». En T. L. Huston (Ed.): *Foundations on Interpersonal Attraction*. Academic Press: Nueva York.
Liebowitz, M. R. (1983): *The Chemistry of Love*. Little Brown: Boston. Massachussets.
Linton, R. (1936): *Estudio del hombre*. Fondo de Cultura Económica: México D.F. 1972.
Livingston, K. R. (1980): «Love process of reducing certainty». En K. S. Pope (Ed.): *On love and loving*. Jossey-Bass: San Francisco. California.
Lobel, T. E. (1982): «Parental antecedents of need for approval: a longitudinal study». *Journal of Research in Personality*, 16, 4, pp. 502-510.
Lobodzinska, B. (1975): «Love as a factor in marital decisions in contemporary Poland». *Journal of Comparative Family Studies*, 6, 1, pp. 56-73.
Locke, H. J. y Wallace, K. M. (1959): «Short marital adjustment and prediction tests». *Marriage and Family Living*, 21, pp. 251-255.
Loewenstein, S. F. (1984): «On the diversity of love object orientations among women: feminist perspectives on social work and human sexuality». *Journal of Social Work and Human Sexuality*, 3, 2-3, pp. 7-24.
Lott, A. J. y Lott, B. E. (1974): «The role of reward in the formation of positive interpersonal attitudes». En T. L. Huston (Ed.): *Foundations on Interpersonal Attraction*. Academic Press: Nueva York.
Lund, M. (1985): «The development of investment and commitment scales for predicting continuity of personal relationships». *Journal of Social and Personal Relationships*, 2, pp. 3-23.
Lykken, D. T. y Tellegen, A. (1993): «Is human mating adventitious or the result of lawful choice?». *Journal of Personality and Social Psychology*, 65, 1, pp. 56-68.
Lynch, C. y Blinder, M. (1983): «The romantic relationships: why and how people fall in love, the way couples connect, and why they break apart». *Family Therapy*, 10, 2, pp. 91-104.
Lynch, J. (1977): *The broken heart*. Basic Books: Nueva York.
Lyons, J. (1988): «Origins of language». En A. C. Fabian (Ed.): *Origins*. Cambridge University Press.
Mace, D. R. (1976): «Marital intimacy and the deadly love-anger cycle». *Journal of Marriage & Family Counseling*, 2, 2, pp. 131-137.

Mallandian, I. y Davies, M. F. (1994): «The colours of love: personality correlates of love styles». *Personality and Individual Differences,* 17, 4, pp. 557-560.
Malo de Molina, C. (1992): *Los españoles y la sexualidad.* Temas de Hoy: Madrid.
Mandler, G. (1975): *Mind and Emotion.* Wiley: Nueva York.
María, R. de (1978): *Communal love at Oneida.* Edwin Mellen Press: Nueva York.
Marías, J. (1941): «Historia de la Filosofía». *Revista de Occidente.* Madrid. 1965
Marías, J. (1992): *La educación sentimental.* Alianza: Madrid.
Martín, J. D.; Blair, G. E.; Nevels, R. y Fitzpatrick, J. H. (1990): «A study of the relationship of styles of loving and marital happiness». *Psychological Reports,* pp. 123-128.
Martín, J. L. (1986): «Matrimonio cristiano y sexualidad medieval». *Cuadernos de Historia 16,* 124, pp. 35-42.
Martín Gaite, C. (1972): *Usos amorosos en la España del siglo XVIII.* Anagrama: Barcelona. 1987.
Martín Gaite, C. (1982): «Usos amorosos de la postguerra». *Revista de Occidente,* núm. 15-16, pp. 147-159.
Martín Gaite, C. (1986): «El amor en la España de la Ilustración». *Cuadernos de Historia 16,* 124, pp. 65-68.
Martín Gaite, C. (1987): *Usos amorosos de la postguerra española.* Anagrama: Barcelona.
Martín Serrano, M. (1991): *Los valores actuales de la juventud en España.* Instituto de la Juventud. Ministerio de Asuntos Sociales: Madrid.
Martínez Íñigo, D. (1997): *Aspectos psicosociales de los procesos de disolución de las relaciones interpersonales íntimas.* Universidad Complutense de Madrid. Tesis Doctoral sin publicar.
Martinson, F. M. (1979): «Infant and child sexuality: capacity and experience». En M. Cook y G. Wilson (Eds.): *Love & Attraction.* Pergamon Press: Oxford.
Maslow, A. (1954): *Motivation and Personality.* Harper & Row: Nueva York.
Masters, W. H. y Johnson, V. E. (1966): *Human sexual response.* Little Brown: Boston.
Masters, W. H. y Johnson, V. E. (1970): *Human sexual inadequacy.* Little Brown: Boston.
Masters, W. H.; Johnson, V. E. y Kolodny, R. G. (1982): *La sexualidad humana* (3 vols.). Grijalbo: Barcelona. 1987.
Mathes, E. W. (1984): «Convergence among measures of interpersonal attraction». *Motivation and Emotion,* 8, 1, pp. 77-84.
Mathes, E. W. (1986): «Jealousy and romantic love: a longitudinal study». *Psychological Reports,* 58, pp. 885-886.
Mathes, E. W. y Severa, N. (1981): «Jealousy, romantic love, and liking». *Psychological Reports,* 49, pp. 23-31.
Mathes, E. W. y Wise, P. S. (1983): «Romantic love and the ravages of time». *Psychological Reports,* 53, 3, 1, pp. 839-846.
May, R. (1953): *Men's search for himself.* Norton & Co. Inc.: Nueva York.
Maynard, J. (1988): «Origins of social behavior». En A. C. Fabian (Ed.): *Origins.* Cambridge University Press.
McAdams, D. P. y Vaillant, G. E. (1982): «Intimacy motivation and psychosocial adjustment: a longitudinal study». *Journal of Personality and Assessment,* 46, 6, pp. 586-593.

McCall, G. J. (1974): «A Simbolic Interactionist approach to interpersonal attraction». En T. L. Huston (Ed.): *Foundations on Interpersonal Attraction.* Academic Press: Nueva York.
McClanahan, K. K.; Gold, J. A.; Lenney, E.; Ryckman, R. M. y Kulberg, G. E. (1989): «Infatuation and attraction to a dissimilar other: why is love blind?». *Journal of Social Psychology,* 130, 4, pp. 433-445.
McMullen, S. (1979): «The use of film or manual for anorgasmic women». En M. Cook y G. Wilson (Eds.): *Love & Attraction.* Pergamon Press: Oxford.
Mead, G. H. (1935): *Espíritu, persona y sociedad.* Paidós: Barcelona. 1972.
Mead, M. (1935): *Sex and temperament in three primitive societies.* William Morrow: Nueva York.
Mellen, S. L. (1981): *The Evolution of Love.* Freeman: San Francisco. California.
Mettee, D. R. y Aronson, E. (1974): «Affective reactions to appraisal from others». En T. L. Huston (Ed.): *Foundations on Interpersonal Attraction.* Academic Press: Nueva York.
Michalos, A. (1985): «Multiple Discrepances Theory». *Social Indicators Research,* 16, pp. 347-413.
Miguel, Amando de (1992): *La sociedad española.* Editorial Complutense: Madrid.
Mikulincer, M. y Erev, I. (1991): «Attachment style and the structure of romantic love». *British Journal of Social Psychology,* 30, pp. 273-291.
Milgram, S. (1965): «Some conditions of obedience and disobedience to authority». *Human Relations,* 18, 1, pp. 57-76.
Miller, G. A. (1956): «The magical number seven, plus or minus two: some limits to our capacity for processing information». *Psychological Review,* 63, pp. 81-97.
Mills, C. W. (1959): *The Sociological Imagination.* Oxford University Press: Nueva York.
Minsky, M. (1986): *La sociedad de la mente.* Galápago: Buenos Aires. 1986.
Minsky, M. (1994): «¿Serán los robots quienes hereden la Tierra?». *Investigación y Ciencia,* 219, diciembre, pp. 86-93.
Mischel, W. (1968): *Personality and Assessment.* Wiley: Nueva York.
Moja, C. A. de (1986): «Anxiety, self-confidence, jealousy and romantic attitudes toward love in italian undergraduates». *Psychological Reports,* 58, p. 138.
Money, J. (1976): «Sex, love and commitment». *Journal of Sex and Marital Therapy,* 2, 4, pp. 273-276.
Money, J. (1980): *Love and love sickness: the science of sex, gender, difference and pair-bonding.* John Hopkins University Press: Baltimore.
Money, J. y Ehrhardt, A. A. (1972): *Man and woman, boy and girl.* John Hopkins University Press: Baltimore.
Monod, J. (1970): *El azar y la necesidad.* Tusquets: Barcelona. 1985.
Montagu, A. (Ed.) (1975): *The practice of love.* Prentice-Hall: Nueva Jersey.
Montgomery, M. J. y Sorell, G. T. (1997): «Differences in love attitudes across family life stages». *Family Relations,* 46, 1, pp. 55-61.
Moore, M. C.; Skipper, J. K. y Willis, C. L. (1979): «Rock and Roll: arousal music or a reflection of changing mores». En M. Cook y G. Wilson (Eds.): *Love & Attraction.* Pergamon Press: Oxford.
Morales, F. (Coord.) (1999) (2.ª ed.): *Psicología Social.* McGraw-Hill: Madrid.
Morrow, G. D.; Clark, E. M. y Brock, K. F. (1995): «Individual and partner love styles». *Journal of Social and Personal Relationships,* 12, 3, pp. 363-387.

Morse, S. J. (1983): «Requirements for love and friendship in Australia and Brazil». *Australian Journal of Psychology,* 35, 3, pp. 469-476.
Morton, T. L. (1978): «Intimacy and reciprocity of exchange». *Journal of Personality and Social Psychology,* 36, pp. 72-81.
Morton, T. L. y Douglas, M. A. (1981): «Growth of relationships». En S. Duck y R. Gilmour (Eds.): *Personal Relationships* (5 vols.), vol. 2: «Developing Personal Relationships». Academic Press: Londres.
Munne, F. (1989): *Entre el individuo y la sociedad: Marcos y teorías actuales sobre el comportamiento interpersonal.* Promociones y Publicaciones Universitarias: Barcelona.
Munro, B. y Adams, G. (1978): «Love american style: a test of Role Structure Theory on changes in attitudes toward love». *Human Relations,* 31, pp. 215-228.
Murstein, B. I. (1972): «Physical attractiveness and marital choice». *Journal of Personality and Social Psychology,* 22, pp. 8-12.
Murstein, B. I. (1977): «The Stimulus-Value-Role Theory of diadic relationship». En S. Duck (Ed.): *Theory and practice in interpersonal attraction.* Academic Press: Londres.
Murstein, B. I. (1977): «Perceived congruence among premarital couples as a function of neuroticism». En S. Duck (Ed.): *Theory and practice in interpersonal attraction.* Academic Press: Londres.
Murstein, B. I. (1980): «Mate selection in the 1970's». *Journal of the Marriage and the Family,* noviembre, pp. 777-792.
Murstein, B. I. (1988): «A taxonomy of love». En R. J. Sternberg y M. L. Barnes (Eds.): *The Psychology of Love.* Yale University Press: New Haven.
Murstein, B. I.; Merighi, J. R. y Vyse, S. A. (1991): «Love styles in the United States and France: a cross-cultural comparision». *Journal of Social and Clinical Psychology,* 10, 1, pp. 37-46.
Myers, D. G. (1993): *Psicología Social.* McGraw-Hill: México D.C. 1995.
Nardi, P. M. (Ed.) (1992): *Men's friendships.* Sage Pub.: Newbury Park. California.
Newcomb, T. M. (1961): *The acquaintance process.* Holt, Rinehart & Winston: Nueva York.
Nias, D. K. (1979): «Marital choice: matching or complementation?». En M. Cook y G. Wilson (Eds.): *Love & Attraction.* Pergamon Press: Oxford.
Nichols, M. (1992): «Sexualidad lesbiana: cuestiones y teoría en desarrollo». *Nosotras,* 8, pp. 9-49.
Nicholson, J. (1984): *Hombres y mujeres.* Ariel: Barcelona. 1987.
Nieto, J. A. (1989): *Cultura y sociedad en las prácticas sexuales.* Fundación Universidad-Empresa: Madrid.
Nisbett, R. E. y Wilson, T. D. (1977): «The halo effect: evidence for unconscious alteration of judgments». *Journal of Personality and Social Psychology,* 36, pp. 250-256.
Noller, P. (1987): «Nonverbal communication in marriage». En D. Perlman y S. Duck (Eds.): *Intimate Relationships.* Sage Pub. Inc.: Beverly Hills. California.
Novgorodoff, B. D. (1974): «Boy meets girl: machiavellianism and romantic attraction». *Personality and Social Psychology Bulletin,* 1, 1, pp. 307-309.
Ochoa, E. y Vázquez, C. (1991): «El libro de la sexualidad». *El País:* Madrid.
Oliver, M. B. y Hyde, J. S. (1993): «Gender differences in sexuality: a meta-analysis». *Psychological Bulletin,* 114, 1, pp. 29-51.

O'Neill, N. y O'Neill, G. (1972): *Open marriage*. M. Evans & Co.: Nueva York.
Oppong, C. (1979): «Changing family structure and conjugal love: the case of Akan (Ghana)». En M. Cook y G. Wilson (Eds.): *Love & Attraction*. Pergamon Press: Oxford.
Oppong, C. (1980): «From love to institution: indications of change in Akan marriage (Ghana)». *Journal of Family History,* 5, 2, pp. 197-209.
Orden, S. y Bradburn, N. (1968): «Dimensions of marriage happiness». *American Journal of Sociology,* 73, pp. 715-731.
Ortega y Gasset, J. (1916): «Leyendo "El Adolfo", libro de amor». En *Obras Completas* (6 vols.), vol. II (pp. 24-28). *Revista de Occidente:* Madrid. 1946.
Ortega y Gasset, J. (1917): «Para la cultura del amor». En *Obras Completas* (6 vols.), vol. II (pp. 138-145). *Revista de Occidente:* Madrid. 1946.
Ortega y Gasset, J. (1921): «El sentimiento». En *Obras Completas* (6 vols.), vol. II (pp. 286-287). *Revista de Occidente:* Madrid. 1946.
Ortega y Gasset, J. (1926a): «Para la historia del amor: cambio en las generaciones». En *Obras Completas* (6 vols.), vol. III (pp. 439-442). *Revista de Occidente:* Madrid. 1946.
Ortega y Gasset, J. (1926b): «Sobre el "amor cortés"». En *Obras Completas* (6 vols.), vol. III (pp. 442-446). *Revista de Occidente:* Madrid. 1946.
Ortega y Gasset, J. (1926c): «Facciones del amor». En *Obras Completas* (6 vols.), vol. V (pp. 545-555). *Revista de Occidente:* Madrid. 1946.
Ortega y Gasset, J. (1926d): «Amor en Stendhal». En *Obras Completas* (6 vols.), vol. V (pp. 555-591). *Revista de Occidente:* Madrid. 1946.
Ortega y Gasset, J. (1927): «La elección en amor». En *Obras Completas* (6 vols.), vol. V (pp. 591-620). *Revista de Occidente:* Madrid. 1946.
Ortega y Gasset, J. (1952): «Prólogo a "El collar de la paloma"». En *Obras Completas* (8 vols.), vol. VII (pp. 41-55). *Alianza-Revista de Occidente:* Madrid. 1983.
Ortiz, J. (1991): *Matrimonio, maldito matrimonio*. Ediciones B: Madrid.
Ovidio: *El arte de amar.* Akal: Madrid. 1991.
Páez, D. y Vergara, A. (1990): «Factores psicosociales en la construcción del conocimiento prototípico de las emociones». *Revista de Psicología Social,* 6, 1, pp. 23-45.
Pam, A.; Plutchik, R. y Conte, H. R. (1975): «Love: a psychometric approach». *Psychological Reports,* 37, 1, pp. 83-88.
Panksepp, J. (1986): «The neurochemistry of behavior». *Annual Review of Psychology,* 37, pp. 77-107.
Parks, M. R.; Stan, C. M. y Eggert, L. L. (1983): «Romantic involvement and social network involvement». *Social Psychology Quarterly,* 46, 2, pp. 116-131.
Parsons, T. (1951): *The Social System.* Free Press of Glencoe: Cambridge. Massachusetts.
Pastor Ramos, G. (1978): «Atracción interpersonal». En *Conducta interpersonal: un ensayo de psicología social sistemática* (pp. 285-358). Bibliotheca salmanticensis: Universidad Pontificia de Salamanca.
Payne, M. y Vandewiele, M. (1987): «Attitudes toward love in the Caribbean». *Psychological Reports,* 60, 3, pp. 715-721.
Peele, S. (1975): *Love and Addiction.* Taplinger Pub. Co. Inc.: Nueva York.
Peele, S. (1988): «Fools for love». En R. J. Sternberg y M. L. Barnes (Eds.): *The Psychology of Love.* Yale University Press: New Haven.

Peine, H. A. y Howarth, R. (1975): *Padres e hijos: problemas cotidianos de conducta.* Siglo XXI: Madrid. 1990.
Peplau, L. A. (1991): «Lesbian and gay relationships». En J. C. Gonsiorek y J. D. Weinrich (Eds.): *Homosexuality.* Sage Pub.: Newbury Park. California.
Peplau, L. A.; Cochran, S.; Rook, K. y Padesky, C. (1978): «Loving women: attachment and autonomy in lesbian relationships». *Journal of Social Issues,* 34, 3, pp. 7-27.
Percival, D. (Dir.) (1997): *The Science of Sex.* Archive Films: Wall to Wall TV.
Perlman, D. y Duck, S. (Eds.) (1987): *Intimate Relationships.* Sage Pub. Inc.: Beverly Hills. California.
Perlman, D. y Fehr, B. (1987): «The development of intimate relationships». En D. Perlman y S. Duck (Eds.): *Intimate Relationships.* Sage Pub. Inc.: Beverly Hills. California.
Perron, R. y Mathon, T. (1976): «Love and authority perceptions of parental figures in the verbal accounts of children». *Psychologie Francaise,* 21, 3, pp. 131-157.
Person, E. S. (1989): «Dreams of love and fateful encounters: the power of romantic passion». Penguin Books: Nueva York.
Philbrick, J. L. y Opolot, J. A. (1980): «Love styles: comparision of african an american attitudes». *Psychological Reports,* 46, p. 286.
Philbrick, J. L. y Owuamanam, O. D. (1994): «Gender difference in love styles of Nigerian students». *IFE Psychologia: an International Journal,* 2, 1, pp. 15-24.
Pick de Weiss, S. y Andrade Palos, P. (1988): «Diferencias socio-demográficas en la satisfacción marital: el caso de México». *Revista de Psicología Social,* 3, pp. 91-97.
Pidduck, R. (1988): «Self-esteem, love and dignity». *Maladjustment and Therapeutic Education,* 6, 3, pp. 153-161.
Pilbeam, D. (1988): «Human origins and evolution». En A. C. Fabian (Ed.): *Origins.* Cambridge University Press.
Pillard, R. C. (1991): «Masculinity and feminity in homosexuality: inversion revisited». En J. C. Gonsiorek y J. D. Weinrich (Eds.): *Homosexuality.* Sage Pub.: Newbury Park. California.
Pinillos, J. L. (1981): «Observaciones sobre la Psicología científica». En V. Pelechano y otros (Eds.): *Psicologema* (pp. 27-75). Alfaplús: Valencia.
Pitanguy, J. (1982): «A produçao social do masculino e do femenino». *Jornal Brasileiro de Psiquiatría,* 31, 1, pp. 5-6.
Platon: *El Banquete.* Espasa-Calpe: Madrid. 1984.
Plummer, K. (1979): «Images of pedophilia». En M. Cook y G. Wilson (Eds.): *Love & Attraction.* Pergamon Press: Oxford.
Poch, J. (1985): «La conducta sexual». En J. Vallejo y otros (Eds.): *Introducción a la Psicopatología y la Psiquiatría* (pp. 285-320). Salvat: Barcelona. 1989.
Pope, K. S. (Ed.) (1980): *On love and loving.* Jossey-Bass: San Francisco. California.
Prasinos, S. y Titler, B. I. (1984): «The existential context of lovestyles: an empirical study». *Journal of Humanistic Psychology,* 24, 1, pp. 95-112.
Prentice, D. S.; Briggs, N. E. y Bradley, D. W. (1983): «Romantic attitudes of american university students». *Psychological Reports,* 53, 3, 1, pp. 815-822.
Prescott, D. A. (1957): *The child in the educative process.* McGraw-Hill: Nueva York.
Prigogine, I. (1988): «Origins of complexity». En A. C. Fabian (Ed.): *Origins.* Cambridge University Press.

Ray, J. J. (1987): «Conservatism and attitude to love». *Personality and Individual Differences*, 8, 5, pp. 731-732.
Reich, W. (1933): *La Psicología de masas del fascismo*. Ediciones Roca: México D.F. 1973.
Reik, T. (1944): *A psychologist looks at love*. Rinehart & Co. Inc.: Nueva York.
Reik, T. (1957): *The need to be loved*. Straus & Cudahy: Nueva York.
Reiss, I. L. (1960): «Toward a Sociology of the heterosexual love relationships». *Marriage and Family Living*, 22, pp. 139-145.
Rice, S. y Kelly, J. J. (1987): «Love and Intimacy needs of the elderly: some philosophical and intervention issues». *Journal of Social Work and Human Sexuality*, 5, 2, pp. 89-96.
Revista de Occidente (1982): *Número monográfico sobre el amor*. Vol. 15-16 (192 pp.).
Richardson, D. R.; Medvin, N. y Hammock, G. (1988): «Love styles, relationship experience, and sensation seeking: a test of validity». *Personality and Individual Differences*, 9, 3, pp. 645-651.
Rimé, B. (1989): «El reparto social de las emociones». En A. Echebarría y D. Páez (Eds.): *Emociones: perspectivas psicosociales*. Fundamentos: Madrid.
Riquer, M. y Valverde, J. M. (1968): *Historia de la Literatura Universal* (4 vols.). Planeta: Barcelona.
Rivera, R. R. (1991): «Sexual orientation and the law». En J. C. Gonsiorek y J. D. Weinrich (Eds.): *Homosexuality*. Sage Pub.: Newbury Park. California.
Robinson, I.; Ziss, K.; Ganza, B.; Katz, S. y Robinson, E. (1991): «Twenty years of the sexual revolution (1965-1985): an update». *Journal of Marriage and the Family*, 53, 1, pp. 216-220.
Rodgers, R. H. (1987): «Postmarital reorganization of family relationships: a propositional theory». En D. Perlman y S. Duck (Eds.): *Intimate Relationships*. Sage Pub. Inc.: Beverly Hills. California.
Rodríguez Adrados, F. (1992): «El Eros en la Literatura Griega». *Boletín Informativo de la Fundación Juan March*, 221, pp. 26-30.
Rodríguez Domínguez, S. (1989): «Trayectoria Histórica de la Psicología en España». En L. García Vega: *Historia de la Psicología* (pp. 435-467). EUDEMA: Madrid.
Rojas, E. (1990): *Remedios para el desamor*. Temas de Hoy: Madrid.
Rosenberger, L. M. y Strube, M. J. (1986): «The influence of type A and B behavior patterns on the perceived quality of dating relationships». *Journal of Applied Social Psychology*, 16, 4, pp. 277-286.
Rosenblatt, P. C. (1967): «Marital residence and the functions of romantic love». *Ethnology*, 6, 4, pp. 471-480.
Rosenblatt, P. C. (1974): «Cross-cultural perspective on attraction». En T. L. Huston (Ed.): *Foundations on Interpersonal Attraction*. Academic Press: Nueva York.
Rosenblatt, P. C. y Anderson, R. M. (1981): «Human sexuality in cross-cultural perspective». En M. Cook (Ed.): *The bases of human sexual attraction*. Academic Press: Nueva York.
Rosenhan, D. L. (1973): «On being sane in insane places». *Science*, 179, pp. 250-259.
Rotenberg, K. J. y Korol, S. (1995): «The role of loneliness and gender in individual's love styles». *Journal of Social Behavior and Personality*, 10, 3, pp. 537-546.
Rotter, J. B. (1966): «Generalized expectancies for internal versus external control of reinforcement». *Psychological Monographs*, núm. 80.

Rougemont, D. de (1938): *El amor y Occidente.* Kairós: Barcelona. 1978.
Rubin, Z. (1973): *Liking and loving: an invitation to Social Psychology.* Hold, Rinehart & Winston: Nueva York.
Rubin, Z. (1974): «From liking to loving: patterns of attraction in dating relationships». En T. L. Huston (Ed.): *Foundations on Interpersonal Attraction.* Academic Press: Nueva York.
Rusbult, C. E. (1987): «Responses to dissatisfaction in close relationships». En D. Perlman y S. Duck (Eds.): *Intimate Relationships.* Sage Pub. Inc.: Beverly Hills. California.
Ryle, G. (1949): *El concepto de lo mental.* Paidós: Barcelona. 1967.
Sabini, J. (1992): *Social Psychology.* W. W. Norton & Co.: Nueva York.
Safilios, C. (1976): «A macro and micro examination of family power and love: an exchange model». *Journal of Marriage and the Family,* 38, 2, pp. 355-362.
Sagan, C. (1977): *Los dragones del Edén: especulaciones sobre la evolución de la inteligencia humana.* Grijalbo: Barcelona. 1979.
Sagan, C. (1980): *Cosmos.* Planeta: Barcelona. 1987.
Sagan, C. y Druyan, A. (1992): *Sombras de antepasados olvidados.* Planeta: Barcelona. 1993.
Sainz de Robles, F. C. (1955): *Historia y Antología de la Poesía Española.* Aguilar: Madrid.
Salomé, J. (1986): *Háblame... tengo cosas que decirte.* Hogar del libro: Barcelona.
Salovey, P. y Rodin, J. (1989): «Envy and jealousy in close relationships». En C. Hendrick (Ed.): *Close Relationships.* Sage Pub.: Newbury Park. California.
Salvador Miguel, N. (1986): «El amor y la poesía cancioneril». *Cuadernos de Historia 16,* 124, pp. 43-48.
Sánchez Ortega, H. (1986): «Costumbres y actitudes eróticas en la España de los Austrias». *Cuadernos de Historia 16,* 124, pp. 49-58.
Sandor, D. y Rosenthal, D. A. (1986): «Youths' outlooks on love: is it just a stage or two?». *Journal of Adolescent Research,* 1, 2, pp. 199-212.
Sangrador, J. L. (1981): «Estereotipos de las nacionalidades y regiones de España». *Centro de Investigaciones Sociológicas:* Madrid.
Sangrador, J. L. (1982): *Interacción humana y conducta social.* Salvat: Barcelona.
Sangrador, J. L. (1986): «El medio físico construido y la interacción social». En F. Jiménez Burillo y J. I. Aragonés (Eds.): *Introducción a la Psicología Ambiental* (pp. 147-174). Alianza Editorial: Madrid. 1988.
Sangrador, J. L. (1989): «El ambiente físico en los grupos». En C. Huici (Ed.): *Estructura y procesos de Grupo* (pp. 329-367). UNED: Madrid.
Sangrador, J. L. (1993): «Consideraciones psico-sociales sobre el amor romántico». *Psicothema,* 5, pp. 181-196.
Sangrador, J. L. (1996): «Mujer y amor: una perspectiva psicosocial». En A. Blanco (Ed.): *Mujer, violencia y medios de comunicación social.* Universidad de León.
Sangrador, J. L. (1996): *Identidades, actitudes y estereotipos en la España de las Autonomías.* Centro de Investigaciones Sociológicas: Madrid.
Sangrador, J. L. (1998): «El amor en la Psicología Social. Desarrollos teóricos, líneas de investigación y sugerencias cara al futuro». En D. Páez y S. Ayestarán (Eds.): *Los desarrollos de la Psicología Social en España.* Fundación Infancia y Aprendizaje: Madrid.

Sangrador, J. L.; Yela, C. y Martínez Íñigo, D. (1995): *El comportamiento amoroso de los españoles: datos empíricos*. En Ciclo de Conferencias: «La pasión amorosa desde las Ciencias Sociales». Círculo de Bellas Artes: Madrid. Diciembre 1997.

Sangrador, J. L. y Yela, C. (2000): «What is beautiful is loved: phisical attractiveness and love in a representative sample». *Social Behavior and Personality*, vol. 28, núm. 3, pp. 207-218.

Sarabia, B. (1982): «También se aprende a amar». *Revista de Occidente*, vol. 15-16, pp. 187-192.

Scarf, M. (1987): *Intimate partners: patterns in love and marriage*. Random House: Nueva York.

Schachter, M. (1977): «Erotomania or the delusional conviction of being loved». *Annales Medico-Psychologiques*, 1, 5, pp. 729-747.

Schachter, S. y Singer, J. E. (1962): «Cognitive, social and physiological determinants of emotional state». *Psychological Review*, 69, pp. 379-399.

Schaef, A. W. (1989): *Escape from intimacy: the pseudo-relationship addictions*. Harper & Row: San Francisco. California.

Schneider, M. S. (1986): «The relationships of cohability lesbian and heterosexual couples». *Psychology of Women Quarterly*, 10, pp. 234-239.

Schwartz, A. E. (1979): «Androgyny and the art of loving». *Psychotherapy Theory, Research and Practice*, 16, 4, pp. 405-408.

Secord, P. F. y Backman, C. W. (1964): «Atracción interpersonal». En *Psicología Social* (pp. 201-243). McGraw-Hill: México D.F. 1976.

Seidman, S. (1991): *Romantic longings: love in America (1830-1980)*. Routledge: Nueva York.

Sellner, J. y Sellner, J. (1989): *Cómo mejorar la relación hombre-mujer*. Deusto: Bilbao. 1989.

Serrano, G. y Carreño, M. (1993): «La Teoría de Sternberg sobre el amor. Análisis empírico». *Psicothema*, 5, pp. 151-167.

Serrano Vicéns, R. (1975): *La sexualidad femenina*. Júcar: Valencia.

Seyfried, B. A. (1977): «Complementary in interpersonal attraction». En S. Duck (Ed.): *Theory and practice in interpersonal attraction*. Academic Press: Londres.

Seyfried, B. A. y Hendrick, D. (1977): «Need similarity and need complementarity in interpersonal attraction». En S. Duck (Ed.): *Theory and practice in interpersonal attraction*. Academic Press: Londres.

Shakespeare, W. (1597): *Romeo y Julieta*. Amigos de la Historia: Madrid. 1974.

Shaver, P.; Hazan, C. y Bradshaw, D. (1988): «Love as attachment». En R. J. Sternberg y M. L. Barnes (Eds.): *The Psychology of Love*. Yale University Press: New Haven.

Sherif, M. (1935): «A study of some social factors in perception». *Archives of Psychology*, vol. 27, núm. 187.

Sherrod, D. (1989): «The influence of gender of same-sex friendships». En C. Hendrick (Ed.): *Close Relationships*. Sage Pub.: Newbury Park. California.

Siegel, B. S. (1986): *Love, medicine, and miracles*. Harper & Row: Nueva York.

Siguán, M. (1956): *El amor y otros ensayos*. Editora Nacional: Madrid.

Sigusch, V.; Schmidt, G.; Reinfeld, A. y Wiedemann-Sutor, I. (1976): «Psychosexual stimulation: sex differences». En J. P. Wiseman (Ed.): *The Social Psychology of Sex*. Harper & Row: Nueva York.

© Ediciones Pirámide

Simmons, C. H.; Von Kolke, A. y Shimizu, H. (1986): «Attitudes toward romantic love among American, German, and Japanese students». *Journal of Social Psychology*, 126, 3, pp. 327-336.
Simon, J. (1975): «Love: addiction or road to self-realization?». *American Journal of Psychoanalysis*, 35, 4, pp. 359-364.
Simon, R. W.; Eder, D. y Evans, C. (1992): «The development of feeling norms underlying romantic love among adolescent females». *Social Psychology Quarterly*, 55, 1, pp. 29-46.
Simpson, J. A.; Campbell, B. y Berscheid, E. (1986): «The association between romantic love and marriage: Kephart twice revisited». *Personality and Social Psychology Bulletin*, 12, 3, pp. 363-372.
Singh, R. y Tan, L. (1992): «Attitudes and attraction: a test of the similarity-attraction and dissimilarity-repulsion hypotheses». *British Journal of Social Psychology*, 31, pp. 227-238.
Sisca, S. S.; Walsh, A. y Walsh, P. A. (1985): «Love deprivation and blood pressure levels among a college population». *Psychology*, 22, núm. 3-4, pp. 63-70.
Skinner, B. F. (1948): *Walden II*. Fontanella: Barcelona. 1968.
Skinner, B. F. (1953): *Ciencia y conducta humana*. Fontanella: Barcelona. 1970.
Smith, D. F. y Hokland, M. (1988): «Love and salutogenesis in late adolescence». *Psychology*, 25, núm. 3-4, pp. 44-49.
Smith, E. R. y Mackie, D. M. (1995): *Psicología Social*. Panamericana: Madrid. 1997.
Smith, N. W. (1975): «A note on Summerian "ki-ag" and territoriality». *Journal of the History of the Behavioral Sciences*, 11, 1, p. 87.
Snyder, D. K. (1979): *Marital Satisfaction Inventory*. Wester Psychological Service: Los Ángeles. California.
Snyder, M. (1987): *Public apearances, Private realities: the Psychology of Self-Monitoring*. Freeman Press: Nueva York.
Snyder, M. y Simpson, J. A. (1987): «Orientations toward romantic relationships». En D. Perlman y S. Duck (Eds.): *Intimate Relationships*. Sage Pub. Inc.: Beverly Hills. California.
Solomon, R. C. (1988): *About love*. Simon & Schuster: Nueva York.
Solomon, R. L. (1980): «The Opponent Process Theory of acquired motivation: the costs of pleasure and the benefits of pain». *American Psychologist*, 35, 8, pp. 691-712.
Sommer, R. (1969): «Espacio y comportamiento individual». *Colección Nuevo Urbanismo*. Instituto de Estudios de Administración Local: Madrid. 1974.
Spanier, G. B. (1976): «Measuring Dyadic Adjustment: new scales for assessing the quality of marriage and similar dyads». *Journal of Marriage and the Family*, 38, febrero, pp. 15-28.
Spearman, C. (1910): «Correlation calculated from faulty data». *British Journal of Psychology*, 3, pp. 271-295.
Spence, J. T. y Helmreich, R. L. (1978): *Masculinity and Feminity*. University of Texas Press: Austin. Texas.
Spitz, R. A. (1945): «Hospitalism: an inquiry into the genesis of psychiatric conditions in early childhood». En O. Fenichel (Ed.): *Psychoanalytic study of the child*. Vol. I. International Universities Press: Nueva York.
Sprecher, S.; Aron, A.; Hatfiled, E.; Cortese, A. y Potapova, E. (1994): «Love: American style, Russian style and Japanese style». *Personal Relationships*, 1, 4, pp. 349-369.

Stafford, L. y Canary, D. J. (1991): «Maintenance strategies, romantic relationship type, gender and relational characteristics». *Journal of Social and Personal Relationships,* 8, pp. 217-242.

Steck, L.; Levitan, D.; McLane, D. y Kelley, H. H. (1982): «Care, need, and conceptions of love». *Journal of Personality and Social Psychology,* 43, 3, pp. 481-491.

Steele, D. y Walker, E. (1976): «Female responsiveness to erotic films and the ideal erotic film from a femenine perspective». *Journal of Nervous and Mental Disease,* 162, pp. 266-273.

Sternberg, R. J. (1986): «A Triangular Theory of Love». *Psychological Review,* 93, 2, pp. 119-135.

Sternberg, R. J. (1987): «Liking *vs.* loving: a comparative evaluation of theories». *Psychological Bulletin,* 102, 3, pp. 331-345.

Sternberg, R. J. (1988): *El triángulo del amor: intimidad, pasión y compromiso.* Paidós: Barcelona. 1989.

Sternberg, R. J. y Barnes, M. L. (1985): «Real and ideal others in romantic relationships: is four a crowd?». *Journal of Personality and Social Psychology,* 49, 6, pp. 1586-1608.

Sternberg, R. J. y Barnes, M. L. (Eds.) (1988): *The Psychology of Love.* Yale University: New Haven.

Sternberg, R. J. y Grajek, S. (1984): «The nature of love». *Journal of Personality and Social Psychology,* 47, 2, pp. 312-329.

Stones, C. R. y Philbrick, J. L. (1991): «Attitudes toward love among members of a small fundamentalist community in South Africa». *The Journal of Social Psychology,* 13, 2, pp. 219-223.

Storms, M. D. (1981): «A Theory of Erotic Orientation Development». *Psychological Review,* 88, 4, pp. 340-353.

Strachan, C. y Dutton, D. G. (1992): «The role of power and gender in anger responses to sexual jealousy». *Journal of Applied Social Psychology,* 22, 22, pp. 1721-1740.

Stroebe, W. (1977): «Self-esteem and interpersonal attraction». En S. Duck (Ed.): *Theory and practice in interpersonal attraction.* Academic Press: Londres.

Stroebe, W.; Insko, C. A.; Thompson, V. D. y Layton, B. D. (1971): «Effects of physical attractiveness, attitude similarity and sex on various aspects of interpersonal attraction». *Journal of Personality and Social Psychology,* 53, 4, pp. 805-816.

Suitor, J. (1991): «Marital quality and satisfaction with the division of household labor across the Family Life Cycle». *Journal of Marriage and the Family,* 53, 1, pp. 221-230.

Sullivan, H. S. (1953): *The interpersonal theory of psychiatric.* Norton: Nueva York.

Surra, C. A. y Huston, T. L. (1987): «Mate selection as a social transition». En D. Perlman y S. Duck (Eds.): *Intimate Relationships.* Sage Pub. Inc.: Beverly Hills. California.

Swain, S. O. (1992): «Men's friendship with women». En P. M. Nardi (Ed.): *Men's friendships.* Sage Pub.: Newbury Park. California.

Symonds, P. M. (1946): «Love and Self-love». En A. Montagu (Ed.) (1975): *The practice of love.* Prentice-Hall: Nueva Jersey.

Symons, D. (1979): *The evolution of human sexuality.* Oxford University Press: Nueva York.

Szasz, T. S. (1970): *La fabricación de la locura.* Kairós: Barcelona. 1981.

Tedeschi, J. T. (1974): «Attributions, liking and power». En T. L. Huston (Ed.): *Foundations on Interpersonal Attraction.* Academic Press: Nueva York.
Tennov, D. (1979): *Love and Limerence.* Stein Day: Nueva York.
Terman, L. M. (Ed.) (1938): *Psychological factors in marital happiness.* McGraw-Hill: Nueva York.
Terman, L. M. y Buttenwieser, P. (1935): «Personality factors in marital compatibility». *Journal of Social Psychology,* 6, 143-171, pp. 267-289.
Tesser, A. y Paulhus, D. L. (1976): «Toward a causal model of love». *Journal of Personality and Social Psychology,* 34, 6, pp. 1095-1105.
Testa, R. J.; Kinder, B. N. y Ironson, G. (1987): «Heterosexual bias in the perception of loving relationships of gay males and lesbians». *Journal of Sex Research,* 23, 2, pp. 163-172.
Theodorson, G. A. (1965): «Romanticism and motivation to marry in USA, Singapore, Burma, and India». *Social Forces,* 44, pp. 17-28.
Thibaut, J. W. y Kelley, H. H. (1959): *The Social Psychology of Groups.* Wiley: Nueva York.
Thompson, B. y Borrello, G. M. (1987): «Concurrent validity of a love relationships scale». *Educational and Psychological Measurement,* 47, 4, pp. 985-995.
Tinbergen, N. (1985): *Autistic children.* Allen & Unvin: Londres.
Torregrosa, J. R. (Ed.) (1974): *Teoría e Investigación en la Psicología Social actual.* Instituto de la Opinión Pública: Madrid.
Trías, E. (1979): *Tratado de la pasión.* Taurus: Madrid.
Trivers, R. L. (1972): «Parental investment and sexual selection». En B. Campbell (Ed.): *Sexual selection and the descent of man.* Aldine: Chicago.
Tseëlon, E. (1992): «What is beautiful is bad: physical attractiveness as a stigma». *Journal for the Theory of Social Behavior,* 22, 3, pp. 295-309.
Valencia, J. F.; Páez, D. y Echebarría, A. (1989): «Teorías sociopsicológicas de las emociones». En A. Echebarría y D. Páez (Eds.): *Emociones: perspectivas psicosociales.* Fundamentos: Madrid.
Valverde, J. A. y Abril, A. (1975): *Las españolas en secreto.* SEDMAY: Valencia.
Van Sommers, P. (1988): *Los celos.* Paidós: Barcelona. 1989.
Vandewiele, M. y Philbrick, J. L. (1983): «Attitudes of Senegalese students toward love». *Psychological Reports,* 52, 3, pp. 915-918.
Vannoy, R. (1980): *Sex without love.* Prometheus books: Buffalo. Nueva York.
Vaughan, D. (1986): *Uncoupling.* Oxford University Press: Nueva York.
Vázquez Valverde, C. (1982): «Las alteraciones sexuales». En VV. AA.: *Psicopatología I.* UNED: Madrid.
Vázquez Valverde, C. (1985): «Limitaciones y sesgos en el procesamiento de la información: más allá de la Teoría del hombre como científico». *Estudios de Psicología,* núm. 23-24, pp. 111-133.
Vázquez Valverde, C. y Ring, J. (1990): «Altered cognitions in depression: are dysfunctional attitudes stable?». *Personality and Individual Differences,* 15, 4, pp. 475-479.
Veenhoven, R. (1994): «Estudio de la satisfacción con la vida». *Intervención Psicosocial,* 9, pp. 87-116.
Verdú, V. (1986): «El amor en los tiempos de Franco». *Cuadernos de Historia 16,* 124, pp. 73-81.

Vergara, A. y Páez, D. (1989): «Rol sexual y diferencias en vivencia emocional». En A. Echebarría y D. Páez (Eds.): *Emociones: perspectivas psicosociales*. Fundamentos: Madrid.
Vernet, J. (1986): «El erotismo en el mundo musulmán». *Cuadernos de Historia 16*, 124, pp. 29-34.
Vincent, C. E. (1976): «Historical and theoretical perspectives: sex, love and commitment revisited». *Journal of Sex and Marital Therapy*, 2, 4, pp. 265-272.
Vincent, J. D. (1986): *Biología de las pasiones*. Anagrama: Barcelona. 1987.
Walsh, A. (1991): «Self-esteem and sexual behavior: exploring gender differences». *Sex Roles*, 25, 7-8, pp. 441-450.
Walsh, A. (1991): *The Science of Love*. Prometheus Books: Buffalo. Nueva York.
Walsh, A. (1993): «Love styles, masculinity-feminity, physical attractiveness and sexual behavior: a test of evolutionary theory». *Ethology and Sociobiology*, 14, pp. 25-38.
Walsh, A.; Beyer, J. A. y Petee, T. A. (1987): «Violent delinquency: an examination of psychopathic typologies». *Journal of Genetic Psychology*, 148, 3, pp. 385-392.
Walsh, A. y Walsh, P. A. (1989): «Love, self-esteem, and multiple sclerosis». *Social Science and Medicine*, 29, 7, pp. 793-798.
Walster, E.; Walster, G. W. y Berscheid, E. (1978): *Equity: Theory and Research*. Allyn & Bacon: Boston. Massachusetts.
Walster, E.; Walster, G. W.; Piliavin, J. y Schmidt, L. (1973): «Playing hard to get». *Journal of Personal and Social Psychology*, 26, pp. 113-121.
Warga, C. (1984): «The role of love and laughter in the healing process». *Advances*, 1, 1, pp. 38-39.
Weerth, C. y Kalma, A. P. (1993): «Female aggression as a response to sexual jealousy». *Aggressive Behavior*, 19, 4, pp. 265-279.
Weinrich, J. D. y Williams, W. L. (1991): «Strange customs, familiar lives: homosexuality in other cultures». En J. C. Gonsiorek y J. D. Weinrich (Eds.): *Homosexuality*. Sage Pub.: Newbury Park. California.
Weiss, R. (1975): *Marital separation*. Basic Books: Nueva York.
Welwood, J. (1985): «On love: conditional and unconditional». *Journal of Transpersonal Psychology*, 17, 1, pp. 33-40.
Welwood, J. (1990): «Intimate relationship as path». *Journal of Transpersonal Psychology*, 22, 1, pp. 51-58.
Westermarck, E. (1926): *Historia del matrimonio*. Laertes: Barcelona. 1984.
Wetherell, M. (1995): «Romantic discourse and feminist analysis». En S. Wilkinson y C. Kitzinger (Eds.): *Feminism and discourse: psychological perspectives*. Sage Pub.: Londres.
Wheeler, L. (1974): «Social Comparision and selective affiliation». En T. L. Huston (Ed.): *Foundations on Interpersonal* Attraction. Academic Press: Nueva York.
Whitaker, C. A. (1976): «Sex, love and the committed relationship». *Journal of Sex and Marital Therapy*, 2, 4, pp. 263-264.
Wiederman, M. W. y Allgeier, E. R. (1993): «Gender differences in sexual jealousy: adaptionist or social learning explanation?». *Ethology and Sociobiology*, 14, pp. 115-140.
Wilkinson, M. (1976): «Romantic love: the great equalizer? Sexism in popular music». *Family Coordinator*, 25, 2, pp. 161-166.

Williams, D. y Schill, T. (1994): «Adult attachment, love styles, and self-defeating personality characteristics». *Psychological Reports,* 75, 1, pp. 31-34.
Williams, J. A.; White, L. K. y Ekaidem, B. J. (1979): «Romantic love as a basis for marriage». En M. Cook y G. Wilson (Eds.): *Love & Attraction.* Pergamon Press: Oxford.
Williams, W. M. y Barnes, M. L. (1988): «Love within life». En R. J. Sternberg y M. L. Barnes (Eds.): *The Psychology of Love.* Yale University Press: New Haven.
Wilson, G. (1981): *The coolidge effect: an evolutionary account of human sexuality.* William Morrow: Nueva York.
Wilson, G. y Fulford, K. W. (1979): «Sexual behaviour, personality, and hormonal characteristics of heterosexual, homosexual, and bisexual men». En M. Cook y G. Wilson (Eds.): *Love & Attraction.* Pergamon Press: Oxford.
Wilson, G. y Nias, D. (1976): *Love's mysteries.* W. Collins Sons & Co. Ltd.: Glasgow.
Winch, R. F. (1954): «The Theory of Complementary Needs in mate-selection». *Annual Meeting of the American Sociological Society,* septiembre, 1954.
Wincze, J. P.; Hoon, P. y Hoon, E. F. (1977): «Sexual arousal in women: a comparision of cognitive and physiological responses by continous measurement». *Archives of Sexual Behavior,* 6, 2, pp. 121-133.
Wiseman, J. P. (Ed.) (1976): *The Social Psychology of Sex.* Harper & Row: Nueva York.
Woll, S. B. (1989): «Personality and relationships correlates of loving styles». *Journal of Research in Personality,* 23, pp. 480-505.
Wrightsman, L. S. y Deux, K. (1981): *Social Psychology in the 80's.* Brooks Cole Pub.: Monterrey. California.
Wrong, D. H. (1961): «The oversocialized conception of man in modern Sociology». *American Sociological Review,* 26, 2, pp. 183-193.
Yarnoz, S. (1989): «El amor romántico a la luz de la teoría del apego». En A. Echebarría y D. Páez (Eds.): *Emociones: perspectivas psicosociales.* Fundamentos: Madrid.
Yela, C. (1995a): *Análisis psicosociológico del comportamiento amoroso.* Facultad de Psicología. Universidad Complutense de Madrid. Tesis Doctoral sin publicar.
Yela, C. (1995b): «Hipótesis sociobiológicas, mitos románticos y vinculación amor-sexo-matrimonio». En Simposium sobre: «Interpretación de los datos sobre el comportamiento amoroso de una muestra representativa española» (con F. Jiménez Burillo y J. L. Sangrador). *V Congreso Nacional de Psicología Social.* Salamanca. Diciembre 1995.
Yela, C. (1996a): «Mariano Yela: mi padre, mi amigo, mi maestro (reflexiones y síntesis en el primer aniversario de su muerte)». *Psicothema,* 8, pp. 13-42.
Yela, C. (1996b): «Componentes básicos del amor: algunas matizaciones al modelo de R. J. Sternberg». *Revista de Psicología Social,* 11, 2, pp. 185-201.
Yela, C. (1997a): «Curso temporal de los componentes básicos del amor a lo largo de la relación de pareja». *Psicothema,* 9, 1, pp. 1-15.
Yela, C. (1997b): «Tipología amorosa de los españoles». En *Ciclo de Conferencias: «La pasión amorosa desde las Ciencias Sociales».* Círculo de Bellas Artes: Madrid. Diciembre 1997.
Yela, C. (1998a): «Diferencias entre sexos en los juicios sobre su comportamiento amoroso y sexual». *Revista de Psicología General y Aplicada,* 51, 1, pp. 115-147.
Yela, C. (1998b): «Temporal course of basic dimensions of love throughout relationships». *Psychology in Spain,* 2, 1, pp. 76-86.

Yela, C. (2000): «Predictors and related factors for loving and sexual satisfaction». *European Review of Applied Psychology.* Vol. 50, núm. 1, pp. 235-242.
Yela, C. y Sangrador, J. L. (en prensa): «The perception of physical attractiveness throughout loving relationships». *European Journal of Social Psychology.*
Yela, M. (1974): «La estructura de la conducta: estímulo, situación y conciencia». *Real Academia de Ciencias Morales y Políticas.* Discurso de ingreso (pp. 7-108). Madrid.
Yela, M. (1976): «El mito de la mujer». En C. Llorca (Ed.): *Mujer y entorno social.* Fundación General Mediterránea: Madrid.
Yela, M. (1978): «Herencia y ambiente en la Psicología Contemporánea». *Boletín de la Fundación Juan March,* 76, pp. 3-25.
Yela, M. (1981): «El progreso de la inteligencia: evolución biológica y desarrollo cultural». *Anales de la Real Academia de Ciencias Morales y Políticas,* 33, 58, pp. 29-60.
Yela, M. (1981): «Ambiente, herencia y conducta». En F. Jiménez Burillo (Ed.): *Psicología y Medio Ambiente* (pp. 69-105). CEOTMA. Ministerio de Obras Públicas y Urbanismo: Madrid.
Yela, M. (1981): «La educación del hombre libre: familia y sociedad». En M. Yela y otros: *Valores de la persona y técnicas educativas.* CINAE.: Buenos Aires.
Yela, M. (1986): «El hombre, el azar y la necesidad». *Cuadernos de Ciencias del Hombre,* 7, II, pp. 29-39.
Yela, M. (1987): «Sobre las raíces de la conducta humana». En VV. AA: Temas de Psicología IV: *Jornadas de Homenaje al Prof. M. Yela.* Universidad Pontificia de Salamanca.
Yela, M. (Ed.) (1987): *Estudios sobre inteligencia y lenguaje.* Pirámide: Madrid.
Yela, M. (1987): «The meaning of behavior: toward a unified Psychological Science». En A. W. Staats y L. P. Mos (Eds.): *Annals of Theoretical Psychology.* Vol. 5, pp. 241-274. Plenum Press: Nueva York.
Yela, M. (1989): «Unidad y diversidad de la Psicología». En J. Mayor y J. L. Pinillos (Eds.): *Tratado de Psicología General.* Tomo 1, pp. 71-92. Alhambra: Madrid.
Yela, M. (1990): «Psicología de la memoria: breve apunte de una larga historia». *Cuadernos de Ciencias del Hombre,* 12, pp. 45-90.
Yela, M. (1990): «Psicología de la vejez: el viejo, su yo, y su circunstancia». *Anales de la Real Academia de Ciencias Morales y Políticas,* 67, pp. 17-33.
Yela, M. (1992): «Amor: Eros y Ágape». *Congreso sobre el Amor.* JUVE: Madrid. (Vídeo.)
Yela, M. (1992): «Conducta animal y metaconducta humana». En VV. AA.: *El hombre y los animales de compañía: beneficios para la salud.* Fundación Purina: Barcelona.
Yela, M. (1993): «La Psicología posible del futuro». En V. Pelechano (Ed.): *Psicología, Mitopsicología, y Postpsicología.* Alfaplús: Valencia.
Yela, M. (1994a): «La Edad de Plata de las Ciencias Humanas: Psicología, Sociología y Pedagogía». En R. Menéndez Pidal: *Historia de España.* Tomo XXXIX, vol. II, pp. 255-307. Espasa-Calpe: Madrid.
Yela, M. (1994b): «Análisis de datos». En V. García-Hoz (Ed.): *Problemas y métodos de investigación en educación personalizada.* Rialp: Madrid.
Yela, M. (1994c): «El problema del método científico en Psicología». *Anuario de Psicología,* 60, pp. 3-12.
Yela, M. (1994d): «Genio y figura del español: un esbozo de síntesis». *Intervención psicosocial,* 3, 7, pp. 53-62.

© Ediciones Pirámide

Yela, M. (1994e): «Yo y mi cuerpo». *Arbor,* 580, pp. 31-49.
Zajonc, R. B. (1968): «Attitudinal effects of mere exposure». *Journal of Personality and Social Psychology,* 9, pp. 1-29.
Zegers, O. D. (1986): «Fenomenología del amor y la locura». *Psicología Médica,* 8, 2, pp. 183-201.
Zeldin, T. (1982): «Historia personal e historia de las emociones». *Revista de Occidente,* 15-16, pp. 160-174.
Zimbardo, P. G. (1986): «Atracción, amor y relaciones sexuales». En *Psicología y Vida* (pp. 464-494). Trillas: México D.F. 10.ª ed.
Zimbardo, P. G.; Haney, C.; Banks, W. C. y Jaffe, D. (1971): «La Psicología del encarcelamiento: privación, poder y patología». *Revista de Psicología Social,* 1986, 1, pp. 95-105. (Traducción de J. F. Morales.)
Zuckerman, M. (1974): «The sensation seeking». En B. A. Maher (Ed.): *Progress in experimental personality research.* Vol. 7, pp. 80-148. Academic Press: Nueva York.

TÍTULOS RELACIONADOS

Adolescentes en conflicto. 53 casos reales, *J. Urra.*
Aplicando la psicología social, *F. Expósito y M. Moya (coords.).*
Aspectos Psicosociales de la Comunicación, *R. Martinez-Pecino y J. M. Guerra de los Santos (coords.).*
Competencias psicosociales para profesionales de los medios, *T. Núñez Domínguez (coord.).*
Competencias sociales en las relaciones interpersonales y grupales, *A. J. García González.*
Comportamiento no verbal, Más allá de la comunicación y el lenguaje, *R. López Pérez, F. Gordillo León y M. Grau Olivares.*
Crimen y desviación, *A. L. Cuervo García.*
El acogimiento residencial en la protección a la infancia, *J. Fernández del Valle y J. Fuertes Zurita.*
El amor desde la psicología social. Ni tan libres, ni tan racionales, *C. Yela García.*
Estrategias de intervención psicosocial. Casos prácticos, *I. Maya, M. García F. J. Santolaya.*
Ética psicosocial. Enfoque comunitario. Actores, valores, opciones y consecuencias, *A. Sánchez Vidal.*
Ética de las relaciones sexuales y amorosas, *F. López Sánchez.*
Evaluación y tratamiento de delincuentes, *S. Redondo Illescas.*
Fundamentos de Psicología Social, *M. Moya y R. Rodríguez-Bailón (coords.)*
Gerontología social, *R. Fernández-Ballesteros (dir.).*
Introducción a la psicología de los grupos, *F. Gil Rodríguez y C. M.ª Alcover de la Hera (coords.).*
Introducción a la Psicología Social, *M. Marín Sánchez y R. Martinez Pecino.*
Manual de evaluación psicosocial en contextos de salud, *M.ª C. Terol Cantero, Y. Quiles Marcos y M.ª V. Pérez Jover.*
Manual de investigación psicológica del delito. El método VERA®, *J. E. Soto Castro.*
Manual de Psicogerontología, *I. Piñeiro, S. Rodríguez e I. Estévez.*
Manual de psicología comunitaria, *A. Sánchez Vidal.*
Manual de psicología jurídica penal e investigación criminal, *M. A. Soria Verde (coord.).*
Manual para la ayuda psicológica. Dar poder para vivir. Más allá del counselling, *M. Costa Cabanillas y E. López Méndez.*
Mediación. Proceso, tácticas y técnicas, *R. de Diego Vallejo y C. Guillén Gestoso.*
Memoria de testigos. Obtención y valoración de la prueba testifical, *A. L. Manzanero.*
Obtención y valoración del testimonio. Protocolo holístico de evaluación de la prueba testifical (HELPT), *A. L. Manzanero y J. L. González Álvarez.*
Perfilación geográfica en la investigación criminal, *R. Tejeiro, M. Á. Soria y C. Gallardo (coords).*
Personas mayores y malos tratos, *J. Muñoz Tortosa.*
Personas mayores en riesgo. Detección del maltrato y la autonegligencia, *C. Touza Gama (coord.).*
Prácticas de psicología de los grupos. Experiencias, *F. Gil Rodríguez, C. M.ª Alcover de la Hera, M. García Saiz, R. Roda Fernández y F. Rodríguez Mazo.*
Prácticas de psicología social, *R. de Diego Vallejo y M. Chico del Río.*
Procesos psicosociales en los contextos educativos, *M. Marín, R. Grau y S. Yubero.*
Profiler. Los secretos del análisis de conducta criminal, *J. E. Soto Castro.*
Protección de menores. Una institución en crisis, *J. Martín Hernández.*
Psicología ambiental, *J. I. Aragonés y M. Amérigo (coords.).*
Psicología de los grupos y de las organizaciones, *V. Zarco Martín (dir.), A. Rodríguez Fernández (dir.), M.ª A. Martín-Quirós (coord.) y F. Díaz Bretones (coord.).*
Psicología jurídica. Una ciencia emergente explicativa del derecho, *M. Clemente Díaz.*
Psicología social. Cómo influimos en el pensamiento y la conducta de los demás, *C. Rodríguez Martín (coord.).*
Psicología social. De la teoría a la práctica cotidiana, *C. Paterna, M. C. Martínez y J. J. Vera.*
Psicología social: procesos interpersonales, *M.ª N. Quiles, M.ª D. Morera y R. Rodríguez.*
Psicología social: procesos intrapersonales, *M.ª N. Quiles, F. Marichal y V. Betancort.*
Psicología social de la comunicación. Aspectos básicos y aplicados, *Y. Pastor Ruiz (coord.).*
Psicología social de los procesos grupales, *M. Marín Sánchez y Y. Troyano Rodríguez.*
Qué funciona en la prevención comunitaria. Casos de intervención psicosocial efectiva, *I. Maya Jariego y D. Holgado Ramos.*
Sociología. Claves para un acercamiento a la realidad, *F. Cruz Beltrán, C. Gómez Jaldón, E. Gualda Caballero y M. Ruiz García.*
Sostenibilidad, valores y cultura ambiental, *R. García Mira y P. Vega Marcote (coords.).*
Trabajando con grupos. Técnicas de intervención, *M. Marín Sánchez y Y. Troyano Rodríguez (coords.).*
Violencia contra los animales. Relevancia en la investigación criminal y la delincuencia violenta, *M. Á. Soria, N. Querol i Viñas y A. Company Fernández.*
Violencia en parejas jóvenes. Análisis y prevención, *R. González Méndez y J. D. Santana Hernández.*
Vivir sin violencia. Aprender un nuevo estilo de vida, *E. Echeburúa, P. J. Amor y J. Fernández.*